古文字與中華文明傳承發展工程

中文社會科學引文索引（CSSCI）來源集刊

青銅器與金文

第十二輯

北京大學出土文獻與古代文明研究所 編

上海古籍出版社

《青銅器與金文》

第十二輯

顧　　問：李學勤　裘錫圭　李伯謙　林　澐　[英]傑西卡·羅森

編輯委員會（以姓氏筆畫爲序，帶★者爲本輯執行編委）：

朱鳳瀚　李　零　何景成　周　亞　[法]風儀誠

[美]夏含夷　陳　絜★　陳英傑★　張光裕　張昌平

董　珊　劉　源　韓　巍　嚴志斌　[美]羅　泰

主　　編：朱鳳瀚

編輯助理：劉　麗　楊　博　趙慶淼　[捷]石安瑞　楊　坤　張天宇

★★　本刊嚴格實行雙向匿名審稿制度

目　録

新出青銅器討論

從格姬簋看宗族新君的册立 …………………………………… 何景成 / 3

翼城大河口西周墓地所見霸姬身份考 ………………… 張遠建　謝堯亭 / 13

略説格姬簋銘文及相關問題 …………………………………… 陳民鎮 / 21

霸姬簋銘文與霸國公室繼位風波 ……………………………… 彭佳豪 / 30

格姬簋銘研讀札記二則 ………………………………………… 肖　威 / 45

讀新出霸姬簋銘文札記 ………………………………………… 楊　菁 / 54

從"指標"功能看格姬簋銘文的所謂重文號 …………………… 于雨成 / 64

衛侯之孫書鐘銘文補考 ………………………………………… 單育辰 / 73

衛侯之孫書鐘銘文補説 ………………………………………… 馮　蘭 / 79

金文與殷周史

士山盤銘文斷句與服制新探 …………………………………… 胡　寧 / 89

史密簋銘"執鄙寬亞"新解 …………………………………… 朱繼平 / 100

家伯束邘簋銘"王文大子"及相關問題考 …………………… 王　超 / 111

金文考釋兩則 …………………………………………………… 蘇曉威 / 122

禽簋銘文補議二則 ……………………………………………… 田國勵 / 127

西周金文及《尚書》所見"叔"字新探 ……………………… 謝忠晟 / 135

青銅器及相關考古學研究

二里岡文化青銅器紋飾的製作方式——以盤龍城青銅器爲中心……………… 張昌平 / 159

黎城西關 M7、M8 墓主性別與器用制度——兼論考古發現中的"遣器挪用"現象
……………………………………………………………………………… 張天宇 / 173

扶風美陽銅器群相關問題探析……………………………………………… 葉之童 / 183

南陽市博物院藏有銘銅車軎小考…………………………………………… 張晨陽 / 197

論淮安高莊戰國墓的年代與族屬…………………………………………… 黎婉欣 / 202

學術史及海外青銅器研究

試説仲叔父盤銘文真僞及相關問題………………………………………… 陳建新 / 219

關中出土金文整理與研究的新突破——《周王畿——關中出土西周金文整理與研究》
　評介………………………………………………………………………… 杜　勇 / 232

新出青銅器討論

從格姬簋看宗族新君的册立*

何景成**

格姬簋出土於山西省翼城縣大河口編號爲 M2002 的西周墓葬中（M2002∶24），年代爲西周中期。該器出土情況和器形均已曾刊載，後來整理者在提取完簋内留存的土樣後，發現内底有長篇銘文 134 字，重文 6 字。嚴志斌、謝堯亭撰寫《格姬簋銘研究》（下簡稱爲"《研究》"）一文，刊布銘文資料並對銘文内容進行了很好的解釋。[1] 本文在此基礎上，討論銘文的釋讀及其所涉及的宗族新君册立問題。

圖一　格姬簋器形

（選自《考古學報》2018 年第 2 期圖版捌∶1）

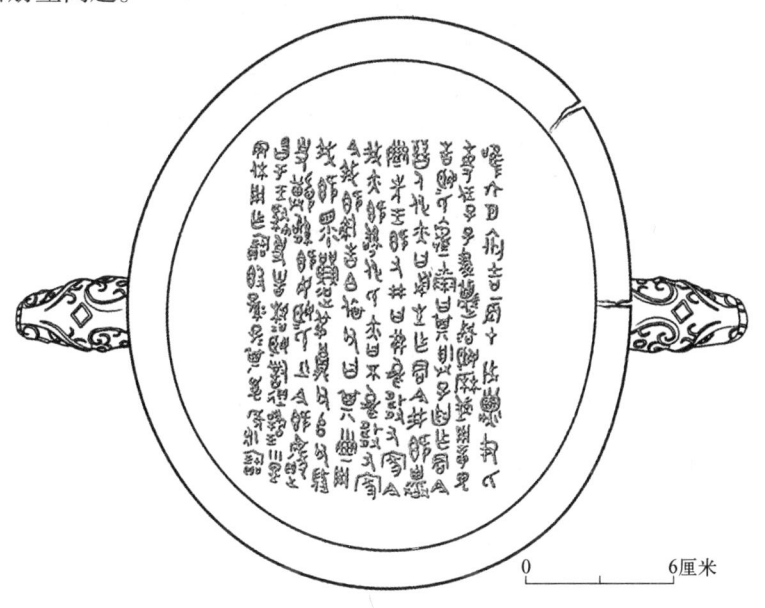

圖二　格姬簋銘文摹本

（選自《中國國家博物館館刊》2023 年第 9 期第 75 頁圖二）

---

* 本文是"中央高校基本科研業務費專項資金資助"項目"古文字與中國古代文明傳承與發展"（2022CXTD12）、教育部哲學社會科學研究重大課題攻關項目"周代文字的發展傳播與文化意義研究"（23JZD034）的階段性成果。
** 吉林大學考古學院古籍研究所、"古文字與中華文明傳承發展工程"協同攻關創新平臺教授。

[1] 嚴志斌、謝堯亭：《格姬簋銘研究》，《中國國家博物館館刊》2023 年第 9 期。

圖三　格姬簋銘文拓本

（選自《中國國家博物館館刊》2023 年第 9 期第 76 頁圖三）

一、銘文釋讀

爲方便討論,我們先根據銘文行款,將銘文釋寫如下,並對銘文語句作大致解釋:

唯六月初吉,辰才(在)戊子。尹氏
使保子婁蔑格₌姬₌歷,伐用章(璋),鬼(委)
告姬氏:敔！爾曰"其朕子智乍(作)君",今
晉人伸亦曰"朕生(甥)乍(作)君"。今我既舁
典,先王既又(有)井(型),曰"弗能敦又(有)家"。今
我亦既訊,伸氏亦曰"不能敦又(有)家"。
今我既虁告,伯俀父曰"其典用"。
我既罙遹叔鼎父、自父、微
史顆訊,既女(如?)姬氏之。今既遽

智于王,肆使告格₌姬₌對揚皇
尹休,用乍(作)寶簋,孫₌子₌其萬年永寶。

"尹氏使保子聿蔑格₌姬₌歷伐",此句銘文在"格姬"二字下均有重文符號。《研究》認為或當讀作"蔑格姬歷,格姬伐"。"蔑歷"與"伐"連稱的現象,也見於繁簋和霸伯簋銘文。

繁簋(《集成》4146):[1]"唯十又一月初吉辛亥,公令繁伐于軍伯,軍伯蔑繁歷,賓披(皮)二十、貝十朋。繁對揚公休,用作祖癸寶尊彝。"

霸伯簋(M1017:8):"井叔來奉,迺蔑霸伯歷,使伐用幬二百、井二糧、虎皮一。"[2]繁簋記載"公令繁伐于軍伯",即公使令繁伐軍伯。與之對照,霸伯簋"使伐"應該是井叔使令別人"伐霸伯"。"伐"在文獻中既可解作自美其功,亦可解為稱人之美。謝明文指出,霸伯簋是井叔派人以"幬二百、井二糧、虎皮一"稱美霸伯。[3] 格姬簋"格姬"有重文符號,《研究》謂該句或當讀為"尹氏使保子聿蔑格姬歷,格姬伐,用璋"。我們認為當讀為"尹氏使保子聿蔑格姬歷,伐格姬用璋"。這是說保子聿蔑歷格姬,並以玉璋稱美格姬。《研究》將"用璋"解釋作"格姬用玉璋賄贈使者保子",似不妥。

"鬼"似可讀為"委",委囑、委托,是說尹氏委托保子告訴。"鬼"古音屬見母微部,"委"屬影母微部,韻部相同,聲紐均為喉音。《說文·女部》朱駿聲通訓定聲:"委,假借為隈。"鬼與畏在金文中有通用的例子。

"告姬氏曰"下面是保子聿告知格姬的內容。所告訴的內容,到"肆使告格姬"結束。"虩爾曰"之"虩",《研究》認為是語氣詞,相當於"嗟"。

銘文以"曰"字提示,直接引用格姬原話"其朕子叴作君",下文晉人伸曰"朕甥作君"與之一樣。《研究》認為"作君"即立為國君。在西周金文中,"君"還可以指宗子。如虞簋(《集成》4167)銘文中,虞稱其宗子公伯為"君"。[4] 依據下文論述,這裏的"君"很有可能是指宗子而言。"晉人伸"下文稱為"伸氏",從其與格姬的關係來看,可能為晉國公族。晉人伸的外甥,較大可能就是指"叴"。當然,也不好完全排除伸氏之甥另有其人的可能,但最後還是依照格姬意見設立宗子。

"舁典"之舁字尚未確識,[5]可能是表示查閱之類的意思。"典"指常法。"先王既有

---

[1] 中國社會科學院考古研究所編:《殷周金文集成(修訂增補本)》,中華書局,2007年。文中簡稱《集成》。
[2] 山西省考古研究所、臨汾市文物局、翼城縣文物旅游局聯合考古隊,山西大學北方考古研究中心:《山西翼城大河口西周墓地1017號墓發掘》,《考古學報》2018年第1期,第102頁圖17。
[3] 謝明文:《金文叢考(三)》,載《商周文字論集續編》,上海古籍出版社,2022年,第175—178頁。
[4] 楊坤:《兩周宗法制度的演變》,上海古籍出版社,2021年,第149頁。
[5] 或認為該字可釋為"戴"。

型"是指先王之法,毛公鼎(《集成》2841)謂"汝毋弗帥用先王作明型",牧簋(《集成》4343)稱作"先王作型"。"弗能戟有家"是先王之法的内容。關於這句話的含義,《研究》認爲"戟"是"違背","家"指霸國公室,"又"意同"氒"(厥),"戟厥家"是說乖背此邦家,讓霸國不安定。"伸氏亦曰不能戟又家"是說晉人伸也認同不能讓霸國宗室動盪。我們認爲從格姬作器記録此事,最後"對揚皇尹休"等來看,格姬要立其子旨爲君的願望應該是得到了正面回應。這麽看來"不能戟又(有)家"應該是說不能違背宗室,即不能違背格姬所代表的宗室的意願或決定。"有家"是指以格(霸)姬爲宗君的霸仲宗室。古代卿大夫及其家族或封地均可稱爲"家",《左傳·昭公五年》:"羊舌四族皆强家也。"《書·洪範》:"臣之有作福作威玉食,其害於而家。"孔穎達疏引王肅云:"大夫稱家。"

"巚告伯倗父",《研究》指出"巚告"一詞亦見於裘衛盉(《集成》9456),用法一致,"巚"通"矢",[1]表示叙述的意思。伯倗父這一人物又見於雍鼎(《銘圖》02367),[2]《研究》根據雍鼎銘文中"伯倗父"充當王朝册命禮右者的記載,認爲伯倗父應該是王朝卿士,故而保子將相關事項向其陳述。"其典用"即"其用典",依據典法之義,即伯倗父贊同"弗能戟有家"的做法。

"我既眔逾叔鼏父、自(師)父、微史顈訊既如姬氏之",《研究》謂"逾"通"龢",調和,認爲這句話是說保子聿參與協調叔鼏父、師父、微史對格姬進行詢問。我們懷疑逾叔鼏父、師父、微史顈是指西周王朝的三位官員。"我既眔逾叔鼏父、師父、微史顈訊"是說我(尹氏)也徵詢了逾叔鼏父、師父、微史顈這三名官員的意見。"既如姬氏之",是說已如姬氏(意見)。

"遽旨於王,肆使告格姬","遽"如《研究》所言指遽傳,是以傳車載旨覲見周王。"肆"作連詞,訓爲遂、於是。

通過以上梳理,格姬簋銘文大意是說:六月初吉戊子,尹氏派遣保子聿蔑歷格姬,並稱美以玉璋。尹氏委託保子聿告訴姬氏(格姬)說:你說希望確立你的兒子旨爲君,如今晉人伸氏也說,應該確立他的外甥爲君。我已經查閱典法,先王有成法說"不能違背宗室"。如今我也已經徵詢伸氏意見,他也說"不能違背宗室"。目前我已經禀告伯倗父,他說要依據典法。我已徵詢了逾叔鼏父、師父、微史某等人的意見,亦如姬氏的意見。現在已經以傳車載旨覲見王,於是派人來告訴格姬。格姬對揚偉大的尹氏的休蔭,因此製作寶簋,子子孫孫萬年永寶。

二、格姬的身份地位

按照我們的理解,這篇銘文記載了周王朝對設立格姬兒子旨爲"君"這一事件的處理方

---

[1] 馬承源主編:《商周青銅器銘文選》第3卷,文物出版社,1988年,128頁注5,謂"巚"通假爲"矢",矢告即直告也就是正告。

[2] 吴鎮烽:《商周青銅器銘文暨圖像集成》,上海古籍出版社,2012年。文中簡稱《銘圖》。

式和過程。事件涉及多方面人物,既有代表霸仲宗室的格姬,也有代表霸仲宗室姻親的晉國貴族伸氏,還有代表西周王朝的尹氏、伯俗父諸官員。這爲觀察西周時期宗法制度中宗族權力與王朝權力的交織影響,提供了一個難得案例。這一事件的核心人物是器主格姬,其身份的確立,也關涉對所立"君"的理解,即"君"是指諸侯國君還是指宗子。那麼,格姬的身份是什麼呢?

格姬簋出土於大河口墓地2002號墓中。該墓葬墓向爲292°,墓室爲長方形豎穴土壙,四壁呈袋狀,墓底中部有一腰坑,内殉葬一隻成年狗。葬具爲一棺一槨,木質腐朽,僅存灰痕。墓主右側自上向下第四根肋骨有外傷痕迹,骶骨下多出一節骨骼。經鑒定,墓主爲一男性,年齡35—39歲。大量的青銅禮器和車器置於西側棺槨間,東側棺槨間放置極少量青銅禮器和馬具,兵器置於北側偏西部棺槨間。隨葬品共計五百五十件(套),種類有青銅器、錫器、陶器、玉器、石器、蚌(貝)器、骨器等。其中青銅器數量最多,包括禮器、兵器、車馬器、工具、銅飾件等。部分青銅器上鑄有銘文,這些銘文爲我們了解墓主與格姬的關係,提供了重要綫索。現將這些有銘銅器列舉如下:

(1) 格仲鼎(M2002:9):
唯正月甲午,戎捷于喪原,格仲率追,獲訊二夫,馘二。對揚祖考福,用作寶鼎。
(2) 霸仲鼎(M2002:34):
霸仲作寶旅鼎,其永寶用。
(3) 霸仲甗(M2002:52):
霸仲作寶旅甗,其永寶用。
(4) 格仲簋(M2002:8),器蓋同銘:
唯正月甲午,戎捷于喪原,格仲率追,獲訊二夫,馘二,對揚祖考福,用作寶簋。
(5) 格仲簋(M2002:33),器蓋同銘:
唯正月甲午,戎捷于喪原,格仲率追,獲訊二夫,馘二,對揚祖考福,用作寶簋。
(6) 鳥形盉(M2002:23):
气誓曰:余某弗稱公命,余自無(誣)則鞭身,箅傳出。報氒(厥)誓曰:余既曰余稱公命,襄(倘)余亦改朕辭,出棄。對公命,用作寶盤盉,孫孫子子萬年用。
(7) 霸姬盤(M2002:5):
唯八月戊申,霸姬以气訟于穆公,曰:"以公命,用綏(討)朕僕馭、臣妾自气,不余气(乞)。"公曰"余不女(汝)命",曰"卜霸姬"。气誓曰:"余某弗塵(展)禹(稱)公命,用卜霸姬,余唯自無(誣),鞭五百,罰五百乎(鋝)。"報氒(厥)誓曰:"余禹(稱)公命,用卜霸姬。襄(倘)余亦改朕辭,則鞭五百,罰五百乎(鋝)。"气則誓。曾(增)氒(厥)誓曰:"女<余>某弗禹(稱)公命,用卜(卜)

霸姬,余唯自無(諆),則鞭身,傳出。"報氒(厥)誓曰:"余既曰再(稱)公命,襄(倘)余改朕辭,則出棄。"气則誓。對公命,用乍(作)寶般(盤)、盉,孫子子其萬年寶用。

發掘簡報認爲,M2002 的年代屬西周中期偏早,與大河口 M1017 同時或略晚,可能屬西周中期穆王、恭王之際。此墓大多數青銅禮器上有"霸仲"和"格仲"作器,墓主爲男性,M2002 墓主是大河口墓地 M1017 墓主霸國國君之弟霸(格)仲。[1] 對於這一判斷,研究者多無異議。然而,對於霸姬盤中的"霸姬"的身份,研究者存在不同看法。裘錫圭、嚴志斌、謝堯亭等先生均認爲霸姬是霸仲之夫人,鳥形盉、霸姬盤的器主是霸姬。[2] 韓巍則認爲,盤、盉的作器者不是霸姬而是"气",而"气"就是 M2002 的墓主霸仲。霸姬不是霸仲的夫人,而應是霸仲之兄、霸氏宗子霸伯尚的夫人。盤盉所載訴訟的背景爲:因爲霸伯尚(M1017 墓主)去世較早,繼承人幼弱,霸姬婦人當政,霸仲見有機可乘,於是大膽奪占了大宗屬下的"僕馭臣妾"。這種行爲是對宗法制度的嚴重挑戰,因此當宗婦霸姬向穆公提出控告時,馬上得到穆公的支援。[3] 韓巍之所以不認同霸姬爲霸仲夫人,原因主要有三點:1. 盤銘記載霸姬是第一位出現在訴訟銘文的女性,這一現象非同尋常。假如當時霸仲已經去世,繼承人年幼無法出面,霸姬作爲主婦來擔此重任是合理的,然而記錄訴訟過程的盤、盉又出於霸仲墓中,這就意味着這場官司從頭到尾必須在霸仲去世到下葬的短暫時間內完成,這種可能性可以説微乎其微。2. 盉銘完全不出現霸姬名字,而盤銘則只在銘文開頭出現一次。3. 盤盉組合的作器者基本都是男性。

格姬的身份,主要有"霸仲夫人""霸伯夫人"和"霸伯霸仲母親"這三種可能性。我們先討論研究者所提出的"霸伯夫人"這一可能性。

格姬簋中的"格姬",顯然就是霸姬盤中的"霸姬"。M2002 出土銅器銘文中的"格仲"亦或作"霸仲"。如果將霸姬看作是霸伯尚之夫人,其所作器總是出現在霸伯尚弟弟霸仲的墓葬中,這是頗令人困惑的。霸姬盤銘文内容説明,霸姬爲這場訴訟中的勝訴者,其應該是作器者。這正如訓匜(《集成》10285)銘文詳細記載敗訴者"牧牛"的誓辭一樣,作器者是勝訴方"訓"。盉銘只是截取气所作誓辭的一部分,由於盤盉多是配套使用,並不會使人們對所記

---

[1] 山西省考古研究所、臨汾市文物局、翼城縣文物旅游局聯合考古隊,山西大學北方考古研究中心:《山西翼城大河口西周墓地 2002 號墓發掘》,《考古學報》2018 年第 2 期。

[2] 裘錫圭:《大河口西周墓地 2002 號墓出土盤盉銘文解釋》,《出土文獻與古文字研究》第 8 輯,上海古籍出版社,2019 年,第 134—146 頁;嚴志斌、謝堯亭:《气盤、气盉與西周誓儀》,《中國國家博物館館刊》2018 年第 7 期。

[3] 韓巍:《翼城大河口 M1017、M2002 兩墓的年代及相關問題》,《青銅器與金文》第 3 輯,上海古籍出版社,2019 年,第 230—256 頁。

載的事件産生誤解。因此,我們認爲格姬簋和霸姬盤的器主是同一個人,即都是格(霸)姬。格姬器物多出現在霸仲墓葬中,我們認爲可以排除是霸伯尚夫人的可能。

對於"霸伯霸仲母親"這一可能性,可以聯繫 M1 進行分析。

在霸國墓地發現的三座大墓中,M1 和 M1017 規格高,隨葬品豐富,一般認爲是諸侯或邦君級别的墓葬。[1] M1 年代要早於 M1017 和 M2002,一般認爲是在昭穆之際。M1 之後就是 M1017,兩座墓葬的年代是銜接的。M1 爲第一代霸伯墓葬,M1017 墓主應該是 M1 霸伯的嫡長子,爲第二代霸伯。M1017 與 M2002 年代相近,墓主爲霸仲,一般認爲霸伯和霸仲爲兄弟關係。M1 出土了 6 件匽侯旨所作青銅器,從銘文看,這套酒器中的卣和尊是匽侯旨爲其小姑製作的器物,它們被埋葬在霸伯的墓葬中。發掘簡報認爲匽侯旨的小姑很可能是霸伯的夫人,她的墓葬已被發現於 M1 的北邊。我們認爲這一判斷是合理的,M1 出土銅器銘文説明,其夫人爲來自燕國的燕侯旨的小姑。而在格姬簋中,格姬所稱之子,晋人仲氏稱爲"甥",這表明格姬應該是來自晋國的,説明格姬不會是霸伯霸仲的母親。

從以上討論可知,格姬的身份應該是霸仲夫人。

霸姬盤記載霸姬向穆公發起訴訟,向貴族"气"討取僕馭臣妾。格姬簋記載其要求確立其子召爲君。這些記載説明,格姬的地位是相當高的,與西周金文所反映的宗婦身份相當。陳絜曾結合琱生器、季姬尊、蔡簋等銘文材料,對宗婦在宗族組織中的經濟地位提出以下認識:

> 西周時期的貴族婦女尤其是宗婦,在宗族經濟中擁有極大的族産支配權,甚至就是宗族財産的直接操控者,她們的宗族地位絶不是春秋晚期以降的女子所能比擬的。儘管她們不能出將入相或干預朝政,她們的舞臺主要在宗族之内,但這個"内"顯然不是後世文獻及注疏之家所謂的"閫内"。[2]

由此推知,作爲霸仲夫人的格姬,很可能就是霸仲宗族的宗婦。那麽,格姬所擬立的"君",應該是指宗子,即霸仲家族之族長。

三、宗子確立原則:"弗能叡(違)又(有)家"

格姬簋銘文記載格姬希望"朕子召作君",王朝官員在處理此事時多提及"弗能叡(違)又

---

[1] 山西省考古研究院、臨汾市文物局、翼城縣文物旅游局聯合考古隊、山西大學北方考古研究中心:《山西翼城大河口西周墓地一號墓發掘》,《考古學報》2020 年第 2 期。

[2] 陳絜:《琱生諸器銘文綜合研究》,載朱鳳瀚主編:《新出金文與西周史》,上海古籍出版社,2011 年,第 102—103 頁。

(有)家",其所强調的是什麼呢?

根據前文討論,格姬爲霸仲夫人,是霸仲宗族的宗婦,格姬所説的"朕子沓作君"之事,是指要確立宗子。從後文"遽沓於王"的記載來看,這個"君"很可能是在王朝任職,這樣才需要周王的確認。春秋時期多有類似情况。

《左傳·襄公七年》記載:

> 冬十月,晋韓獻子告老。公族穆子有廢疾,將立之。辭曰:"《詩》曰:'豈不夙夜,謂行多露。'又曰:'弗躬弗親,庶民弗信。'無忌不才,讓,其可乎?請立起也。與田蘇游,而曰'好仁'。《詩》曰:'靖共爾位,好是正直。神之聽之,介爾景福。'恤民爲德,正直爲正,正曲爲直,參和爲仁。如是,則神聽之,介福降之。立之,不亦可乎?"庚戌,使宣子朝,遂老。

韓獻子爲韓氏宗子,並在晋國擔任正卿。其告老致仕后,本意讓其長子穆子無忌接任宗子,無忌有廢疾而推薦其弟宣子起爲宗子。[1] 韓獻子家族商議確立宣子起爲宗子後,使其朝見晋侯,接替韓獻子的卿位。格姬簋"遽沓於王"與"使宣子朝"的程式頗爲類似,推想沓被確立爲格姬所在宗族的宗子後,到王朝任職。

參考上引《左傳》韓氏家族商議確立宗子的記載,格姬簋"弗能戠有家"的含義,當是指貴族宗族商議確立宗子的做法。《左傳》多見族人商議擁立宗子的記録,如昭公十九年記載:

> 是歲也,鄭駟偃卒。子游娶於晋大夫,生絲,弱,其父兄立子瑕。子産憎其爲人也,且以爲不順,弗許,亦弗止。駟氏聳。他日,絲以告其舅。冬,晋人使以幣如鄭,問駟乞之立故。駟氏懼,駟乞欲逃。子産弗遣。請龜以卜,亦弗予。大夫謀對。子産不待而對客曰:"鄭國不天,寡君之二三臣,札瘥夭昏。今又喪我先大夫偃,其子幼弱,其一二父兄,懼隊宗主,私族於謀而立長親。寡君與其二三老曰:'抑天實剥亂是,吾何知焉?'諺曰:'無過亂門。'民有亂兵,猶憚過之,而況敢知天之所亂?今大夫將問其故,抑寡君實不敢知,其誰實知?平丘之會,君尋舊盟曰:'無或失職。'若寡君之二三臣,其即世者,晋大夫而專制其位,是晋之縣鄙也,何國之爲?"辭客幣而報其使。晋人舍之。

在駟偃離世後,駟氏族人商議確立宗子。以子産爲代表的朝廷官員並不怎麼干涉。這

---

[1] 楊坤:《兩周宗法制度的演變》,第132頁。

一做法可能即是"弗能違有家"這一宗子確立原則的反映。而"絲以告其舅"的記載,也反映了舅氏家族在宗子確立方面的影響,這與格姬簋記載立召爲君也要尋求舅氏的意見,是一脉相承的。

由此可知,"弗能違有家"當是指貴族家族商議確立宗子的做法。格姬簋銘文稱之爲"先王有型",即先王之常法。這是西周宗法制度的一個具體體現。2006 年刊布的出土於山西絳縣横水西周墓地的肅卣(M2:75),則涉及宗族室財的管理,其銘文記載:

> 白(伯)氏賜肅僕六家,曰:"自擇庶人。"今毕(厥)僕我興:邑、競、諫、睑、芝、羰。昔大宫靜(爭),王卑(俾)彙叔、禹父、玫父復付肅,曰:"非令。"曰:"乃兄殒鼻(畀)女(汝),害義,敢再(稱)令(命)尚(賞)女(汝)。"肅有(佑)王于東征,付肅于成周。

器主"肅"先交代其兄"伯氏"賞賜給他六家僕人,允許自己從庶人中選取,用"今"字强調自己現在獲得了伯氏賞賜的六家僕人。接着以"昔"字引領,説明獲得這些僕人的較爲曲折的過程。大宫對"伯氏"擅自賞賜室財行爲不滿而發起爭訟,周王委派官員調解,指出伯氏做法不當,而改以王命賞賜肅這批僕人。肅助周王東征,在成周獲得這批僕人。銘文記載西周王朝官員對肅說"乃兄殒鼻(畀)女(汝),害義"。"害義"是針對伯氏對肅賞賜"僕六家"的行爲而言。肅卣銘文中涉及財物關係的,是大宫、伯氏和肅。這三人的關係,正如董珊所言,大宫是伯氏和肅的宗族長,伯氏和肅是該宗族之小宗。伯氏是肅的兄長,爲肅之小宗之長。在西周的宗法制度下,小家之長和小宗之長是全家和整個小宗之族的財産的支配者,而大宗宗子則是整個宗族的財産的支配者。小家之長對財産的支配權,受到小宗之長對整個小宗之族的財産的支配權的制約。後者又受到大宗宗子對整個宗族的財産的支配權的制約。肅卣銘文中的大宫作爲伯氏和肅的大宗族長,擁有對整個宗族財産的支配權。伯氏擅自賜予肅六家僕人,並讓肅可在屬於宗族的庶人中自行揀擇,與當時通行的宗法財産制度不合,引起了大宫的不滿。因此,當大宫向周王朝爭訟時,王朝官員判定伯氏的行爲"害義",即妨礙法度。"義"本有準則、法則之義。肅卣銘文反映,西周貴族在處理室財時,需要遵循或稱爲"義"的一套法則,這類法則可能是來源於宗法制度或其他準則,已經具備法律意義。[1]

格姬簋記載,在處理立君(家族宗子)問題時,强調"先王有型""其典用",要遵守"弗能違有家"的立君基本原則。肅卣强調在處理家族財産時,不能"害義"。這些都説明,西周宗法制度在宗子確立、宗族財産管理等方面,存在一套規則或常法,這保障了宗法制度的順利

---

[1] 参看何景成:《肅卣銘文考述》,《綿虒集——侯馬盟書發現 55 周年暨張頷先生 100 周年誕辰紀念文集》,三晋出版社,2020 年。

運行。楊坤在談西周宗法繼承制度時强調:"正是因爲有諸多規則與限制的保障,西周時代的宗子繼承制才得以最大程度擺脱其他因素的干擾,以一種較爲穩定的狀態運行。"[1]然而,在西周的宗法實踐中,由於實際需求與剛性的規則常法存在差異,會出現常法不能得到落實或突破常法的例子,這就會産生爭訟等問題。以周王爲代表的政府權力,是調適宗法制度的主要力量。作爲天下之大宗的周王權力的介入,也是宗法制度的一種體現。

附記:本文初稿發表於 2023 年 10 月 28—29 日由北京大學出土文獻與古代文明研究舉辦的學術沙龍"考古新發現與周代國家形態研究"青年學者工作坊。

---

[1] 楊坤:《兩周宗法制度的演變》,第 136 頁。

翼城大河口西周墓地所見霸姬身份考*

張遠建　謝堯亭**

一、M2002青銅器銘文中的霸姬身份

新刊布的大河口M2002霸姬簋銘文記述了霸姬欲立其子智爲霸國國君，因王室反對而未能成功的事。[1] 關於這位霸姬的身份，學者亦有討論。[2] 本文結合銅器銘文等相關材料，就幾位霸國姬姓女子的身份和年代做進一步梳理。先看霸姬簋，銘文如下：

　　唯六月初吉，辰在戊子。尹氏事（使）保子聿蔑格（霸）姬曆，伐，用章（璋）。畏告姬=氏："歔！爾曰：其朕子智乍（作）君。今晋人伸亦曰：朕生（甥）乍（作）君。今我既舁典先王既又（有）井（型），曰：弗能敌又家。今我亦既訊伸氏，亦曰：不能敌又家。今我既虣告伯俀父曰：其典，用。我既眔遹（龠）叔霝父、自（師）父、敢史、顙訊既女（汝）姬=氏之。"今既遘（遘）智於王，繛史告格（霸）姬=，對揚皇尹休，用作寶簋，孫=子=其萬年永寶。

銘文牽涉的人物有霸姬、智、晋人伸、尹氏、保子聿、伯俀父、遹（龠）叔霝父、師父、敢史、繛史和周王，前後多達十一人。智係霸姬之子，晋人伸的外甥，謀求國君之位離不開晋國的支持。尹氏、保子聿等七人均是周王臣屬，足見王室的重視。銘文一開始便交代，"尹氏使保子聿蔑霸姬曆"，可知此事由尹氏負責，尹氏派保子聿前去傳達和調查，先是贊許了霸姬在霸國的功勞。下文"畏告姬氏"雖省去主語，但仍承接上文，所以還是代表尹氏的保子聿，並不存在所謂的媿（霸國國君之女）。[3] 結合後面上級對下級"訊"的口吻，也符合保子聿的身

---

* 本文是國家社會科學基金重大項目"山西翼城大河口西周墓地考古發現與綜合研究"（17ZDA218）的階段性成果。承審稿人提出修改意見，謹致謝忱！

** 張遠建，山西大學考古文博學院碩士研究生；謝堯亭，山西大學考古文博學院教授。

[1] 嚴志斌、謝堯亭：《格姬簋銘研究》，《中國國家博物館館刊》2023年第9期。

[2] 裘錫圭：《大河口西周墓地2002號墓出土盤盉銘文解釋》，復旦大學出土文獻與古文字研究中心網站，http://www.fdgwz.org.cn/Web/Show/4277，2018年7月14日；嚴志斌、謝堯亭：《气盉、气盤與西周誓儀》，《中國國家博物館館刊》2018年第7期。

[3] 楊勇偉：《山西大河口M2002格姬簋銘文釋讀及與晋國關係》，《中國文物報》2023年9月8日第6版。

份。"爾曰"的"爾"指霸姬,由保子疌重申霸姬之前的話。"今我"的"我"是保子疌第一人稱,代表尹氏和王室,根據先王"又(有)井(型)"做出"弗能戟又家"的裁決,使仲氏迫於壓力不得不改變立場。然後將此事記錄在册,並同逾叔霝父、師父等人對姬氏展開訊問。最終安排召到王室任職,霸姬"對揚皇尹休",製作了這件銅簋。

其中"弗能戟又家"是理解銘文的關鍵。金文有"事保厥家"(蜴鼎,《集成》02765)、"獻身在畢公家"(獻簋,《集成》04205)、"王弗忘應公室"(禹簋,《銘圖》05233)。《公羊傳·昭公二十五年》:"季氏爲無道,於公室久矣。"何休注曰:"諸侯稱公室。"《左傳·桓公二年》:"師服曰:吾聞國家之立也,本大而末小,是以能固。故天子建國,諸侯立家……各有分親,皆有等衰。是以民服事其上,而下無覬覦。"所以家者,諸侯之邦家公室也。邦家公室根據先王"有型"立嫡立長,以大宗伯氏爲本,"是以能固"。這裏的大宗便指霸伯一支。戟,同違,背離。又,訓作乎或其,作第一人稱代詞,你的或你們的。

所以"弗能戟又家"可以理解爲"不能背離你們以大宗霸伯爲代表的霸國宗室"。此句提供了兩方面信息:一、王室對霸姬立召爲君行爲的否定和告誡,認爲其違背了嫡長子繼承制,損害了以大宗霸伯爲主導的家族倫理,不利於霸國政治的穩定。其態度之堅決顯示出王室對諸侯邦伯内部繼承人的選擇具有充分的話語權和強大的控制力。[1] 即使對於霸國這樣源於戎狄的異姓邦伯,也同樣要求其遵循周王朝的宗法制度,不可本末倒置。二、由此推知,召處於小宗的地位,並無立爲霸君的資格。但其究竟爲霸伯之子,還是霸仲之子,仍未可輕易定論。而霸姬爲其子召當上國君四處活動,其能力和地位可見一斑。正如有學者指出,這一時期的霸姬正代理着宗族事務,[2] 是很有道理的。王室也因此肯定其功勞,並在保證霸國宗法制能夠實行的前提下,兼顧了這對母子的利益,最終達成了妥協,維繫了政局穩定。

除霸姬簋外,另有所謂"气盤""气盉"各一件,均出自 M2002 霸仲墓。關於盤盉的器主,學者或以爲是氣(即霸仲)。[3] 而在霸姬簋銘文刊布後,回頭再看盤盉銘文的叙述邏輯,確定器主是霸姬。

首先,"气盤"銘文開頭説"霸姬以氣訟於穆公",可知霸姬是訴訟的發起者。中間大量移録穆公與气的對話,至"气則誓"這一糾紛結束。結尾的"對公命",其實是"霸姬對揚穆公

---

[1] 嚴志斌、謝堯亭:《格姬簋銘研究》,《中國國家博物館館刊》2023 年第 9 期。
[2] 馮時:《霸姬簋銘文所見西周宗法與家族倫理》,《文物季刊》2023 年第 4 期。
[3] 白軍鵬:《翼城大河口墓地 M2002 所出鳥形盉銘文解釋》,復旦大學出土文獻與古文字研究中心網站,http://www.fdgwz.org.cn/Web/Show/1488,2011 年 5 月 4 日;蘇建洲:《翼城大河口墓地 M2002 所見"氣盉"器主名小考》,復旦大學出土文獻與古文字研究中心網站,http://www.fdgwz.org.cn/Web/Show/1491,2011 年 5 月 5 日;韓巍:《翼城大河口 M1017、M2002 兩墓的年代及相關問題》,《青銅器與金文》第 3 輯,上海古籍出版社,2019 年。

命"的省語,照應開頭,主語仍是霸姬。這種省略主語的書寫習慣,與霸姬簋銘文如出一轍,容易造成誤解,不過聯繫上下文,還是可以明確的。

其次,霸姬在糾紛中贏得官司,使"僕馭臣妾"失而復得,所以會稱揚穆公的判決。雖然立子爲君未能成功,但㫚能夠任職中央,同樣離不開尹氏的幫助,所以霸姬仍會"對揚皇尹休"。反之,气如果是器主,敗訴後將"僕馭臣妾"交還霸姬便算結束,又何必爲此作器,記録自己的敗訴,反而稱贊穆公的判決呢? 顯然有悖常理。[1]

再者,銘文之所以大量移録穆公的判決和气的誓辭,除了彰顯勝訴者的合法性外,也是作爲要求气兑現誓辭的憑證,發揮約劑的功能。故而措辭更符合霸姬的口吻。有學者"遍檢兩周金文資料……發現西周時期盤、盉組合的作器者基本上都是男性"。[2] 我們認爲這與"器主爲气"没有絶對關係,仍需視具體情況而定。西周女性作盤盉者固然少見,但霸姬不止一次地參與邦國大事,並成功地攫取到一定利益,説明她至少同貴族男性一樣具備製作盤盉的能力。總之,所謂的"气盤""气盉"稱作"霸姬盤""霸姬盉"是没有問題的,[3] 連同霸姬簋一起隨葬在霸仲墓裏。

至於气,我們認爲他可能不是霸國人,原因有兩點:一、如果是霸國内部的財産糾紛,大宗掌握家族經濟的主管權,足以自行裁決,[4] 似乎還没有動用王室司法的必要。此事既交由王室裁決,可見屬於家族内部矛盾的可能性不大。且從目前所見關於貴族間經濟糾紛的案例來看,一般訴訟雙方多來自不同家族,如鬲攸比鼎(《集成》02818)、五祀衛鼎(《集成》02832)、散氏盤(《集成》10176)等。二、在語言措辭上,訴訟雙方均不使用尊稱,也無上下的隸屬關係,地位應當是對等的。所以我們認爲,這場訴訟的本質是以霸姬爲代表的霸氏與其他國族成員之間的糾紛。

現在綜合兩篇銘文來看,霸姬在霸國宗室中有着較高的地位,身爲宗婦可能在短期内掌握着霸國的權柄,一方面作爲霸氏的代理人與其他國族成員爭訟,保護霸國的財産不受損害。另一方面,隨着野心的滋長,欲利用手中的權力扶植其子爲君,使霸國權柄徹底落入小宗之手,進一步穩固其既得利益。然而,相較於霸姬的獨當一面,我們却從未見到霸國大宗

---

[1] 李學勤:《金文與西周文獻合證》,清華大學出版社,2023年,第1356頁。李先生在關於散氏盤定名問題中提道:"凡是涉及打官司或者契約一類的事情,總是贏的那一方作器……因爲輸的那一方本身已經輸了,他們覺得很丢人,所以没有必要作器來記載這件事情。"

[2] 韓巍:《翼城大河口M1017、M2002兩墓的年代及相關問題》,《青銅器與金文》第3輯,第251、252頁。

[3] 關於盤盉的定名,之前已有討論,可參看裘錫圭、嚴志斌、謝堯亭(第13頁注釋[2])、韓巍(同本頁注釋[2])等説法,還有黄益飛、劉佳佳:《霸姬盤銘文與西周誓制》,《考古》2019年第3期,第94頁。

[4] 朱鳳瀚:《商周家族形態研究(增訂本)》,天津古籍出版社,2004年,第328頁。朱先生認爲"聚居共處的宗族成員是不分財的,家族經濟的主管權歸於大宗……諸小宗分支在生活上雖相對獨立,但並非是獨立的經濟單位"。

和霸仲的身影。由於二者的缺席,導致單憑銘文仍無法確定霸姬是霸伯夫人,還是霸仲夫人。我們認爲需要結合器物出土情境和墓葬年代加以探討,先看前一種可能。

在霸姬簋銘文刊布之前,有學者根據盤盉銘文,認定气爲 M2002 墓主霸仲,霸姬是 M1017 霸伯的夫人,是霸仲與霸姬在打官司。[1] 現在看來此論已不能成立。因爲嫂子的多件器物隨葬在小叔子墓中,既無先例,亦不合禮制。此外 M1017 霸伯墓出了一件霸伯盤(大河口 M1017∶41),[2] 鑄銘有"用作宜姬寶盤",可知霸伯夫人爲來自宜國的姬姓女子"宜姬",雖然邦伯諸侯往往有數位妻妾,但正妻只有一位。若霸姬是 M1017 霸伯的正妻,以霸姬的地位和權勢,其器物完全可以像大河口 M1 匿侯旨爲其姑妹所作之器一樣出現在丈夫墓中,[3] 而不是小叔子霸仲的墓裏。

在霸姬簋銘文刊布之後,有學者就此認定䢅爲 M2002 霸仲。[4] 這固然可以解釋霸姬器爲何會葬在霸仲墓裏,因爲前人器物葬於後人墓中的例子十分常見。但這樣霸伯與霸仲便成了父子關係,失之甚遠,原因有二:一是 M1017 與 M2002 兩座墓的年代大致相當,主要在穆王時期,只有 M2002 部分器物年代稍晚,可能到穆恭之際。[5] 霸仲年齡在 35—39 歲,幾乎相當於整個穆王世。[6] 如果是父子,意味着 M1017 霸伯則與 M1 霸伯同時,這與事實相悖。二是霸伯盤和霸仲簋銘文均記錄了二人搏戎一事,據學者研究,霸伯、霸仲二人前往"氐"地朝見周王,曾並肩與淮夷作戰,[7] 這更像是兄弟關係。所以不能認定䢅爲霸仲,霸伯與霸仲父子關係不能成立。

從以上推斷可知,如果將霸伯與霸姬視爲夫妻,將造成不同程度的抵牾,既不能得到銘文的證實,也無法獲得墓葬材料的支持。所以二者是夫妻的可能性不大,气或䢅均不可能是

---

[1] 黃錦前:《大河口墓地所出鳥尊形盉銘文略考》,武漢大學簡帛研究中心網站,http://www.bsm.org.cn/?guwenzi/5666.html,2011 年 5 月 4 日。

[2] 山西省考古研究所、臨汾市文物局、翼城縣文物旅游局聯合考古隊,山西大學北方考古研究中心:《山西翼城大河口西周墓地 1017 號墓發掘》,《考古學報》2018 年第 1 期,圖三八∶3,第 125 頁。

[3] 關於 M1 出土"匿侯旨作姑妹"器的性質,有學者認爲是媵器,可參看吳曉川:《兩則與媵器相關銘文之再辨析》,《青銅器與金文》第 10 輯,上海古籍出版社,2023 年。我們認爲"除了隨媵與賵賻,當然還有其他的交流管道,不能就此認爲這一定是一批媵器",具體可參看謝堯亭:《翼城大河口西周墓地考古發現與研究述論》,山西省考古研究院、山西大學北方考古研究中心、臨汾市文物局、翼城縣文物旅游局編著:《霸金集萃:山西翼城大河口西周墓地出土青銅器》,上海古籍出版社,2021 年,第 8 頁。

[4] 馮時:《霸姬簋銘文所見西周宗法與家族倫理》,《文物季刊》2023 年第 4 期。

[5] 陳曉宇、謝堯亭:《試論大河口與橫水墓地六座墓葬的年代及特徵》,《文物世界》2020 年第 1 期,第 21 頁。

[6] 目前銘文銅器有穆王三十四年器,《古本竹書紀年》記載穆王在位三十七年。斷代工程的説法是五十五年。結合墓葬材料,我們從穆王三十七年説。

[7] 王子楊:《大河口霸國墓地 M1017 出土青銅銘文材料的幾點認識》,先秦史研究室網站,https://www.xianqin.org/blog/archives/9917,2018 年 3 月 9 日。

霸仲。相反，如果霸姬爲霸仲夫人，霸伯與霸仲是兄弟，訚爲霸仲與霸姬之子，這些抵牾便迎刃而解了。

正如 M1017 霸伯爲宜姬作盤，M1 霸伯隨葬匽侯旨爲其姑妹所作之器一樣，霸姬三器出於霸仲墓，是霸姬作爲霸仲夫人最爲直接而有力的證據。同樣丈夫器也可葬於妻子墓，如大河口 M2 女性墓隨葬格伯之器，墓主當是一位霸伯夫人。[1] 墓中亦可隨葬兄弟器物，如大河口 M1 霸伯墓出有 1 件格仲甗(M1：60)和 1 件霸仲三足簋(M1：67)。[2] 這些在大河口墓地均有成例，並無不妥。訚也正是作爲霸仲之子的小宗身份去謀求國君之位導致"違又家"的，而這種"違又家"的行爲，需要恰當的時機促成。在時間上，這起事件的上限當在大宗宗主死後，出現了短暫的權力真空，訚才有機會爭位，霸姬簋既然出土於 M2002，其下限自然在霸仲去世之前。所以爭位這件事當發生在 M1017 與 M2002 兩座墓葬的年代之間。

如果説霸伯既死，故不見露面，按理也當由其夫人宜姬主持大局，保障其子順利繼位，制止霸姬母子的爭位活動。由於宜姬與霸姬宗法地位的差別，自然以大宗宜姬爲尊，也輪不到小宗霸姬弄權。但事實上同樣不見宜姬的活動，鑒於歷史實際的複雜性，我們推測宜姬可能出於某方面原因失勢，或已去世，已無法阻止小宗代替大宗的活動了。與之相反，霸仲此時因搏戎擁有軍功，其夫人霸姬又來自晉國，可以得到娘家晉國的支持。我們推測霸仲此時或已代理國政，之所以銘文未提及，恐怕是因霸仲病重，[3] 或因有違宗法，立訚爲君的事由現宗婦霸姬爲之奔走，故不再提及霸仲了。[4]

最後值得注意的是，霸姬簋銘文中有尹氏，霸姬盤銘文中有穆公，兩人均位高權重。傳世有尹姞鬲(《銘圖》03039—03040)、公姞鬲(《銘圖》03035)兩器，爲同時所作，[5] 其中尹姞當爲姞姓尹氏之女，因丈夫爲穆公，故又稱公姞，係爲一人。衆所周知，西周稱尹氏者不止一人，該尹氏主要活動於穆王時期；[6] 穆公亦活動在穆王后期，可到恭王，[7] 均與霸姬的活動年代相重合。所以該尹氏、穆公之間可能爲翁婿或郎舅關係。

---

[1] 陳曉宇：《大河口墓地青銅禮器墓葬研究》，山西大學碩士論文，2021年，第66頁。我們推測大河口 M2 墓主很可能是霸國第三代國君霸伯之妻，即格伯作晉姬簋銘文中的晉姬。
[2] 山西省考古研究所、臨汾市文物局、翼城縣文物旅游局聯合考古隊，山西大學北方考古研究中心：《山西翼城大河口西周墓地一號墓發掘》，《考古學報》2020年第2期。
[3] 墓主右側自上向下第四根肋骨有外傷痕迹，骶骨下多出一節骨骼，死因可能與此有關。參見山西省考古研究所、臨汾市文物局、翼城縣文物旅游局聯合考古隊，山西大學北方考古研究中心、中國人民大學出土文獻與中國古代文明研究協同創新中心：《山西翼城大河口西周墓地2002號墓發掘》，《考古學報》2018年第2期，第224頁。
[4] 從霸姬與气爭訟、立子爲君兩件事上可以看出，霸姬此時身爲霸國宗婦是沒有問題的。
[5] 陳夢家：《西周銅器斷代》，中華書局，2011年，第136頁。
[6] 趨簋、霸姬簋等均爲穆王時器，推斷該尹氏在穆王時。
[7] 唐蘭先生認爲尹姞器銘文中的先王指穆王，那麼穆公仍活動到恭王時，可參看唐蘭：《西周青銅器銘文分代史徵》(下)，上海古籍出版社，2016年，第465頁。另有一件恭王時期的夷伯簋，可作參考。

二、其他銅器銘文中的霸姬身份及相關問題

2004 年 9 月 21 日紐約佳士得拍賣的一對霸姬方座簋(圖一),[1]兩器近同,通高 26 釐米,均侈口,卷沿,方唇,垂鼓腹,兩側置半環形獸首耳,有垂珥,圜底,斜直圈足,方座。頸飾一周目雷紋,以雙耳爲界,每組三目,以浮雕獸首爲界,腹飾斜方格乳釘紋,上下以連珠紋鑲邊。圈足飾一周目雷紋,方座四周均飾垂冠回首夔龍紋。與 1971 年陝西白水縣出土的兩件方座簋中的伯簋甲(《銘圖》04175)在造型、紋飾上高度相似,與另一件伯簋乙(《銘圖》03880)以及大河口 M1 出土的兩件方座簋(M1∶6、M1∶86)近似,均是昭王時期的典型器物。内底鑄"霸姬賜休於王,用自作寶彝",可知是嫁入霸國的姬姓女子爲感激昭王的賞賜,製作了這套寶彝。

圖一　霸姬方座簋及銘文(紐約佳士得編號 156)

綜合器物年代和銘文内容可以發現,器主身份正與大河口 M1 霸伯的夫人、匽侯旨的小姑姑霸姬相吻合,[2]應該是同一人。兩器流散時間明顯早於 2007 年的考古發掘,埋藏信息已無從知曉,結合人物身份,我們推測這對霸姬方座簋係翼城大河口霸國墓地所出。

傳世有一件格伯作晉姬簋(圖二),失蓋,弇口鼓腹,一對獸首耳,下有長方形垂珥,圈足沿外侈,連鑄三條獸足,頸部以雲雷紋襯底,飾一周顧首垂冠夔龍紋,腹部飾瓦棱紋。器底鑄:"唯三月初吉,格伯作晉姬寶簋,子子孫孫其永寶用。"

這種斂口雙耳瓦棱紋簋有一定的發展規律。偏早的通體飾瓦棱紋,如賢簋(《銘圖》

---

[1] https://www.sothebys.com/en/buy/auction/2023/vestiges-of-ancient-china/the-luo-ji-gui-a-magnificent-and-important-pair-of?locale=zh-Hant,介紹該器曾在 2004 年紐約佳士得拍賣,編號 156。

[2] 匽侯旨的姑妹,應該是匽侯克的妹妹、召公奭的女兒,可參看謝堯亭:《出土文物再現霸國與燕國政治聯姻往事》,《中國社會科學報》2014 年 9 月 3 日。

圖二　格伯作晋姬簋(《銘圖》04923)

05070—05071)、天馬曲村 M114∶219 簋[1]和横水 M2165∶70 趞簋[2]等器,或在頸部和器蓋一圈飾長尾鳳鳥或顧首龍紋,尚無獸足。偏晚的常在器蓋、頸部、圈足飾竊曲紋或環帶紋,其餘部位飾瓦棱紋,圈底鑄矮三足,如弭叔師察簋(《銘圖》05292)、諫簋(《銘圖》05336)和師酉簋(《銘圖》05346—05349)等器,流行於懿孝及以後。該器所飾的顧首垂冠夔龍紋,從西周早期到中期早段呈現出凸杏眼,垂冠,短身,背出歧枝而聳立,卷尾出歧枝的特徵,見於大河口 M1、M1017 尊和卣上,[3]但到西周中期後段受到鳳鳥紋的影響,形成了這種龍首鳥身、垂冠長尾的混合風格。

該器造型接近西周晚期,但獸足偏高,夔紋布局同於中期早段,但形態發生改變,整體呈現出新的階段性特徵,與夷伯簋(《銘圖》05158)、[4]㦰簋(《銘圖》04113)等器類同,當爲恭王時器,略晚於 M2002 的器物年代。結合銘文推測,器主可能是第三代霸伯,[5]係 M1017 霸伯尚之子,與曶同輩,其夫人亦來自晋國。

---

[1] 北京大學考古文博院、山西省考古研究所:《天馬—曲村遺址北趙晋侯墓地第六次發掘》,《文物》2001 年第 8 期,圖一三: 2,第 10 頁。

[2] 趞簋銘文曰:唯六月既生霸辰在戊申,趞見於尹氏在賞,尹賜璋,用作父癸寶簋,子子孫揚尹氏休。見山西省考古研究院、山西大學北方考古研究中心、臨汾市文物局、翼城縣文物旅游局編著:《倗金集萃:山西絳縣横水西周墓地出土青銅器》,上海古籍出版社,2021 年,第 396 頁。該尹氏應與霸姬簋銘文中尹氏爲同一人,亦爲穆王時器,可作參考。

[3] 這種夔紋見於這兩套尊卣: M1∶273 匽侯旨尊、M1∶271－1、276－1 匽侯旨卣;M1017∶81－1 伯尊、M1017∶5 洛仲卣、M1017∶75 伯卣。參看山西省考古研究院、山西大學北方考古研究中心、臨汾市文物局、翼城縣文物旅游局編著:《霸金集萃:山西翼城大河口西周墓地出土青銅器》。

[4] 夷伯簋銘文中的尹姞可能也是尹氏女兒,嫁予了夷伯。該器年代在恭王時期,可與穆公諸器的年代相佐證。

[5] 目前,結合銘文與墓葬材料來看,比較確定的霸伯共有三代,分别是大河口墓地 M1 霸伯、M1017 霸伯尚和倗生簋銘文中的格伯。其中 M1 霸伯就是格公方鼎的器主,也稱"格公",是第一代霸國封君。M1017 伯尚墓中還出有伯釪方鼎和伯荆簋,前者的形制、紋飾似乎較後者要早,但兩件器物均無法確定是否爲霸伯之器。如果是的話,伯釪是否爲格公之名,伯荆是否爲第三代霸伯之名,仍然存疑。

另外,該器可與著名的倗生簋(《銘圖》05307—05310)相繫聯。倗生簋四件成組,形制、紋飾相同,個別蓋已失,行款略有異。銘文記録了格伯以土地换取倗生馬匹的交易活動,[1] 年代亦在恭王時期。[2] 依此推知,格伯作晉姬簋與倗生簋兩器銘文中的格伯當係同一人。此時霸氏宗主的地位仍在霸伯一系,證實了霸姬立子爲君最終没有成功。

綜上所述,第一代霸姬是大河口 M1 霸伯的夫人,匽侯旨的小姑姑,活躍在昭王時期,流散的兩件霸姬方座簋當爲其器。第二代霸姬有兩位,一位是 M1017 霸伯尚的夫人,來自宜國;另一位是 M2002 霸仲的夫人,晉人伸的姊或妹,刭的母親,來自晉國,活動在穆王后期到恭王前期。[3] 第三代霸姬是某位霸伯(可能是 M1017 霸伯尚之子)的夫人,也來自晉國,活動於恭王時期。其中 M2002 霸仲墓出土"霸姬盤""霸姬盉"和"格姬簋"均爲霸姬作器,"格姬簋"製作於 M1017 到 M2002 二墓葬年代之間,銘文中的尹氏主要活動於穆王時期,穆公活躍於穆王后期到恭王前期,二者可能爲翁婿或郎舅關係。

---

[1] 李學勤:《金文與西周文獻合證》,清華大學出版社,2023 年,第 863—872 頁。
[2] 馬承源:《商周青銅器銘文選》第 3 卷,文物出版社,1988 年,第 143 頁。
[3] M2002 霸仲的墓葬年代在穆王晚期,可能晚到穆恭之際,那麽其夫人霸姬應活動到恭王前期。

略説格姬簋銘文及相關問題*

陳民鎮**

2010年,格姬簋(M2002:24)出土於山西翼城大河口西周墓地M2002,最初公布時未見銘文。[1] 經過器內清淤,內底銘文始重現於世。最近嚴志斌、謝堯亭發表《格姬簋銘研究》一文,[2] 楊勇偉發表《山西大河口M2002格姬簋銘文釋讀及與晋國關係》一文,[3] 均對銘文作了詳細介紹與考釋。兩篇文章對銘文的釋讀有所出入,對於習是否被册立爲君,理解更是截然相反。格姬簋銘文與此前公布的材料,尤其是同墓所出气盤(M2002:5)和气盉(M2002:23)銘文,存在密切關聯,諸如霸姬與霸伯尚及霸仲的關係等問題,有必要作進一步探討。本文試對銘文略作補説,並就霸姬身份、習是否被册立爲新君等問題提出初步的認識,以就正於方家。

一、格姬簋銘文補説

1. 聿

保子之名"聿",楊勇偉讀作"津"。"津"从聿聲,"聿"讀作"津"自無問題。不過保子之名是否應讀作"津",尚無實據。"聿"在金文中並不多見,在戰國竹書中,"聿"或从"聿"之字多用作"盡"或"藎"。競孫旗也鬲(《銘圖》3036,春秋晚期)及競孫不服壺(《銘圖》12381,春秋晚期)所見"逮期",有學者便讀作"盡期"。[4]

2. 格₌姬₌

"尹氏事(使)保子聿蔑格₌姬₌曆,伐,用章(璋)"一句,楊勇偉釋作"尹氏吏(使)保子聿(津)蔑格(霸)姬厤(曆),格(霸)姬堡(伐)用章(璋)",指出"霸姬"有重文符號,作爲下

---

* 本文係"古文字與中華文明傳承發展工程"規劃項目(G3458)的階段性成果。
** 北京語言大學首都國際文化研究基地、文學院副研究員。
[1] 山西省考古研究所等:《山西翼城大河口西周墓地2002號墓發掘》,《考古學報》2018年第2期。
[2] 嚴志斌、謝堯亭:《格姬簋銘研究》,《中國國家博物館館刊》2023年第9期。若無特別説明,下文所引嚴志斌、謝堯亭二位先生有關格姬簋銘文的意見,均見該文。
[3] 楊勇偉:《山西大河口M2002格姬簋銘文釋讀及與晋國關係》,《中國文物報》2023年9月8日第6版。下文所引楊勇偉先生有關格姬簋銘文的意見,均見該文。
[4] 董珊:《競孫鬲、壺銘文再考》,復旦大學出土文獻與古文字研究中心網站,2012年6月4日。亦有學者讀作"建",見黄錦前《郭莊楚墓出土競孫鬲、方壺銘試釋》,《國學學刊》2017年第1期。

一句的主語。嚴志斌、謝堯亭認爲銘文中"格""姬"二字左下皆有重文符號,此句或當讀作"尹氏使保子耒蔑格姬曆,格姬伐,用璋"。不過從重文符號的一般使用規律看,不大可能會出現重文"格姬"越過"曆"而用作"伐"之主語的情形。

此外,大河口 M1017 所出霸伯簋(M1017:8)銘文曰:"隹(唯)十又一月,丼弔(叔)來奉盧,穟(蔑)霸白(伯)沫(曆),事(使)伐用昌(幬)一百、丹二糧、虎皮一。"[1]"伐"之前並不會另加主語,這也可以證明"尹氏事(使)保子耒蔑格(霸)=姬=曆"中的"="符號不能理解爲實際的重文符號。

事實上,格姬簋全篇銘文中,"格""姬"二字之後均有重文符號。除了"尹氏事(使)保子耒蔑格(霸)=姬=曆"中的所謂重文符號不具有實際意義,兩處"姬氏"的"姬"之後的"="符號顯然也不是實際的重文符號。"肄(肆)史告格(霸)=姬=,對揚皇尹休"則可理解作"肄(肆)史告格(霸)姬,格(霸)姬對揚皇尹休",此句的"="符號看來似乎確是重文符號。不過從金文與"對揚"有關的辭例看,"對揚"之前可以不加主語,格姬簋全篇銘文的所有重文符號可能均無實際意義。

3. 兜

"兜",嚴志斌、謝堯亭釋作"畏",讀作"威"。楊勇偉則釋作"鬼",認爲是"媿"省女旁,霸國爲媿姓,此處的"媿"指霸國國君之女,與霸伯可能是同輩。按:該字作 ,李守奎、侯瑞華對古文字中的"鬼"和"畏"有詳細辨析,根據他們的研究,出土文獻中的"畏"及其異寫都從站立的"兜",[2]格姬簋此字當隸作"兜",相當於"畏"。霸氏宗室爲媿姓,作爲族姓的"媿"亦從"兜"。但姓一般不省女旁,[3]故銘文中的"兜"不宜讀作"媿";且"告"的主語顯然是尹氏與保子耒,而非指霸氏宗子之女。嚴志斌、謝堯亭將"兜""告"連讀,然"兜"亦或屬上讀,[4]其具體用法待考。霸伯盂(M1017:6)銘文稱"賓用虎皮再(稱),毀,用章(璋),奉","兜"的含義或近於"毀"或"奉"。

格姬簋銘文的叙述,近於韓伯豐鼎(《銘圖》2426,西周早期)銘文,兹對照如下:

(1) 保子耒……告姬{=}氏:獻(嗟)!……
(2) 内史曰:告軋(韓)白(伯):獻(嗟)!……

---

[1] 類似的銘文又見於霸伯簋(M1017:40)、霸伯山簋(M1017:35)。
[2] 李守奎、侯瑞華:《漢字發展過程中的分化、合併與糅合——以古文字中的"鬼"與"畏"爲核心》,待刊。
[3] 葉家山墓地所出曾侯諫甗(M2:1),銘文中的"媿"似乎省女旁。但從銘文看,該字實際上保留了女旁的殘畫,比對同墓地所出其他"曾侯諫作媿"器物的"媿"字,可知曾侯諫甗(M2:1)銘文中的"媿"亦有女旁。
[4] 石小力先生與筆者交流時亦曾提及此點。

4. 典

銘文出現兩次"典"字,嚴志斌、謝堯亭均釋作"典",同時在注釋中指出"典"或可釋爲"册",銘中"登册"可能相當於甲骨卜辭常見的"再册"。楊勇偉引謝明文之説釋作"册",認爲"册"指周王對邵的册命之書。按:銘文的兩處"典"分別寫作 ![字] 與 ![字],似即謝明文所討論的"册"。[1] 不過細究字形,格姬簋銘文所見字與"册"字異體"𠕁"與"𠕋"並不完全相同,當以釋作"典"爲是。[2] "典""册"形近,且存在混用的情形,如槐簋(《銘續》30453,西周中期)銘文所見"作典尹",便相當於"作册尹"。銘文的內容則可進一步幫助我們落實該字的釋讀。

"今我既 ![字] 典先王既又(有)井(型)"一句中,![字] 字未有確解,[3] 句中的"典"當是效法之意。癲鐘(《集成》247—250,西周中期)"克明𢆶(厥)心,疋(胥)尹氽(典)𢆶(厥)威義(儀),用辟先王",所"典"的"威儀"指規範、規則。[4] 與"威儀"連用的動詞有"帥型""秉""嗣"等,可見"典"的含義近於"帥型""秉""嗣",當是效法之意。叔夷鐘(《集成》275,春秋晚期)"尸(夷)典其先舊,及其高祖","典"亦有效法之意。邢侯簋(《集成》4241,西周早期,又稱榮簋)銘文"用𠕁王令(命)"的"𠕁",或釋作"典",或釋作"册"。[5] 王蘊智釋作"典",認爲其含義爲"用貴重文册當作法規",[6] 可以參看。

後文"其典,用"之"典",當是登錄之意,[7] 即登錄邵被册立這一結果,使之"用事"。朱鳳瀚曾指出:"'典',見於金文者,如克盨:'王令尹氏友史趙,典善夫克田人。' 倗生簋:'用典格伯田。'可見,典田之'典'的意思,'如今言記錄或登錄'(郭沫若《兩周金文辭大系考釋》82頁)。由克盨銘文可知,貴族所有的田、人要由王委派大臣'典',即登錄於典册,保存於王朝,作爲存檔。"[8] 格姬簋銘文的第二個"典",亦當是這一用法。

5. 井(型)

"井",楊勇偉讀作"刑",理解爲國家的典刑、刑罰。嚴志斌、謝堯亭將"井"讀作"型",將"今我既 ![字] 典先王既有型"理解爲"去核查王室收錄的先王既有的典章法規"。按:"井"可讀作"刑(型)",指常法、範式,與刑罰無直接關聯。《爾雅·釋詁上》:"刑,常也。"《詩經·大雅·抑》"克共明刑",毛傳云:"刑,法也。""型"有"法"義,但在銘文中並不指王室收錄的具

---

[1] 謝明文的觀點見《"𠕋"、"𠕁"等字補釋》,《中國文字》新36期,藝文印書館,2011年,第99—109頁。
[2] 這一點承謝明文先生見告。
[3] 楊勇偉釋作"戠",嚴志斌、謝堯亭懷疑爲"登"。從字形和文義看,釋作"戠"的説法較優。
[4] 羅新慧:《周代威儀辨析》,《北京師範大學學報(社會科學版)》2017年第6期。
[5] 嚴志斌、謝堯亭將邢侯簋銘文的"𠕁"釋作"典"。
[6] 王蘊智:《"典""册"考源》,《殷都學刊》1994年第4期。
[7] 嚴志斌、謝堯亭:《格姬簋銘研究》,《中國國家博物館館刊》2023年第9期。
[8] 朱鳳瀚:《琱生簋銘新探》,《中華文史論叢》1989年第1期。

體文本。"今我既㦣典先王既又(有)井(型)"指的是遵循先王之常法,後文的"弗能靜又(有)家"便是就先王常法而言。對先王之"型"的稱述,可參見牧簋(《集成》4343,西周中期)銘文"不用先王乍(作)井(型)""女(汝)母(毋)敢弗帥先王乍(作)明井(型)"、毛公鼎(《集成》2841,西周晚期)銘文"女(汝)母(毋)弗帥用先王乍(作)明井(型)"。"先王既有型",亦相當於韓伯豐鼎(《銘圖》2426,西周早期)銘文的"先王令(命)"。

6. 靜又(有)家

"又",嚴志斌、謝堯亭認爲意同"氒(厥)"。楊勇偉則將"又"讀作"佑",訓輔助、幫助,將"佑家"理解爲"家族宗室幫助"。按:"佑家"理解爲"家族宗室幫助",在文法上難以成立。"又"當讀作"有",爲無義的詞頭。"有家"即"家",可參看《周易·家人·象》:"王假(格)有家,交相愛也。"

"今我既㦣典"與"今我亦既訊伸氏"之"我",楊勇偉認爲指代智。按:"我"當指保子聿。"弗能靜有家"係保子聿所強調的先王常法,"不能靜有家"或是晋人伸的認同與誓詞,並不一定意味着智即位爲君這件事不合常法。

7. 欻告

"欻告",嚴志斌、謝堯亭認爲"欻"或通"矢","矢告"即"直告",亦即"正告",與前舉"畏告"正相對照。楊勇偉指出,"欻告"一詞還見於裘衛盉,同樣將"欻"讀爲"矢",認爲是陳述的意思。按:在清華簡《繋年》第一章中,周厲王所奔"彘"地寫作"敫(徹)"。漢武帝劉徹,又名劉彘。王挺斌已經指出金文的"欻告"可讀作"徹告","徹"訓通、達,[1] 格姬簋銘文的"欻告"亦或作此解。[2]

8. 龢

"龢",嚴志斌、謝堯亭指出是"侖"字或體,通爲"龢",認爲銘文說的是"保子聿參與協調叔鼏父、師父、散史對格(霸)姬進行訊問"。楊勇偉則認爲"龢"通"䠆",字亦作"䠆",訓疾走。按:兩周金文的"龢"基本從禾,"龢"通"龢"似不合當時的用字習慣。且"龢"之調和義多用於音樂,金文的"龢"常與"鐘"連用,亦可用於食物之調和,但似乎難以用來表示協調某事。將"龢"解釋爲疾走,更爲可疑。"龢"之前的"眾",相當於共事介詞"暨""及""與"。因此"眾"之後所接應爲具體對象。全句當作"我既眾龢叔、鼏父、師父、散史顤訊既汝姬氏之","龢叔"作爲人名,與鼏父、師父、散史顤並列。

9. 遽

"遽",嚴志斌、謝堯亭認爲或是"遽"字異構,《説文》:"遽,傳也。"遽召于王,當是使智乘

---

[1] 王挺斌:《金文研讀札記二則》,《文史》2023年第2輯。
[2] 有學者在簡帛網簡帛論壇已經提及此點,見簡帛論壇《大河口 格姬簋 解讀》第4樓,2023年9月16日。

傳車入往王庭,内服任職。楊勇偉指出"遽"訓"傳","今既遽訇于王"是微史對訇所言,大意是指將訇已經繼承國君之位的這件事情上奏了周王。按:"遽"訓"傳"時,指驛車或驛馬,用作名詞,"傳"是傳車之傳,非傳達之傳。"遽"是否可用作動詞表示乘傳車或上奏,頗爲可疑。"今既遽訇于王"的句式,近於獄簋(《銘圖》5315—5318,西周中期)銘文的"朕光尹周師右告獄于王",或謂將立訇爲君的消息向周王匯報,由周王確認。

10. 緯(肆)史告格(霸)姬

嚴志斌、謝堯亭認爲從"戲"至"姬氏之"之間的内容都是保子婁的言辭。本文認爲保子婁的傳命之辭終於"今既遽訇于王","緯(肆)史告格姬"則是敘述的内容。尹氏、保子婁均屬於"史",銘文的主要内容爲尹氏"告姬氏"之語(由保子婁傳達),"緯(肆)史告格姬"正是對前文的概括,引出霸姬稱揚尹氏。可對照如下:

(1) 保子婁……告姬₌氏:……
(2) 緯(肆)史告格(霸)姬

稱"姬氏"是尹氏、保子婁的視角,稱"格姬"則是霸氏的視角。

在嚴志斌、謝堯亭、楊勇偉諸先生研究的基礎上,結合筆者的理解,試將格姬簋銘文的釋文調整如下:

唯六月初吉,辰在戊子。尹氏事(使)保子婁蔑格(霸)₌姬₌歷,伐用章(璋),兒,告姬₌氏:"戲(嗟)! 爾曰:'其朕子訇乍(作)君。'今晉人伸亦曰:'朕生(甥)乍(作)君。'今我既🏴典先王既又(有)井(型),曰:'弗能敢又(有)家。'今我亦既訊伸氏,亦曰:'不能敢又(有)家。'今我既銑(徹)告伯倓父曰:'其典,用。'我既眔遹叔、鼎父、自(師)父、散史顙訊既女(汝)姬₌氏之。今既遽訇于王。"緯(肆)史告格₌姬₌(霸姬,霸姬)對[1]揚皇尹休,用作寶簋,孫₌子₌(孫孫子子)其萬年永寶。

二、幾點討論

目前學者對格姬簋銘文的歷史背景尚有不同看法,涉及霸姬的身份、訇是否被立爲新君等重要問題。以下結合筆者對銘文的理解,嘗試提出對相關問題的初步認識。

(一) 霸姬的身份

目前與霸姬相關的器物主要有三件,分別是气盤、气盉以及格姬簋,均出自大河口

---

[1] "對"字出現了與"遽"字相同的"退"形結構。

M2002。一般認爲,M2002 是 M1017 的墓主人霸伯尚之弟——霸仲。[1] 在此之前,嚴志斌、謝堯亭曾指出霸姬當是霸仲的夫人。[2] 裘錫圭等學者有相同的認識。[3] 韓巍則有不同的看法,他針對气盤和气盉銘文提出這樣的疑問:

> 如果霸姬真的是霸仲的夫人,那麽爲何這樣一起涉及家族重大經濟利益的糾紛,不是由一家之主霸仲提出訴訟,而要讓霸姬一個婦道人家出面? 以往所見涉及訴訟的西周銅器銘文,出場人物均爲男性,霸姬是第一位出現在訴訟銘文中的女性。這一現象本身就非同尋常。假如當時霸仲已經去世,繼承人又年幼無法出面,霸姬作爲主婦來擔當此重任當然也是合理的。然而記錄訴訟過程的气盤、气盉又出土於霸仲墓中,這就意味着這場官司從頭到尾(包括其後鑄造銅器)必須在霸仲去世到下葬的短暫時間内完成,這種可能性可以説微乎其微。

因此韓巍指出霸姬是霸伯尚的夫人——宜姬,气即霸仲;因霸伯尚去世較早,繼承人幼弱,霸姬婦人當政,霸仲气見有機可乘,於是大膽奪占了大宗屬下的"僕馭臣妾",引發了气盤和气盉銘文所記的訴訟。[4] 黄錦前有類似的看法,認爲霸仲名"气",與霸伯尚係兄弟,霸姬係霸伯尚之妻。[5]

格姬簋的問世,可爲霸姬的身份提供進一步的綫索。銘文的背景是霸伯尚已經去世,霸氏改立新君,所要立的新君是霸姬之子㫃。從周王室派人來嘉勉霸姬,且霸姬在册立新君的過程中有相當的話語權看,霸姬當爲霸氏之宗婦。如果霸姬是霸伯尚夫人,一切就順理成章了:在霸伯尚過世之後,霸伯尚與霸姬之子㫃尚年幼,霸姬曾短暫掌管霸氏政事,此後在周王室和晋人的見證下,擁立其子㫃爲君。

如果霸姬是霸仲夫人,則有許多不好解釋的地方。我們不妨繼續韓巍的疑問:格姬簋與气盤、气盉均出自霸仲之墓,如果霸姬是霸仲夫人,不但霸姬與气的官司從頭到尾(包括其後鑄造銅器)必須在霸仲去世到下葬的短暫時間内完成,霸姬立㫃爲君、霸姬接受周王室嘉勉以及爲此鑄造銅器,亦要在此期間完成。這種可能性無疑更小。如果霸姬是霸仲夫人,在霸

---

[1] 山西省考古研究所等:《山西翼城大河口西周墓地 2002 號墓發掘》,《考古學報》2018 年第 2 期。
[2] 嚴志斌、謝堯亭:《气盤、气盉與西周誓儀》,《中國國家博物館館刊》2018 年第 7 期。
[3] 裘錫圭:《大河口西周墓地 2002 號墓出土盤盉銘文解釋》,《出土文獻與古文字研究》第 8 輯,上海古籍出版社,2019 年,第 135 頁;王静:《山西翼城大河口墓地出土霸姬盤、盉銘文試析》,《殷都學刊》2020 年第 2 期。
[4] 韓巍:《翼城大河口 M1017、M2002 兩墓的年代及相關問題》,《青銅器與金文》第 3 輯,上海古籍出版社,2019 年,第 251—253 頁。
[5] 黄錦前:《翼城大河口 M2002 出土銅器銘文讀釋》,《北方文物》2022 年第 3 期。

伯尚及霸仲過世之後擁有較大權勢（享有宗婦的地位），且有權立其子習爲君，則基本上只有一種可能，那便是霸仲曾繼位爲君。但從霸仲之墓 M2002 的規模和隨葬品看，遠不及霸伯尚之墓 M1017，霸仲繼位的可能性基本不存在。

此前學者或以爲霸姬來自井氏宗室，[1] 或以爲來自宜氏，即霸伯盤（M1017：41）銘文中的宜姬。[2] 據格姬簋銘文，霸姬之子爲晉人伸之甥，霸姬顯然來自晉邦。傳世格伯簋（《集成》3952，西周中期）銘文載："佳（唯）三月初吉，格白（伯）乍（作）晉姬寶簋，子=（子子）孫=（孫孫）其永寶用。"大河口 M1017、M2002 的下葬年代大致在恭王時期，[3] 格伯簋一般認爲在恭王之世。格伯簋所見"格伯"即"霸伯"，其時代與 M1017 相近而稍後。[4] 格伯簋銘文中的"晉姬"自然不能等同於霸姬，但她們均出自晉邦，可反映霸氏宗子與晉邦的通婚情形。從霸伯盤（M1017：41）銘文看，霸伯尚有夫人"宜姬"。從格姬簋銘文看，霸伯尚應另有夫人"格姬"（亦可稱"霸姬""晉姬"）。

霸姬如若是霸伯尚夫人，气盤、气盉、格姬簋諸器銘文自可貫通無礙。但不易解釋的是，與霸姬相關的幾件器物何以均出自霸仲之墓？由於气盉的材料先行面世，不少學者相信气爲器主。[5] 在气盤銘文公布之後，學者轉而相信气盤、气盉的器主更可能是霸姬，[6] 而非气。韓巍則仍主張气盤、气盉的器主是气，並指出"气"是霸仲之名。[7] 黃錦前亦主張霸仲名"气"。[8] 气與霸仲是何關係，尚難以遽定。一般而言，載錄訴訟銘文的銅器，作器者是勝訴者或原告。[9] 銅器銘文多隱惡揚善，作爲敗訴的一方，气不大可能爲此鑄造銅器。將"气"視作霸仲之名，固然可以更好解釋緣何气盤、气盉會出自霸仲之墓，但同時會受到格姬簋銘文的挑戰。格姬簋的器主，無疑是霸姬。因此，格姬簋可以進一步驗證气盤、气盉的器主是霸姬而非气。同時，格姬簋也增強了霸姬與霸仲的關聯，霸姬三器均出自霸仲之墓，霸姬是霸仲夫人的說法也具有一定合理性。但綜合霸姬、霸仲的地位看，霸姬作爲霸伯尚夫人的概率似乎更大。一種可能的解釋是，气盤、气誓盉、格姬簋諸器均是霸仲逝世之後霸姬的

---

[1] 嚴志斌、謝堯亭：《气盤、气盉與西周誓儀》，《中國國家博物館館刊》2018 年第 7 期。
[2] 韓巍：《翼城大河口 M1017、M2002 兩墓的年代及相關問題》，《青銅器與金文》第 3 輯，第 252 頁。
[3] 韓巍：《翼城大河口 M1017、M2002 兩墓的年代及相關問題》，《青銅器與金文》第 3 輯，第 243、247 頁。
[4] 不排除格伯簋中的"格伯"即習的可能。
[5] 白軍鵬：《翼城大河口墓地 M2002 所出鳥形盉銘文解釋》，復旦大學出土文獻與古文字研究中心網站，2011 年 5 月 4 日；黃錦前：《大河口墓地所出鳥尊形盉銘文略考》，簡帛網，2011 年 5 月 4 日；裘錫圭：《翼城大河口西周墓地出土鳥形盉銘文解釋》，《中國史研究》2012 年第 3 期。
[6] 嚴志斌、謝堯亭：《气盤、气盉與西周誓儀》，《中國國家博物館館刊》2018 年第 7 期；裘錫圭：《大河口西周墓地 2002 號墓出土盤盉銘文解釋》，《出土文獻與古文字研究》第 8 輯，第 134 頁。
[7] 韓巍：《翼城大河口 M1017、M2002 兩墓的年代及相關問題》，《青銅器與金文》第 3 輯，第 251—253 頁。
[8] 黃錦前：《翼城大河口 M2002 出土銅器銘文讀釋》，《北方文物》2022 年第 3 期。
[9] 王静：《山西翼城大河口墓地出土霸姬盤、盉銘文試析》，《殷都學刊》2020 年第 2 期。

贈贈之器。限於材料,霸姬的身份問題尚有待進一步研究和驗證。

(二) 㚸是否被册立爲新君

由於嚴志斌、謝堯亭認爲霸姬係霸仲夫人,故認爲霸仲—㚸這一支在霸國是小宗,依據立嫡立長的原則,㚸並無資格立爲霸國之君;若立㚸爲君,便是"㪜又家",違背"本大而末小"的宗法要求,也不符合"先王既有型"。楊勇偉則有不同看法,他認爲格姬簋銘文記載的是關於霸國國君繼承人的一個任命事件,霸國國君夫人主張自己的兒子繼承國君之位,同時也得到了晋國大夫的贊同。㚸是否成功被擁立,上述學者有截然不同的看法。

如若霸姬是霸伯尚夫人,那麽㚸被擁立也便無違背宗法之虞。銘文中保子𦎫所云"弗能㪜有家",以及晋人伸所云"不能㪜有家",似乎是指㚸繼位之事有違公室。但"不能㪜有家"也可以理解爲晋人伸的保證與認同,其性質近似於誓詞。"不能㪜有家"的具體含義,或是指周王室與晋邦均要尊重霸氏公室自身的繼承人選擇。

更重要的是,銘文並未明確體現保子𦎫所代表的周王室對㚸繼位之事的否決。從"其典,用"一語看,㚸被擁立的結果應是積極的,得到了周王室的肯定。"今既遘㚸于王"還不容易解釋,它並不一定說的是將㚸遣送至王廷任職。嚴志斌、謝堯亭認爲㚸簋(《銘圖》5217,西周中期)、師虘簋(《集成》4251,西周中期)諸器銘文中的㚸不排除一種可能——他便是在朝廷任職時期的霸姬之子。目前霸姬之子㚸與其他銘文中的㚸,他們之間的關係尚難確定。即便㚸曾任職于王廷,這與他繼任爲霸氏宗子亦不衝突,近畿諸侯兼任王朝卿士並不鮮見。

綜上考慮,㚸應爲霸伯尚與霸姬之子,他繼承了霸伯尚的君位,並得到周王室與晋人的認可。由此也可以進一步認識霸氏與周王室及晋邦的關係。

補記:本文曾提交於 2023 年 10 月 28—29 日由北京大學出土文獻與古代文明研究所主辦的"考古新發現與周代國家形態研究"青年學者工作坊。與會期間,曾得到多位學者指教,並聆聽了嚴志斌、何景成、肖威諸位先生的相關報告。近來又拜讀馮時先生《霸姬簋銘文所見西周宗法與家族倫理》(載《文物季刊》2023 年第 4 期)以及鞠焕文先生待刊稿《也説霸姬簋銘及相關問題》,獲益頗多。此次發表,拙文基本保持原貌,所改動者,主要是將所謂"册"字改釋爲"典"(對於該字在文中的具體含義,本文與原稿的理解基本一致),特此說明。

在學習了上述幾位先生的報告或論文之後,筆者有幾點感想,在此略作補充:

1. 關於"兒"字,一些學者亦提出屬上讀的意見。如何景成先生讀作"毁",馮時、鞠焕文兩位先生讀作"餽"。由於缺乏旁證,該字仍存疑待考。

2. 本文認爲"逾叔""鼏父"爲二人,何景成先生則認爲"逾叔鼏父"是一人,亦不無可能。

3. 關於"遘"字,馮時先生讀作"處",訓審度。此説可以較好疏通文義,或可成立。

4. 肖威先生認爲告霸姬的主體是尹氏,而非保子𦎫,保子𦎫扮演的是傳命官的角色;多見"今""既",是尹氏告霸姬語的特點,因此保子𦎫傳命的内容終於"今既遘㚸于王","肆史告格姬"則是叙述的内容；格姬簋銘文的結構内容與韓伯豐鼎銘文有相近之處。肖先生對保子㝬傳命内容起訖範圍的判斷，與筆者一致，並同樣聯繫韓伯豐鼎銘文進行討論。肖先生注意到多見"今""既"是尹氏告霸姬語的特點，頗有啓發性。

5. 關於霸姬的身份，或曰爲霸伯夫人，或曰爲霸仲夫人，或曰爲霸仲之母。霸姬應非霸仲夫人，理由已見上文。霸姬亦應非霸仲之母，霸仲墓的規模與霸伯墓相差懸殊，墓葬規模難以支持霸姬是霸仲之母、霸仲即召並繼位爲君的説法。

霸姬簋銘文與霸國公室繼位風波

彭佳豪*

2010 年山西翼城大河口 M2002 墓葬出土的霸姬簋近日重新發現了銘文，楊勇偉、嚴志斌、謝堯亭等先生先後公布銘文拓片，進行系統梳理，並提出了富有啓發的看法。[1] 在研讀學習後，筆者形成了若干新見，因此不揣譾陋撰此小文，望就正於博雅君子。

一、气盉、气盤與霸姬簋銘文史事背景

霸姬簋銘文面世後，學者指出，銘文内容與霸國國君繼位相關。然而，對其性質問題，學界却産生了截然相反的意見。楊勇偉先生認爲，霸國國君夫人霸姬主張其子習繼位，並得到了晋人支持和周王室認可。嚴志斌、謝堯亭先生則認爲，霸姬擁立其子的主張被王室否定，習被送往王室成爲内服官員。由此可見，諸家對王室意見難以有確切把握。造成這一分歧的根本原因在於，銘文本身缺少習繼位與否的直接記載。面對銘文内證不足、幾於無解的困境，我們或許可以從霸姬簋出土地 M2002 墓葬尋找相應綫索。

發掘者指出，M2002 墓葬墓主爲一男性，35—39 歲，是 M1017 墓主霸伯尚之弟霸仲。墓葬共出土青銅禮器 13 件，與 M1017 相比，銅器數量少，器類簡單，没有酒器和樂器，其中 6 件有銘文，多爲霸仲自作器。[2] 這引發我們思考：新見霸姬簋爲霸姬所有，這件器物是如何落入霸仲手中，最後隨之埋葬的呢？同墓出土的气盉和气盤或許能提供答案。气盉内容簡略，气盤銘文完整，其内容如下：

> 唯八月戊申，霸姬以气訟于穆公，曰："以公命，用討朕僕馭、臣妾自气，不余乞。"公曰："余不汝命曰'付霸姬'？"气誓曰："余䓝（敢）弗展稱公命，用付霸姬，余唯自誣，鞭五百，罰五百鋝。"報厥誓曰："余稱公命，用付霸姬。倘余亦改朕辭，則鞭五百，罰五百鋝。"气則誓。增厥誓曰："如䓝（敢）弗稱公命，用付霸姬，余唯自誣，

---

* 北京師範大學歷史學院碩士研究生。
[1] 楊勇偉：《山西大河口 M2002 格姬簋銘文釋讀及與晋國關係》，《中國文物學報》2023 年 9 月 8 日；嚴志斌、謝堯亭：《格姬簋銘研究》，《中國國家博物館館刊》2023 年第 9 期。下文所引二家意見均出自這兩篇文章，爲避繁複，下文所引皆不出注。
[2] 山西省考古研究所等：《山西翼城大河口西周墓地 2002 號墓發掘》，《考古學報》2018 年第 2 期。

則鞭身,傳出。"報厥誓曰:"余既曰稱公命,倘余改朕辭,則出棄。"气則誓。對公命,用作寶盤、盉,孫子子其萬年寶用。[1]

气盤詳細記載了霸姬與气的一場訴訟,气侵占了原屬霸姬的"僕馭臣妾",穆公曾爲之仲裁,命气歸還霸姬,气却拖延不從。因此霸姬再次找到穆公,在穆公壓力下,气屢屢發誓表示將臣妾交還。對於其間的人物關係,學界曾有分歧。不少學者認爲霸姬即霸仲夫人,[2] 學者或認爲是霸伯尚、霸仲之母,[3] 也有學者認爲是霸伯尚之妻。[4] "气"的身份也存在異説,不少學者未作判斷,也有學者認爲"气"即墓主霸仲。[5] 與之相應地,器主也存在霸姬或气兩説。根據訴訟類銘文僅見勝利者或見證人作器的特點,[6] 以及商周金文"鏤之金石,琢之槃盂,傳遺後世子孫"(《墨子·天志中》)的特性,可判斷气盉、气盤器主爲霸姬,而不可能是失敗方气所作。

對於霸姬、霸仲的關係,學者爭議較大,主要有母子、夫婦、叔嫂三説:首先,母子之説可能不確。此説面臨的疑難是,霸姬若是上一代霸伯夫人,且在霸伯、霸仲年幼時發起訴訟,那麼這組器物更可能見於霸姬自己,抑或霸伯尚墓中,而非其弟霸仲墓中。[7] 其次,夫婦之説也面臨一個疑問。韓巍先生指出,一個家族面對重大經濟利益糾紛,出面者不太可能是夫人霸姬,而家主霸仲退居其後。如果霸仲此時已經去世,霸姬不得已主持局面,便意味着整場

---

[1] 釋文主要參考了裘錫圭先生文章,對於其中部分字句我們理解有所不同,則加以調整。參見裘錫圭:《大河口西周墓地2002號墓出土盤盉銘文解釋》,《出土文獻與古文字研究》第8輯,上海古籍出版社,2019年,第134—146頁。

[2] 嚴志斌、謝堯亭:《气盤、气盉與西周誓儀》,《中國國家博物館館刊》2018年第7期;裘錫圭:《大河口西周墓地2002號墓出土盤盉銘文解釋》,《出土文獻與古文字研究》第8輯,第135頁;吳雪飛:《霸姬盤銘文與西周獄訟相關問題研究》,《商周國家與社會國際學術研討會論文集》,北京,2019年,第302—326頁。

[3] 王沛:《霸姬盤小考》,《出土文獻與法律史研究》第7輯,法律出版社,2018年。

[4] 韓巍:《翼城大河口M1017、M2002兩墓的年代及相關問題》,《青銅器與金文》第3輯,上海古籍出版社,2019年,第230—256頁;黃錦前:《翼城大河口M2002出土銅器銘文讀釋》,《南方文物》2022年第3期;鄒家興:《試論霸國墓地M2002出土霸姬盤、盉銘文相關問題》,謝耀亭、翟銘泰主編:《河汾之東:翼城縣首屆晉文化研討會論文集》,三晉出版社,2023年,第145—157頁。

[5] 韓巍:《翼城大河口M1017、M2002兩墓的年代及相關問題》,《青銅器與金文》第3輯,第230—256頁;黃錦前:《翼城大河口M2002出土銅器銘文讀釋》,《南方文物》2022年第3期;鄒家興:《試論霸國墓地M2002出土霸姬盤、盉銘文相關問題》,謝耀亭、翟銘泰主編:《河汾之東:翼城縣首屆晉文化研討會論文集》,第145—157頁。

[6] 前者代表如五祀衛鼎(《集成》02832)、曶鼎(《集成》02838)、鬲比鼎(《集成》02818),後者如師旂鼎(《集成》02809)、亻朕匜(《集成》10285)。

[7] 鄒家興:《試論霸國墓地M2002出土霸姬盤、盉銘文相關問題》,謝耀亭、翟銘泰主編:《河汾之東:翼城縣首屆晉文化研討會論文集》,第145—157頁。

官司從頭到尾(包括其後鑄造銅器),必須在霸仲去世到下葬的時間之内完成,這一可能微乎其微。[1]

最後爲叔嫂之説。韓巍先生指出,霸姬是霸伯尚夫人,霸伯尚去世較早,繼承人幼弱,霸姬婦人當政,霸仲气大膽奪占大宗屬下的"僕馭臣妾"。[2] 鄒家興先生指出,西周貴族婦女很少參與跨國族政治經濟活動,气、霸姬可能存在宗族血緣聯繫;气誓言中有流放内容,而一般只有君主、君夫人具有流放臣民的權力;銘文稱被告爲气,只有名而無氏、字,透露出气、霸姬屬同一宗族。[3] 綜合來看,霸姬、霸仲爲叔嫂關係較爲可信,銘文中的气即霸仲。[4]

气盤、气盉銘文内容、人物關係的確定,將爲霸姬簋銘文提供參照。從時間上看,霸姬簋涉及國君繼位之事,此時霸伯尚去世不久,嫡嗣問題亟待解決。气盤、气盉中霸姬則作爲宗婦參與訴訟,從情理上看,霸伯尚新死,擁立其子應是霸姬的當務之急,而不太可能延請穆公以解決糾紛。因此,气盤、气盉事件應發生在君位確定後。霸姬簋銘文在前,而气盤、气盉在後。

時間關係的確定有助於反推霸姬之子習即位與否。霸姬簋銘文顯示,霸姬作出擁立其子決定後,立即得到晋人伸支持。根據相關銘文,學者多已指出霸姬出自晋國。嚴志斌、謝堯亭先生認爲晋人伸可能是晋國貴族,[5]當爲確論。因此,在霸姬立子事件中,晋國扮演了重要角色,乃至後文身爲王朝卿士的尹氏在霸國繼承人問題上,也需着重參考晋人意見。

在此可以假設,如果習得到王室認可,其合法性將得到三重論證:首先是霸國宗氏的血緣關係,其次是宗主之國兼舅氏之國晋國的認同庇護,最後是周王室的册命認可。晋國是懷姓九宗宗主國,《左傳·定公四年》載"分唐叔以大路密須之鼓,闕鞏沽洗,懷姓九宗",一般認

---

[1] 韓巍:《翼城大河口 M1017、M2002 兩墓的年代及相關問題》,《青銅器與金文》第 3 輯,2019 年,第 230—256 頁。周博先生根據相關金文指出,西周宗婦擁有族産管理權、支配權,气盤中霸姬參與訴訟,與宗婦的族産管理者身份相符。而鄒家興先生則認爲,"這並不能充分證明西周婦女可以在丈夫存世的情況下獨自參與訴訟"。參見周博:《霸姬盤銘文補論》,《出土文獻與法律史研究》第 9 輯,法律出版社,2020 年,第 61—73 頁;鄒家興:《試論霸國墓地 M2002 出土霸姬盤、盉銘文相關問題》,謝耀亭、翟銘泰主編:《河汾之東:翼城縣首屆晋文化研討會論文集》,第 145—157 頁。

[2] 韓巍:《翼城大河口 M1017、M2002 兩墓的年代及相關問題》,《青銅器與金文》第 3 輯,第 230—256 頁。

[3] 鄒家興:《試論霸國墓地 M2002 出土霸姬盤、盉銘文相關問題》,謝耀亭、翟銘泰主編:《河汾之東:翼城縣首屆晋文化研討會論文集》,第 145—157 頁。

[4] 還有一個問題亟待解決,爲何霸姬所作气盤、气盉最終隨霸仲下葬呢?鄒家興先生認爲這可能出於某種特殊動機,霸仲生前功勳顯著,待其死後,霸姬或其子新君將死後記載了他不光彩事件的气盤、气盉隨他下葬,體現了新君對老臣的優待(參見鄒家興:《試論霸國墓地 M2002 出土霸姬盤、盉銘文相關問題》,謝耀亭、翟銘泰主編:《河汾之東:翼城縣首屆晋文化研討會論文集》,第 145—157 頁)。根據後文,我們懷疑這些器物爲霸仲或其後人奪攘所得。同時,也不排除霸仲死後,霸姬妥協,以這些器物作爲霸仲賻贈的可能。

[5] 嚴、謝二先生懷疑晋人伸即晋國國君,然後文中稱之爲伸氏,因此這一觀點恐怕不太可信。

爲霸國即九宗之一。[1] 西周時期的附庸，常從事耕藉田畝、繳納賦稅、提供力役等活動。[2] 對於附庸部族，宗主國可能也有權干預其君長廢置。[3] 此外，作爲舅氏之國的晉國，也能給霸姬、習以政治聲望和軍事援助。因此，霸姬國內地位可類比曾國加嫡，二人均爲附庸國宗婦，其母國同樣爲宗主國，加嫡自述"余典册厥德，繫民之氐巨"，[4] 霸姬在霸國應有類似威勢。換句話說，霸姬在國內位尊勢重，即便其子習年幼，也無礙於她借由王室、晉國聲望執掌權力，最不濟也能保障自身權勢，消除旁人覬覦之心。在此背景下，氣盤、氣盉中霸仲侵奪霸姬臣妾之事似乎不太可能發生。此外，前文提及，霸仲此前已忤逆公命，在一場訴訟中，他冒着同時得罪霸國宗婦、王室重臣的風險，這也不太理智。這樣看來，習成爲霸國君主的預設可能不太準確，更合理的解釋是霸姬並非大宗宗婦，其子習也並未成爲國君，霸仲才敢於侵奪霸姬的僕馭臣妾。

簡言之，在霸姬簋立子事件中，其子習未得到王室認可，也未成爲霸國國君，這也便於解釋霸姬簋出土於霸仲墓地。如果霸姬簋是記錄習成爲國君的器物，彰顯了霸姬與習的勝利，霸姬、霸仲曾有過節，她應不會將之作爲霸仲賻賵。以二人的地位，霸仲生前也難以奪攘其器；而倘若霸姬簋記錄的只是失敗的繼位嘗試，霸姬和習淪爲公室旁支，霸仲便有了侵占霸姬僕馭臣妾及其寶器的可能。

二、霸姬簋銘文柬釋

聯繫相關史事背景，可推測霸伯尚逝世之後，霸姬之子習未成爲霸國君主，這爲討論霸姬簋銘文性質提供了背景。對於銘文內容前人已有很好的梳理，下面我們主要就銘文中的一些疑難之處略作補充。結合下文論述，現將全銘內容摘錄於下：

> 唯六月初吉，辰在戊子。尹氏使保子毳茂格（霸）姬曆，格（霸）姬伐，用章（璋）鬼（饋）。告姬氏："敵爾曰：其朕子習乍（作）君。今晉人伸亦曰：朕生（甥）乍（作）君。今我既戴册（册），先王既又（有）井（型）曰：弗能敦（委）又（有）家。今我亦既訊伸氏，亦曰：不能敦（委）又（有）家。今我既戠告白（伯）俟父曰：其册（册）用。

---

[1] 相關綜述可參李騰：《從周原甲骨 H11∶8 談倗、霸的遷居——兼補論倗伯、霸伯身份的二重性》，《甲骨文與殷商史》新十三輯，上海古籍出版社，2023 年，第 298—309 頁。
[2] 王坤鵬：《"因以其伯"——西周時期族群治理的一種方式》，《古代文明》2018 年第 3 期。
[3] 如齊國吞併紀國過程中，先扶持紀侯之弟紀季使之成爲附庸（《左傳·莊公三年》）。又如《左傳·宣公十二年》鄭襄公降楚也可參考，鄭伯向楚莊王投降時説"孤不天……敢不唯命是聽？其俘諸江南，以實海濱，亦唯命。其翦以賜諸侯，使臣妾之，亦唯命；若惠顧前好，……使改事君，夷於九縣，君之惠也，孤之願也"。
[4] 郭長江、李曉楊、凡國棟、陳虎：《嫡加編鐘銘文的初步釋讀》，《江漢考古》2019 年第 3 期。

我既眔逾叔鼏父、自(師)父、敝(微)史顥訊既女(汝)姬,姬氏之今既(暨)遽(遽)智于王,肆史告格(霸)姬。"格(霸)姬對(對)揚皇尹休,用作寶簋,孫孫子子其萬年永寶。

圖一　霸姬簋銘文拓片[1]

（1）格(霸)姬伐,用章(璋)鬼(饋)。

此句楊勇偉先生斷爲"霸姬伐用璋",並聯繫霸伯盂"毁用璋",認爲舉行祼酒禮放置玉柄形器時要進行毁缺。嚴志斌、謝堯亭先生斷爲"伐,用璋",指"霸姬受到王朝太史寮友稱伐,作爲主人賄賓以璋"。按謝明文先生已指出,金文中的"伐"多用作"稱美"義,其後也可以接具體賞賜物,[2]這裏即稱美霸姬之義。諸家多將"鬼"字屬下讀,楊勇偉先生讀爲"媿告姬氏",認爲霸國爲媿姓,此處的"媿"是指霸國國君之女。嚴志斌、謝堯亭先生讀爲"畏告姬氏",畏讀爲威。按金文中確有女子"單稱姓"的稱謂方法,這類稱謂是在特定語言場合中形

---

[1] 拓片來自嚴志斌、謝堯亭:《格姬簋銘研究》,《中國國家博物館館刊》2023年第9期。
[2] 謝明文:《金文叢考(三)》,《商周文字論集續編》,上海古籍出版社,2022年,第175—177頁。

成的,主要是由夫家特别是丈夫稱呼,也有婦人自稱的情况,[1]但將"鬼告姬氏"之"鬼"視爲人名則缺少相應語境。同時,金文女子"單稱姓"基本出現在"用作"句中,如"虢仲作姑尊鬲(虢仲鬲《集成》00561[2])""姬作厥姑日辛尊彝(姬鼎《集成》02333)",斷讀爲"媿告姬氏"也與之不類。且從後文看,整句話應是使者保子夨向霸姬轉述尹氏所説的話;嚴志斌、謝堯亭先生讀爲"威告姬氏",體會其義應是嚴肅、莊敬之義,但文獻中似未見如此用法。我們認爲"鬼"字屬上,可讀爲"饋","鬼"屬見母微部,"貴"屬見母物部,二字雙聲,韵爲對轉,文獻中相通之例甚夥,[3]"饋",爲饋贈、贈送之義。金文中常見主人以璋賓贈使者,如鄀簋(《集成》4195)"師黄賓鄀璋一"、史頌簋(《集成》4231)"蘇賓璋"。此外,大河口墓地 M1017 霸伯盂銘文有"用虎皮再贿,用璋奉",[4]其中"用璋奉"與本銘"用章饋"結構相同,情景也相似,"奉""饋"均是進獻類動詞。此句意爲:霸姬受到使者稱美之後,用璋饋贈使者。

(2)欼爾曰:其朕子智乍(作)君。今晉人伸亦曰:朕生(甥)乍(作)君。

楊勇偉先生認爲"欼"爲語氣詞,嚴志斌、謝堯亭先生指出相當於"嗟"。一般認爲金文中的"欼"是表示原因的虛詞,張振林先生曾指出,"欼"作爲表示原因的連詞,類似於"唯",金文中有"唯……故……"和"欼……故……"兩種句式。[5] 按"今晉人伸亦曰"之"今"其實相當於連詞"故",《爾雅·釋詁》:"肆、故,今也。"清人王引之指出皆爲詞語。[6] 蔣紹愚先生指出,"今"可作連詞,相當於現代漢語的"所以",或古代漢語連詞"故"。如《尚書·甘誓》:"天用剿絶其命,今予惟恭行天之罰。"《尚書·湯誓》:"夏德若兹,今朕必往。"[7]類似用法的"今"還見於畯簋(《銘圖》05386[8]),"今朕丕顯考恭王既命汝更乃祖考事",李學勤先生指出"今"應訓爲"故"。[9] 此外,"今晉人伸亦曰"的"亦"也揭示出其中的因果關係。因此,本句中的"欼……今……"相當於金文、《尚書》中的"唯……故……""欼……故……"句式。[10] 意爲:因爲你説你的兒子智將要繼承君位,所以晉人伸也説他的外甥要繼承君位。可以判斷,立智爲君爲霸姬主張,霸姬提出這一想法後,進而得

---

[1] 吴鎮烽:《金文人名彙編(修訂本)》,中華書局,2006 年,第 460 頁。
[2] 中國社會科學院考古研究所:《殷周金文集成(修補增訂本)》,中華書局,2007 年。下文簡稱爲"《集成》"。
[3] 高亨纂著,董治安整理:《古字通假會典》,齊魯書社,1989 年,第 489—491 頁;白於藍:《簡帛古書通假字大系》,福建人民出版社,2017 年,第 566 頁。
[4] 此句解讀可參見黃益飛:《霸伯盂銘文與西周朝聘禮》,《考古學報》2018 年第 1 期。
[5] 張振林:《"則繇隹"解》,《古文字研究》第 26 輯,中華書局,2006 年,第 176 頁。
[6] 王引之撰:虞思徵、馬濤、徐炜君點校:《經義述聞》,上海古籍出版社,2018 年,第 1593—1594 頁。
[7] 蔣紹愚:《古漢語詞彙綱要》,商務印書館,2005 年,第 139 頁。
[8] 吴鎮烽編著:《商周青銅器銘文暨圖像集成》,上海古籍出版社,2012 年。下文簡稱爲"《銘圖》"。
[9] 李學勤:《畯簋銘文讀釋》,《出土文獻》第 8 輯,中西書局,2016 年,第 40 頁。
[10] 周博先生垂示筆者,本句"欼"可讀爲"徂",過去、過往之義,"徂""今"相對。此説可參,金文中習見"昔……,今……"的表述或與之類似。

到晋人伸支持。自始至終,霸姬都是擁立呂的主要支持者,呂即位對晋國有利,而晋人伸順水推舟,主觀意願相對較弱,這是因爲立呂的法理不足(詳見後文),因此後來晋人伸才會根據王室意見改變自身立場。

(3) 今我既戴𠕋(册),先王既又(有)井(型)曰:

此句分歧較大,楊勇偉先生認爲在"册"字後斷開,分爲兩句,認爲"我"指代呂,"戴册"是捧舉册書之意,意爲現在我已經接受王的册命成爲新的國君,在先王已經制定的典刑中記載……嚴志斌、謝堯亭先生則作一句讀,指出"我"是保子疌,將"戴"隸定爲从廾从皿(或豆)形的"舁",[1] "册"釋爲"典","舁典"即"登典",即登録於典册之上。"我既舁典先王既有型",意即保子疌去核查王室收録的先王既有的典章法規。按作爲保子疌轉述尹氏的話,本句中的"我"應指尹氏,"戴册"一詞,則可聯繫甲骨文中的"禹册"。《説文》"戴,分物得增益曰戴",段玉裁注"引申之,凡加於上皆曰戴","戴,奉也"爲典籍故訓。[2] 謝明文先生指出,甲骨文中"𢍰""禹册"同義,"𢍰"字象"兩手奉册"形,原始意義就是"舉册"。[3] 何景成先生進一步指出,甲骨文"禹册"解釋爲符合、遵從王命。[4] 今天看來兩種意義之間應有引申關係,對於臣子而言,"禹册"是依照簡册内容而行事,王命需高舉奉行,因此引申出尊奉王命

---

[1] 從字形上看,此字與"戴"字有所不同,但與"豆""皿"相差也很遠。按銘文中有幾字的寫法很獨特,如 ▣ 所從之"韋"、▣ 所從之"翼""見"等。從同銘的"子"字來看,其下部雙手形作 ▣,與"戴"字下部 ▣ 手型類似,其間或有演變關係。與其他"戴"字字形相比,此字最大的差別在於上部與人身的分離,按原本相連的筆畫或偏旁斷開,變成多個筆畫、偏旁的現象在古文字中習見,如"𦥑"字的演變 ▣、▣、▣、▣(參見劉洪濤:《形體特點對古文字考釋重要性研究》,商務印書館,2019年,第 191—192 頁)。最具代表性的是本銘中的"爾"字,作 ▣,與金文中習見的"爾"字對比,中間同樣斷開。因此,本句中的 ▣ 釋爲"戴"應當可信;然而,這一解釋在文字學上仍有疑義,首先是 ▣ 人足下方的橫筆首次出現,因而學者懷疑此爲"皿"字。再次是 ▣ 已爲人身戴舉之形,而此字又从"収",不免羡餘。我們在此提出另一種可能,周忠兵先生曾指出,史牆盤、癲鐘中的 ▣,从"𠙵"聲,剩下的部分是"戴"的表意字,作人戴器皿形(參見周忠兵:《説古文字中的"戴"字及相關問題》,《出土文獻與古文字研究》第 5 輯,上海古籍出版社,2013 年)。按本銘"戴"所从之 ▣ 如果釋爲"皿"的話, ▣ 字可分析爲从𠙵聲、从 ▣(𠬞)省。甲骨文中的"戴"作 ▣,周忠兵先生指出,意符"𠙵"也有表音的作用。而"収""▣"之別則很可能是意符的替換或者省略,前者例子如"對"字 ▣ 之於 ▣,後者如"奉"字 ▣ 之於 ▣、"封"字 ▣ 之於 ▣。

[2] 宗福邦主編:《故訓匯纂》,商務印書館,2003 年,第 849—850 頁。

[3] 謝明文:《"𢍰""𦥑"等字補釋》,《中國文字》新 36 期,藝文印書館,2011 年。

[4] 何景成:《甲骨文"禹册"新解》,《中國文字學報》2015 年第 6 期。在文中,何景成先生認爲"稱公命"之"稱"當訓爲"副",作符合、遵從講。這一觀點是采納了裘錫圭先生 2012 年的看法。而在 2019 年討論气盤的銘文中,裘先生則認爲"稱"的遵從、遵順之義由稱舉、稱述之義引申而來(參見裘錫圭:《翼城大河口西周墓地出土鳥形盉銘文解釋》,《中國史研究》2012 年第 3 期;裘錫圭:《大河口西周墓地 2002 號墓出土盤盉銘文解釋》,《出土文獻與古文字研究》第 8 輯,第 142 頁)。我們贊同這一觀點,準確來説,"稱公命"之"稱"爲稱舉、稱奉之義。甲骨文中的"禹册"本義爲"舉册",二者引申路徑相同。同時應注意到,何景成先生此説並不能很好地解釋所有卜辭,如"貞:弜令敢比,我禹册。(轉下頁)

之義。"戴册"與"再册"爲同類動作,在此即奉行王命之義,具體可能指將周王意見轉達霸姬和晉人佣。

"先王既有型曰"及後面所說的話,應是周王意見。霸姬向周王傳達立習爲君意願後,周王命尹氏,尹氏則命保子孛代爲轉述。根據上文,周王拒絶了霸姬立習爲君的提議。"先王既有型曰"一句即引用先王已有之典刑,而不直接否定,這樣的否定委婉而有力,且兼顧了霸姬和晉人的顔面。

(4) 弗能敳(委)又(有)家。

這一句是全銘的中心句,諸家爭議頗多。楊勇偉先生認爲"敳"是"違"的本字,本義爲離開,意爲我成爲國君是離不開家族宗室幫助的。嚴志斌、謝堯亭先生引《説文》"敳,戾也",意爲不能讓霸國宗室動盪。學者對"敳"的解釋不同,習即位與否也未能明晰。從文字學角度看,"違""敳"是同源詞,前輩學者主要分歧在於對這句話性質判斷不同。站在周王支持的立場,此句是訓誡之語,即不能離開其家的幫助。而從否定的角度看,此句是假設之辭,不能讓他乖離家室(他即位會帶來不好的後果)。根據上文分析,周王拒絶立習爲君,嚴、謝兩位先生對整體文意的把握較爲可取。在此基礎上,我們懷疑"敳"可讀爲"委","韋",匣母微部;"委",影母微部。聲母均爲喉牙音,韵部相同,且文獻中不乏通假例證。[1]"有家"之"有"可能爲古書中常見的名詞詞頭,如"有夏"等;此外,不少研究指出"有""厥"通用,"有"也有代詞用法,"有家"相當於"厥家"。此句讀爲"弗能委有家"的好處有幾點:首先,可以照應上文習未繼位的分析;其次,早期文獻中雖未見"委家"的説法,但金文中常見以"家"代指其宗族邦國,[2]這裏"有家"即指霸國公室及霸國,而文獻中不乏"委國"的記載。如《戰國策·魏策》"魏委國於王,而王不受,故委國於趙也"、《史記·吳太伯世家》"使大夫種因吳太宰嚭而行成,請委國爲臣妾"等,"委"即委托、委任、托付之義。從文獻用例看,"委國"具有"將所有權臨時托付"的意味,這體現出周王委婉拒絶態度。最後,王者所命應言簡意賅、表意明確。前人讀法"違""敳"同源,却造成了表意上的分歧,"委"字在表達效果上也更爲合適。

(接上頁)十月(《合集》07418)","我"應當爲周王。因此甲骨文中的"再册"本義爲"舉册",臣子、商王都可以主動"舉册",而如果臣子應商王命令而"再册",便容易引申出爲符合、遵從王命之意。近來有學者撰文强調"再册"應以"舉册"理解(參黃博:《讀契札記四則》,黄德寬、劉紀獻主編:《第八届中國文字發展論壇論文集》,中州古籍出版社,2022年,第211—216頁),把握住了"再册"的本義。文章討論一條卜辭,"甲子卜,貞葢牧再册示孛,乎取虫屯(《合集》13515+《史購》46)",指出"辭大意即葢地之'牧'舉册,將册或册的内容交付、委托給孛(作者按,此字原缺,據文意補)"。根據"再册"的引申義,不妨將之直接理解爲"葢地之'牧'按册中要求(即遵從命令)交付、委托給孛"。

[1] 高亨纂著,董治安整理:《古字通假會典》,第509頁;白於藍:《簡帛古書通假字大系》,第577頁。
[2] 關於金文中所見西周之"家"的討論,可參見朱彥民:《"家"字别解——兼論先秦時期家庭觀念的由來與發展》,《出土文獻與中國古代文明研究暨中國先秦史學會第十二届年會(第一册)》,湖北武漢,2023年,第33—34頁。

(5) 今我亦既訊仲氏,亦曰:不能敢(委)又(有)家。今我既螱告伯倗父曰:其豐(册)用。

在收到周王"弗能委有家"的命令之後,尹氏首先訊問晉人仲意見。原因在於,霸姬雖是立舀爲君的首倡者,但其關鍵倚仗是其母國晉國,因此尹氏先與晉人協商,告知周王判決。在知曉王室態度之後,晉人妥協,表示尊奉周王命令。伯倗父身份不明,可能爲尹氏同僚。此句"其豐(册)用"則與前面的"今我既螱豐(册)"照應,上文尹氏遵從王命傳達王意,這裏的"其豐(册)用"則可能表示對方已接受周王命令。聯繫前人指出的甲骨文"禹册"構意、字形、用法以及邢侯簋"用豐(册)王命"之文例,這裏的"豐(册)"或可訓爲"稱""承"。邢侯簋(《集成》04241)"追孝,對不敢惰,卲朕福盟,朕臣天子,用豐(册)王命,乍周公彝",學者推測"用豐(册)王命"表明邢侯職事應與"史官"有關。考慮到它位於"作器用途銘辭"中,可能爲祈禱或頌揚之語,或可聯繫金文中的一類表述:

頌其萬年無疆,日將天子覲命,子子孫孫永寶用。　　（史頌鼎,《集成》02787）
余弁皇辟侯命,肆舫作朕皇文考寶尊。　　　　　　　（臣諫簋,《集成》04237）
麥揚,用作寶尊彝,用瓚侯逆造,將明命。　　　　　　（麥尊,《集成》06015）
用作尊彝,用瓚邢侯出入,將命,孫孫子子其永寶。　　（麥方彝,《集成》09893）

邢侯簋"用豐(册)王命"大致相當於銘文中的"日將天子覲命""弁皇辟侯命""將明命""將命","豐(册)"的含義則相當於"將""弁(遵)",爲扶持、奉持、奉行之義。[1] 此外,文獻中多有"承命"之語,董珊先生舉例已詳,如:

伯懋父承王命,賜師率征自五齵貝。　　　（小臣謎簋,《集成》04238、04239）
臣聞之,君能制命爲義,臣能承命爲信。　　（《左傳·宣公十五年》）
宜哉,承君命,不忘敏。　　　　　　　　　（《左傳·襄公二十七年》）
……

---

[1] 需要說明的是,"豐(册)"這類意思從何而來,可能與"禹册"有關。學者指出"叟"與"禹册"同義,我們懷疑"叟"可以直接讀爲"禹册",且存在單獨讀爲"禹"的可能。類似現象如裘錫圭先生指出卜辭中"鼻"是"登"字特殊用途的一種異體,但在漢字發展較早階段,"鼻"應該是直接用來表示"登豆"的;又如"凵"作爲"坎"的一種異體,在卜辭中又可讀爲"坎犬";"歿"一般被視作"逐"的一種異體,但這個字原來也可用來表示"逐兔",參見裘錫圭:《殷墟甲骨文在文字學上的重要性》,《裘錫圭學術文集·甲骨文卷》,復旦大學出版社,2012年,第388頁;裘錫圭:《從文字學角度看殷墟甲骨文的複雜性》,《裘錫圭學術文集·甲骨文卷》,第417頁;裘錫圭:《漢字形成問題的初步研究》,《裘錫圭學術文集·語言文字與古文獻卷》,第36頁。

前引气盤"稱公命"即"承公命",[1]邢侯簋"用毌(册)王命"或即"用承王命"。銘文"其毌(册)用"可理解爲"其承用","承用"一詞見於文獻,如《漢書·董仲舒傳》"或不承用主上之法",放在這裏也非常合適。[2] 因此,在訊問晉人之後,尹氏向伯俴父報備或者報告,表示晉人伸願意遵從王命,不再支持立卲爲君。

(6) 我既眔遹叔鼏父、師父、微史顥訊既女(汝)姬,姬氏之今既(暨)遘(遽)卲于王,肆史告格(霸)姬。

此句爭議不大,但此前學者多未注意到"姬"字下有重文符號,如非衍文,據此可斷爲"姬氏之今既遘卲于王"。因語境明確,前半句"姬"字爲霸姬之省,類似省略如蟎鼎(《集成》02765)"蟎來遘于妊,妊氏命蟎使保厥家",可視作承後省。遇甗(《集成》00948)"師雍父夷事遇使于胡侯,侯蔑遇曆"則爲承前省之例。後半句"之"可訓爲"其",[3]其中的"既"字諸家關注不多,"既"字爲已然之辭,若如字讀,表示卲現在已經身處周王室,那麼前文霸姬擬立卲的敘述似無必要。因此,我們懷疑"既"通"暨",訓爲"及"。"遘",諸家引《説文》"遘,傳也",本義爲傳車、驛馬,在此用作動詞。其意爲:霸姬你如今來得及傳卲,使面見於王。[4] 聯繫當時背景,霸伯尚新死,霸姬聯合晉人向周王請求立卲爲君。周王駁回,霸姬失敗,但其子卲畢竟參與奪嫡,新君即位不免心存嫌隙,又霸仲、霸姬二人交惡,卲可能會有人身危險。聯繫春秋時期奪位失敗、流亡他國的諸侯公子,此時卲最好的選擇也是出亡他國。而周王在駁回霸姬請求後,另給卲一條退路,即前往周王室,很可能是任職爲官。

此前嚴志斌、謝堯亭二位先生已經指出,西周中後期銅器銘文中有不少卲活動的記載。根據馬承源、張光裕、韓巍等先生的研究,西周中晚期金文中同名異人的卲至少有五位。[5] 同時,前引韓巍先生指出 M2002 的下葬年代只能在恭王時,[6]穆公主要活動在穆王晚期與恭王前期。而在形制紋飾上,霸姬簋(圖二)圓形侈口、束頸、垂腹,口沿下飾兩兩成組小鳥紋,最大徑在下腹部,腹底圓轉,下接外撇圈足,兩側對稱龍首橋形豎耳,耳下象鼻方珥,[7]

---

[1] 董珊:《翼城大河口誓盉銘文的理解》,陝西省考古研究院、上海博物館編:《兩周封國論衡:陝西韓城出土芮國文物暨周代封國考古學研究國際學術研討會論文集》,上海古籍出版社,2013 年。
[2] 此外,上博簡《姑成家父》中有一句:"長魚矯䀇自公所,拘人於百豫以入,囚之。"此字從册從火,且與一般"册"字寫法不同,至今未有確釋,此字或與訓爲"承"的"册"有關,誌以待考。
[3] 宗福邦主編:《故訓匯纂》,第 37 頁。
[4] 周博先生垂示筆者,後句"肆史告霸姬"之"史"可讀爲動詞"使",《詩經·大明》"肆伐大商",毛傳:"肆,疾也。""肆"與"姬氏之今暨遘卲于王"前後呼應,形容其疾速迫切。
[5] 張光裕:《新見卲簋銘文對金文研究的意義》,《文物》2000 年第 6 期;韓巍:《西周金文中的"異人同名"現象及其對斷代研究的影響》,《東南文化》2009 年第 6 期。
[6] 韓巍:《翼城大河口 M1017、M2002 兩墓的年代及相關問題》,《青銅器與金文》第 3 輯。
[7] 山西省考古研究所等:《山西翼城大河口西周墓地 2002 號墓發掘》,《考古學報》2018 年第 2 期;韓巍:《翼城大河口 M1017、M2002 兩墓的年代及相關問題》,《青銅器與金文》第 3 輯。

形制紋飾與趞簋(《銘圖》05304)、智簋(《銘圖》05217)相近。前者黃錦前先生定爲穆王時器,[2] 韓巍先生定在恭王時期;[3] 後者張光裕先生定在穆恭之際,[4] 韓巍先生定在恭王時期,[5] 因此可確定霸姬簋時代在穆恭之際。又恭王在位三十年以上,[6] 這便有利於將智的主要活動年代鎖定在恭王時期,其下限可能觸及懿王、孝王時期。[7] 結合張光裕、韓巍等先生的研究成果,這一時期名爲"智"者可繪製表格如下:[8]

圖二　霸姬簋[1]

表一　穆王至夷王時期金文中所見之"智"

時　代	器　名	銘　　文	職能掌管
穆、恭王	智尊 智簋	智作文考日庚寶尊器。(《集成》05931) 王令智……,司鄭馭馬。(《銘圖》05217)	馬
懿王			
孝、夷王	智鼎 史智爵 大師虘簋 蔡簋 儕匜	智,令汝更乃祖考司卜事。(《集成》02838) 史智作寶彝。(《集成》05815) 王呼宰智賜大師虘虎裘。(《集成》04251) 宰智入右蔡。(《集成》04340) 乃以告史㪒、史智于會。(《集成》10285)	卜 史 宰 宰 史

---

[1] 圖片來自山西省考古研究所等:《山西翼城大河口西周墓地 1017 號墓發掘》,《考古學報》2018 年第 1 期。

[2] 黃錦前:《趞簋讀釋》,《史志學刊》2017 年第 4 期。

[3] 韓巍:《由新出青銅器再論"恭王長年説"——兼論西周中後期段青銅器的變化》,《青銅器與周史論叢》,上海古籍出版社,2022 年,第 52 頁。

[4] 張光裕:《新見智簋銘文對金文研究的意義》,《文物》2000 年第 6 期。

[5] 韓巍:《親簋年代及相關問題》,《青銅器與周史論叢》,第 11 頁。

[6] 韓巍:《由新出青銅器再論"恭王長年説"——兼論西周中後期段青銅器的變化》,《青銅器與周史論叢》,第 40 頁。

[7] 類似人物如内史吳,活躍於恭懿孝三個王世,參見韓巍:《簡論作册吳盉及相關銅器的年代》,《青銅器與周史論叢》,第 26—39 頁。

[8] 張光裕:《新見智簋銘文對金文研究的意義》,《文物》2000 年第 6 期;韓巍:《西周金文中的"異人同名"現象及其對斷代研究的影響》,《東南文化》2009 年第 6 期。按此表主題結構、主要器物斷代取自張光裕先生文章,韓巍先生對相關器物斷代頗有不同,則據以調整。

以上人物中，智鼎之智世爲卜官，大師虘簋、蔡簋中智爲宰，位高權重，又如史智爵、儠匜，職位爲史官，從職能看，均不大可能是霸國之智。且在時間上，以上五器時代在孝王夷王時期，儠匜學者或係於西周晚期，爲霸國之智的可能性也不大。而智簋中的智身份未明，負責鄭地馬匹事宜，時代與霸國之智相近，不排除是霸國之智的可能。此外，我們也應意識到今日所見青銅器只是彼時青銅器中的一角，彼時同名人物甚多，也很可能存在霸國之智入職王室後未鑄器物，或所作器物未見於今日的情況。智簋雖難以確定爲霸國之智所作，但他任職王室的現象，也爲外服人士進入內服爲官增加了新的例證。

三、霸姬簋銘文透露的霸國公室繼位風波

釐清銘文內容後，銘文性質已經明確：這並非霸姬之子智即位之前與晋人、王室互動的前期準備工作的記錄，而是霸國繼承人已定，霸姬欲通過母國力量扶持其子智上位，而被周王室拒絶的過程記錄。結合歷史背景及相關銘文，整個事件中大體有三方勢力角逐，本銘記載了這場霸國公室繼位風波的最終結果。

三方勢力分别爲：主張擁立智的霸姬及晋國勢力、掌握最終決策權的周王室，以及潛在的抵制智即位的宜姬、宜姬之子或霸仲。前兩方勢力霸姬簋銘文已有很好的體現，第三方勢力則相對隱晦，需加以分析。

這裏首先需涉及"先王既有型曰"一句的理解，前文分析作爲外交語言，這句話委婉而有力。周人以儀型祖考爲法式，周王引"先王既有型"是對霸姬不良行爲的遏止和對宗法彝倫的維護。前人指出霸姬是晋國女子，爲霸伯尚夫人，這是很準確的意見。此外，我們還注意到 M1017 霸伯尚墓地出土了一件霸伯盤，其銘文曰：

> 唯正月既死霸丙午，戎大捷于，霸伯搏戎，獲訊一夫，伯對揚，用作 ▲（宜）姬寶盤，孫子子其萬年永寶用。[1]

經謝明文先生論證，銘文中的 ▲ 可確定爲"宜"字。[2] 宜姬是出自宜國的姬姓女子，一般認爲即霸國夫人。在霸姬簋銘文問世之前，有學者認爲气盤、气盉中的霸姬是霸伯盤中的宜姬。現在看來，霸姬、宜姬應爲兩人，前者出自晋國，後者出自宜國。因此，M1017 墓主

---

[1] 山西省考古研究所等：《山西翼城大河口西周墓地 1017 號墓發掘》，《考古學報》2018 年第 1 期。
[2] 謝明文：《霸伯盤銘文補釋》，《商周文字論集》，上海古籍出版社，2017 年，第 284 頁。也有學者主張讀爲"姪"，按讀爲身份之"姪"的"疊"本作"倒"，從"刀""且（俎）"從"（俎案上的）兩肉形"，與"宜"區別明顯。詳細討論可參考陳劍：《甲骨金文舊釋"蕭"之字及相關諸字新釋》，《出土文獻與古文字研究》第 2 輯，復旦大學出版社，2008 年，第 38—42 頁。

霸伯尚應有兩位配偶,宜姬、霸姬分別爲元妃、次妃;或有兩位夫人,諸侯夫人不止一位,這在《左傳》中也有記載,如齊桓公夫人有三,鄭文公夫人有二[1]。結合上文分析,霸姬子習很可能不是嫡長子,周王所稱述的"先王既有型",內容很可能與下列文獻的思想觀念有關:

並后、匹嫡、兩政、耦國,亂之本也。　　　　　　　　　　　　(《左傳·桓公十八年》)
內寵並后、外寵二政、嬖子配適、大都耦國,亂之本也。　　　(《左傳·閔公二年》)
誅不孝,無易樹子,無以妾爲妻。　　　　　　　　　　　　　　(《孟子·告子下》)
內有疑妻之妾,此宮亂也。庶有疑適之子,此家亂也。　　　　(《管子·君臣下》)
故曰:內寵並后,外寵貳政,枝子配適,大臣擬主,亂之道也。故《周記》曰:"無尊妾而卑妻,無孽適子而尊小枝……" 　　　　　　　　　　　　　　(《韓非子·説疑》)
……

以上文本大體言君主以妾代妻、以庶代嫡將給國家帶來沉重災難。儘管目前未見西周時期論述嫡庶相爭的文本,但從思想淵源及韓非子所引《周記》來看,此類表述有着很早的來源,很可能與霸姬簋中周王所稱述的先王典刑有關。霸姬、宜姬並爲霸伯尚配偶,霸伯尚即世後,霸姬欲借助母家晉國,扶持其子上位,這一做法爲周王以不合先王刑典之名拒絕。先王之命"王后無適,則擇立長"(《左傳·昭公二十六年》),立習不合於先王典型,這意味着在習之外可能存在一位嫡長子,以情理推之,這位嫡長子很可能是宜姬之子。前文曾提及气盤、气盉,霸姬、霸仲雙方宿怨頗深,在這場訴訟中,霸仲冒着同時得罪霸姬、穆公及其背後勢力的風險。聯繫霸姬簋來看,這一疑難也不難解決,前後事件可梳理如下:

霸伯尚逝世後,配偶宜姬、霸姬均有其子,宜姬子爲嫡長子,依照宗法,霸姬子習沒有繼位的可能。因此,霸姬聯絡自己母國兼霸國宗主雙重身份的晉國,傳達立習意願,晉人進一步表示同意。繼而向周王室請命,周王以先王刑典回絕這一請求,晉人表示服從王命,霸姬奪嫡失敗,霸國嫡長子即位。同時,周王留下一條退路,命習前往王室,至此在内服任職爲官,霸姬留守霸國,從而鑄造霸姬簋以示對尹氏的感激。

由於習未能即位,霸姬在國内失去最大倚仗,與母國晉國關係淡化,身份相對邊緣。在此之後,霸仲以某種理由侵占霸姬的僕馭臣妾,穆公要求霸仲交付霸姬,霸仲心存僥倖,不從公命。霸姬再次向穆公提出訴訟,在穆公權勢下,霸仲妥協,接

---

[1] 一般來説,諸侯夫人僅有一位,諸侯夫人存在多位的情況,不排除她們在時間上相迭,或者地位上有尊卑之分。

連發誓表示將交付霸姬。霸姬鑄造气盤、气盉以紀念這次勝利。此後，霸仲可能又通過一些手段，奪攘了記載自己不光彩一面的气盤、气盉，以及此前霸姬所鑄的霸姬簋。[1]

　　在霸仲及其後人眼中，這場失敗的官司不太光彩。霸仲死後，以气盤、气盉陪葬，霸姬簋也進入墓中，以此來消除在家族記憶中的消極影響。

如果以上推論不誤的話，霸姬簋的價值彌足珍貴，因爲它是目前最早涉及諸侯國內部嫡庶之爭的青銅器，且牽涉到霸國、晉國、周王室等多方政治勢力。

就霸姬而言，她的立召主張可能不是臨時起意，作爲晉國之子，她深知母國影響力，而在此前的搏戎戰爭中，晉、霸均有功於王室，其子召則是維繫霸、晉關係的極佳紐帶，在這一背景下，周王很有可能欣然應允；對於晉人而言，外甥即位符合他們的利益，雖違於禮法，可能爲周王拒絕，他們也樂意順水推舟；對於王室來說，霸姬和晉人無疑給周王出了一道難題，同意立召有一石二鳥之效，可同時聯絡晉、霸兩國。但又冒着極大風險，宗法以嫡長子爲貴，不能以庶代嫡。其後周宣王干預魯國政治，立其庶子，便招致了樊仲山父嚴厲的批評，更直接導致了魯國動蕩和王室權威下移。如果此時恭王同意立召，無疑是自壞規矩、"自誅王命"（《史記·周本紀》）。正是考慮到這點，恭王終究沒有應允，選擇遵從先王既有典型。從整個事件來看，王室行爲也顯得十分謹慎穩健。在措辭上，以先王既有之典型回拒。在實施過程中，晉國作爲霸國之宗主和霸姬之母國，是召得立與否的關鍵力量，因此在作出決策後，尹氏首先告知晉人以統一意見。晉人表示遵從王命後，再訊告霸姬，霸姬此時只能接受現狀。與此同時，鑒於霸晉搏戎故事和晉國影響力，周王許諾召前往王室爲官，保障召人身安全的同時，兼顧了霸姬及晉國的顏面。對於霸姬來說，這也是一種尊寵和禮遇，因此事後鑄造霸姬簋專門紀念。[2] 可以說，在整個事件中周王室行事謹慎，努力平衡着各方勢力相關利益，並取得極佳效果；從結果來看，第三方的宜姬、宜姬之子或霸仲雖是最終的勝利者，但總的看來，他們仍處弱勢。作爲地方勢力，他們具有宗法優勢，面對霸姬及其背後晉人勢力的脅迫，却無能爲力，只能靜待周王的最終裁決。或許是基於這點，在奪嫡落幕、霸姬勢力邊緣化之後，霸仲仍心存芥蒂，因此敢於犯險，侵占霸姬的僕馭臣妾和寶器，霸姬則可能因爲先君霸伯和其子召任職王室的緣故，與穆公有一定交情，這一事件可視作霸姬奪嫡失敗的餘聲。

---

[1] 霸姬、霸仲爲叔嫂關係，因此這裏也不排除霸仲死後，霸姬妥協，以這些器物作爲霸仲賻贈的可能。
[2] 霸姬簋銘文記錄的雖是一次失敗的奪嫡事件，但就結果而言，召進入王室任職也可以作爲榮耀而記載。類似事件還見於衡水墓地 M2 所出肅簋，銘文記錄了周王拒絕了肅占庶人爲僕的請求，對肅而言本是一種恥辱。但此後肅立有軍功，周王重新賞賜了肅。在本質上是沒有關聯的兩次賞賜，肅在銘文記事中有用春秋筆法爲自己遮羞之嫌。關於肅簋的討論參見曾芬甜：《绛縣橫水西周墓 M2 所出肅卣銘文新詮》，《中國國家博物館館刊》2023 年第 4 期。

目前看來,西周時期王室和諸侯國以孽代嫡的現象並不突出,這一方面是材料有限的客觀限制,另一方面則歸功於西周王朝穩健的政治實力和宗法倫理。西周金文顯示,新即位的諸侯需面見周王接受册命,周王也會助力流亡諸侯回歸其國。[1] 史書記載周夷王烹殺齊哀公,周宣王立魯國支子,均反映出周王對諸侯具有較强的掌控力。就霸姬簋銘文來看,霸姬以孽代嫡雖有很强的現實操作性,但仍需請命王室,最終決定權掌握在周王手中,這與春秋時期情形完全不同。

結　語

傳統對霸姬簋銘文的理解陷入兩難境地,面對銘文内證不足的窘境,器物出土地 M2002 墓葬中的气盤、气盉可提供相應綫索。气盤、气盉記載霸姬、霸仲爭訟之事,霸姬爲受害者,霸仲爲加害人。可以推斷霸姬在國内地位相對邊緣,其子習很可能没有即位,這爲霸姬簋銘文的釋讀明確了方向。銘文中心句"今我既戴册,先王既有型曰:弗能委有家",傳達的是周王的旨意,周王用先王典型回絶晉人及霸姬。結合大河口墓地 M1017、M2002 的歷史背景及相關銘文,霸伯尚有宜姬、霸姬兩位配偶,霸姬子習並非嫡長子。霸伯新死,國内勢力分成兩派:以霸姬爲首的立習派和以宜姬、霸仲爲首的立宜姬子派。霸姬背後有强大的母國支持,宜姬一派在宗法血緣上占據優勢。周王權衡,最終選擇遵循先王刑典,維護宗法彝倫,同時給與習前往王室任職的退路。在此之後,霸姬地位邊緣化,霸仲凌駕其上,侵奪其臣妾奴僕和寶器,銅器帶入墓地陪葬。霸姬簋銘文爲我們深入瞭解西周時期的嫡庶之爭提供了參考,也爲霸、晉、周王室多方政治角色的角逐和互動提供了切入視角。

---

[1] 李學勤:《論士山盤——西周王朝干預諸侯政事一例》,《文物中的古文明》,商務印書館,2008 年,第 196 頁。

格姬簋銘研讀札記二則*

肖　威**

格姬簋出土於山西翼城大河口 M2002。[1] 該簋（M2002∶24）侈口卷沿，腹部傾垂明顯，圈足微向外撇。一對獸首耳，耳下有象鼻方珥。頸部飾有兩組小鳥紋，以扉棱爲界兩兩相對，以雲雷紋填底，其形制、紋飾與廿七年裘衛簋（《銘圖》5293）、𤞷簋（《銘圖》5315—5318）接近，年代在恭王之世。器型、紋飾已隨發掘報告刊布，後清理淤積黄土發現銘文，楊勇偉、嚴志斌、謝堯亭等學者已屬文披露，並對字義與内容做了初步的梳理討論。[2] 筆者在學習這篇銘文的時候有一些不甚成熟的心得體會，現不揣淺陋，將其寫下，以向各位方家請教。

爲討論方便，現參考已有的釋讀意見，結合我們自己的看法，按原行款將銘文隸定如下：

唯六月初吉，辰在戊子。尹氏
使保子書（津）蔑格（霸）＝姬＝曆，伐，用璋。畏
告姬氏：" 戲！[3] 爾曰：其[4]朕子智作君。今
晉人伸亦曰：朕生（甥）作君。今我既 ▨（戴）[5]

---

* 本文爲"古文字與中華文明傳承發展工程"資助項目"新出兩周金文考釋與兩周考古的綜合研究"（G1205）的階段性成果。
** 北京大學歷史學系、"古文字與中華文明傳承發展工程"協同攻關創新平臺博士研究生。

[1] 山西省考古研究所等：《山西翼城大河口西周墓地 2002 號墓發掘》，《考古學報》2018 年第 2 期。
[2] 楊勇偉：《山西大河口 M2002 格姬簋銘文釋讀及與晉國關係》，《中國文物報》2023 年 9 月 8 日第 6 版；嚴志斌、謝堯亭：《格姬簋銘研究》，《中國國家博物館館刊》2023 年第 9 期。
[3] 該字原拓作"▨"，從"虍"從"又"，右下角所從或是"且"的變體，故可讀爲"戲"。
[4] 《詩經·衛風·伯兮》："其雨其雨，杲杲出日。"朱熹《詩集傳》："其者，冀其將然之辭。"相關研究已指出，上古漢語中的"其"有表祈使的功能，《左傳》中的"其"常用於商討國事、外交會見等場合，内容多涉及公事，托孤立嗣亦在此列。這裏的"其"也應作如是觀，傳達了霸姬希望自己兒子作邦君的心態。谷峰：《上古漢語"其"的祈使語氣用法及其形成》，《語言學論叢》第 51 輯，商務印書館，2015 年，第 229—232 頁。
[5] 周忠兵：《説古文字中的"戴"字及相關問題》，《出土文獻與古文字研究》第 5 輯，上海古籍出版社，2013 年，第 364—374 頁。

典,先王既又(有)井(型),曰:弗能☒[1]又(有)家。今
我亦既訊仲氏,亦曰:不能☒又(有)家。
今我既嶽(徹)[2]告伯俟父曰:其典,用。
我既罙[3]叔鼎父、𠂤(師)父、微
史,顲訊既汝姬氏之。今既遹(遽)
智于王。"叙史告格(霸)=姬=,對退揚皇
尹休,用作寶簋,孫=子=其萬年永寶。

一、格姬簋銘"今"字芻議

格姬簋銘中,"今"一共出現了五處,分別爲:

1. 今晉人仲亦曰:朕生(甥)作君。
2. 今我既☒(戴)典。
3. 今我亦既訊仲氏。
4. 今我既嶽(徹)告伯俟父曰:其典,用。
5. 今既遹(遽)智于王。

或以爲"今"是時間副詞,表"現在"。不難發現,後四處"今"皆與"既"並言,既,已也,金文中用"既"之處皆是已然發生之事,如"昔先王既命汝"(宰獸簋,《銘圖》5376);"今"若表示"現在",與"既"之語義明顯衝突。再者,至少前四處"今"引出的事件,都發生於六月初吉保子津告諭霸姬這一天之前;另外,這些由"今"連接的事件牽涉人物較多,不可能同時發生,因此是歷時而非共時關係。基於以上原因,這裏的"今"並不能理解爲

---

[1] 楊勇偉、嚴志斌、謝堯亭皆釋此字爲"戠"。天馬曲村 M114 出土之戠甗(《銘圖》3363),作者者私名寫作"☒",與此字寫法差異較大,故釋"戠"一說恐不可信。西周金文中"弗能"還出現在曶比鼎(《銘圖》2483)銘文中,有"牧弗能許曶比","許"偏向積極、肯定的意義。"不能""弗能"的意義相當於"不克""弗克",在西周金文中更爲多見。如叔趯父卣(《銘圖》13341、13342)銘文云:"叔趯父曰:余考(老),不克御事。""御事"偏向正面意義,前面冠之以"不克",語義轉向負面,是叔趯父自言其垂暮,不能夠處理政事,爲下文舉薦其子俟鋪墊。又禹鼎銘文云:"叙師彌宧(怵)匓匡(恇),弗克伐噩(鄂)。"是言西六師、殷八師不能勝任討伐噩國,爲下文武公派遣禹討伐噩國鋪墊。可見,這一否定形式的既成事實,並不利於"弗克""不克"的主語繼續履行其職事。在格姬簋銘文中,"弗能☒有家""不能☒有家"的主語被省去了,但這一主體在最後應該並未繼位爲霸國君主。"☒"字從文義推之,有可能傾向於正面、積極的意義,具體當釋爲何字,有待進一步研究。
[2] 嶽,讀爲"徹"。參見王挺斌:《金文研讀札記二則》,《文史》2023 年第 2 輯。
[3] "☒"字嚴志斌、謝堯亭認爲是"龠"字或體,通"穌"。然臣辰卣(《銘圖》13333)銘中,"龠"作"☒",穌爵(《銘圖》8569)"穌"作"☒",癲鐘(《銘圖》15592)"穌"作"☒",皆含有"册"這一字形構件。而格姬簋中從"册"之"典"字作"典""☒",與"☒"有着較大的差異,所以"☒"很可能並非"龠"字。

"現在"。

西周中期懿王世畯簋(《銘圖》5386)銘文云:"戈(載)乃祖考縣有功于先王,[先王]亦弗鄙乃祖考,登褱厥典,奉于服。今朕丕顯考恭王既命汝更乃祖考事。"同樣出現了"今"與"既"共見一句的情況。恭王作爲"今"與"既"之間的主語,已是去世的"丕顯考",因此,"今"同樣不可能是表示"現在"的時間副詞。李學勤訓此處之"今"爲"故",解釋爲"因而"。[1] 上文已言畯之先祖受先王拔擢,將上下句視爲因果關係亦無不可。然而格姬簋銘中的情況與之不同,幾處"今"引導的事件之間看不出明顯的因果關係,訓"今"爲"故"似並不妥當。

非時間副詞用法的"今",還見於絳縣橫水 M2 所出的肅卣(M2：75)銘文,有"今厥僕我興"一句。"今"引領的"厥僕我興"在這一系列事件中較早發生,董珊已注意到這裏的"今"並非時間副詞,[2]曾芬甜進一步指出,"今"是表順承的連接詞,與"即"或"則"意近。[3] 王引之《經傳釋詞》:"今字竝與即同義。"[4] "則者,承上啓下之詞。《廣雅》曰:則,即也。字或通作即。""則與即古同聲而通用。"[5]金文中的"則"存在類似用法。何尊(《銘圖》11819)銘曰:"唯武王既克大邑商,則廷告于天。""則"上承"武王克商",下接"廷告于天"。值得注意的是,"爾曰:其朕子留作君"的句首並不冠以"今"字。如果將"今"理解爲承上啓下的連詞,這種現象便可理解:"爾曰"一句作爲格姬簋銘"畏告姬氏"叙述內容的開端,無"上"可承,自然不需用"今"。因此,格姬簋銘中的"今"也當理解爲表順承關係的連詞。

"今"與"既"亦並見於六年琱生簋(《銘圖》5341)銘文,有"余以邑訊有司,余典勿敢封。今余既訊,有司曰:厎(俾)令(命)。[6] 今余既一名典,獻伯氏則報璧"。"今余既"與格姬簋銘"今我既"結構一致。"今余既"在此銘中出現了兩次。第一次出現時後面的動詞爲"訊",顯然是呼應了"余以邑訊有司",即"我"就田邑之事訊問有司,[7]"既訊",表示該事件

---

[1] 李學勤:《畯簋銘文釋讀》,《出土文獻》第 8 輯,中西書局,2016 年,第 40 頁。
[2] 董珊:《山西絳縣橫水 M2 出土肅卣銘文初探》,《文物》2014 年第 1 期。
[3] 曾芬甜:《絳縣橫水西周墓 M2 所出肅卣銘文新詮》,《中國國家博物館館刊》2023 年第 4 期。
[4] 王引之:《經傳釋詞》卷五,江蘇古籍出版社,2000 年,第 46 頁。
[5] 王引之:《經傳釋詞》卷八,第 82 頁。
[6] 裘錫圭:《琱生三器銘文新解》,《中華文史論叢》2021 年第 4 期。
[7] 林澐、朱鳳瀚、裘錫圭三位先生對這段話中"余"的身份意見不一。林澐認爲"余"都指召伯虎,這段話屬於"召伯虎簡述他處理此案的經過"。朱鳳瀚認爲除最後一個"余"指琱生外,其餘之"余"皆是召伯虎自稱。裘錫圭之文最晚出,認爲"此段是琱生自述之文","余"都是琱生。參見林澐:《琱生簋新釋》,《林澐文集·古史卷》,上海古籍出版社,2019 年,第 28—30 頁;朱鳳瀚:《琱生簋與琱生尊的綜合考釋》,《甲骨與青銅的王朝》,上海古籍出版社,2020 年,第 562—563 頁;裘錫圭:《琱生三器銘文新解》,《中華文史論叢》2021 年第 4 期。

已經完成；第二次出現時後面接續"一名典"，即"我已經全部在（記錄土田情況的）典冊上簽名"，是對"有司曰戾（蟬）令（命）"（有司説"遵循命令"）的順承。而"訊有司"與"一名典"這兩樁事件，都應發生在召伯虎告琱生的"六年四月甲子"日以前，並與表"已然"意味的"既"連用，故而"今"不應有"現在"的意味。加之"今"引領的事件與前文構成順承關係，因此這裏的"今"似也可以理解爲順承連詞。

上文所論表順承意義的連詞"今"出現的三件銅器，六年琱生簋反映族産訴訟，肅卣涉及賜"僕"争議，格姬簋銘則反映了宗族内部的立嗣風波，所叙述之事件過程複雜，説話者衆多，頗難理解。銘文作者將連詞"今"插入，文氣因之通暢。以"今"作爲劃分段落的標誌，可對格姬簋相關銘文作層次劃分：

1. 戲！爾曰：其朕子召作君。
2. 今晋人伸亦曰：朕生（甥）作君。
3. 今我既▨（戴）典。先王既又（有）井（型），曰：弗能▨又（有）家。
4. 今我亦既訊伸氏。亦曰：不能▨又（有）家。
5. 今我既戲（徹）告伯儠父曰：其典，用。我既罙▨叔𣄴父、自（師）父、微史，顡訊既汝姬氏之。
6. 今既瀍（邊）召于王。

有研究認爲"畏告姬氏"的内容至"顡訊既汝姬氏之"而止，"今既瀍（邊）召于王"一句屬下讀[1]。不過，從上文對"今"的分析來看，"今既瀍（邊）召于王"承接上文的意味更爲明顯，應該也是"畏告姬氏"的内容。這意味着，在尹氏命令保子津"告霸姬"之前，"瀍（邊）召于王"一事已經發生。"叙（肆）史告格（霸）姬"是對前文"畏告姬氏"一句的呼應，亦是對由"戲"起始内容的總結。

二、韓伯豐鼎與格姬簋銘對讀

韓伯豐鼎（《銘圖》2426）是一小方鼎，現爲私家所藏。該鼎柱足較西周早期前段更顯粗短，銘文行款較爲齊整，銘文字體風格偏晚：如"王"字最下一横的肥筆業已消失；含人形之字多作下身直立狀，跽坐人形已不見。[2] 綜合來看，此鼎之年代下限可定到穆王早期。

學界對此鼎銘文已有過一些討論。現參考諸家意見，將銘文寫出：

---

[1] 嚴志斌、謝堯亭：《格姬簋銘研究》，《中國國家博物館館刊》2023 年第 9 期。
[2] 參見朱鳳瀚：《中國青銅器綜論》，上海古籍出版社，2009 年，第 631 頁。

唯十月既生霸甲辰,在成周,[1] 冟史至,[2] 以兹命曰:"内史曰:告䵼(韓)伯:[3] 叔![4] 伯氏宕。[5] 卿事、䵼(司)曰:'侖(論)。'[6] 今我既即命曰:[7] '先王命

---

[1] 單育辰認爲"在成周"的主語是韓伯豐而非周王。李學勤也認爲作器者此時身在成周,並認爲"冟"是作器者居住的采邑,"冟史"是其下屬的史官。也有學者認爲"在成周"的主語是周王,如劉源引楊坤説法,指出此處"在成周"承前省略了"王"。筆者贊同"在成周"的主語即周王的説法。西周金文中,"在成周"的主語大致有兩類。一類是王。這類"王在成周"會附記於紀時内容之後,如佣生簋(《銘圖》5307—5310)銘文有"唯正月初吉癸巳,王在成周",敔簋(《銘圖》5380)有"唯王十月,王在成周",伯寬父盨(《銘圖》5636、5637)有"唯卅又三年八月既死辛卯,王在成周",叔剌父盨(《銘圖》5657—5660)有"唯王元年,王在成周"。還有一類"在成周"承前省略主語,插入銘文内容之中,如西周晚期虢仲盨蓋(《銘圖》5623)銘曰"虢仲以王南征,伐南淮夷,在成周,作旅盨,兹盨有十又二"。作器者跟隨周王南征,"在成周"記載君臣共同途經此地,但聯繫後文的"作旅盨"來看,承前省略的應該是作器者虢仲。又如詨簋(《銘圖》4866、4867)銘曰"唯九月,鴻叔從王員征楚荆,在成周詨作寶簋",王遠征楚荆,在成周者可能是途經此地的王,但更有可能是作器者"詨"。不過,這一類"在成周"都跟在"征楚荆""征淮夷"之後,與紀時内容有一定的距離。韓伯豐鼎銘"在成周"雖省略主語,但緊隨紀時内容之後,從文本結構看與省略作器者稱謂的"在成周"並不一致。另外,"冟史至,以兹命曰"的結構類似安州六器之一的中甗(《銘圖》3364)銘文"史兒至,以王命曰"。"史兒"所"至"之地,是遠離周王都的曾國;成周之内即有史官,韓伯若已至成周,内史便不太需要再專程派遣使者對其宣諭命令。相關意見參見單育辰:《䵼伯豐鼎考》,《歷史語言學研究》第 10 輯,商務印書館,2016 年,第 217—220 頁;李學勤:《一篇記述土地轉讓的西周金文論》,《故宮博物院院刊》2015 年第 5 期;劉源:《從韓伯豐鼎銘文看西周貴族政體運作機制》,《史學集刊》2018 年第 3 期。

[2] 李學勤指出,"冟"可能是族地名。西周中期金文中有"微史","微"是氏名,名號結構與之類似,故李說可信。不過他認爲"冟史"是作器者韓伯的史官,則有待商榷。另有單育辰認爲此處"冟"可讀爲"御",可備一說。參見李學勤:《一篇記述土地轉讓的西周金文論》;單育辰:《䵼伯豐鼎考》。

[3] 謝明文將"䵼"讀爲"韓",其說可從。參見謝明文:《釋西周金文中的"垣"字》,《商周文字論集》,上海古籍出版社,2017 年,第 265—270 頁。

[4] 李學勤讀"叔"爲"俶",訓爲"始"。劉源認爲這裏的"叔"是氏名,將"叔伯氏"視爲人名;單育辰、董珊認爲"叔"即歎詞"嗟"。本文也認爲"叔"當讀爲"嗟",詳見下文討論。參見李學勤:《一篇記述土地轉讓的西周金文論》;劉源:《從韓伯豐鼎銘文看西周貴族政體運作機制》;董珊:《韓伯豐方鼎銘文新論》,楊榮祥、胡敕瑞主編:《源遠流長:漢字國際學術研討會暨 AEARU 第三屆漢字文化研討會論文集》,北京大學出版社,2017 年,第 46—64 頁;單育辰:《䵼伯豐鼎考》。

[5] 沈培認爲此處之"宕"爲"度",意爲劃分土地與人口前的計量工作。參見沈培:《西周金文"宕"字釋義重探》,李宗焜主編:《出土材料與新視野》,"中研院",2013 年,第 414—416 頁。

[6] 李學勤指出,"䵼"即有司,"侖"指議論。可從。參見李學勤:《一篇記述土地轉讓的西周金文論》。

[7] "即",就也。《左傳·定公四年》:"用即命於周。"有接受、聽候命令之意。"即命"見於永盂(《銘圖》6230)銘文,有"唯十又二年初吉丁卯,益公内(入)即命于天子,公廼出厥命","即命"的主語是王朝執政大臣益公。又見於趞簋(《銘圖》5304),有"王格于太廟,密叔右趞即位,内史即命","即命"者是内史。有學者認爲這裏的"我"指冟史或韓伯,但無論是冟史還是韓伯,地位都無法與王朝卿事益公、内史相提並論,應該不具備"即命"的資格。這樣來看,"我"的主語應是内史,"今我既即命"一句仍然是内史的話語。"今"與"既"共見於此句,這裏的"今"應該也並非時間副詞"現在",而是順承連詞,表示"我"(内史)的"即命"與"卿事、司"的"論"在語義上是順承關係。參見張玉金:《殷墟甲骨文"即"字補釋》,《古文字研究》第 32 輯,中華書局,2018 年,第 60—61 頁。

尚(當)仅(付)。'"[1] 轔(韓)伯豐作寶齍彝。

鼎銘大意可翻譯爲：十月既生霸甲辰日，周王在成周之時，宰史到來，用這篇命書説：内史説："告諭韓伯：叡！伯氏度量土地人口，卿事、有司説：'(就此事)議論。'於是我遵循了命令，説：'先王有遺命，應當交付(給韓伯)。'"韓伯豐因此做了祭器紀念。

對讀韓伯豐鼎銘與格姬簋銘，會發現二者間存在諸多可以比較之處，現予以對比分析。

二銘的開頭皆記述事件發生的時間。韓伯豐鼎銘云"唯十月既生霸甲辰，在成周"，對應格姬簋銘"唯六月初吉，辰在戊子"。區別在於，韓伯豐鼎銘附記了這一時間王在成周的活動，爲格姬簋銘所無。

二銘的第二部分皆記述事件的開端，即史官前來，是爲引子。韓伯豐鼎銘云"宰(御)史至，以兹命曰：内史曰"，對應格姬簋銘"尹氏使保子㝬蔑格姬歷，伐，用璋"。皆言王朝史官機構派遣使者傳命。區別有二：1. 韓伯豐鼎銘交待史官傳達的命令由内史發出，而格姬簋銘僅説保子㝬受"尹氏"的委派；2. 格姬簋銘詳細記載作器者霸姬與王朝使者保子㝬禮節互動的過程，爲韓伯豐鼎銘文所無。

二銘的第三部分，皆以"告+作器者"的形式開啓史官所傳之語的内容。韓伯豐鼎銘云"告韓伯"，對應格姬簋銘云"眔告姬氏"，且"告"的内容皆以"叡"開頭。

在具體的傳命内容部分，二銘交待事件的前後順序有所參差，但猶有可以對比之處，具體言之，有以下三處：

韓伯豐鼎銘云"伯氏宕"，言明整個事件圍繞伯氏劃分土田展開；格姬簋銘云"爾曰：其朕子叡作君。今晋人仲亦曰：朕甥作君"，表明這一系列事件由宗族立嗣爭議所引發。其記載的具體事件雖不同，但都開宗明義，交待爭議事件的起因。

韓伯豐鼎銘云"卿事、嗣(司)曰侖(論)"，格姬簋銘云"我既眔叔鼏父、師父、微史，顙訊既汝姬氏之"，二銘皆交待了王朝執政卿事對此事予以商議。區別在於，格姬簋銘詳細記述了參與處理此事王朝卿士的具體人名，韓伯豐鼎銘以"卿事""司"一筆帶過，着重强調議事者的政治身份。

韓伯豐鼎銘云"今我既即命曰：先王命尚付"，格姬簋銘云"今我既𢽬(徹)告伯俀父曰：其典，用"。格姬簋銘所云之"典"，即前文所説的"先王既有型"，是先王留下的一套處理這類事情的典章制度。與韓伯豐鼎銘的相似之處在於，皆是"我"遵循先王旨意，或是奉先王之名處理當前事件。

二銘皆以非叙事性銘文結尾，交待作器事由。韓伯豐鼎銘云"韓伯豐作寶齍彝"，對應格

---

[1] 單育辰認爲這裏的"尚"當讀爲"當"，意思是應當、應該。參見單育辰：《䎉伯豐鼎考》。

姬簋銘"霸姬對退揚皇尹休,用作寶簋,孫孫子子其萬年永寶"。相比而言,韓伯豐鼎銘言辭更爲簡約。

二銘之文本結構可歸納爲表一:

表一　韓伯豐鼎與格姬簋銘文結構對照表

	韓伯豐鼎銘	格姬簋銘
背景信息	唯十月既生霸甲辰,在成周	唯六月初吉,辰在戊子
開端:史官前來	御史至,以茲命曰:内史曰	尹氏使保子津蔑霸姬歷,霸姬伐,用璋
告+作器者+語氣詞	告韓伯:叔!	畏告姬氏:叔!
傳命内容:事件起因	伯氏宕	爾曰:其朕子嚳作君。 今晋人伸亦曰:朕甥作君。
傳命内容:王朝決定	卿事酃曰:俞。	我既眔▢叔鼏父、師父、微史,顯訊既汝姬氏之。
	今我既即命曰:先王命尚仅(付)。	今我既戴典,先王既有型,曰:弗能▢有家。 今我既徹告伯佷父曰:其典,用。
結尾:作器紀念	韓伯豐作寶齍彝	霸姬對退揚皇尹休,用作寶簋,孫孫子子其萬年永寶

從叙事風格來看,韓伯豐鼎銘頗爲凝練簡潔,相較而言,格姬簋銘融入了眾多人物對話與更多事件細節。前者作於穆王初年,後者作於恭王之世,時代的早晚或是這種詳略差異的成因之一。總體來說,二銘結構類似,詳略不同,可互補細節。下文將進一步對讀二銘,對相關問題予以討論。

1. 格姬簋銘中"我"的身份

格姬簋銘中的"我"皆出現於"畏告姬氏"的内容中,共出現四次,分別爲"我既戴典""我既訊伸氏""我既徹告伯佷父""我既眔▢叔鼏父、師父、微史"。顯然,"我"在處理霸氏宗子繼承問題上發揮了非常重要的作用。明確"我"是何人的代稱,對於理解通篇銘文頗有意義。

在韓伯豐鼎銘文中,明確記載"以茲命曰:'内史曰:告韓伯'"可知"内史曰告韓伯"也就是矺史所傳達的"茲命","告韓伯"的命令由内史下達。而傳達者,則是來到韓伯采邑的矺史。有研究業已據此指出,史官系統傳遞王命時至少有兩個層次:先由高等級史官整理王命,做出決策;再將決策轉發給低級史官,由其傳達。[1] 再來看格姬簋銘中"我"的身

---

[1] 刁俊豪、黃静静:《韓伯豐鼎銘文新論》,《文博》2023年第4期。

份。"戴典",[1]即按典章制度行事。"訊伸氏",即就霸氏宗子之事問訊於晉人伸。"徹告伯僾父,曰:其典用",即告知伯僾父,按照先王之典所記載的來處理此事。"罙[叔㽙父]、師父、微史",[2]即與叔㽙父、師父、微史一起商議此事。顯然,格姬簋銘文中的"我"地位較高,是決策者之一,應是内史之長"尹氏";[3]而使者保子聿是地位較低的史官,[4]與韓伯豐鼎銘中"冟史"的身份可以對應,在整個事件中扮演的也只是"傳命者"的角色。

2. 格姬簋與韓伯豐鼎銘文中"虘"的意義

學者對金文中"虘"的意義有不同的解釋。柯昌濟、楊樹達讀"虘"爲"嗟",認爲是表示語氣的感歎詞。[5] 于省吾、李學勤讀"虘"爲"徂",以爲語詞。[6] 陳夢家也讀"虘"爲"徂",訓爲"往昔"。[7] 蔣玉斌近年屬文指出,"'徂/虘'是歎詞,是表達強烈感情的一種手段,它獨立使用,不與別的成分組合"。[8] 當以何説爲是? 格姬簋與韓伯豐鼎銘文的對讀,或可增進對此字意義的認識。

在格姬簋與韓伯豐鼎銘文中,"虘"都冠於史官傳命内容的開頭,表達的意義應當一致。

---

[1]《淮南子·繆稱訓》:"倡而不和,意而不戴,中心必有不合者也。"王念孫曰:"戴,讀爲'載'。鄭注《堯典》曰:'載,行也。'"是"戴"有遵從、遵行之意。參見何寧撰:《淮南子集解》卷十,中華書局,1998年,第712頁。

[2] 西周金文中的"罙"或作副詞使用,表示一起、共同的意思,這類"罙"後常接動詞,如裘衛盉(《銘圖》14800)銘文有"司土微邑、司馬單旟、司工邑人服罙受田",意爲三有司官員一同參與"受田";五祀衛鼎(《銘圖》2497)銘文有"邦君厲罙付裘衛田",意爲邦君厲也一同參與了對裘衛田的交付,故而這句話也可理解爲"我"(尹氏)連同叔㽙父、師父和微史一起參與了對此事的"[]"。"[]"雖不識,亦可推定爲動詞。參見喻遂生:《兩周金文"罙"字語法研究》,《古漢語研究》2020年第1期。

[3] 銘文末尾出現的"霸姬對揚皇尹休","皇尹"也即尹氏;霸姬稱頌尹氏的休美,也説明作爲命令下達者的"我"正是尹氏。

[4] 保子聿,嚴志斌、謝堯亭在文中(以下簡稱"嚴文")解釋爲"保氏之子名聿者",認爲其家族來源於召公太保氏,似未妥當。嚴文已注意到西周晚期保子達簋(《銘圖》4725)使用族氏銘文"亻",且已正確地指出保子達與保子聿同族,但卻認爲"亻"氏自西周晚期始從保氏分化而出。實際上,族氏銘文"亻"由來已久。該族或與"戈"復合,見於戈亻父辛觥(《銘圖》13632);又與"戈北單"復合,見於戈北單亻爵(《銘圖》8040)。2011年一件商代晚期的卣(《銘圖》13141)見於西安,蓋銘爲"父庚",器銘爲"壴亻父丁"。"亻"與"戈""壴"等族氏組成復合銘文,足可見其具有濃厚的商人特徵。西周中期的師趛鬲(《銘圖》3025)銘末族氏銘文亦爲"亻",銘文顯示其作器對象包含"文母聖姬",亦説明這一家族並非姬姓。加之其使用日名與族氏銘文等特點,西周時期的"亻"氏是商遺民的可能性更大。亻族之人在西周時期多任"師"職,如師昌鼎(《銘圖》2141)、師趛鬲、太師伯良父(《通鑒》40472)等,而此銘中的保子達任職爲"尹氏"屬下,屬於史官系統,其所在的"保"氏應係"亻"氏旁支。

[5] 柯昌濟:《韡華閣集古録跋尾》,膠西柯氏排印本,1935年,第17頁;楊樹達:《積微居金文説》,第2、41—42、103頁。

[6] 于省吾:《雙劍誃尚書新證》,中華書局,2009年,第301頁;李學勤:《紂子武庚禄父與大保簋》,《甲骨文與殷商史》新二輯,上海古籍出版社,2011年,第3頁。

[7] 陳夢家:《西周銅器斷代》,中華書局,2004年,第20頁。

[8] 蔣玉斌:《釋甲骨金文的"蠢"兼論相關問題》,《復旦學報(社會科學版)》2018年第5期。

主張"虡"讀爲"徂"、訓爲"往昔"的學者,依據在於後文往往出現了"今"。但正如前文論及的那樣,格姬簋銘中的"今"是順承連詞,不應理解爲時間副詞"現在",因此便不存在所謂"昔"與"今"的對比。韓伯豐鼎銘文中的"今"亦當作此解,故而將這兩篇銘文中的"虡"讀爲"徂"的論證都不能成立。

一些金文中的"虡"如這兩篇銘文中見到的一樣,出現在對他人口語摘録的開頭。如:

王令彧曰:"虡。淮夷敢伐内國。"(彔尊,《銘圖》11803)

此乃淮夷入侵背景下,周王命令其重臣彧討伐敵人。又有:

伯犀父休于縣改,曰:"虡。乃任縣伯室。"(縣改簋,《銘圖》5314)

此乃父親伯犀父對出嫁女兒縣改的告誡。

上文所列銘文中"虡"的發出者,包含周王(君)、伯犀父(父)、内史、尹氏(王朝中央史官)等權力關係中的上位者,因此,這些"虡"都發生在"以卑告尊"的語境中。《尚書・費誓》云:"公曰:嗟!人無嘩,聽命!"此乃魯國君主告臣下之辭,"嗟"表呼告之意,與上述金文中"虡"出現的場合、句中位置、意義都一致。從這一點來看,格姬簋與韓伯豐鼎銘文中的"虡"確應讀爲"嗟"。

讀新出霸姬簋銘文札記*

楊 菁**

霸姬簋出土於山西省翼城大河口西周墓地 M2002，最初的發掘簡報未披露其相關銘文信息。[1] 2023年楊勇偉《山西大河口 M2002 格姬簋銘文釋讀及與晉國關係》[2]一文（以下簡稱"楊文"）及嚴志斌、謝堯亭《格姬簋銘研究》[3]一文（以下簡稱"嚴文"）相繼公布霸姬簋銘文資料，並對霸姬簋銘文作了釋讀及研究。

鑒於新出霸姬簋銘文具有較高的文字價值及史料價值，值得深入研究，本文在上述二文研究的基礎上，將銘文釋讀如下：

唯六月初吉辰才（在）戌覓（子），尹氏事（使）保子聿蕈（勉）格（霸）姬麻（勞），伐用章（璋）。畏（威）告姬氏：戲！爾曰：其朕子智乍（作）君。今晉人伸亦曰：朕生（甥）乍（作）君。今我既戴册，先王既又（有）井（型），曰：弗能歔（危）又（有）家。今我亦既訊伸氏，亦曰：不能歔（危）又（有）家。今我既龛（徹）[4]告白（伯）依父，曰：其册用。我既罙逾弔（叔）霝父、自（師）父、散（微）史顥訊既女（汝）姬氏之。今既豦（舉）智于王，繛（肆）史（使）告格（霸）姬。對（對）覷（揚）皇尹休，用乍（作）寶殷（簋），孫＝子＝（孫孫子子）其萬年永寶。

今就銘文三處釋讀及相關問題略陳自見，求正於方家。

---

* 本文是教育部哲學社會科學研究重大課題攻關項目"出土商周秦漢文獻通假語料的整理與資料庫建設研究"（21JZD043）、華東師範大學高校青年教師預研究項目"西周王朝與諸侯國金文對比研究"（43800—20101—222559）、中國博士後科學基金會第 74 批面上資助（2023M741191）的階段性研究成果。
** 華東師範大學中國語言文學系博士後，助理研究員。
[1] 最初的發掘簡報只公布了霸姬簋（M2002∶24）的器型、紋飾。參見山西省考古研究所等：《山西翼城大河口西周墓地 2002 號墓發掘》，《考古學報》2018 年第 2 期，第 223—286 頁。
[2] 楊勇偉：《山西大河口 M2002 格姬簋銘文釋讀及與晉國關係》，《中國文物報》2023 年 9 月 8 日第 6 版。
[3] 嚴志斌、謝堯亭：《格姬簋銘研究》，《中國國家博物館館刊》2023 年第 9 期，第 74—80 頁。
[4] "龛"字釋讀從王挺斌之說。參見王挺斌：《金文研讀劄記二則》，《文史》2023 年第 2 輯，第 247—254 頁。

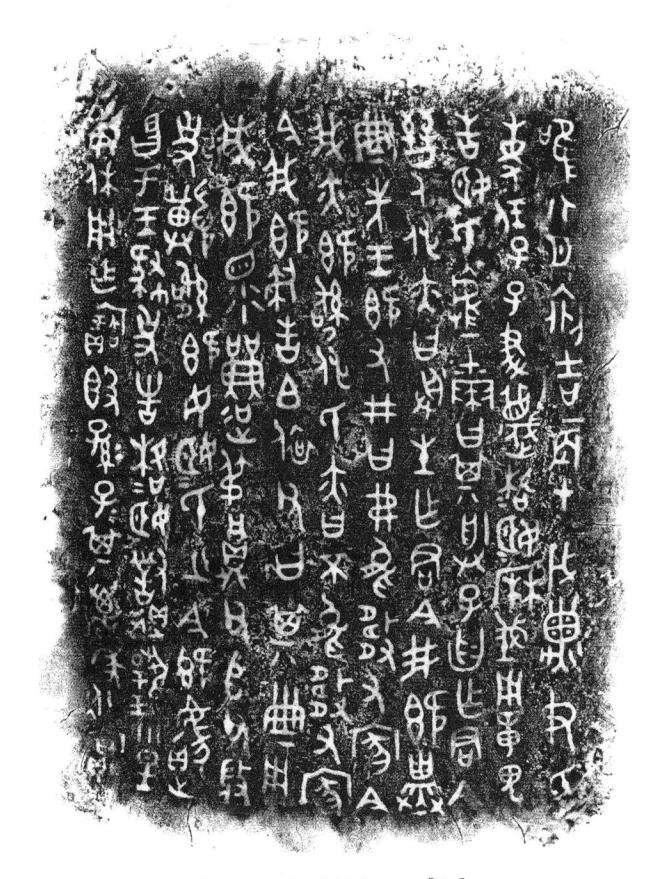

圖一　霸姬簋銘文拓本[1]

一、尹氏事(使)保子聿蔑(勉)格(霸)姬厤(勞),伐用章(璋)

銘文"蔑"字作圖,楊文和嚴文徑釋爲"蔑"。按,圖字从蔑从止,可嚴格隸定爲"蘷"。西周金文中"蔑"字較爲常見,或从禾作穫、或从木作機。此銘"蔑"字作蘷,爲西周金文首見。關於金文"蔑厤",學界研究成果衆多,此處從陳斯鵬之說,讀爲"勉勞"。[2] 銘文"伐"字作圖,楊文嚴格隸定爲"垡",下部从土。按,其實"垡"下部的土形是由於伐字所从人形的繁化變形導致的。劉釗曾指出古文字中从人形的字常在人形下部加上一横,一横與"人"組合後又常常變爲"土"。[3] 劉洪濤亦舉出古文字"望""聖""年"三字下部原本所从的"人"可變作"土"形的例證:[4]

---

[1] 圖片來自嚴文第76頁。
[2] 陳斯鵬:《金文"蔑曆"及相關問題試解》,《出土文獻》2021年第3期,第28—40頁。
[3] 劉釗:《古文字構形學》,福建人民出版社,2006年,第91頁。
[4] 劉洪濤:《形體特點對古文字考釋重要性研究》,商務印書館,2019年,第130頁。

⿰ （無叀鼎，《銘圖》02478）　　　坙 （《郭店·太一生水》11）

圣 （將軍張二月戈，《銘圖》17160）

  西周金文增加筆畫的現象較爲普遍，有在豎筆上加圓點或橫畫的，也有在豎筆之下加橫畫的。[1] 霸姬簋銘文"伐"字剛好兼具以上兩種變化形式，既在人形豎筆上加了圓點，又在豎筆之下加了橫畫，從而下部變作"土"形。因此銘文 ⿰ 可直接隸定爲"伐"。

  楊文和嚴文都將此句銘文中的"＝"視爲重文符號。下面重點談談我們對此句中符號"＝"的認識。重文符號指代替行文中重複出現的字或詞的簡省符號。通常情況下，多字重文應先連讀所有帶重文符號的文字，再將其重複讀一遍。[2] 不過實際情況並非如此簡單。此句銘文按一般的重文符號釋讀規則讀出來便是：尹氏使保子𢐗蔑霸姬，霸姬麻伐用璋。西周金文中的"蔑麻"一詞較爲常見。一般來講，"蔑"與"麻"大多以多種組合形式出現，二字可分可合。同時金文中還存在一些單獨的"蔑"或"麻"。[3] 但縱觀西周金文，"蔑"與"麻"還沒有如"尹氏使保子𢐗蔑霸姬，霸姬麻伐用璋"分別處於前後兩句之中的情況。故此處的"＝"不可按一般重文符號釋讀規則來讀。楊文和嚴文則是按照"重文符跳讀"法[4] 來解讀上述銘文："尹氏使保子𢐗蔑霸姬曆，霸姬伐用璋""尹氏使保子𢐗蔑格姬曆，格姬伐，用璋"。此種讀法從語句上看十分順暢，但重文符跳讀一般發生在重文部分夾有"也""矣"等作爲句末標記虛詞的情況下。[5] 此處跳讀的字並非句末虛詞，而是"麻"，這與重文跳讀例中跳讀之字所需條件不合。

  本文認爲此句"霸姬"二字下的"＝"並非重文符號。首先，古文字中的重文符號通常位於文字的右下角。[6] 簋銘此句"霸姬"二字的"＝"號位於左下角，但同篇銘文"孫＝子＝（孫

---

[1] 相關論述可參看黃德寬等著：《古漢字發展論》，中華書局，2014 年，第 140—141 頁。
[2] 程鵬萬：《簡牘帛書格式研究》，上海古籍出版社，2017 年，第 182 頁。
[3] 參看陳斯鵬：《金文"蔑曆"及相關問題試解》，第 28—40 頁。
[4] 所謂"重文跳讀"，即"不按照重文符號順讀，而是根據文義、語氣等因素對重文部分文字進行跳讀"，這種特殊的重文符號用例"最早由馬王堆帛書整理小組在《五行》篇第 84/253 行'信其體而後能相親＝也而築之愛也'裹發現"。參看暨慧琳、劉釗：《先秦多重重文表達法及相關問題探略》，《古漢語研究》2021 年第 3 期，第 104 頁附注 1；暨慧琳：《簡帛所見重文符特殊用法解讀三則》，《中國典籍與文化》2023 年第 1 期，第 103 頁。
[5] 暨慧琳：《簡帛所見重文符特殊用法解讀三則》，第 104 頁。
[6] 但也有重文符號位於文字左下角的例子，《郭店·語叢四》5"＝及"作 ⿰。程鵬萬推測此處是由於"及"字已經書寫至竹簡末尾，右側已無更多空間書寫重文符號的緣故。參見程鵬萬：《簡牘帛書格式研究》，第 181 頁。

孫子子)"的重文符號"="却位於銘文右下角,可見兩者之間存在明確區別。李洪財在《漢簡中與重文號相關的幾個問題》一文中指出在漢簡中存在一些形同重文符號,但並不表示重文的特殊現象。這類特殊重文號實際應該根據各自的表義重命名爲停頓號、合文號、省代號、強調號、删除號等。[1] 李洪財在文中所舉兩例表示強調作用的"="號的用例與本文所討論的"="號極爲相似:

外人叩頭郭長卿:君遣外人送槥(槥),外人失不喪檄,叩頭。唯長₌卿₌厚恩
(肩壹 T9:103A)
孫當從居延來,唯卿₌張護成當責會水津吏胡稚卿(肩貳 T21:176)[2]

李洪財指出以上兩則材料中的"長₌卿₌""唯卿₌"中的"="都不能當作重文符號來解讀。"唯長卿長卿厚恩""唯卿卿"的讀法顯然不順,而去掉"="號讀作"唯長卿厚恩""唯卿"就很順暢。故這兩處"="其實並没有什麽實際作用,只是表示強調對象。[3] 同理,如我們將"霸₌姬₌"中的"="去掉,讀作"尹氏使保子聿蔑霸姬麻,伐用璋",文義就十分順暢了。

楊文認爲"伐用璋"與山西翼城大河口墓地 M1017 出土的霸伯盂的"毁用璋"辭例相同,指舉行祼酒禮放置玉柄形器時要進行毁缺。嚴文認爲銘文"格姬伐,用璋"即是霸姬用玉璋賄贈使者保子聿。霸姬受到王朝太史寮友稱伐,作爲主人賄賓以璋。按,此處的"伐"當理解爲伐美之伐,不少學者已指出西周金文中的"伐"有誇美之義。[4] "伐用璋"即以璋伐美霸姬,此處"伐"承前省略了賓語"霸姬"。此句大意即:尹氏派保子聿來勉霸姬勞,用璋稱美霸姬。

值得注意的是,此篇銘文第九列的"姬"字左下角及第十列"霸姬"二字左下角都有"="號。我們認爲這兩處"="號亦屬於強調號,並無實際意義。第九列的"姬氏"之"氏"下應漏一"="符號,原本應作"訊既女姬₌氏₌之"。

二、今我既戴册,先王既又(有)井(型),曰:弗能敱(危)又(有)家

銘文有一字形作 ⿰, 楊文徑釋爲"戴"。嚴文將該字嚴格隸定作"舁",認爲"舁从廾从皿(或豆)形,疑'舁典'相當於'登典',即登録於典册之上"。按,此字可從楊文釋爲"戴"。甲骨文中"戴"字字形作:

---

[1] 李洪財:《漢簡中與重文號相關的幾個問題》,《文獻》2023 年第 1 期,第 30—43 頁。
[2] 兩例釋文轉引自李洪財:《漢簡中與重文號相關的幾個問題》,第 40 頁。
[3] 李洪財:《漢簡中與重文號相關的幾個問題》,第 40—41 頁。
[4] 參看謝明文:《金文叢考(三)》,《商周青銅器與先秦史研究論叢》,科學出版社,2017 年,第 50—51 頁;黃益飛、謝堯亭:《霸伯簋銘文考》,《鄭州大學學報(哲學社會科學版)》2018 年第 1 期,第 98 頁;陳斯鵬:《金文"蔑曆"及相關問題試解》,第 34 頁。

A1: ▨ （《英藏》314 典賓）   A2: ▨ （《合》1096 賓組）

西周金文中的"戴"字字形作：

B1: ▨ （史牆盤，《銘圖》14541）   B2: ▨ （癲鐘，《銘圖》15592）

▨上部是甾，[1]像一人形頭頂一甾，是"戴"字的表義字。霸姬簋"戴"字下部▨與 B1、B2 除却"敢"後的▨、▨類形體較爲相似。中間部分▨爲"皿"字訛變，原本與身體相連的手部與身體分離脱落至字形下方，變形爲廾。周忠兵曾對兩周金文"戴"字的形體做過總結：

> 兩周金文中的"戴"字或從"戴"的表義字並加注"敢"聲，或從"首""敢"聲。其中牆盤中的"戴"字所從的"戴"字表義字，其造字方法與甲骨中的"戴"字一脉相承，只是將所頂的"甾"换成了"皿"。[2]

通過上文的論述可知，西周金文中的"戴"還存在一種形體作▨，即在 A 類甲骨文表義字形上再增加一個表義部件"皿"來强化人戴皿形。

"戴""載"同源，傳世及出土文獻中"戴""載"二字相通之例甚多，兹不贅舉。《釋名·釋姿容》："戴，載也，載之於頭也。"《玉篇·異部》："戴，奉也，在首也，事也。""載"有"承"義，《正字通·車部》："載，承也。""承"亦有承受、負擔、負荷之義。《説文·廾部》："奉，承也。"霸姬簋銘"戴册"應與甲骨卜辭中常見的"再册"類似。何景成認爲"再册"當解釋爲符合、遵從王命。[3] 董珊將霸姬盉銘"再公命"讀爲"承公命"，即遵從奉承公的命令。[4] 付强根據今本《詩·秦風·權輿》"不承權輿"在安大簡中作"不再權輿"，認爲"再册"當是"承册"，即"承命"。[5] 董珊與付强之説可從，霸姬簋銘文中的"戴册"也即"承册"，即承命、受命。傳

---

[1] 該字形上部的甾作▨，左側一横筆斷裂，未與中間竪筆相連，這導致嚴文將其隸定爲"田"。其實"田"像兩手持物形，下部無作封閉狀者。周忠兵認爲"甾"是精母之部字，"戴"是端母之部字，"甾""戴"古音相近，"甾"可作"戴"的聲符。但"甾"是否是"戴"的聲符可能還有疑問。參見周忠兵：《説古文字中的"戴"字及相關問題》，《出土文獻與古文字研究》第 5 輯，上海古籍出版社，2013 年，第 370 頁；施瑞峰：《上古漢語的 *T—系、*L—系聲母及相關古文字問題補説》，《中國語文》2020 年第 1 期，第 63 頁。
[2] 周忠兵：《説古文字中的"戴"字及相關問題》，《出土文獻與古文字研究》第 5 輯，第 371 頁。
[3] 何景成：《甲骨文"再册"新解》，《中國文字學報》第六輯，商務印書館，2015 年，第 39—48 頁。
[4] 董珊：《翼城大河口誓盉銘文的理解》，《兩周封國論衡：陝西韓城出土芮國文物暨周代封國考古學研究國際學術研討會論文集》，上海古籍出版社，2014 年，第 413—414 頁。
[5] 付强：《據安大簡釋甲骨文中的"再册"與金文中的"再公命"》，2020 年 12 月 30 日，https://mp.weixin.qq.com/s/zdZg2qVHk3f_A6IdfYFsLQ。

世文獻中"承命"一詞常見。《左傳·僖公十五年》:"苟列定矣,敢不承命。"《左傳·昭公十六年》:"孔張,君之昆孫、子孔之後也,執政之嗣也。爲嗣大夫,承命以使,周於諸侯,國人所尊,諸侯所知。""册"可以理解爲"王的命令",[1]"今我既戴册"意思是現在我已遵從奉承王的命令。

楊文認爲"井"當是"刑",指國家的典刑、刑罰;"䢦"是"違"的本字,本意爲離開;"又"讀爲"佑",即輔助、幫助。楊文認爲此句大意是在先王已經制定的典刑中記載,我成爲國君是離不開家族宗室幫助的。嚴文則將"井"讀爲"型","䢦"讀爲"違",認爲"又"意同"厷",指代後者"家"。

按,此處"井"與刑罰無涉,應讀爲"型",當典範、型範講。從西周金文用字習慣來看,"井"用作刑罰之{刑}僅見於兮甲盤銘文,但僅有的兩例"井"用爲刑罰之{刑}的例子現在看來並不十分可靠。[2] 王沛認爲西周時期的"井"字具有效法、法度等義項,還不具有刑罰或施加刑罰的含義,"刑罰"的含義至東周時期才出現。[3] 王沛之説大體可信。《清華三·芮良夫毖》簡21"政命德型,各有常次,邦其康寧",整理者將"型"括注爲"刑"。鄔可晶指出《芮良夫毖》中"德型"與《左傳·襄公二十八年》"賞其德刑"之"德刑"相同,"型"可當"型範"解,不必讀爲"刑罰"之"刑"。[4]

"䢦"從"韋"得聲,當讀爲"危"。"危"屬疑母微部,"韋"屬匣母微部。出土及傳世文獻中皆可見"危""韋"相通的例證。《馬王堆帛書·戰國縱橫家書一六》:"秦固有懷、茅、邢丘,城垝津,以臨河内,河内共莫必危。"整理者注:"垝津,即圍津,在今河南省滑縣東南,是古代黄河的西岸。"[5]《清華二·繫年》簡15:"是秦之先,世作周[]。"鄔可晶認爲[]即"危"字,讀爲"衛"。[6]《史記·荆燕世家》:"豈不爲偉乎?"《漢書·荆王賈、燕王澤、吴王濞傳》

---

[1] 何景成:《甲骨文"禹册"新解》,第45頁。
[2] 對於兮甲盤中這兩例"井",學界多以"處以刑罰"加以解釋。王沛指出在西周金文中"井"作動詞通常是效法的意思,作名詞是被效法的準則的意思。將"井"理解爲處以刑罰並不符合西周金文的通例。王沛認爲"即井撲伐"中的"井"亦是效仿的意思。兮甲指出自己之所以采用撲伐的制裁方式,乃是效仿其上級,也就是王朝制裁方式。"井"即"效仿"的術語。"井撲伐"是指循例施加撲伐,以此來體現撲伐行爲的正當性與合法性。"則亦井"後有省略,省略的原因或許是所"井"的方式有所不同,銘文前文對淮夷所井的處罰是撲伐,對我方則是采用其他的處罰方式。參見王沛:《西周的"井"與"誓"——以兮甲盤和鳥形盉銘文爲主的研究》,《當代法學》2012年第5期,第155—158頁。
[3] 王沛:《"刑"字古義辨正》,《上海師範大學學報(哲學社會科學版)》2013年第4期,第12—20頁。
[4] 鄔可晶:《"咸有一德"探微》,復旦大學出土文獻與古文字研究中心等編:《出土文獻與中國古典學》,中西書局,2018年,第156頁。
[5] 馬王堆漢墓帛書整理小組編:《馬王堆漢墓帛書(三)》,文物出版社,1983年,第54頁。
[6] 鄔可晶觀點可參見復旦大學出土文獻與古文字中心讀書會:《〈清華(貳)〉討論記錄》,復旦大學出土文獻與古文字研究中心網站,http://www.fdgwz.org.cn/Web/Show/1746,2011年12月23日。

"偉"作"危"。[1]《荀子·彊國》:"乃據圉津。"楊倞注:"圉當爲圍。《史記》:'秦固有懷茅邢丘城垝津……'。垝、圍聲相近,疑同。"[2] 危有危害、使處於危險境地的意思。《呂氏春秋·分職》"國家之所以危",高誘注:"危,亡也。"《戰國策·秦策四》"寡人絕其西,魏必危",高誘注:"危,亡也。"文獻中亦常見"危其身""危社稷"之語。《韓非子·愛臣》:"愛臣太親,必危其身;人臣太貴,必易主位;主妾無等,必危嫡子;兄弟不服,必危社稷。"《管子·法法》:"明君不爲親戚危其社稷,社稷戚於親。"

"又"不必讀爲"佑"。即便銘文如楊文所說是"離不開家族宗室幫助"的意思,也應是"弗能違家佑",而不是"弗能違佑家"。霸姬簋銘此處的"又"可讀爲"有"。袁金平曾對比西周金文材料,證明上古漢語"有"可用作代詞:

1. 克明又心　　　　秦公鐘(1·262—1·266 春秋早期)
　　　　　　　　　　秦公鎛(1·267—1·269 春秋早期)
　 克盟(明)氒心　　師望鼎(5·2812,西周中期)
　 克明氒心　　　　瘐鐘(1·247—1·250,西周中期)
2. 保乂氒秦　　　　秦公簋(8·4315,春秋早期)
3. 休又成事　　　　史頌鼎(5·2787—5·2788,西周晚期)
　　　　　　　　　　史頌簋(8·4229—8·4236,西周晚期)
　 休氒成事　　　　師害簋(7·4116—7·4117,西周晚期)
4. 臨保我有周　　　毛公鼎(5·2841,西周晚期)
　 臨保我氒周　　　師詢簋(8·4342,西周晚期)
5. 王作又䵼彝　　　王簋(6·3460,西周晚期)
　 仲爯作又寶彝　　仲爯簋(7·3747,西周早期)
　 用作又母辛尊彝　母辛䰜(3·688,西周早期)[3]

袁金平指出以上銘文辭例"又(有)"與代詞"氒(厥)"所處的語法位置非常吻合,用法相近,因此上古漢語中"有"可以用作代詞。[4] 霸姬簋銘文"弗能危有家"的"有"與上舉銘文中的"又(有)"相同,也是代詞,指代周王。"弗能危有家"意思是不能危害周王的統治。清華簡《厚父》篇與《皇門》篇中有如下兩段簡文可與此句銘文內容相參照:

───────

[1] 高亨纂著,董治安整理:《古字通假會典》,齊魯書社,1989年,第505頁。
[2] 同上注,第506頁。
[3] 以上例證轉引自袁金平:《新蔡葛陵楚簡"大川有汸"一語試解——兼論上古漢語中"有"的特殊用法》,《語言學論叢》第42輯,商務印書館,2010年,第372—373頁。
[4] 同上注。

厚父拜稽首,曰:都魯天子! 古天降下民、設萬邦,作之君、作之師,惟曰其助上帝亂下民之懸。王廼曷佚其命,弗用先哲王孔甲之典型,顛覆厥德,淫湎于非彝,天廼弗若,廼墜厥命,亡厥邦。　　　　　　　　　　　　　　　　(《厚父》4—6)

至于厥後嗣立王,廼弗肯用先王之明型,乃維急急胥驅胥教于非彝。以家相厥室,弗恤王邦王家,維踰德用。　　　　　　　　　　　　　　　　　　(《皇門》7—8)

《厚父》簡文指出王不施行先哲王孔甲之典範,導致了"墜厥命,亡厥邦"的嚴重後果。《皇門》簡文譴責宗子以家代邦的行徑,指出宗子違背先王型範,不顧王邦王家的事務,只經營其家事,才導致"不利厥辟厥邦"。[1]"危有家"在某種程度上與"墜厥命,亡厥邦"相似。將霸姬簋銘文與上引簡文比較可知,銘文先言"先王既有型",就是強調勿要失型,如失型則會導致"危有家"。此句銘文重在強調作爲霸國宗子要"弗能危有家",並不是在說"成爲國君是離不開家族宗室幫助的",也不是在說"保子聿(或以尹氏的名義)去核查王室收錄的先王既有的典章法規,不能讓霸國不安定"。而是從周王室的角度告誡霸國的繼任君主不能脫離固有的先王型範,要謹守先王的教誨;不能破壞周王的統治,要做好諸侯宗子該做的"丕惟周之厚屏"之事。這也暗含了在選取誰作爲霸國君主繼任者這一問題上,周王室最爲看重的就是霸國君主必須要做到遵循故常,謹守秩序,藩屏周邦。霸姬簋銘文點明了晉人伸身份的雙重性,他既是晉國貴族,[2]又是霸姬的兄弟。晉人伸先是配合霸姬擁立其甥作霸國之君,後又附和周王室再次強調"不能危有家",這也是晉人伸以諸侯貴族及霸國親族雙重身份表明態度的行爲。

三、今既𧇭(舉)召于王,緯(肆)史(使)告格(霸)姬

銘文有一字作▨,嚴文認爲"𧇭"或是遽字異構,"遽召于王"當是使召乘傳車入往王庭,內服任職。按,𧇭字從虍從止從貝,"虍"是聲符,"𧇭"當是遽字異體,可讀爲"舉"。"虍""舉"都是見母魚部字,二字雙聲疊韻。文獻中"舉""虍"有間接通假之例。古"舉""巨"通用。《禮記·内則》"舉燋其脅",鄭玄注:"舉或爲巨。"[3]又古"巨""虍"可通。《荀子·正論》"是豈鉅知見侮之爲不辱哉",楊倞注:"鉅與遽同。"[4]《左傳·成公八年》"與渠丘公立於池上",《後漢書·郡國志》"渠丘"作"遽丘"。[5] 出土文獻中從"巨"之字亦常與從"虍"

---

[1] 王晨光:《藩屏王家:清華簡〈皇門〉〈四告〉的權力互動及政治倫理》,《史學月刊》2023年第6期,第7—8頁。
[2] 嚴文認爲晉人伸能言霸國君主擁立之事,地位或爲晉國君主貴族。
[3] 高亨纂著,董治安整理:《古字通假會典》,第847頁。
[4] 同上注,第872頁。
[5] 同上注。

之字通假,兹不贅舉。[1] 可見"豦""舉"二字可通。

"舉"有選拔、推薦之義。《左傳·襄公三年》:"君子謂祁奚於是能舉善矣。"《禮記·儒行》:"懷忠信以待舉。"《孟子·告子下》:"傅説舉於版築之間,膠鬲舉於魚鹽之中。""今既舉召於王,肆使告霸姬"意思是現在已經將召推薦給了周王,派人將此事告知霸姬。本文第一則已指出此句"霸姬"二字左下角的"＝"是强調符號,而非重文符號。故銘文當斷句爲:今既舉召於王,肆使告霸姬。對揚皇尹休,用作寶簋,孫孫子子其萬年永寶。"對揚皇尹休"句承前省略了主語霸姬。西周金文"對揚某休"句中省略主語的情况十分常見:

  唯九月既生霸辛酉,在燕,侯賜宙貝、金。揚侯休,用作召伯父辛寶尊彝。
                     (宙鼎,《銘圖》02386)

  史獸獻功于尹,鹹獻功,尹賞史獸裸,賜方鼎一、鑾一。對揚皇尹丕顯休,用作父庚永寶尊彝。   (史獸鼎,《銘圖》02423)

四、相關問題試説

最後,本文擬就"銘文所録語句是誰的話"及"周王是否同意立召爲霸國新君"這兩個問題稍作探討。

楊文認爲"戲!爾曰:其朕子召作君。今晋人伸亦曰:朕甥作君"兩句是霸國國君之女"媿"所説的話,銘文中的"我"指召。嚴文則認爲銘文中的"我"指保子聿,銘文所録語句多直接移録保子聿原話。

按,楊、嚴二説皆有可商之處。"畏"可從嚴文之説讀爲"威",與"媿"無關。從銘文首句尹氏使保子聿來勉勞霸姬,以及銘文末尾"對揚尹氏休"可知,本次勉勞霸姬活動的主導人物是尹氏。保子聿只是尹氏的傳話人,類似於册命銘文中宣讀王命之人。銘文中的"今我既載册""今既舉召於王"兩句表明説話人斷不可能是周王或召。由此可知,銘文中"我"當指尹氏,尹氏是受周王的派遣來勉勞霸姬,從某種程度上來説尹氏就是周王的代言人。銘文所録語句是尹氏對霸姬説的話,只是交由保子聿代爲宣讀。銘文從"戲!爾曰:其朕子召作君"起,至"今既舉召於王,肆使告霸姬"止,都是保子聿宣讀尹氏對霸姬説的話。尹氏首先點明霸姬你推薦你的兒子召作新君,晋人伸也推薦了召作新君。接着對霸姬表明自己遵從奉承王命,周王對即將任命霸國新君的要求是"不能危有家",你的兄弟晋人伸也是這麽認爲的。此處暗含了周王室同意了霸姬推薦自己兒子作霸國君主的提議。然後尹氏便告訴伯俀父對召的册命即將實施,最後又將"舉召於王"之事正式通知霸姬。本篇銘文的語録部分即是尹

---

[1] 参見白於藍:《簡帛古書通假字大系》,福建人民出版社,2017年,第358頁"據與炬""據與岠""據與距"條。

氏代表周王在霸國新君任命之前與霸姬私下的非正式談話，之後可能有對召的正式册命，參與者或有伯伎父等人。從銘文可看出尹氏的整段話十分口語化，帶有即興講話的痕迹，據此推測最初的内容或爲尹氏口授。亦不排除由於是非正式談話，故文本帶有口語特點。

嚴文之所以認爲銘文内容是周王不同意立霸姬之子爲國君，是默認存在一個前提，即霸姬是 M2002 墓主霸仲的夫人。故霸姬之子召是霸國小宗，根據立嫡立長原則，召不能繼承君主之位。這裏存在兩個問題。第一，學界在霸姬的身份問題上其實是存在不同意見的。有學者認爲霸姬是霸仲之妻，亦有學者認爲霸姬是霸伯之妻。[1] 此問題的解決有待在更多出土材料的基礎上作進一步探究。第二，西周時期嫡立長原則也並非没有例外。[2] 若如嚴文所言，霸姬推舉其子召作君之事未遂，又何必作簋將如此詳細的對話記録下來。晉人伸先是明確贊同霸姬欲立其子召爲國君的想法，後却在尹氏的問詢之下倒戈，反對立召爲霸國國君。晉人伸在如此重要的政治事件上前後轉變立場，也缺乏内在邏輯。總之，在未有確鑿的證據之前，還是應該從銘文文本自身的叙述來進行研究。

嚴文懷疑召簋、召鼎、召壺、師虘簋銘文中的"召"和"宰召"可能就是在朝廷任職時期的霸姬之子。按，此說不可信。韓巍已明確指出上述幾位名"召"者"年代都相隔一定距離，而其職官又分屬性質不同的系統，因此有理由認爲他們是五個不同的人物"。[3] 目前亦無明確證據證明霸姬簋之"召"與上述諸"召"是同一人，這些"召"之間更可能屬於同名異人的關係。

附記：小文寫作過程中得到李美辰老師、張飛博士的幫助，在此致以衷心感謝。文中錯漏均由本人負責。

---

[1] 嚴志斌、謝堯亭、裘錫圭等學者認爲霸姬是霸仲之妻。參見嚴志斌、謝堯亭：《气盤、气盉與西周誓儀》，《中國國家博物館館刊》2018 年第 7 期，第 43—52 頁；裘錫圭：《大河口西周墓地 2002 號墓出土盤盉銘文解釋》，《出土文獻與古文字研究》第 8 輯，上海古籍出版社，2019 年，第 134—146 頁。黃錦前則認爲霸姬是霸伯之妻。參見黃錦前：《翼城大河口 M2002 出土銅器銘文讀釋》，《北方文物》2022 年第 3 期，第 85—90 頁。
[2] 文獻中就有記載周王不遵循立嫡立長原則而左右諸侯立廢的事件。如周夷王殺齊哀公，而立其弟胡公静。《史記·齊太公世家》："哀公時，紀侯譖之周，周烹哀公而立其弟静，是爲胡公。"周宣王廢長立少，欽點魯武公少子戲爲太子。《國語·周語上》："魯武公以括與戲見王，王立戲。"
[3] 韓巍：《西周金文中的"異人同名"現象及其對斷代研究的影響》，《東南文化》2009 年第 6 期，第 114 頁。

從"指標"功能看格姬簋銘文的所謂重文號[*]

于雨成[**]

近來,楊勇偉先生所撰《山西大河口 M2002 格姬簋銘文釋讀及與晉國關係》[1]以及嚴志斌與謝堯亭二位先生合作的《格姬簋銘研究》[2]均介紹、考釋了山西翼城大河口西周墓地所出格姬簋(M2002∶24)銘文,並對銘文的內容和歷史背景作了深入的解析。該篇銘文記載了霸氏擁立新君的史事,史料價值頗高。目前銘文的解讀尚存爭議,如所謂重文號的作用,學者未有定讞。本文擬結合陳夢家先生所提出的金文"＝"符號的"指標"功能,對該篇銘文所謂重文號的作用作進一步探討。

一、現有諸説辨析

格姬簋銘文中"格姬""姬氏"各出現兩次,從拓片與照片看,"格"與"姬"這兩個字之下,均有明顯的"＝"符號。相關辭例如下:

(1) 尹氏事(使)保子肁茂格(霸)₌姬₌歷伐用章(璋)。

(2) 告姬₌氏：……

(3) 我既眾遹(會)叔鼏父[3]、自(師)父、敚史頯訊既女(汝)姬₌氏之。

(4) 辥史告格(霸)₌姬₌,對揚皇尹休,用作寶簋,孫₌子₌其萬年永寶。

在楊勇偉、嚴志斌、謝堯亭諸先生所擬定的釋文中,句(1)和句(4)均標注了"＝"符號,句

---

[*] 本文係北京語言大學研究生創新基金(中央高校基本科研業務費專項資金)項目(23YCX049)的階段性成果。

[**] 北京語言大學文學院碩士研究生。

[1] 楊勇偉：《山西大河口 M2002 格姬簋銘文釋讀及與晉國關係》,《中國文物報》2023 年 9 月 8 日第 6 版。本文所引楊勇偉先生的意見,均參見該文。

[2] 嚴志斌、謝堯亭：《格姬簋銘研究》,《中國國家博物館館刊》2023 年第 9 期。本文所引嚴志斌、謝堯亭二位先生的意見,均參見該文。

[3] "遹(會)叔鼏父"連讀,當爲人名,從陳民鎮先生意見。陳民鎮先生《略説格姬簋銘文及相關問題》一文原提交 2023 年 10 月由北京大學中國古代史研究中心與北京大學出土文獻與古代文明研究所主辦的"考古新發現與周代國家形態研究"青年學者工作坊。下文所引陳民鎮先生的意見,均見該文。

(2)、句(3)的兩處"姬氏"則未見該符號。該符號一般可以理解爲重文號或合文號,如若"姬=氏"中的"="符號理解爲重文號或合文號,顯然難以疏通文義,這或是學者忽略句(2)、句(3)中兩處"="符號的原因。陳民鎮先生則將句(2)、句(3)的兩處"="符號標出,認爲其無實際意義。

至於句(1)和句(4)兩句,學者對所謂重文號亦有不同認識。學者多將句(4)讀作"肂(肆)史告格=姬=(霸姬,霸姬)對揚皇尹休",陳民鎮先生則認爲:"此句的'='看來似乎確是重文符號。不過從金文與'對揚'有關的辭例看,'對揚'之前可以不加主語,格姬簋全篇銘文的所有重文符號可能均無實際意義。"

更具争議的是句(1),目前主要有以下三種説法:

(一) 跳讀説

嚴志斌與謝堯亭二位先生指出:"銘中'格''姬'二字左下皆有重文符號。此句或當讀作'蔑格姬曆,格姬伐,用璋'。即保子聿稱伐諆耀格(霸)姬。"楊勇偉先生亦將"="符號理解爲重文號,全句讀爲"尹氏使保子津蔑格姬曆,格姬伐用璋",將格姬視作下一句的主語。不過一般而言,重文號的使用不會存在"跳讀"的情形。依照重文號的一般用法,"尹氏事(使)保子聿蔑格(霸)=姬=曆"一句當讀爲"尹氏事(使)保子聿蔑格(霸)姬格(霸)姬曆"最爲合理,不過這種讀法在文法上難以成立。

重文號跳讀的現象在出土文獻中確有其例。馬王堆帛書《五行》"信其體而後能相親=也而築之……正行之直=也而遂之迣也"一句,整理小組認爲應讀爲"信其體而後能相親也,親而築之正行之……正行之,直也。直而遂之,迣也"。[1] "親""直"之下有重文號,但它們又各自跳過"也"屬下讀。這種釋讀方法被劉信芳先生總結爲"重文符跳讀例"。[2] 然先秦的金文材料暫未發現類似的例證,且西周與西漢之間年代相隔較遠,帛書《五行》與金文的文體及書寫載體有别,格姬簋銘文的"格=姬="能否"跳讀"頗爲可疑。

若依照重文號跳讀的方式去理解銘文,則"格姬"與"伐"連言。霸伯簋銘文亦出現"蔑某曆"與"伐"同時出現的情形:

佳(唯)十又一月,井弔(叔)來奉盧(鹵),穮(蔑)霸伯泺(曆),使伐用昌(幝)一百、丹二糧,虎皮一。　　　　　　　　　(霸伯簋,《銘圖》5220,西周中期)

相同的銘文又見於霸伯簋(《銘三》40510,西周中期)、霸伯山簋(《銘三》40511,西周中期)。"使伐"之前並未另加主語,可以進一步驗證"格姬"不必與"伐"連言。

---

[1] 國家文物局古文獻研究室編:《馬王堆漢墓帛書〔壹〕》,文物出版社,1980年,第26頁。
[2] 劉信芳:《簡帛五行解詁》,藝文印書館,2000年,第106頁。

（二）順讀説

馮時先生將該句讀爲"尹氏事（使）保子聿（盡）蔑霸姬，霸姬曆伐（伐）"，並指出："'霸姬'有重文符，知於此句讀，猶下文'告霸姬'據重文句讀一樣。"馮先生將"霸姬"作爲"蔑"的對象和"曆伐"的主語，同時又將"聿"視爲程度副詞"盡"而非保子之名，認爲保子只是受尹氏之命的傳話者，身份不高，若獨錄其私名，未免過於隆重。[1]

"蔑曆"是金文中常見的習語，據陳劍先生研究，"蔑曆"一詞最常見的辭例爲"A（上級）蔑B（下級）曆"，是典型的雙賓語結構，意爲"A覆被B以勉勵"；其變式"B蔑曆"或"B蔑曆（于）A"，則爲"B受到（A的）勉勵"義。[2] "蔑"亦可單獨出現，如：

余易（錫）帛、鹵貝，蔑女（汝）王休二朋，用乍（作）父辛齍（尊）。

（僕麻卣，《銘圖》13309，西周早期）

當"蔑"與"曆"同時出現時，均作"某蔑曆""蔑某曆"的形式，不宜將"蔑"與"曆"拆解並歸入不同的句子。

此外，金文中也不見"曆伐"連用的情形，"格姬曆伐"同樣缺少文獻證明。從前文所引霸伯簋、霸伯山簋"蔑某曆"與"伐"同時出現的文例看，"伐"當另起一句，不與"曆"連用，且前面不必有主語。

（三）無實義説

陳民鎮先生將該句釋作"尹氏事（使）保子聿蔑格（霸）₌姬₌曆，伐用章（璋）"，並指出："從重文符號一般使用規律來看，不大可能會出現重文'格姬'越過'曆'而用作'伐'之主語的情形……事實上，格姬簋全篇銘文中，'格''姬'二字之後均有重文符號。除了'尹氏事（使）保子聿蔑格（霸）₌姬₌曆'中的所謂重文符號不具有實際意義，兩處'姬氏'的'姬'之後的'₌'顯然也不是實際的重文符號。……格姬簋全篇銘文的所有重文符號可能均無實際意義。"

在上述諸說中，陳民鎮先生對文義的理解最爲可信。格姬簋銘文中所有的"格""姬"後均有"＝"符號，除了句（4）的"＝"符號可理解作重文號，其他三句的"＝"符號則難以落實爲重文號。不過需要補充的是，格姬簋銘文中的"＝"符號並非"無實際意義"，它們應具備陳夢家先生所指出的"指標"功能。

---

[1] 馮時：《霸姬簋銘文所見西周宗法與家族倫理》，《文物季刊》2023年第4期。
[2] 陳劍：《簡談對金文"蔑懋"問題的一些新認識》，《出土文獻與古文字研究》第7輯，上海古籍出版社，2018年，第91頁。

二、"＝"符號"指標"功能論析

（一）"＝"符號的"指標"功能

爲説明"指標"的具體含義，以下以遹簋（《集成》4207，西周中期）與長由盉（《集成》9455，西周中期）銘文爲例試作説明，銘文分别如下：

隹（唯）六月既生霸，穆＝王才（在）葊京，乎（呼）漁（漁）于大池。王卿（饗）酉（酒），遹御亡（無）遣（譴），穆＝王親（親）昜（錫）遹韰（爵）。遹捧（拜）首（手）頴（稽）首，敢（敢）對覠（揚）穆＝王休，用乍（作）文考父乙隣（尊）彝，其孫＝（孫孫）子＝（子子）永寶。

隹（唯）三月初吉丁亥，穆＝王才（在）二（下）淢应，穆＝王卿（饗）豊（醴），即井白（伯）、大（太）祝射，穆＝王蔑長由吕（以）逨即井＝白＝（井伯，井伯）氏臮不妓，長由蔑曆，敢（敢）對覠（揚）天子不（丕）杯休，用肇乍（作）隣（尊）彝。

上述兩篇銘文中，"穆＝王"均出現三次。王國維先生曾指出遹簋銘文的"穆＝王"顯然是指周穆王。[1] 或以爲"穆＝王"當依《詩》"穆穆文王"例，讀爲"穆穆王"。[2] 據謝明文先生研究，金文中的"穆穆"主要有兩種義項："在名詞前作定語，一般以訓作'美'爲宜；在動詞前作狀語，一般以訓作'恭敬'爲宜。"[3] "穆穆文王"一語中，"穆穆"是"文王"的定語，"文王"是具體的王名。"穆穆"是否可以修飾單個"王"字，頗值得懷疑。

此外，孫稚雛先生指出"穆穆王"的第一個"穆"應理解爲"昭穆"之穆，指輩分，第二個"穆"爲謚號。[4] 黄奇逸先生認爲第一個"穆"爲動詞"穆祭"，第二個"穆"爲謚號，"穆穆王"即"穆祭穆王"。[5] 均將"＝"符號落實爲重文號，並試圖分别解釋兩個"穆"的含義。但這些説法仍有不合理之處，尤其是黄奇逸先生的説法，只能適用於遹簋銘文中"穆穆王在葊京"一句，而不適用於另外兩處。

陳夢家先生在20世紀三四十年代所作的《中國文字學》中提出了"指標"的概念："形指字是以指標限制象形字的……'形指字'也具有指示的作用。所以'形指字'者，是在象形字上加以'指標'用以指示限制它的詞性與它的意義的。"他認爲"指標"有五種形式，"穆＝王"

---

[1] 王國維：《遹敦跋》，《觀堂集林》卷18，中華書局，1959年，第895頁。
[2] 據陳夢家《西周銅器斷代（六）》（《考古學報》1956年第4期）一文所轉述。
[3] 謝明文：《從語法角度談談金文中"穆穆"的訓釋等相關問題》，《古籍研究》第57—58卷，安徽大學出版社，2012年，第55—56頁。
[4] 孫稚雛：《長由盉銘文匯釋》，《孫稚雛學術叢稿》，中山大學出版社，2018年，第95頁。
[5] 黄奇逸：《商周研究之批判——中國古文字的産生與發展》，巴蜀書社，2008年，第276頁。

屬於"以兩小橫爲指標"的形式,作用是"將普通字限制爲專門名詞"的"私名"。[1] 陳夢家先生在《西周銅器斷代(六)》一文中結合遹簋銘文分析道:"我們以爲仍當是穆王:一則因此器的形制花紋應在此時;一則金文的專名(國名、人名和數字)常常以重文符作爲'指標'。"[2] 認爲遹簋銘文中所謂的重文號實際上應視作"指標"。

在陳夢家先生的基礎上,陳初生先生補充柞鐘(《集成》133,西周晚期)、師𩛥鼎(《集成》2830,西周中期)、哀成叔鼎(《集成》2782,春秋晚期)諸器銘文作爲例證,強調"="符號可以用作"專名符號"。尤其是師𩛥鼎(《集成》2830,西周中期),作爲1974年出土的恭王時器,可說明"穆=王"只能指穆王。其銘文曰:

王曰:師𩛥!女(汝)克盡(藎)乃身,臣朕(朕)皇考穆=王,用乃孔德琭(遜)屯(純),乃用心引正乃辟安德。

陳初生先生指出:"其中之'穆'如釋爲訓'美也'的'穆穆',則師𩛥鼎定爲周共王八年正月之器論據不足,美的王怎麼能説就是穆王呢?……穆王本身的穆字已經足可顯示其地位,就好像昭王已顯示其地位是昭一樣,無須再疊床架屋,再者,只見'穆穆王',不見'昭昭王'也從側面證明穆爲昭穆字之説難以成立。"[3] 陳先生所言甚是,"皇考"二字限定了師𩛥鼎銘文的"穆=王"專指穆王,爲恭王時器。也正因如此,如果視作重文號,以單獨的"穆"修飾其後的"穆王",則文義難通。

除了陳夢家先生所稱"指標"與陳初生先生所稱"專名符號",陳煒湛、唐鈺明兩位先生編著的《古文字學綱要》將"穆=王"下的"="符號視作"羨畫"。[4] 視作"羨畫",則表明該"="符號無實際意義。實際上,用於人名的"="符號仍有一定的功能,即陳夢家先生所説的"指標"功能。

(二)金文中"="符號"指標"功能的用例

除了上文所論"穆=王",在西周至春秋時期的銅器銘文中,於人名之下添加"="符號的現象不乏其例,如:

1. 㕇祝盂蓋(《銘三》41241,西周早期)

銘文曰:"㕇=祝乍(作)醽(召)公且(祖)乙障(尊)彝,隹(唯)用乍(作)氒(厥)身禦,世世其子孫寶。"

---

[1] 陳夢家:《中國文字學》,中華書局,2006年,第83—84、89—90頁。
[2] 陳夢家:《西周銅器斷代(六)》,《考古學報》1956年第4期。
[3] 陳初生:《談談合書、重文、專名符號問題》,中山大學古文字研究所編:《康樂集——曾憲通教授七十壽慶論文集》,中山大學出版社,2006年,第113頁。
[4] 陳煒湛、唐鈺明編著:《古文字學綱要》,中山大學出版社,2009年,第68頁。

此例中的"厝₌靯"顯然是人名,若將"＝"符號視作重文號,則作"厝厝靯",不是常規的人名形式。

2. 夷伯夷簋(《銘圖》5159,西周晚期)

銘文曰:"隹(唯)王征(正)月初吉,屖(辰)才(在)壬寅,尸₌(夷)白(伯)尸(夷)于西宮。"

此處的加"＝"符號的"夷"位於"伯"前組成人名,視作重文號則文義不通。夷伯夷簋出土兩件,僅一件(《銘圖》5159)器内底寫作"尸₌(夷)白(伯)尸(夷)",其蓋與另一件(《銘圖》5158)器銘、蓋銘"尸(夷)"下無"＝"符號,可見"＝"符號可以省略,可以進一步説明此處的"＝"符號應視爲"指標"。

3. 妄鐘一(《集成》109,西周晚期)

銘文曰:"井人₌妄曰:……"

郭沫若先生早已指出此處的"＝"符號殊不可解,"非重文,亦非字畫"。[1] 將"＝"符號視作"指標"、將"井人妄"視作人名更爲合理。

4. 衛侯之孫書鐘(《銘三》41279,春秋中期)

銘文曰:"隹(唯)王正月初吉丁亥,衛矦(侯)之孫,䜴(紳)子之子書₌曰:……"

另一件衛侯之孫書鐘(《銘三》41280)銘文作"衛矦(侯)之孫,䜴(紳)子之子書₌鐸(擇)吉金,乍(作)鑄鏞鐘六锗(堵)",有所不同,但器主"書"均寫作"書₌","書"爲人名,"＝"不能理解爲重文號。

5. 璋鐘甲(《集成》113,春秋晚期)

銘文曰:"隹(唯)正十月,初吉丁亥,羣孫斨子璋₌鐸(擇)其吉金,自乍(作)鏞鐘。"

"璋"爲人名。璋鐘凡八件(《集成》113—119,《銘三》41278),每篇銘文完整內容相同。其中璋鐘(《銘三》41278)、璋鐘甲(《集成》113)、璋鐘丁(《集成》116)、璋鐘己(《集成》118)均寫作"璋₌",其餘諸器的"璋"下無"＝"符號,"＝"符號應視作"指標"。

以上五例,"＝"符號均要視作"指標",不能理解爲重文號。

(三)金文中"＝"符號疑似"指標"功能的用例

此外,西周至春秋時期的一些銅器銘文中,"＝"符號當具備"指標"功能,不過由於一些原因尚不能坐實,如:

1. 井叔采鐘(《集成》356,西周中期)

銘文曰:"井弔₌(叔)采乍(作)朕(朕)文且(祖)穆公大鐘(鐘)。"

"井弔₌采"爲人名,若將"＝"符號視作重文號,則作"井叔叔采"。韓巍先生便將該符號

---

[1] 郭沫若:《兩周金文辭大系圖録考釋》,《郭沫若全集·考古編》卷8,科學出版社,2017年,第150頁。

理解爲重文號,認爲"井叔"屬於"大宗氏名+仲、叔、季"的複合氏名,"叔釆"之"叔"才是器主的個人排行。[1] 李學勤先生則指出:"'叔'下有重文號,見較大的 M163∶35 則沒有這個符號,只能讀爲'井叔釆'。"同時李先生又推測道:"揣想'井叔'是氏,其人自己又排行爲'叔',故可稱爲'井叔叔釆',也可簡稱'井叔釆'。"[2] 從邢叔釆鐘(M163∶35,《集成》357)的拓片看,"井弔"之下似無重文號。若 M163∶35 的"井弔"之下無重文號,可説明井叔釆鐘的"＝"符號亦當爲"指標"。以"大宗氏名+仲、叔、季"作爲複合氏名的確鑿用例主要是虢季氏,井叔氏能否成立尚存疑。本文暫將井叔釆鐘歸入"疑似"例。

2. 哀成叔鼎(《集成》2782,春秋晚期)

銘文曰:"正月庚午,䵼(嘉)曰:'余鬱(鄭)邦之産,少去母父,乍(作)鑪(鑄)飤器繡(黄)鐘(鑊),君既安叀(惠),亦弗其遜雙䵼(嘉)。'是隹(唯)哀＝成＝弔＝(叔)之鼎,永用䙷(禋)祀,死(尸)于下土,台(以)事康公。"

"哀成弔"爲人名。過去有學者多將"哀＝成＝弔＝"之句斷讀爲"叀亦弗其遜雙。䵼(嘉)是隹(唯)哀＝成＝弔＝(哀成叔。哀成叔)之鼎……",[3] 李學勤先生則將"嘉"屬上讀,作"亦弗其遜雙䵼(嘉)",認爲"遜雙"是護助之意,不過仍將"＝"符號理解爲重文號。[4] 張亮先生從李先生之説。[5] 蔡運章先生雖仍將"嘉"屬下讀,但已經指出"＝"符號實際上是"專名符號"或"指標"。[6] 本文認爲銘文中的"＝"符號實際上是"指標"。由於"遜雙"一詞未有定説,銘文尚有不可解之處,本文暫將該器歸入"疑似"例。

3. 宋公䜌鼎蓋(《集成》2233,春秋晚期—戰國早期)

銘文曰:"宋公䜌(欒)之䵼鼎(鼎)。"

"䜌"爲人名,摹本寫作 䜌,較"䜌"的常見寫法多出"＝"。宋公䜌簠(《集成》4590,春秋晚期—戰國早期)銘文的"欒",便逕寫作"䜌"。宋公䜌鼎蓋銘文的"＝"符號亦當視作"指標"。不過"䜌"字下的"＝"符號,所標注的位置與一般銘文不同。由於宋公䜌鼎蓋銘文僅存摹本,存在誤摹的可能,本文暫將其歸入"疑似"例。

還有一些銘文,"＝"符號標在人名之下,但人名同時有用作下句主語的可能性,如:

---

[1] 韓巍:《重論西周單氏家族世系》,《青銅器與周史論叢》,上海古籍出版社,2022 年,第 169—171 頁。原載朱鳳瀚主編《新出金文與西周歷史》,上海古籍出版社,2011 年。

[2] 李學勤:《禹鼎與張家坡井叔墓地》,《李學勤文集》第 15 卷《青銅器研究(5)》,江西教育出版社,2023 年,第 112 頁。原載湯一介等著:《文史新瀾——浙江出版社建社二十周年紀念論文集》,浙江古籍出版社,2003 年。

[3] 趙振華:《哀成叔鼎的銘文與年代》,《文物》1981 年第 7 期。

[4] 李學勤:《鄭人金文兩種對讀》,《李學勤文集》第 16 卷《青銅器研究(6)》,江西教育出版社,2023 年,第 29 頁。原載《中華國學研究》創刊號,2008 年 10 月。

[5] 張亮:《哀成叔鼎銘文補釋》,《文博》2018 年第 1 期。

[6] 蔡運章:《哀成叔鼎銘考釋》,《中原文物》1985 年第 4 期。

1. 作册睘尊(《集成》5989,西周早期)

銘文曰:"君令余乍(作)册睘安尸₌(夷)白₌(伯),賓用貝、布。"

除作册睘尊外,《集成》還著録有作册睘卣(《集成》5407,西周早期),兩篇銘文均寫作"尸₌(夷)白₌(伯)","＝"符號或爲"指標"。若視作重文號,則第一個"夷伯"爲上句的賓語,第二個"夷伯"屬下讀,爲"賓"的對象,亦可通。

2. 麥鼎(《集成》2706,西周早期)

銘文曰:"隹(唯)十又二月,井(邢)灰(侯)征(延)屬(裸)于麥₌,易(錫)赤金,用乍(作)鼎。"

"麥"爲人名,"＝"符號或爲"指標",若視作重文號,則第一個"麥"爲上句的賓語,第二個"麥"屬下讀,爲"易(錫)赤金"的對象,亦可通。

3. 柞鐘甲(《集成》133,西周晚期)

銘文曰:"隹(唯)王三年三(四)月初吉甲寅,中(仲)大(太)師右柞₌,易(錫)載、朱黄(衡)、絲(鑾),翻(司)五邑佃(甸)人事。"

柞鐘同坑出土八件,除第七件漏鑄銘文,前四件(《集成》133—136)内容完整,後三件(《集成》137—139)内容需要連讀組成完整銘文,每篇銘文完整内容相同,除了首句均寫作"柞₌",同篇銘文中出現其他的"柞"下均無"＝"符號。"柞"爲人名,"＝"符號或爲"指標",若視作重文號,則第一個"柞"爲上句的賓語,第二個"柞"屬下讀,爲"易(錫)載、朱黄(衡)、絲(鑾)翻"的對象,亦可通。

以上三篇銘文中的"＝"符號可視作"指標",亦或可理解爲重文號。由於缺乏直接的佐證,屬於"兩可"的情形。

綜上所述,在人名下加"＝"符號作爲"指標"確是西周至春秋時期銘文的一種現象。當然,這一現象並不普遍。需要注意的是,在同一篇銘文中,未必會在全部人名之下添加"＝"符號。在不同器物的相同銘文中,也不一定在相應的人名之下一概添加"＝"符號。

三、結　論

通過上述討論,可知西周至春秋時期的銘文確實存在在人名下添加"＝"符號作爲"指標"的現象,這種情況下,"＝"符號不能理解爲重文號。如若將"＝"符號理解爲重文號而不能讀通銘文,則該符號當以視作"指標"爲宜。在此基礎上,我們可以進一步檢視格姬簋銘文中的"＝"符號。

首先是"姬₌氏"之下"＝"符號。如若將該符號視作重文號,顯然文義不通。如若將其視作"指標",讀爲"告姬氏""我既眔遹(龠)叔、霝父、自(師)父、散史頪訊既女(汝)姬氏之",則不存在疑問。

"尹氏事(使)保子叀蔑格(霸)₌姬₌曆伐用章(璋)"一句當讀作"尹氏事(使)保子叀蔑格姬曆,伐用章(璋)","＝"符號亦當視作"指標"。如此,可與"蔑曆"的搭配以及霸伯簋諸器銘文的辭例更好對應。

至於"緐史告格(霸)₌姬₌對揚皇尹休用作寶簋"一句,則屬於本文第二小節所討論的"疑似指標"用例。若將"＝"符號視爲重文號,第二個"霸姬"便成爲"對揚皇尹休"的主語。但金文中"對揚"之前省略主語的辭例比比皆是,此句中的"＝"符號理解爲"指標"亦通。

格姬簋銘文在"格"與"姬"二字之下一概添加"＝"符號,當有其用意。全篇"＝"符號均爲"指標"的可能性還是較大的。

衛侯之孫書鐘銘文補考*

單育辰**

  2017 年山西襄汾縣陶寺北春秋墓地（M3011）出土甬鐘 16 件，其中 18 字銘文編鐘 9 件、180 字銘文編鐘 5 件，一般統稱爲"衛侯之孫書鐘"。鐘銘小部分圖像早先在網絡新聞披露過，只能看到"王正月初吉丁……衛厌之孫䰙子之子書=……鐘六……福禄無旗永保"諸字。[1] 鐘銘圖像在《銘三》1279、1280 亦有公布，[2] 也僅發表少量照片，有"王正月初吉丁……福禄無旗永保"（《銘三》1279）、"衛厌之""孫䰙子""之子書=""盤龢鐘六鎛"（《銘三》1280）諸字。《銘三》1279 另附一很不清楚的銘文拓片，隱約可見"……公定……于□之埜……武卑神□□士……曰□余吉金用盤龢鐘六鎛台宣台……且先公之福……"（文字釋讀詳後）。不過該書發表了長銘編鐘的全部釋文：

  隹（唯）王正月初吉丁亥，衛厌（侯）之孫，䰙（紳）子之子書=（書，書）曰：穆=（穆穆）弘=（弘弘），公定爲余居，于鄰（麥）之埜（野），受樂屮康，卑寵（靈）女武，卑神□繡，土禹燮□，保我父兄。書曰：翼（擇）余吉金，用盤（鑄）龢鐘六鎛（堵），台（以）宣（享）台（以）孝，于我皇且（祖）。先公之福，武公之頪，弋奏虎力，來饎不答。書曰：余小心畏似（忌），謚競屮歔，余不（丕）信無巫，余良人是教，余古政是則，余典用中直。翼（擇）余吉金，乍（作）盤（鑄）余寶鐘，成盤（鑄）六肆，則與其□帀良是平之受龢屮訌我鐘，受平屮鍚，安保我土，禹樂我父兄，我台（以）外，我台（以）寶，吾台（以）宣（享），吾台（以）孝，福禄無旃（旗—期），永保用之。

  《衛侯之孫書鐘》在《山右吉金：襄汾陶寺北兩周墓地出土青銅器精粹》（下文簡稱《山右

---

  * 本文受到 2021 年國家社科基金重點項目"清華簡佚《書》類文獻整理與研究"（21AYY017）、古文字與中華文明傳承發展工程規劃項目（G1935）的資助。
  ** 吉林大學考古學院、"古文字與中華文明傳承發展工程"協同攻關創新平臺教授。
[1] 正式的簡訊見山西省考古研究所：《晋南東周考古的新突破——陶寺北墓地發現墓祭、喪葬遺迹，新出"衛侯之孫申子之子書"刻銘編鐘》，《中國文物報》2018 年 1 月 30 日，但銘文圖版基本不清楚。
[2] 吳鎮烽：《商周青銅器銘文暨圖像集成三編》第 3 卷，上海古籍出版社，2020 年，第 465—470 頁。

吉金》）發表時，[1]也只有少數銘文的彩照，較清楚的銘文圖像有："隹王正月初吉丁……孝福祿無期永保"（第201頁下左圖）、"……曰……余……受樂胙康卑嚭女武……鬲燮膺保我父兄書……盎……畗……且……"（第202頁上左圖）、"力述雠不倉書曰余少心畏似諡競"（第202頁上右圖）、"……金……衛厌之……子……"（第203頁）。另有兩張拓片，文字可看出者爲"衛厌之……鍾六鎛"（第204頁上左圖）、"書＝……叢吉金……乍盎鯀"（第204頁上右圖）。在第199頁還收錄一張銘文文字很多但很不清楚的摹本。《山右吉金》中也附有全部釋文，與《銘三》釋文大致相同，只有幾處不同，若不計寬式嚴式隸定，以及兩可的句讀所帶來的差異，其主要的區別有：

《山右吉金》"卑嚭汝武"，"汝"《銘三》作"女"；《山右吉金》"卑神□緇土，鬲燮□"，《銘三》斷爲"卑神□緇，土鬲燮□"；《山右吉金》"諡競󰁬歓"，"諡競"《銘三》作"諡競"；《山右吉金》"則與其□帀良是平之受鯀󰁬訌我鍾受平󰁬錫"作一句讀（其中帀、鍾二字疑是誤印），《銘三》在"受平󰁬錫"前有逗號。

《山右吉金》出版後，陳建新先生對長銘編鐘銘文加以訂補，所改釋的意見主要有：󰁬原字作"󰁫"，可隸定爲"乍"，讀爲"且"；"土鬲"的"土"摹本作"󰁩"，可能應釋爲"士"，相關句應句讀爲"安保我士鬲，樂我父兄"；"䣎"字原篆作"󰁰"，懷疑應從謝明文先生説釋讀爲"恭"；[2]"述"字原形作"󰁮"，應釋爲"述"，讀爲"仇敵"之"仇"；"小心畏似"的"似"原篆作"󰁯"，應改隸成"㠯"；《銘三》"諡競󰁬歓""諡"應從《山右吉金》改釋爲"諡"，下字原篆作"󰁱"，應是"觀"字，相應字讀爲"畢恭且忌"；銘文後面的一句應句讀爲"則與其□帀良是平之，受鯀󰁬訌，我鍾受平󰁬錫"。[3]他所改釋的意見大多可從。"抱小"在陳文基礎上指出，所謂的"受"應讀爲"洵"，[4]這也十分可信。

謝明文先生大約在同一時間，寫成《釋古文字中的"茸"》一文，把衛侯之孫書鐘"󰁲"隸定爲"䯤"，讀爲"輯"，[5]是可信的。他在文章中對衛侯之孫書鐘長銘編鐘銘文前面的一些文句做了釋文，也把"󰁬"讀爲"且"；但他把"受"讀爲"曼"或"爰"，則不如"抱小"説好；他

---

[1] 山西省考古研究院、山西博物院、臨汾市博物館、襄汾縣文化和旅游局：《山右吉金：襄汾陶寺北兩周墓地出土青銅器精粹》，山西人民出版社，2021年，第196—205頁。

[2] 謝明文：《晉公盞銘文補釋》，《出土文獻與古文字研究》第5輯，上海古籍出版社，2013年，第236—257頁；又見其《商周文字論集》，上海古籍出版社，2017年，第182—208頁。

[3] 陳建新：《讀衛侯之孫書鐘銘文小札》，復旦大學出土文獻與古文字研究中心網站，http://www.fdgwz.org.cn/Web/Show/5819，2021年9月25日。

[4] "抱小"：《説衛侯之孫書鐘的"受"字》，復旦大學出土文獻與古文字研究中心網站，http://www.fdgwz.org.cn/Web/Show/5821，2021年9月27日；又見蔡偉：《古文獻叢札》，（新北）花木蘭文化事業有限公司，2022年，第207—209頁。

[5] 謝明文：《釋古文字中的"茸"》，《甲骨文與殷商史》新十二輯，上海古籍出版社，2022年，第138—146頁。

把銘文後面的一句句讀爲"則與其□帀良是平之受穌且詎,我鐘受平且揚,安保我土,鬲樂我父兄",認爲其中的"鬲"與"鬲䜌鞎保我父兄"的"鬲"一樣,當是和樂一類的意思,恐無證據;可注意者,爲其所釋的"卑靇(靈)女(如)武,卑神若(?)畱土"一句,詳下。

近日,《文物》刊發《山西襄汾陶寺北墓地春秋墓(M3011)發掘簡報》(下簡稱《文物》),[1]其中亦有衛侯之孫書鐘長銘編鐘銘文釋文,與《山右吉金》釋文基本一致。此文對衛侯之孫書鐘有新的披露,但只有少數銘文的彩圖,且大多不清楚,其中較易識者,則爲"力述儵不配書曰余少心或㠯謐覾"(圖三八)、"吉金乍盤余寶鐘……□帀良是平之受"(圖三九)、"吉金乍盤余寶鐘成……□帀良是平之受穌"(圖四〇)、"力述儵不配書曰余少心或㠯謐覾"(圖四一)、"之孫鬴子之子書〓曰穆〓弘〓公定爲余虗于鄭之……女武卑神若朱土……書曰羇余吉金用盤穌□六□台□台孝于□皇□先公□□武"(圖四二,此圖非常不清晰,據釋文加以復原辨識)、"衛矦之"(圖四四)、"孫鬴子之子"(圖四六)、"乍盤穌鐘六轄"(圖四七)、"衛矦之孫鬴子之子書〓曰穆〓弘〓公定爲余虗于鄭之埜……女武卑神若朱土……書曰羇余吉金"(圖五三)、"力述儵不配書曰余少心或㠯謐覾"(圖五四)、"……余典……吉金乍盤余寶鐘成……□帀良是平之受穌……"(圖五五)、"孫鬴子"(圖五七)。還有一張非常不清晰的摹本(圖一〇四),其銘文與《山右吉金》所收的摹本是一致的,但摹寫似各有不同(也可能是受印刷因素的影響而不同)。這批圖版正好有以前没有公布者,可以爲舊時難以釋讀的文字加以補充修訂。

舊釋的"公定爲余居,于鄭之埜(野)",所謂的"居"《文物》圖五三作 ▨ ,應是從"虎"從"土"的一個字,可隸定爲"虗",讀爲"土"。[2]"虎"曉紐魚部,"土"透紐魚部,二字古音很近,所以"虗"應是兩聲字。這裏的"土"是土地的意思,大概就是公封給書的采邑,所以後面説"士鬲䜌鞎",這是居所的"居"無法表現出來的。其中的"定"大概是確定或安定的意思,而不能理解爲人名。

舊釋的"卑神□畱"後二字《文物》圖五三作 ▨ 、▨ ,第一字可以明顯看出是"若",先前謝明文先生已經釋之爲"若",可能根據《山右吉金》202頁下右圖的拓片作 ▨ 而釋,但又加了問號表示猶疑不定。現由更清晰的圖版可以定爲"若"字。第二字從圖版看"畱"字之釋没

---

[1] 山西省考古研究院、臨汾市文化和旅游局、襄汾縣文物局:《山西襄汾陶寺北墓地春秋墓(M3011)發掘簡報》,《文物》2023年第8期,第4—50頁。
[2] 小文寫成並投稿於《青銅器與金文》後,謝明文先生賜下《書鐘銘文柬釋》一文(後來發表於"考古新發現與周代國家形態研究"青年學者工作坊,2023年),其結論與小文有同有異,讀者可以參看。謝先生認爲 ▨ 上部"虎"從"几",是"處"之省(或看作"虎"的下部與"几"共用部分筆畫)。我們認爲更可能"虎"身變爲類似金文中的"几"形而已,無論其上所從是"虎"還是"處",都可以讀爲"土",三字古音很近。

有問題,但我們認爲其右實从"⿴"即"筐"的象形字,可隸定爲"⿰"[1]讀爲"壯"。如虢季子白盤(《集成》10173):"丕顯子白,⿰武于戎功","⿰"即讀爲"壯"。"卑"應讀爲"俾",是使的意思。上句的"卑寵女武"也應改釋爲"卑(俾)寵(靈)女(如)武","女"應從謝先生讀爲"如"。"靈"與"神"對言,"女(如)"與"若"也對言,而虢季子白盤"⿰(壯)武于戎功",正是"壯武"連言。

《文物》圖五三"士鬲"的"士"作 ,按有些金文中的"士""土"二字不易分辨,[2]這種情況下只好依據文義來確定,但它和本銘中"埜"作 形所从的"土"的差別很大,一般來說"士"的兩橫皆偏下,而"土"的上一橫要更靠上一些。所以陳建新先生把它釋爲"士"確實是可能的。陳先生說:"'士鬲'可能類似於庶士,'鬲'該如何破讀有待研究。"我們認爲"鬲"字的含義應參《集成》2837:"賜汝邦司四伯,人鬲自馭至于庶人六百又五十又九夫;賜夷司王臣十又三伯,人鬲千又五十夫。"《集成》4300:"姜賞令貝十朋、臣十家、鬲百人。"《集成》2837、4300的"鬲"到底代表什麼身份,衆說紛紜,較流行者認爲鬲是奴隸,[3]但由《集成》2837"人鬲"包括馭至庶人就可知它與奴隸無關。[4] 從衛侯之孫書鐘"安保我士鬲"來看,鬲與士可連言,但應比士的等級低,或接近庶人,但無論如何也到不了奴隸。此篇銘文的發表對探討西周時代鬲的身份很有幫助。

"先公之福,武公之穎,弋奏虎力",後八字目前公布的所有圖版皆未見。學者對此尚無解釋。按,"穎"即"類",《詩經·大雅·皇矣》"克明克類",鄭箋:"類,善也。勤施無私曰類。"《國語·楚語上》"余恐德之不類",韋昭注:"類,善也。""類"與上句的"福"意義範疇一致。金文中的"弋",裘錫圭先生結合《詩經》《尚書》中的"式",把金文中的"弋"改釋爲"式",[5]非常正確。不過裘先生認爲"式"的意思是"勸令之辭"則未妥,我們認爲從辭例上歸納"式"應該理解爲必、一定的意思。[6]《說文》卷十:"奏,進也。""弋(式)奏虎力"是說先公及武公一定要進給我象虎一樣的力氣,《集成》276.2"靈力若虎",正是用虎來形容力。[7] 下句"述(仇)雠不倉(合)","合"應讀爲"對","合"屬匣紐緝部,从"合"的"答"或"荅"屬端紐緝部,"對"屬端紐物部,古音很近。古書中"合"聲系字與"對"也有相通的例子,《詩經·小雅·雨無正》"聽言則荅",《新序·雜事五》引作"聽言則對";《禮記·樂記》"子

---

[1] 單育辰:《釋甲骨文"⿴"字》,《清華簡〈繫年〉與古史新探》,中西書局,2016年,第497—511頁。
[2] 參董蓮池:《新金文編》,作家出版社,2011年,"士"字第55—57頁、"土"字第1866—1869頁。
[3] 楊寬:《釋"臣"和"鬲"》,《考古》1963年第12期,第668—670頁。
[4] 施偉青:《"鬲"非奴隸辨》,《廈門大學學報(哲社版)》1987年第3期,第72—76頁。
[5] 裘錫圭:《卜辭"異"字和詩書裏的"式"字》,《古文字論集》,中華書局,1993年,第122—140頁。
[6] 單育辰:《戰國卜筮簡"尚"的意義——兼說先秦典籍中的"尚"》,《中國文字》新34期,藝文印書館,2009年,第107—126頁。
[7] 《集成》276.2"靈力若虎"承陳建新先生示知。

夏對曰"，《史記·樂書》引作"子夏荅曰"；[1]又如回答義的"答"與回答義的"對"爲同源詞。《周易·無妄》"先王以茂對時育萬物"，《釋文》："對，配也。"《正義》："對，當也。"《詩經·大雅·皇矣》"帝作邦作對"，毛《傳》："對，配也。"[2] "逑(仇)讎不酓(對)"是說仇讎不是我的對手，不能與我匹敵。"酓"在《山右吉金》第 202 頁上右圖作▨，在《文物》上的圖三八、四一相應字作▨、▨，其右旁爲"配"之所從（字形可參《集成》181.2 ▨、《集成》4317 ▨等。按，"配"所從的"己"源於"卩"形），正說明銘文中的"酓""卲"有配一類的意思。[3] 上博六《天子建州》甲本簡 6 "𢦏(仇)敵(讎)戕(殘)亡"，也用"𢦏(仇)敵(讎)"一詞，用意也與此略近。

"則與其□帀"，缺字也恰好能在《文物》圖五五上看出，作▨，但因圖片質量不佳，還有待進一步研究，下面看起來似從"泉"。後蒙陳建新先生告知，據他所看到的摹本，此字從"亯"從"泉"從"刀"。按，從"亯"從"泉"的字在金文中多用爲"大林鐘"之"林"，如《集成》43 "寶大敷(林)鐘"、《集成》105 "穆公大劀(林)鐘"，後一例字形正與衛侯之孫書鐘相同。又《集成》205 "寶劀(林)鐘"、《集成》207 "朕皇祖考伯寶劀(林)鐘"，這些用爲"林"的字也是從"刀"的。陳先生認爲"劀(林)帀(師)"是某種樂師，很有道理。或者說"林師"就是掌管大林鐘的樂師似乎也可。銘文上下文作"成鑄六肆，則與其林師，良是平之"，由於"與"的限定，也表示"林師"應代表的是某種人。此句話是說鑄成六肆鐘，然後與林師一起好好調平、調和音樂節奏。

"受(洄)穌乍(且)訌"，謝明文先生釋"訌"爲"詎"，或是據《山右吉金》199 頁左圖的摹本作▨而釋，但若如其摹寫的字形，則右旁與"巨"仍不一樣，故暫仍從"訌"之釋。蔡偉先生疑讀"訌"爲"工"。[4] 按，"訌"應讀爲"洪"，"訌""洪"皆匣紐東部，故二字可以通用，"洪"言鐘聲之洪亮。"我台(以)外"，"外"疑讀爲"乂"，治也，文義承上文"安保我士禹"。

經過以上的釋讀，我們可以得到最新的釋文如下：

隹(唯)王正月初吉丁亥，衛庆(侯)之孫，𩁹子之子書=(書。書)曰：穆=(穆穆)弘=(強強)，公定爲余虡(土)，于郯之埜(野)，受(洄)樂乍(且)康，卑(俾)寵(靈)女(如)武，卑(俾)神若▨(壯)，士禹燮𨽾(轄)，保我父兄。

---

[1] 高亨纂著，董治安整理：《古字通假會典》，齊魯書社，1989 年，第 694 頁。
[2] 宗福邦、陳世鐃、蕭海波主編：《故訓匯纂》，商務印書館，2003 年，第 606 頁。
[3] 謝明文先生《書鐘銘文柬釋》指出金文中有"昭合皇卿"(《集成》10342、《銘續》30952 等)，"卿"與此銘的"卲"應統一解釋，陳劍先生言這些"卿"讀爲"合"，是配的意思（參董珊：《秦武公銅器銘文的新發現》引陳劍說，《秦漢銘刻叢考》，上海古籍出版社，2020 年，第 12—13 頁）。按，我們認爲"昭合皇卿"依照典籍通行的用字習慣應讀爲"昭答皇對"。
[4] "抱小"：《說衛侯之孫書鐘的"受"字》。

書曰：睪(擇)余吉金,用盬(鑄)穌鍾(鐘)六鼓(堵),台(以)亯(享)台(以)孝,于我皇且(祖)。先公之福,武公之頪(類),弌(式)奏虎力,逑(仇)雔不會(對)。

書曰：余少(小)心戚(畏)凶(忌),詘(畢)覿(恭)乍(且)歀(忌),余不(丕)信無亞,余良人是教,余古(故)政是測(則),余典用中直。

睪(擇)余吉金,乍(作)盬(鑄)余寶鍾(鐘),成盬(鑄)六牆(肆),則與其剸(林)帀(師),良是平之,受(洵)穌乍(且)訌(洪),我鍾(鐘)受(洵)平乍(且)賜(揚)。安保我士禹,樂我父兄。我台(以)外(乂),我台(以)寶,虜(吾)台(以)亯(享),虜(吾)台(以)孝,福禄無旗(期),永保用之。

《山右吉金》還收有兩張拓片,文字較多,不過看不清楚的非常多,參照以上成果,並結合零星的文字和筆畫,亦可以釋讀,今録於下,以供大家參考(用/表示分行):"佳王正月初吉丁/亥/衛厌/之孫/齲子之子書/曰穆．弘．公定爲/余虘于鄭之埜/受樂乍康卑鼉女武卑神若淄士/剸帀良是平之受穌乍訌我鍾受平/乍賜安保我士/禹樂我父兄我/台外我台寶虜/台亯/虜台/用之"(第201頁下右圖)、"弌奏虎力逑雔不會書曰/余少心戚凶詘覿/乍歀/余不/信無/……(此處有兩行文字,完全看不到字迹,故不録)/典用中直睪余/吉金乍盬余寶鍾成盬六牆則與其"(第202頁下右圖)。

《山右吉金》及《文物》所收的摹本圖像也十分不清晰,參照以上成果,結合零星的文字和筆畫,可以釋讀出:"佳王正月初吉丁/亥/衛厌/之孫/齲子之子書/曰穆．弘．公定爲/余虘于鄭之埜/……(尚有一行所摹文字,筆畫零落無法釋讀)/穌乍訌我鍾受平/乍賜安保我士/禹樂我父兄/我台外我台寶虜/台亯/虜台孝/用之"(《山右吉金》第199頁圖左、《文物》圖一〇四左)、"吉金乍盬余寶鍾成盬六牆則與其/剸帀良是平之受穌乍訌我鍾受平/乍賜安保我士/禹樂我父兄我/台外我台寶虜/余不/信無/亞余良人是教/余古政是測余/典用中直睪余"(《山右吉金》第199頁圖右、《文物》圖一〇四右)。

衛侯之孫書鐘銘文補説*

馮 蘭**

2017 年發掘的山西省襄汾縣陶寺鄉的陶寺墓地 M3011 出土甬鐘 1 套 16 件(3 件係後期追回)是衛國刻銘編鐘。《商周青銅器銘文暨圖像集成三編》著 1279、1280 號,名爲衛侯之孫書鐘(下稱"書鐘"),斷代在春秋中期前段。[1] 發掘者斷代在春秋晚期早段。[2]

9 件甬钟有 18 字銘文:

衛厌(侯)之孫,䲣(申)子之子書睪(擇)吉金乍(作)盨(鑄)龢鐘六䚄(堵)。[3]

5 件甬鐘各有 180 字相同銘文,綜合整理者、吳鎮烽先生、陳建新先生、謝明文先生的釋文,鐘銘嚴格隸定如下(以△指未釋字):

隹(唯)王正月初吉丁亥,衛厌(侯)之孫䲣(申)子之子書[4]曰:穆=强[5]=(彊彊)[6],公定爲余塵(處),于郊(麥)之埜(野),受(洵)[7]樂炸(且)[8]康,卑

---

* 本文爲"古文字與中華文明傳承工程"項目"安大簡整理與研究"(G1402)階段性成果,並受"古文字與中華文明傳承發展工程"協同攻關創新平臺安徽大學漢字發展與應用研究中心資助。
** 安徽大學漢字發展與應用研究中心博士研究生。
[1] 吳鎮烽:《商周青銅器銘文暨圖像集成三編》第 3 卷,上海古籍出版社,2020 年,第 465—470 頁。
[2] 王京燕:《山西襄汾陶寺北墓地春秋墓(M3011)發掘簡報》,《文物》2023 年第 8 期。
[3] 王京燕:《山西襄汾陶寺北墓地春秋墓(M3011)發掘簡報》,《文物》2023 年第 8 期。
[4] 吳鎮烽先生釋作"書。",陳建新先生認爲作者名"書"。吳鎮烽:《商周青銅器銘文暨圖像集成三編》第 3 卷,第 465—476 頁;陳建新:《讀衛侯之孫書鐘銘文小札》,復旦大學出土文獻與古文字研究中心網站,http://www.fdgwz.org.cn/Web/Show/5819,2021 年 9 月 25 日。
[5] 陳建新先生釋爲"强",參陳建新:《讀衛侯之孫書鐘銘文小札》。
[6] 謝明文:《釋古文字中的"茸"》,《甲骨文與殷商史》新十二輯,上海古籍出版社,2022 年,第 138—145 頁。
[7] 陳建新先生釋爲"受",參陳建新:《讀衛侯之孫書鐘銘文小札》。抱小先生認爲銘文中"受"或作"尋",可讀爲"洵"訓爲"信",參抱小:《説衛侯之孫書鐘的"受"字》,復旦大學出土文獻與古文字研究中心網站,http://www.fdgwz.org.cn/Web/Show/5821,2021 年 9 月 27 日。
[8] 陳建新:《讀衛侯之孫書鐘銘文小札》。

霝(靈)女武,卑神△牆,士[1]禹燮譶(輯)[2],保我父兄。

書曰:睪(擇)余吉金,用鹽(鑄)穌鐘六鎛(堵),以喜(享)以孝于我皇祖。先公之福,武公之穎,弋奏虎力,述[3]雠不舍。

書曰:余小心魃(畏)呂(忌)[4],誠(畢)龍(恭)炸(且)啟(忌)。[5] 余丕信無亟(極),余良人是教(效)[6],余古(故)[7]政是測(則),余典用中直。睪(擇)余吉金,乍(作)鹽(鑄)余寶鐘。成鹽(鑄)六牆(肆),則與其帀[8]良是平[9]之,夋(洵)穌炸(且)訌,我鐘夋(洵)平炸(且)賜。安保我士禹,樂我父兄,我台(以)外,我台(以)寶,虖(吾)以喜(享),虖(吾)以孝,福祿無旗(期),永保用之。

一、處

"公定爲余"的下一字銘文圖版作（M3011:46）,上从"虍",且"虍"與"几"共用筆畫,下部加"土"。金文常見加"土"繁化者,如:（《近二》304 宋君夫人鼎）,（《集成》211 蔡侯鈕鐘）。此字應隸定爲"墟",是"處"加土繁化後的異體。

二、若

目前所見研究多對△缺釋。[10] 謝明文先生將△釋作"若",擴注問號。[11] △作

---

[1] 陳建新先生改釋爲"士",參陳建新:《讀衛侯之孫書鐘銘文小札》。
[2] 陳建新先生改釋爲"覭"讀爲"恭",參陳建新:《讀衛侯之孫書鐘銘文小札》;謝明文先生釋爲"譶",看作"茸"的形聲異體,讀作"輯","燮"在古書中常訓"和","和輯"義近連用,參謝明文:《釋古文字中的"茸"》,《甲骨文與殷商史》新十二輯,第 138—145 頁。出土文獻中"輯燮"或可倒文作"燮輯",參袁金平:《據安大簡〈曹沫之陣〉"冄"字異體談春秋金文"印燮"的讀法》,《安徽大學學報(哲學社會科學版)》2023 年第 5 期。
[3] 陳建新先生改釋爲"述",參陳建新:《讀衛侯之孫書鐘銘文小札》。
[4] 陳建新:《讀衛侯之孫書鐘銘文小札》。
[5] 吳鎮烽先生釋爲"誠競□啟",參吳鎮烽:《商周青銅器銘文暨圖像集成三編》第 3 卷,第 467—468 頁。陳建新先生釋爲"誠(畢)龍(恭)炸(且)啟(忌)",參陳建新:《讀衛侯之孫書鐘銘文小札》。
[6] 陳建新先生讀爲"效",參陳建新:《讀衛侯之孫書鐘銘文小札》。
[7] 陳建新先生讀爲"故",參陳建新:《讀衛侯之孫書鐘銘文小札》。
[8] 王京燕先生釋爲"幣",參王京燕:《山西襄汾陶寺北墓地春秋墓(M3011)發掘簡報》,《文物》2023 年第 8 期。吳鎮烽先生釋爲"帀",參吳鎮烽:《商周青銅器銘文暨圖像集成三編》第 3 卷,第 467—468 頁。
[9] 復旦大學出土文獻與古文字研究中心網論壇,蜉枯"關於衛侯之孫書鐘銘文的一個腦洞"發言,疑此字爲"奏",http://www.fdgwz.org.cn/forum/forum.php?mod=viewthread&tid=25027。
[10] 黃錦前:《襄汾陶寺北墓地出土書者編鐘試釋》,《史志學刊》2018 年第 6 期;吳鎮烽:《商周青銅器銘文暨圖像集成三編》第 3 卷,第 467—468 頁;陳建新:《讀衛侯之孫書鐘銘文小札》。
[11] 謝明文:《釋古文字中的"茸"》,《甲骨文與殷商史》新十二輯,第 138—145 頁。

（M3011∶46），筆者摹作 ▦。[1] 謝明文先生釋爲"若"，可信。"若"字甲骨文作：

▦（《合》31676，無）　　▦（《補》4887，賓）　　▦（《合》31676，無）

王國維先生説："殷虚卜辭'若'字作▦（《殷虚書契》卷三第二十七頁）、作▦（同上卷四第十一頁），古金文作▦（盂鼎）[2]，或加'口'作▦（智鼎）[3]……羅參事謂若與諾一字，象人舉手跽足巽順之狀，故'若'訓'順'。余案：羅説是也。"[4]葉玉森先生説："契文'若'字，並象一人跽而理髮使順形。"[5]

金文"若"作：

▦（《集成》6409 亞若父己觶）　　▦（《集成》2837 大盂鼎）

或加"口"作：

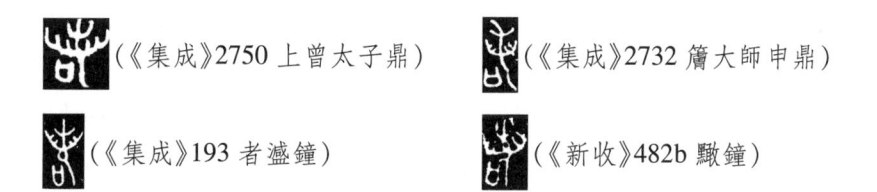

▦（《集成》2750 上曾太子鼎）　　▦（《集成》2732 鬳大師申鼎）

▦（《集成》193 者瀘鐘）　　▦（《新收》482b 䣄鐘）

金文"若"與甲骨文相比，展開的雙手與頭髮變化不大，有時加"口"作飾符。但是在甲骨文中跽跪的筆畫在金文中有作直立者，亦有跽跪者如▦（《銘續》0952 晋公盤）、▦（《集成》4128 復公仲簋蓋）。其人形有時有頭部筆畫，如：▦（《新收》486b 䣄鐘）、▦（《新收》494b 䣄鐘）。刻劃鐘銘的筆畫尖鋭凌厲，圓轉筆畫不易刻製，△雙臂與頭髮之間的菱形（◇）筆畫，即頭髮所附麗的人頭。側視的跽跪筆畫變成直筆之後，分成了兩筆，△下部右邊與人身相連的斜筆就是這樣形成的。這種情況在金文中很常見：

---

[1] 通過對此字圖版的仔細觀察，我們認爲其右部豎筆不是一個脱離的筆畫，與整體字形相連。
[2] 按，即《集成》2837 大盂鼎。
[3] 按，即《集成》2838 智鼎。
[4] 王國維：《史籀篇疏證》，謝維揚、房鑫亮主編：《王國維全集》第五卷，浙江教育出版社，2010 年，第 18 頁。
[5] 轉引自于省吾主編：《甲骨文字詁林》，中華書局，1999 年，第 367 頁。

吹：[图]（《集成》5428 叔趯父卣）　　　[图]（《集成》9694 虞嗣寇壺）

兒：[图]（《集成》185 余購逨兒鐘）　　　[图]（《銘續》500 鄭膚簠）

胜：[图]（《集成》4615 叔家父簠）　　　[图]（《集成》74 敬事天王鐘）

鬼：[图]（《集成》5891 魖作且乙尊，"魖"所從）　[图]（《集成》9584 鬼作父丙壺）

楚簡文字中，常見帶飾筆的"若"：

[图]（《包山》15）　　　　　[图]（《上博三·彭》2）

[图]（《郭店·老乙》1）　　　[图]（《新蔡·甲三》31）

[图]（《清華五·厚門》12）　　[图]（《清華八·攝命》2）

"若"字，金文始加"口"形作[图]（毛公鼎）[1]、[图]（彔伯簋）[2]；戰國金文上部髮形訛成"屮"形，手形訛成"臼"，下部加飾筆作[图]（中山王鼎）[3]，楚簡寫法與此同，右下或加一至二點飾筆，或加 ∫ 形飾筆。[4]

書鐘銘文其他帶"口"形的字作：

凶：[图]（M3011∶46）　僉：[图]（M3011∶46）　讎：[图]（M3011∶46）

"若"的 ∨ 形是三角形的"口"的省寫。

"卑靁（靈）女武，卑神若壯"讀爲"俾靈如武，俾神若壯"。"卑"讀爲"俾"，文獻常

---

[1] 按，即《集成》2841 毛公鼎。
[2] 按，即《集成》4302 彔伯簋蓋。
[3] 按，即《集成》2840 中山王嚳鼎。
[4] 駱珍伊：《〈上海博物館藏戰國楚竹書（七）～（九）〉與〈清華大學藏戰國竹簡（壹）～（叁）〉字根研究》，臺灣師範大學碩士學位論文，2015 年，第 102 頁。

見。[1]"靈""神"均作名詞,義近,如《書·泰誓上》"唯人萬物之靈",僞孔傳:"靈,神也。"《楚辭·離騷》"字余曰靈均""夫惟靈修之故也",王逸注:"靈,神也。""靈"指靈魂,如《楚辭·九章》"靈遥思兮",朱熹集注:"靈,靈魂也。"《大戴禮記·曾子天圓》"陰之精氣曰靈",盧辯注:"神爲魂,靈爲魄。""神"也是精魂,《荀子·天論》"形具而神生",楊倞注:"神,謂精魂。"《史記·五帝本紀》"明鬼神而敬事之",張守節正義:"聖人之精氣謂之神。"

"如""若"義近,"如"訓如此,如《論語·述而》"申申如也",邢昺疏:"如者,如此義。"《禮記·玉藻》"色洒如也",孔穎達疏:"如者,如此義。""若"也可訓爲"如此",如《書·大誥》"爾丕克遠省,爾知寧王若勤哉!"《孟子·梁惠王上》"以若所爲,求若所欲,猶緣木而求魚也",焦循正義:"若,如此也。"《史記·平津侯主父列傳》:"君若謹行,常在朕躬。"

"䚻"讀爲"壯"文獻常見。[2]"壯""武"義近。《詩·鄭風·羔裘》"羔裘豹飾,孔武有力",孔穎達疏:"其人甚武勇,且有力。"《大戴禮記·衛將軍文子》"夫强乎武哉",王聘珍《解詁》引《廣雅》云:"武,勇也。"《廣雅》:"壯、武,健也。"《易·大壯》"大壯",鄭玄注:"壯,威盛强猛之名。"陸德明釋文:"壯,氣力浸强之名。"虢季子白盤(《銘圖》14538)銘文"丕顯子白,壯武于戎工,經維四方。""武""壯"在此作形容詞,意爲勇猛雄壯。"俾靈如武,俾神若壯"意爲:使(您的)神靈如此勇猛雄壯。也可以與下文的"士鬲燮輯,保我父兄"呼應。

三、士　鬲

"鬲",整理者摹作⿳𠂉口鬲(M3011:46),諸家皆未解釋"士鬲",書鐘之"鬲"可能是俘虜或者奴隸的稱呼。鬲是生產奴隸的存在,起於周初。[3] 郭沫若先生説:

> 庶人肯定是耕作奴隸……"人鬲"是通過戰爭俘虜來的奴隸,是無可爭議的。"人鬲"中包括"自馭至于庶人",馭是家内奴隸,庶人的地位是在家内奴隸之下的。[4]

郭沫若先生認爲矢令簋"臣十家,鬲百人"之"鬲"即大盂鼎中的"人鬲"。他將"鬲"與《逸周書·世俘》"鹹磿"聯繫起來。[5] 其説有理。齊侯鎛是春秋襄公六年齊靈公滅萊時的器皿,

---

[1] 參王輝:《古文字通假字典》,中華書局,2008年,第63頁;白於藍:《簡帛古書通假字大系》,福建人民出版社,2017年,第403—404頁;高亨纂著,董治安整理:《古字通假會典》,齊魯書社,1989年,第477頁。
[2] 王輝:《古文字通假字典》,第32頁;周波:《戰國時代各系文字間的用字差異現象研究》,綫裝書局,2013年,第38頁。
[3] 郭沫若:《郭沫若全集·歷史編(3)》,人民出版社,1984年,第239頁。
[4] 郭沫若:《郭沫若全集·歷史編(3)》,第227頁。
[5] 郭沫若:《郭沫若全集·歷史編(3)》,第239頁。

那時已屆春秋中葉,仍有大量的奴隸存在。[1] 春秋中葉尚有大量奴隸,那麽書鐘所處的春秋晚期的衛國還有"鬲"的存在,也不無可能。必須要説明:在春秋金文中,"鬲"這個字一般用來表示器物{鬲}。[2]

"士"可訓爲武士。《左傳》僖公二十八年:"子玉使鬭勃請戰,曰:請與君之士戲,君馮軾而觀之,得臣與寓目焉。"《荀子·王制》:"故王者富民,霸者富士,僅存之國富大夫。"楊倞注:"士,卒伍也。"

四、武公之類

"頪"可讀爲"類",文獻中"頪""類"通用常見。[3] "先公之福,武公之頪"的"福"與"類"義近。《爾雅·釋詁》:"類,善也。"《詩·大雅·蕩》"而秉義類,彊禦多懟",鄭箋:"類,善。"陳奂《傳疏》:"義、類,皆善也。"《詩·大雅·瞻卬》"不弔不祥,威儀不類",毛傳:"類,善也。"《荀子·天論》:"順其類者謂之福。"書鐘"類"與叔尸鐘(《集成》272—285)"母或承頪"的"頪"意思相同。"武公"是衛武公(前812年—前758年在位)。衛武公政績頗佳,《左傳》襄公二十九年季札觀樂:"美哉,淵乎!憂而不困者也。吾聞衛康叔、武公之德如是,是其《衛風》乎?"《史記·衛康叔世家》:"武公即位,修康叔之政,百姓和集。"

五、洵龢且訌,我鐘洵平且鍚

"洵龢且訌","訌"讀爲"洪"。"訌"从工得聲,"工"是見母東部字,"洪"是群母東部字,韵部相同,聲母都是牙音,音近可通。文獻可見"工"聲系與"共"聲系通假之例。[4] "洪"訓爲大,如《爾雅·釋詁》:"洪,大也。"《書·多方》:"洪舒于民。"文獻也見"洪鐘"的説法,如《世本·作篇》:"顓頊命飛龍氏鑄洪鐘,聲振而遠。""洵龢且洪"是説鐘聲既和且大。

"我鐘洵平且鍚"的"鍚"可讀爲"揚"。"鍚""揚"基礎聲符相同,通用無礙。"揚"有聲音高亢之意,如《禮記·曲禮上》:"將上堂,聲必揚。"《晏子春秋·雜下五》:"東方之聲薄,西方之聲揚。"鐘銘中也有形容鐘聲"揚"之例,如:

自乍(作)鈴鐘,中韓(翰)叔(且)鐻(揚)。　　　　(《集成》154 郘子瑻自鑄)
中韓(翰)叔(且)鍚(揚),元鳴孔皇。　　　　(《集成》182 徐王子旃鐘)

---

[1] 郭沫若:《郭沫若全集·歷史編(3)》,第239—240頁。
[2] 參吳國昇:《春秋金文全編》,社會科學文獻出版社,2022年,第542—550頁。
[3] 白於藍:《簡帛古書通假字大系》,第856頁。
[4] 高亨纂著,董治安整理:《古字通假會典》,第3頁;白於藍:《戰國秦漢簡帛古書通假字彙纂》,福建人民出版社,2012年,第646頁;劉信芳:《楚簡帛通假彙釋》,高等教育出版社,2011年,第12頁。

六、我以外，我以寶

"我以外"，"外"可讀爲"艾"。"外""艾"均爲疑母月部字，通假在音理上沒有問題。文獻也見"外""艾"通假之例。[1]《説文·艸部》"艾"字頭下朱駿聲《通訓定聲》："艾，叚借又爲外。"[2]"艾"訓爲治是常訓。[3] 引申而有安寧、寧息之義，如《左傳》襄公九年"大勞未艾"，杜預注："艾，息也。"《左傳》哀公十六年："若見君面，是得艾也。"杜預注："艾，安也。"出土文獻也見"艾"訓爲安定。"我以寶"的"寶"可讀爲"保"，訓爲安。"寶""保"通用，文獻常見。[4] "保"訓安是常訓。[5] "保""艾"同義連言，均訓爲"安"。[6] 傳世文獻"保艾"連用：

　　樂只君子，保艾爾後。　　　　　　　　　　　　　　　（《詩·小雅·南山有臺》）

"保艾"有時作"保乂"：

　　惟天丕建，保乂有殷。　　　　　　　　　　　　　　　　（《書·多士》）
　　天壽平格，保乂有殷。　　　　　　　　　　　　　　　　（《書·君奭》）
　　往敷求于殷先哲王，用保乂民。　　　　　　　　　　　　（《書·康誥》）
　　我亦維有若祖祭公之執和周國，保乂王家。　　　　　　　（《逸周書·祭公》）
　　率維茲有陳，保乂有殷。　　　　　　　　　　　　　　　（《史記·燕召公世家》）
　　有管仲夷吾保乂齊國。　　　　　　　　　　　　　　　　（《晏子春秋·問上》）

出土文獻也常見"保乂（艾、辥）"。[7] 鐘銘用"忎""欨"爲"忌"，在同篇銘文中使用不同的字形表示同一個詞也並不是罕見的情況。[8] 因"避複"使用不同的字來表示同一個詞的現

---

[1] 高亨纂著，董治安整理：《古字通假會典》，第614頁。
[2] 朱駿聲：《説文通訓定聲》，中華書局，2016年，第681頁。
[3] 宗福邦等編：《故訓匯纂》，商務印書館，2003年，1907頁。
[4] 王輝：《古文字通假字典》，第219頁；白於藍：《簡帛古書通假字大系》，第131—132頁；高亨纂著，董治安整理：《古字通假會典》，第765頁。
[5] 宗福邦等編：《故訓匯纂》，第1907頁。
[6] 雷燮仁：《〈詩〉〈書〉、金文"保乂（艾、辥）"詞義辯正》，《古文字論壇》第一輯，中山大學出版社，2015年，第338—347頁。
[7] 孟蓬生：《〈尚書·盤庚〉"亂越"新證》，《語文研究》2017年第3期。
[8] 陳建新：《讀衛侯之孫書鐘銘文小札》。

象在同一篇銘文中確實存在。[1] 金文中也有同人之器一詞多字之例，同銘一詞用多字現象主要是由書手對用字的選擇造成的。[2]"我以外，我以寶，吾以享，吾以孝"句式一致，主語都是作器者，賓語也一致，賓語即前文"以享以孝于我皇祖"之"皇祖"。

附記：小文曾在課上宣讀，得到了徐在國老師和程燕老師的指導，劉剛老師、袁金平老師以及張文成同學也對小文提出了寶貴意見，陳旭煦師弟對我幫助也很大。在此對諸位師友致以誠摯的謝意！外審專家對小文亦有重要意見，謹致謝忱！外審期間，幸見謝明文先生在2023年10月28—29日於北京大學舉辦的"考古新發現與周代國家形態研究"青年學者工作坊會議論文《書鐘銘文柬釋》，論文"補記"提及單育辰先生《衛侯之孫書鐘銘文補考》一文，小文權作二位先生大作的補充說明。小文如有任何不妥之處，均由本人負責。

引書簡稱表

《近二》	《近出殷周金文集錄二編》
《集成》	《殷周金文集成》
《合》	《甲骨文合集》
《補》	《甲骨文合集補編》
《銘續》	《商周青銅器銘文暨圖像集成續編》
《新收》	《新收殷周青銅器銘文暨器影彙編》
《包山》	《包山楚簡》
《上博三》	《上海博物館藏戰國楚竹書(三)》
《郭店》	《郭店楚簡文字編》
《新蔡》	《新蔡葛陵楚簡文字編》
《清華五》	《清華大學藏戰國竹簡(伍)》
《清華八》	《清華大學藏戰國竹簡(捌)》

---

[1] 謝明文：《釋古文字中的"茸"》，《甲骨文與殷商史》新十二輯，第138—145頁。
[2] 田煒：《西周金文字詞關係研究》，上海古籍出版社，2016年，第232、240頁。

金文與殷周史

士山盤銘文斷句與服制新探

胡　寧[*]

　　士山盤於本世紀初入藏國家博物館，侈口，方唇，深腹，高圈足外撇，腹部接有雙附耳（殘缺），外腹壁有S形顧龍紋，圈足外壁有目紋和三角形勾雲紋，是西周共王時器。[1] 有銘文8行96字，最早由朱師鳳瀚先生專文介紹，即發表於《中國歷史文物》2002年第1期的《士山盤銘文初釋》，此後得到學界的廣泛關注，20年來專論此銘的論文已有十餘篇，引爲論據而有所闡發的著作更多達數十種。筆者之所以要在諸家珠玉之後，再以此文續貂，是想就銘文斷句及所涉諸"服"，結合傳世文獻材料，嘗試作新的探討，以就教於方家。先將銘文列於下，其中黑體部分就是本文要探討的，暫依學界目前主流的斷句：

　　佳（惟）王十又（有）六年九月既生霸甲申，王才（在）周新宫。王各（格）大室，即立（位）。士山入門，立中廷，北鄉（嚮）。**王乎（呼）乍（作）册尹册令（命）山曰："于入䧹侯，徣（䐭）逞（徵）蠚（鄀）荊（荆）𠁩（方）服，眔（暨）𣥺（蔡）虘服履服六孳服。"䧹侯蠚（鄀）𠁩（方）賓貝金。**山拜稽首，敢對𢾭（揚）天子丕（丕）顯休，用乍（作）文考釐中（仲）寶障（尊）般（盤）、盉，山其萬年永用。

　　這是一篇較典型的册命銘文，前面是時間、地點、宣讀册命之前的基本儀軌，最後是嘏辭，皆常規套語。兩者之間，即"王呼作册尹册命山曰"之後、"山拜稽首"之前的部分才具有實質意義，是銘文的主體。其中最值得關注的，也是銘文最有價值的，就是命辭中出現的四個"服"，表明此銘與周代服貢制度有直接的關係。筆者擬在本文第一部分先簡要交代文字釋讀上的一些爭議以及筆者的取捨，再在第二部分討論斷句問題，最後再用第三部分專門探討銘文中諸服的含義。

一、相關文字釋讀

　　"于"字在甲骨、金文文獻中多表示往、前往，亦可讀爲"吁"，是句首語氣詞。此銘"于"

---

[*] 上海大學文學院副教授。
[1] 朱鳳瀚先生最早將此器年代定在共王十六年，學者多從之。

字的訓釋,朱鳳瀚先生等即訓爲"往",而陳英傑先生讀爲"吁",[1]認爲用在册命之始有提示受命者注意的作用。兩説皆可通,筆者更傾向於朱先生的意見,饒宗頤先生在釋卜辭中"于"字時就説:"按《拾掇》二·九八:'王于舀,酒于甲,入。'此祭王往行舀(祫)祭事。于,往也。《詩·械樸》:'周王于邁。'箋云:'于,往也。'"又説:"卜辭'王于黍'(《屯乙》四〇五五),于黍者,于,猶往也。"[2]"于"在本銘中亦當訓"往",與後面的動詞連在一起,表示"前往做某事",此銘後接的動詞是"入",李學勤、董珊等先生讀爲"納",黄錫全、陳英傑、楊坤等先生則就按本字讀,但訓釋上亦有差異,或釋爲"進入",或認爲與"延引"之"延"義近。筆者同意李、董兩位先生的訓釋。但在銘文中的具體含義上與兩位不同,兩位先生認爲納進的是人,而筆者認爲納進的是器物、物資,用法同頌鼎"反(返)入(納)堇(瑾)章(璋)"之"入"、傳世文獻如《左傳》僖公四年:"貢之不入,寡君之罪也"之"入"。

"芇侯"是某國諸侯,學界無異議,但在"芇"的地望問題上爭議較多,朱鳳瀚先生認爲可能在陝西商洛一帶,李學勤先生認爲應在今河南西南隅到湖北北部,周宏偉先生認爲即崇國,在今西安市灞橋區燎原村老牛坡遺址。既然與"征䣱、荆方服"聯繫在一起,則芇必與䣱、荆在同一方向,且相距不甚遥遠,根據下文即將論述的䣱、荆地望,則仍當以朱先生所言商洛一帶最有可能。

偣字諸家有"出""遂""延""造"等多種釋讀,如下表所示:

表一　銘文偣字諸家釋讀

學　者　名	釋讀	含　　義
朱鳳瀚、黄錫全	出	之、往,從一個地方到另一個地方。[3]
李學勤、陳英傑、董珊、王暉等	偣(遂)	繼事之辭。[4]

---

[1] 陳先生説:"'于'或訓'往',或以爲句中語助詞,所舉例證如令簋(《集成》8.4300)、方鼎(《集成》5.2739,'隹周公于征伐東夷')、獻簋(《集成》8.4205,'楷伯于遘王')等。'于'跟此盤銘一樣用在動詞前,但其例均是用於叙述體,而盤銘用於對話體,而且在西周有關記言的銘文中多數'曰'字後或直呼作器者名字,或有一語氣詞介入,如録戏卣:'王令戏曰:叡!淮尸(夷)敢伐内國,女(汝)其以成周師氏戍于固。'宜侯夨簋:'王令虞侯夨曰:繇!侯于宜。'從銘文行文習慣、句子語氣等方面考慮,我懷疑'于'在此當讀爲'吁',作句首語氣詞。《尚書·堯典》:'帝曰:吁!囂訟,可乎?'又'帝曰:吁!靖言庸違,象恭滔天。'……銘文中'吁'跟《尚書》不完全相同,跟宜侯夨簋之'繇'用法相似。"(《士山盤銘文再考》,《中國歷史文物》2004年第6期)
[2] 于省吾主編:《甲骨文詁林》,中華書局,1996年,第3436頁。
[3] 朱鳳瀚:《士山盤銘文初釋》,《中國歷史文物》2002年第1期;黄錫全:《士山盤銘文别議》,《中國歷史文物》2003年第2期。本文引用朱先生之言,皆引自此文,不再一一出注。
[4] 陳英傑:《士山盤銘文再考》,《中國歷史文物》2004年第6期。本文引用陳先生之言,皆引自此文,不再一一出注。

續 表

學 者 名	釋讀	含 義
楊坤	延	義同引、徔，即《聘禮》鄭玄注所謂"擯爲主國之君所使，出接賓者也"。[1]
陳小龍、鄒芙都	造	用作"兩事之間"時疑可讀爲"攸"，有"於是"之意。[2]

按陳、鄒二氏的意見，即釋爲"造"，當是依據陳劍先生的論證，[3]應從。"造"在金文中有讀爲"肇"者，如聿鬲銘文(《集成》604)："聿造(肇)作障鬲，永寶用。"又如曾子仲宣鼎銘文(《集成》2737)"曾子中(仲)宣造(肇)用其吉金自乍(作)寶貞(鼎)"，肇或釋爲開始，或釋爲虛詞，用在此銘中皆可。

遉字朱先生讀爲"懲"，李學勤先生同意，也認爲是懲處之義。黃錫全先生、陳英傑先生都認爲應釋爲"征"或"徵"，讀爲"懲"。董珊、晁福林、黃愛梅、李凱等先生則就按"征""徵"字之義理解，認爲是指征收，征收的對象是後文的"服"。[4] 筆者同意後者的意見，"服"當即駒父盨蓋銘文言南淮夷的"厥取厥服""厥獻厥服"之"服"，此字在銘文中當表示征收。唐蘭先生説：

> 服，貢賦。《國語·周語上》"蠻夷要服""要服者貢"，又説"歲貢"，淮夷是夷，屬於要服，要通約，即訂立盟約要每年納貢的屬國。《書·禹貢》在甸服下説："百里賦納總，二百里納銍，三百里納秸服。"秸是剛割下帶桿的稻子，可稱服，那麼其他貢賦也都可稱服。[5]

士山盤銘文中"服"之前的國族名亦多偏遠，屬於"蠻夷"，"服"亦當指貢賦。[6]

---

[1] 楊坤：《士山盤銘文正詁》，《中國歷史文物》2004年第6期。本文引用楊先生之言，皆引自此文，不再一一出注。

[2] 陳小龍、鄒芙都：《士山盤銘考辨及史料價值發微》，《歷史教學(下半月刊)》2021年第4期。本文引用兩位先生之言，皆引自此文，不再一一出注。

[3] 詳見陳劍《釋"造"》，收入氏著：《甲骨金文考釋論集》，綫裝書局，2007年，第127—176頁。

[4] 參見：董珊：《談士山盤銘文的"服"字義》，《故宮博物院院刊》2004年第1期；晁福林：《從士山盤看周代"服"制》，《中國歷史文物》2004年第6期；黃愛梅：《士山盤銘補義》，《中國歷史文物》2006年第6期；李凱：《從〈士山盤〉看西周中期周王室的南方經營》，《四川文物》2015年第4期。本文引用四位先生之言，皆引自此四篇文章，不再一一出注。

[5] 唐蘭：《用青銅器銘文來研究西周史——綜論寶雞市近年發現的一批青銅器的重要歷史價值》注釋23，《文物》1976年第6期。

[6] 董珊先生在《談士山盤銘文的"服"字義》一文中認爲"服"字當兼"職事"與"貢賦"而言，並引用了唐蘭先生對作册夨銘文"見服于宗周年"的兩次詮釋，其實唐先生對"見服"之"服"的詮釋當以第一次的"政事"爲正，後來説"服是政事，也包括服貢"，仍以"政事"釋"服"，只是順帶言及"服"的貢賦義，認爲"見服"之時當亦兼有納貢之舉。就"服"字的文獻用例來説，有用職事義的，也有用貢賦義的，即便述職時有可能兼納貢、納貢時有可能兼述職，畢竟是有側重的，兩義並非並用於一例。況且在士山盤銘中，"服"是"征"的賓語，則當然是指貢賦，與職事並無關係。

"眔"字金文中很常見,喻遂生先生曾有專文論之,指出其有名詞、動詞、介詞、副詞、連詞等多種含義。[1] 本銘此字,大多數學者都認爲是連詞用法,連接前後並列各項,可譯爲"與"或"和"。也有學者認爲是作副詞用,相當於"即",後面的三個"……服"就是前面"……服"的具體內容。[2] 這樣解釋是因爲將後面的三個"……服"看作物資的名稱,似可商榷,徵收貢賦是常規性的,王命某人去某地徵收貢賦,恐怕並無必要一一列舉所要徵收的物資,而且即便要列舉,也應各繫於所徵之國,不會先列舉國名,再籠統地列舉應分屬不同國家的物資。筆者對"蔡盧服"等有不同的理解(詳後文),認爲"眔"前後各"服"是並列的關係,"眔"字仍當釋爲連詞,這也是金文中此字最常見的用法。

二、斷句問題

本銘有個較爲特別之處。青銅器銘文中,"×拜稽首"一般都是緊接在賞賜、册命的内容之後,如頌鼎銘文(《集成》2827、2828)"王曰:'頌,令女官嗣成周賈廿家……易女(汝)玄衣黹屯……用事。'頌拜稽首……"就是緊接在册命之辭後。又如大師虘簋銘文(《集成》4251)"王乎宰䛃易大師虘虎裘。虘拜稽首……",並没有記録賞賜時的禮辭,只簡單叙述了賞賜,然後緊接着就是受賜者"拜稽首"。類似的文例非常多,以百計。士山盤銘文中對士山的命辭到"六孳服"后爲止,命辭與"山拜稽首"之間隔着"苫侯都方賓貝金"一事,顯然是士山在執行册命的過程中發生的。如果把"拜稽首"視爲受命者回應册命的實際動作,則此處似有割裂之嫌。

石安瑞先生曾專文探討過青銅器銘文中習見的"拜手稽首"之類語句,認爲這早在西周初年就已經不限於描寫實際動作,而是成了形式化的套語,與"對揚某休"形成了固定的詞組搭配。[3] 若依此說,視本銘"山拜稽首"云云爲套語,則自然不成問題,但問題的討論尚不能如此簡單結束,朱鳳瀚師在《也論西周金文中的"拜手稽首"》一文中引用了石文的觀點,並對這類語句的使用情况作了更加深入、詳盡地辨析,結論之第一條爲:

> 在廷禮類(包括廷禮册命、賞賜)的銘文中,"拜手稽首"是作器者在迻録廷禮册命或賞賜文書語句後,對本人在現場向册命者或賞賜者(王或上級貴族)行致謝禮儀行爲的實録。作器者之所以要在記録廷禮場合下所行册命或賞賜禮儀及册命文書内容後,銘記本人"拜手稽首"之現場行爲,一方面,是與廷禮類銘文開頭紀實性

---

[1] 喻遂生:《兩周金文"眔"字語法研究》,《古漢語研究》2020年第1期。
[2] 黄愛梅:《士山盤銘補義》,《中國歷史文物》2006年第6期。
[3] 石安瑞:《由銅器銘文的編纂角度看西周金文中"拜手稽首"的性質》,《青銅器與金文》第1輯,上海古籍出版社,2017年。

的内容(時日、地點、右者、册命宣布者等)有個對應,可謂"有頭有尾",以完整記録廷禮。另一方面,也應有表示本人是身在現場當面聆聽的意義,用以强化銘辭記録之真實性。

第五條是:

> 在廷禮類銘文中,常在"拜手稽首"句後跟有"對揚"句,通常屬於申述作器的理由,故其下一般會接作器句,在銘文中,這已屬於作器時專門書寫的銘辭,與"拜手稽首"句屬於廷禮行爲之實録,二者間文義並無必然的聯繫,所以在爲此類銘文做釋文時,"拜手稽首"與"對揚"句中間即可以使用句號,以明確此類銘辭的文例。這自然亦有助於正確理解銘文所要表達的文義。[1]

士山盤銘文顯然是符合上引兩條的。朱師在文章一開始言及寫作緣起時,就説是緣起於對士山盤銘文的討論:"按當時禮制,這幾個屬邦首領'賓'山以貝、金,即回送王使者以禮物。但若做這樣理解,則勢必是認爲銘文在'山拜稽首'前在記載山受命後,又記載了山離開王廷册命的場所出去執行了一段王命,而'山拜稽首'則是在執行此王命後回想起王的册命而表示感激的語言,已不在廷禮册命之場合。"[2]文章最後又回到士山盤銘,説:"如將廷禮銘文中的'拜手稽首'認定是廷禮現場的行爲,不是可以脱離行禮場合使用的語句,那麼,在廷禮類銘文中,'拜手稽首'句前的銘辭内容,即應記述的是册命(及賞賜)進行時的現場言行,包括當廷宣布的册命文書語句。如果這一認識可信,士山盤銘文中士山'拜稽首'之前的文句,似即應理解作皆是王的册命語。而在這種限制下如何解讀此銘文,則是否可以認爲在'山拜稽首'前還記録了山在廷禮場合之外的行爲,就值得討論了。"並言"已有過簡略的探討"。[3]

這個"簡略的探討"指的是《中國國家博物館近年來徵集的西周有銘青銅器續考》一文中論士山盤的部分,[4]重申了《初釋》中的斷句,將"山拜稽首"前皆作爲册命之辭,將四個"服"字釋爲動詞,表"從事","徝遣蠡荆开"是軍事行動,而"服眔大虘""服履""服六孳""服荎侯蠡开賓貝金"四項並列,"是王命士山在完成對附庸小國之懲治後要擔負的職事",

---

[1] 朱鳳瀚:《也論西周金文中的"拜手稽首"》,《青銅器與金文》第 3 輯,上海古籍出版社,2019 年,第 15 頁。
[2] 朱鳳瀚:《也論西周金文中的"拜手稽首"》,《青銅器與金文》第 3 輯,第 2 頁。
[3] 朱鳳瀚:《也論西周金文中的"拜手稽首"》,《青銅器與金文》第 3 輯,第 15—16 頁。
[4] 朱鳳瀚:《中國國家博物館近年來徵集的西周有銘青銅器續考》,《中國書法》2021 年第 2 期。

分别爲"職事於大田(大規模的籍田)""勘定地界""爲王室征調農産品"和"收斂、管理苪侯及蠚、玗等侯國、屬國所貢納的貝與銅"。[1]

朱師的幾篇文章不僅對士山盤銘釋讀,而且對理解"拜手稽首"類銘辭,具有非常重要的意義。筆者在研讀本銘時,有另外一種斷句嘗試,似乎可以既保留將"服"釋爲名詞的學界主流意見,又能將"山拜稽首"前一句納入册命之辭中,冒昧提出,以供學界參考:

首先,學者皆在"于入(納)苪侯"後斷句,大多以"入(納)苪侯"爲一事,指進入苪侯的領地範圍或者納送苪侯回國;以"肇徵郚荆方服暨蔡虘服履服六孳服"爲一事,指聽取述職或徵取貢賦或兩者兼行,這樣一來,"苪侯、郚方賓貝金"就只能是獨立的一事,無法與前面聯繫起來。而且存在一些疑問,比如述職或繳納貢賦理當是方國派人到王朝,難道非要派"士"去某國徵收嗎?所以筆者認爲"于入(納)苪侯"後可不斷開,士山所要納的並不是苪侯這個人,而是苪侯所徵收的各種物資。

其次,連續的幾個"×服"應是並列的關係,都是指貢賦,都是"苪侯"負責徵收的。

再次,"苪侯郚方賓貝金"不應視爲"主謂賓"結構,而應視爲偏正結構,"苪侯郚方賓"修飾"貝金",朱師亦持此見。"賓"即《周易·觀卦》六四爻辭"觀國之光,利用賓於王"的"賓",《周禮·春官·大宗伯》:"以賓禮親邦國:春見曰朝,夏見曰宗,秋見曰覲,冬見曰遇,時見曰會,殷見曰同,時聘曰問,殷覜曰視。"孫詒讓《正義》:"謂制朝聘之禮,使諸侯親附,王亦使諸侯自相親附也。……'春見曰朝,夏見曰宗,秋見曰覲,冬見曰遇'者,別歲時諸侯見王之異名也。"[2]盤銘之"賓"即指覲見(作賓)於王,所進獻的禮物即貝與金(銅)。

最後,"肇徵"的主語不是省略了的"士山",而應是"苪侯",而"苪侯肇徵……荆方服"整體上又是"主謂賓"結構作偏正結構用,作爲"入(納)"的賓語。"蔡虘服、履服、六孳服"與"苪侯郚方賓貝金"也是"入(納)"的賓語。

這樣,盤銘的核心部分,即對士山的命辭當爲:

于入(納)苪侯肇徵郚、荆方[3]服暨蔡虘服、履服、六孳服、苪侯郚方賓貝金。

可譯爲:去納進苪侯(首次)徵收的郚方、荆方的貢賦以及蔡虘、履和六孳所貢的方物還有苪侯、郚方作爲賓見禮的貝和金。

也就是説,士山的職責簡單地説就是爲周王朝納進物資,這些物資包括兩個方面:由苪

---

[1] 朱鳳瀚:《士山盤銘文初釋》,《中國歷史文物》2002年第1期。
[2] [清]孫詒讓:《周禮正義》,中華書局,1987年,第1348頁。
[3] "郚荆方",學界或認爲是"郚""荆""方"三國,或認爲是指"郚方"和"荆方"兩國,筆者同意後者,但這並不影響此段總的斷句,讀者若不贊同,可自行替換爲"郚、荆、方"。

侯徵收的各國貢賦和芇侯和䣄國國君覲見王所呈獻的貝與金(銅),他並不需要遠離中央長途跋涉。

依此斷句,我們可以在士山盤銘文中的命辭部分獲得如下認識:

① 某一地區的方國貢賦可以由某國代爲徵收。在士山盤銘中,即由芇侯代徵䣄方、荆方等許多方國的貢賦。

② 在諸侯國貢賦集中繳納的時候,周王朝會任命特定官員負責匯總入庫。在士山盤銘中,士山即擔任這種臨時職位。[1]

③ 在繳納貢賦時,諸侯國可以僅僅派人將物資送到周王朝,也可以國君親自到宗周朝覲王。在士山盤銘中,䣄方的國君就與芇侯一起賓於王,賓見之禮是貝與銅。

以上是對銘文的新斷句和新理解,筆者無意推翻學界已有的斷句,只是提出一種新的可能性。無論按學界主流的斷句,還是按筆者提出的新斷句,對探討諸"服"都沒有多大影響。無論徵收者是士山還是芇侯,都是繳納給周王朝的貢賦。

三、諸"服"解

命辭中凡有四"服","䣄荆方服"指方國服貢,爭議不大,後面的"蔡虞服履服六孳服"則爭議較大,學界的種種意見總結起來,大多不出"國名+服"和"物資名+服"兩種。筆者的觀點與學界已有意見皆有所不同,下面分四個小部分一一辨析。

1. 方服

"䣄荆方",學界或認爲是"䣄""荆""方"三國,或認爲是指"䣄方"和"荆方"兩國,筆者同意後者,方國稱"方",乙亥鼎銘文有"井(邢)方",中方鼎銘文有"虎方"。[2] 䣄國的地望是非常複雜的問題,涉及一些出土器物,有"上䣄""下䣄"之分,爭議很多,筆者同意徐少華先生的觀點,西周時期的䣄國應在商密,即丹淅流域上游一帶。[3] 荆方就是楚國,西周中期亦當在丹淅流域,[4]與䣄相近。

傳世文獻中並無"方服"這樣的表述,但《尚書·禹貢》所記"五服",最遠者爲"荒服",

---

[1] 值得注意的是,金文文獻中,"士"的臨時職任多與物資的致送有關,如貉子卣銘文(《集成》05409.1)"王令士道歸(饋)貉子鹿三……",士上卣銘文(《集成》05421.1)"王令士上眔史寅殷于成周,谷百生(姓)豚",又文盨銘文:"唯王廿又三年八月,王命士㚔父殷南邦君諸侯……"(李學勤:《文盨與周宣王中興》,《文博》2008年第2期)士㚔父負責"南邦君諸侯"的殷見事宜,與士山盤銘中的場合近似,可以並觀。

[2] 學者或據韋卣、韋甗銘文,釋爲"豺方"。

[3] 參見徐少華《從幾批䣄器的出土地看古䣄國的位置——兼論楚夷屯、京宗的區域範圍》(收入《楚文化與長江中游早期開發國際學術研討會論文集》,武漢大學出版社,2021年)。

[4] 參見王紅星《楚都探索的考古學觀察》(《文物》2006年第8期)。

《國語·周語上》亦有"戎狄荒服""荒服者王",《廣雅疏證》:"方之言荒。"則"方服"即"荒服"。又《逸周書·職方》與《周禮·夏官·職方氏》記述的所謂"九服",最遠的都是"藩服",而《周禮·秋官·大行人》在記述"要服"之後曰:"九州之外,謂之蕃國,世壹見,各以其所貴寶爲摯。""蕃"與"藩"是幫紐元部字,"方"是幫紐陽部字,聲母相同,元音相同,僅韵尾發聲部位有别,音很近,説"藩服"就是"方服","蕃國"就是"方國",亦未嘗不可。站在西周王朝的立場上,把楚國視爲處在邊緣地帶的、不大受控製的國家,恐怕是比較合理的。

2. 蔡虐服

"蔡"字原釋爲"大",學者或將"大虐"讀爲"大藉",或認爲是小國名。後來藉助現代技術放大並清晰化,可知並非"大"字,而是"🛉"形,李學勤先生認爲是古文"蔡"字的簡略寫法,[1] 當從。

《尚書·禹貢》:"五百里要服,三百里夷,二百里蔡。"《校釋譯論》:"'要'……舊釋爲約束之意……在本服按遠近分兩個區域:前三百里內居住夷人,後二百里安置判處'蔡'(一作槃)刑的人。《左傳》定公四年'蔡蔡叔',杜注:'蔡,放也。'"[2] 既然"夷""蔡"分別是要服前、後兩個區域,則亦可稱爲"夷服""蔡服"。虐,《説文》:"虎不柔不信也。"段玉裁注:"剛暴矯詐。"

疑"蔡虐服"即蔡服,蔡、虐二字都是周人對遠方異族的貶稱、蔑稱,言那裹的人是流放的罪人、像虎狼一樣剛暴狡詐的人。

3. 履服

"履"字的訓釋,學界共有四種意見,如下表所示:

表二　銘文履字所指區域的諸家意見

學者名	訓　　釋
朱鳳瀚	士山所受王命巡視、管治的區域。
黄錫全	通"盧",指在今湖北南漳的古盧國。
董　珊	同九年衛鼎(《集成》02831)、乖伯鼎(《集成》04331)銘文中的"眉",古國名,可能是曾參與武王伐紂之役的"微"國。
黄愛梅	即"屨","履服"或即是徵收與出行或祭祀有關的"屨"。

[1] 見李學勤《論士山盤——西周王朝干預諸侯政事一例》(收入《文物中的古文明》,商務印書館,2008年),又,李文鳳《士山盤銘綜合研究》對字形作了詳盡地梳理(上海大學碩士學位論文,2023年,第56—61頁),可參看。
[2] 顧頡剛、劉起釪:《尚書校釋譯論》,中華書局,2005年,第819頁。

筆者贊同朱先生將"履"視爲一定的區域,《左傳》僖公四年記管仲之言曰:

> 昔召康公命我先君大公曰:"五侯九伯,女實征之,以夾輔周室!"賜我先君履,東至于海,西至于河,南至于穆陵,北至于無棣。

《正義》:"履,所踐履之界。"唐蘭先生在詮釋五祀衛鼎銘文(《集成》02832)時說:"此處指踏勘疆界。大簋記王把趞朕的里賞給大以後,曾派善夫豕和趞朕去'履大錫里',與此同義。《左傳》僖公四年:'賜我先君,履:東至於……'履也指定界,過去連上句讀成'賜我先君履',是錯的。"[1]田地有固定的疆界,但用在國家的層面上似有不妥,西周尚沒有領土國家的觀念。楊伯峻先生說:"履,所踐履之界,非指齊國疆土,乃指得以征伐之範圍。参桂馥《札樸》。"[2]甚是。"履"具體來說就是後面的四至,即踐履所及的最遠處,也就是影響的範圍。本銘所言的"履服","履"亦當作如是解,指很遠的邊緣地帶。

又,前文已言《禹貢》所列最遠者爲"荒服",而荒服又分爲兩個部分:"五百里荒服:三百里蠻,二百里流。"《校釋譯論》:"要服安置判處'蔡'刑的罪犯,荒服安置判處'流'刑的罪犯。但蔡是僅次於死刑的最重刑,反比流放刑處理輕,亦不合理。于氏《新證》云:'……然則夷與蠻爲對文。夷,易也。蠻,變也。二義相仿。蔡與流爲對文。蔡、流,皆放也。'這是不以夷蠻爲少數民族名以另尋其釋義,意在使文能説通耳。"[3]若按刑之輕重來説,"流"比"蔡"更遠確實不合理,但此等處本不必拘泥,誠如于省吾先生所言,兩者是對文,都表示流放而已,用以指稱邊遠部族,是帶有敵視色彩的貶稱。按"流"(來紐幽部)與"屢"(來紐侯部)古音極近(雙聲,侯幽旁轉),而"履"(來紐脂部)和"屢"可以通用,則本銘"履服"或即"流服",與《禹貢》荒服之"流"相對應。

4. 六孳服

西周金文文獻中有"反孳",見於兩器之銘:

> 宗周鐘銘文(《集成》00260):王肇遹省文武堇(勤)疆土,南或(國)反孳敢陷處我土,王敦伐其至,撲伐厥都,反孳廼遣間來逆邵王,南夷、東夷俱見廿又六邦。
> 伯戔父簋銘文:王出自成周,南征,伐反孳、![字]、桐、遹,伯戔父从王伐。

這個反孳顯然是南方的一股力量,對周王朝有威脅,遭到征伐,究竟是部族名還是國名、

---

[1] 唐蘭:《陝西省岐山縣董家村新出西周重要銅器銘辭的譯文和注釋》,《文物》1976年第5期。
[2] 楊伯峻:《春秋左傳注》,中華書局,1990年,第289頁。
[3] 顧頡剛、劉起釪:《尚書校釋譯論》,第820頁。

具體在哪個位置,學界有很大爭議,此處不贅述。值得注意的是,詢簋銘文(《集成》04321)中有"服夷",與"西門夷、秦夷、京夷、夔夷"等等並列,很可能就是叕孳,其一部分被征服並安置在王畿内,受詢統轄。這就提示我們"孳"與"夷"在指稱異族或異族方國時是同樣的意思。"孳"字从"子"得聲,有些學者就將叕孳讀爲叕子,而"子"可以指稱蠻夷之君,"稱子者主要是諸夏以外的蠻夷戎狄之君及受殷文化影響較大的國族之君。如齊魯之外的山東古國之君多被稱爲子,有莒子、邾子、杞子、萊子、鄆子、郯子等,其原因主要是這些國家多處在東夷文化圈,采用夷禮"。[1] 這樣説來,"孳服"即"子服",也就是"夷服","孳服"與"蔡盧服"並列,恰可與《禹貢》中"要服"之"夷""蔡"並列相對應。

伯戏父簋銘文中叕孳與 ▨、桐、潏並列,也提示我們理解"六孳服"的"六"這個數目,當時向周王朝繳納貢賦的夷人小邦應有相鄰六個,故稱,或許就包括伯戏父簋銘文中所列的四國。

綜上所述,本銘中"方服""蔡盧服""履服""六孳服"皆可與傳世文獻所載服貢製度的某服之稱建立對應關係,若加上苪侯是一個侯國的君主,其貢賦可稱"侯服",則是五項相對應了。如果把"苪侯、都方寳貝、金"之"寳"與"賓服"的對應(朱師《初識》就已經聯繫"賓服"論此"寳"字)也算上,則是六項對應了。如下表所示:

表三　士山盤銘與傳世文獻服名對照表

士山盤銘服名	傳世文獻服名	出　　處
侯	侯服	《國語》《禹貢》《逸周書》《周禮》
方服	荒服(藩服、蕃國)	《國語》《禹貢》
蔡盧服	蔡服(五百里要服……二百里蔡)	《禹貢》
履服	流服(五百里荒服……二百里流)	《禹貢》
六孳服	夷服(五百里要服,三百里夷)	《禹貢》
賓	賓服(侯衛賓服、諸侯賓服)	《國語》《禮記》

傳世文獻中所載内、外服制度,有多種體系,就外服而言,有所謂"五服""九服"等等,除《尚書·酒誥》和《國語·周語》中的記述外,還有《尚書·禹貢》《逸周書·職方》《周禮》等中的不同説法,這三種文獻因爲形成的時代一般認爲較晚,且帶有較濃厚的理想色彩,近現代學者多抱懷疑態度,甚至徹底否定其中所載服制的存在。近年隨著出土文獻的不斷面世,與

---

[1] 劉源:《"五等爵"制與殷周貴族政治體系》,《歷史研究》2014 年第 1 期。

服制相關的金文材料越來越多，更多的學者傾向於作具體、細緻的研究探討，不再籠統地去肯定或否定。彝銘中相關材料多是零星的，而士山盤所載與服制相關的内容，可與傳世文獻相對照的有五六處之多，筆者認爲當引起相關領域研究者的關注和重視。

　　從上表中可以看出，儘管與士山盤銘相對照的傳世文獻有多種，其中對應最多、最密切的就是《尚書·禹貢》。《禹貢》相關的爭論特別多，其成書年代，20世紀30年代曾由顧頡剛先生引發當時學界的激烈討論，大多傾向於戰國時期。但徐旭生、王國維等先生則認爲儘管摻雜一些較晚的材料，其主體在西周時期應已形成。如今我們從士山盤銘來看，此篇最後所載"五服"之制，儘管這種由内向外等距離排列的整齊結構不能當作一種實有的制度，但也並非空穴來風、毫無依據，其所載諸服及内部結構，西周時期應確有一些相應的名稱。由此折射出，《禹貢》篇的製作，應與西周早、中期周王朝經營南方的歷史背景有關。這很值得進一步深入發掘、探討，却已非本文的篇幅所能容納。

史密簋銘"執鄙寬亞"新解[*]

朱繼平^{**}

20世紀80年陝西安康一座西周殘墓出土了一件史密簋,[1] 銘文記載了一次周人對東國亂夷的"長必"戰事,被公認是探討西周中期周夷關係的重要史料。[2] 該銘所涉難點頗多,除相關國族、地名的地理考訂外,"齊師、族徒、遂人乃執鄙寬亞"一句因牽涉西周鄉遂與族兵制度,亦曾受到熱議,並被譽爲該銘最難解的部分。[3] 審讀銘文可知,此句同樣爲解讀此次戰爭的緣起、排兵布陣等細節提供了關鍵信息,故頗具深入探究的價值。近年,隨着史密簋銘"僰""虎"等國族源流、地望的逐步厘清,長必一戰軍事地理形勢也日趨明朗,[4] 這爲考察"齊師、族徒、遂人乃執鄙寬亞"句所見齊國邊鄙政治地理結構提供了新契機。爲此,本文基於前賢高論,通過深入解讀史密簋銘文本,剖析"執鄙寬亞"句內涵等相關問題。疏漏之處,祈請方家批評指正。

一、"執鄙寬亞"行爲的界定

爲便於討論,先將史密簋銘文釋讀如下(釋文儘量用寬式):

---

* 本文爲"古文字與中華文明傳承發展工程"資助項目"商周青銅器族羣分類史徵"(編號 G2212)、社科基金一般項目"西周器銘所見族地名羣組研究"(編號 22BZS007)階段性研究成果。
** 上海大學歷史學系副教授。
[1] 李啓良:《陝西安康出土西周史密簋》,《考古與文物》1989 年第 3 期;張懋鎔:《史密簋發現始末》,《文物天地》1989 年第 5 期。
[2] 目前,史密簋年代有恭懿、宣王、孝王、懿王諸説。恭懿説參見李啓良:《陝西安康出土西周史密簋》;吳鎮烽:《史密簋銘文考釋》,《考古與文物》1989 年第 3 期。宣王説參見張懋鎔、趙榮、鄒東濤:《安康出土的史密簋及其意義》,《文物》1989 年第 7 期。孝王説參見李學勤:《史密簋銘所記西周重要史實考》,《中國社會科學院研究生學報》1991 年第 2 期。懿王説參見張永山:《史密簋銘與周史研究》,收入《盡心集——張政烺先生八十慶壽論文集》,中國社會科學出版社,1996 年,第 197—198 頁;楊寬:《西周史》,上海人民出版社,2003 年,第 562 頁。按,史密簋口沿下竊曲紋帶呈現出夔龍紋向竊曲紋轉化的較早形態,故綜合各家論説,宜將史密簋年代定在西周中期懿孝前後。
[3] 李學勤:《史密簋銘所記西周重要史實考》;張懋鎔:《史密簋與西周鄉遂制度——附論"周禮在齊"》,《文物》1991 年第 1 期;方述鑫:《〈史密簋〉銘文中的齊師、族徒與遂人——兼論西周時代鄉遂制度與兵制的關係》,《四川大學學報(哲學社會科學版)》1998 年第 1 期。
[4] 朱繼平:《史密簋所見僰國地望新探》,收入《保護與傳承視野下的魯文化學術研討會論文集》,上海古籍出版社,2019 年,第 350—363 頁;《商周東土吾族地望新證》,《東嶽論叢》2019 年第 11 期。

唯十又二月，[1]王令師俗、史密曰：東征。敆（合）南夷膚（盧）、虎（吾）會杞夷、舟（州）夷，雚（讙）不斫（質）[2]，廣伐東國，齊師、族徒、遂人乃執鄙寬亞。師俗率齊師，遂人左，[周（敦）][3]伐長必。史密右，率族人、釐（萊）伯、僰（尃）屎（殿）[4]，周（敦）伐長必，獲百人。對揚天子休，用作朕文考乙伯尊簋，子子孫孫其永寶用。

銘文大意是説由於亂夷侵擾東國，周王命師俗、史密率齊師等師旅，聯合釐伯、僰進行征討，最後在長必一地取得勝利。細究可知，銘文剛開始在敘事上采取了倒述方式：先記周王授命師俗、史密二人"東征"，意在突出天子之命；緊接着補充此次東征之令發布的緣起——諸夷"雚（讙）不斫（質），廣伐東國"，即他們叛亂引發了東國的喧亂和震蕩。其後對師俗、史密分率左右二軍與亂夷在長必短兵相接等行動，銘文則基本按戰事發生順序娓娓道來，敘事十分精煉。只不過，在這一頭一尾敘事之間，唯有"齊師、族徒、遂人乃執鄙寬亞"句，究竟屬戰前行爲，還是應歸入王命東征之後的行動，就顯得不那麼清晰了，需作進一步界定。

以往研究對"齊師、族徒、遂人乃執鄙寬亞"句的解讀，開始於對"執鄙寬亞"行爲執行者的考察。張懋鎔等先生在最初披露史密簋材料時，將"齊師、族徒、遂人"屬下讀，並聯繫師寰簋銘（《集成》04313），認爲該句是説"齊國軍隊取得勝利，活捉敵酋圖、寬、亞三人"。[5] 吳鎮烽先生則將"齊師"等與前文"廣伐東國"連讀，以爲亂夷發動了對齊地多種駐軍的襲擊，並

---

[1] "二月"或釋爲"一月"，誤。參見李學勤：《寑孳方鼎和肆簋》，《中原文物》1998年第4期。
[2] 各家對"雚不斫"句解説紛紜。雚，初釋爲"鸛"，作軍陣名。參見張懋鎔、趙榮、鄒東濤：《安康出土的史密簋及其意義》；陳全方、尚志儒：《史密簋銘文的幾個問題》，《考古與文物》1993年第3期。或讀爲"觀"，指故地在今魯西觀城鎮的古觀國。參見孫敬明：《史密簋銘箋釋》，《故宮學術季刊》1992年第4期；張永山：《史密簋銘與周史研究》。或讀若"讙"，意指喧亂。參見李學勤：《史密簋銘所記西周重要史實考》；王輝：《史密簋釋文考地》，《人文論叢》1991年第4期。還有解爲觀兵之"觀"。參見劉雨：《近出殷周金文綜述》，《古文字研究》第24輯，中華書局，2002年，第154—155頁。

不，除個別學者解爲國名，多數以爲作否定詞而與後一字連讀。斫，初讀爲"墜"，後多隸爲从阝、斤的"折"，通"慹"，"不慹"意爲不服或不敬。然從構形分析，其字當隸爲"斫"，讀爲"質"，在古書中多意指質地、本性，銘中"不質"概指夷人不安分，猶言不老實。參見陳劍：《説慎》，收入《甲骨金文考釋論集》，綫裝書局，2007年，第45頁。寇占民從其説，並以"雚"爲觀兵説爲是。參見寇占民：《金文釋詞二則》，《中原文物》2008年第6期。

今按，陳劍隸"斫"讀"質"説與史密簋銘意相合，可信。解"雚"爲觀兵，却有不符。文獻多見"觀兵"事，指通過炫耀武力，以達到不戰而屈人之兵的目的。在使用情境上，行觀兵者往往實力較强，如《國語·周語》穆王觀兵於犬戎，《左傳》齊桓公觀兵於東夷，楚王觀兵於周疆等，莫不如此。就史密簋所見戰事年代而言，當時周人對東國經略已較深入，亂夷勢力明顯弱於周人，將其叛亂理解成向周人炫耀武力，與"觀兵"語境不符。可見，李先生讀"雚"爲"讙"指喧亂説，應更合於銘意。
[3] 董珊：《翼城大河口誓盉銘文的理解》，收入《兩周封國論衡——陝西韓城出土芮國文物暨周代封國考古學研究國際學術研討會論文集》，上海古籍出版社，2014年，第415頁注19。
[4] 劉釗：《談史密簋銘文中的"屎"字》，《考古》1995年第5期。
[5] 張懋鎔、趙榮、鄒東濤：《安康出土的史密簋及其意義》。

控制了齊守衛邊境的武官。[1] 李仲操先生觀點與吳説類似。[2] 作爲回應,張先生指出,西周金文中"廣伐東國"後皆爲斷句,例見禹鼎、不嬰簋、多友鼎,故在修訂己説的基礎上,他明確提出"執鄙寬亞"爲戰前防範措施。[3]

按,張先生主張"廣伐東國"後斷句,因有大量同時期金文文例爲證,故合理性較突出。進一步落實該斷句的,應歸功於李學勤先生《史密簋銘所記西周重要史實考》一文。該文開篇即正確訓釋銘中"啟""會"二字當分別爲"值、逢"和"聯合"之意,遂使一度爭議紛紜的亂夷構成問題得以明晰。如此,從文意與句法上可確定,"齊師、族徒、遂人"當屬下讀,而與"乃執鄙寬亞"結成一句。

與上述斷句疑問同時浮出水面的還有兩個問題。其一,"齊師、族徒、遂人乃執鄙寬亞"句,整體應歸於駐齊師旅的戰前行爲,還是隸屬於師俗、史密受命東征後展開的軍事行動的一環?該問題對全面理解此次周夷衝突的前因後果和戰爭過程,有重要意義。其二,"執鄙寬亞"既然是齊地師旅——"齊師、族徒、遂人"——的一個軍事行爲,那麼作爲"執"之對象的"鄙寬亞",其政治立場究竟是周方還是夷方,自然也成了一個有待深入思考的問題。

先來看第一個問題。上文已述,最早明確提出該句爲戰前行動的是張懋鎔先生。對此,李學勤先生雖未明言,但他將該句所述齊國軍隊"防守邊邑,以避禍害"歸因於"夷人侵擾東土",可見亦傾向於戰前一説。此外,王輝、張永山先生的觀點亦可歸入戰前説一派。[4] 唯有方述鑫先生對此另闢蹊徑。他認爲銘文前後所見"族徒"和"族人",指的都是師俗、史密的私族武裝,既然後文中"族人"作爲右軍一支參加長必戰事,那麼前文中與之同指的"族徒"也自然參與了此次東征。由此,他否定"戰前行動"説,而將"齊師、族徒、遂人乃執鄙寬亞"句解爲長必東征戰事中的一環。[5]

按,前引張懋鎔、李學勤等學者對史密簋銘"族徒""族人"作爲貴族私屬武裝的性質已有較細緻的討論;王健先生還曾進一步指出他們與師俗、史密二人所屬世族的內在關係。[6] 因此,方先生認爲前後文所見"族徒""族人"內涵一致,有其合理性。[7] 但他僅以這一點否

---

[1] 吳鎮烽:《史密簋銘文考釋》。
[2] 李仲操:《史密簋銘文補釋》,《西北大學學報(哲學社會科學版)》1990年第1期。
[3] 張懋鎔:《史密簋與西周鄉遂制度》。
[4] 王輝:《史密簋釋文考地》;張永山:《史密簋銘與周史研究》。
[5] 方述鑫:《〈史密簋〉銘文中的齊師、族徒與遂人》。
[6] 王健:《史密簋銘文與齊國的方伯地位》,《鄭州大學學報(哲學社會科學版)》2002年第2期。
[7] 目前學界對西周族軍的認識已相對清晰,認爲他們既屬貴族私族武裝,具有較強的戰鬥力,又在宗法體系上受周王調遣,是王師之外的重要補充軍力,在戰場上主要負責護衛天子和本族宗子。參見商豔濤:《西周軍事銘文研究》,華南理工大學出版社,2013年,第49—58頁。以此觀之,史密簋銘中參與"執鄙寬亞"的"族徒",當是齊地守軍將領之族軍。而長必戰事中,跟隨史密參與右軍行動的"族人",則不僅包括此前齊地守將的族軍,還應包括王臣師俗、史密所率本族武裝。故嚴格來説,"族人"所指內涵似要稍大於"族徒"。

定"執鄙寬亞"屬戰前行動一説,説服力似還不夠充分。畢竟從一般情形來説,參與戰前防範的勢力,因已直面前綫陣地,故很大概率也會參加隨後正式的軍事行動。更重要的是,史密簋銘文自身已爲戰前行動説提供了以下兩點佐證。

首先,如前文所述,"齊師、族徒、遂人"當與"乃執鄙寬亞"連讀,則該句主謂賓結構已較清晰:主語是"齊師、族徒、遂人",謂語是"執",賓語則是"鄙寬亞"。唯剩"乃"字用法和含義值得注意。前引吴鎮烽先生《史密簋銘文考釋》一文曾指出,金文"乃"字有作代詞、連詞和副詞三種用法,並認爲史密簋銘"乃"當作副詞,相當於現代漢語"竟然""居然"。今按,吴先生之所以有此主張,很明顯是由於他將"齊師、族徒、遂人"上讀,並將"執鄙寬亞"的施行者理解爲亂夷。前文已指出這種斷句不妥,故他對"乃"字的理解並不貼切。考慮到"乃"在史密簋銘中亦不可能作代詞,因此在這裏當理解爲表順承、承接的連詞。由此可知,"齊師、族徒、遂人乃執鄙寬亞"句指代的當是針對亂夷"廣伐東國"而采取的一種緊急應對行爲。

其次,通讀銘文可知,簋銘在叙述此次東征事件時,曾四次變换主語:
(1) 發布東征之令的是"王",受命者爲"師俗""史密";
(2) 説明戰事緣起時,主語變爲亂夷"南夷膚、虎";
(3) 記述"執鄙寬亞"行動,主語又變爲在齊師旅——"齊師、族徒、遂人";
(4) 最後記録長必一戰,主語則變爲"師俗""史密"。

細緻考察這四個變化,不難發現,(4)的主語明顯是對(1)的賓語——受命者"師俗""史密"——的直接呼應。簋銘通過這一呼應,既實現了完整記録此次東征前因後果的叙事目的,更完成了彰顯作器者史密戰功的終極鑄銘目標。可知,若不論亂夷侵擾這一緣起,僅從周王發布王命開始,到長必行動獲勝,此次東征所有戰略部署與具體實施,都是由主將師俗和以史密爲代表的副將主持的。若"執鄙寬亞"屬於東征中的一環,自然也應是師俗、史密命令"齊師、族徒和遂人"去執行。既然如此,那麼旨在銘記、彰顯史密軍功的史密簋銘文理當對此有所反映,而這必然會導致簋銘在行文上出現相應變化,即執行"執鄙寬亞"行爲的主語當爲師俗、史密。然而簋銘將"執鄙寬亞"行動放在長必行動之前,且主導者爲"齊師、族徒、遂人",其中並未見與師俗、史密之關聯。這種叙事文本對展現史密軍功顯然無用,可證銘文在這裏當無此意。從這個角度分析,將"執鄙寬亞"理解爲戰前警戒行爲,也更合宜。

以上兩點説明,無論是在用辭還是叙事文本上,張先生將"齊師、族徒、遂人乃執鄙寬亞"句歸入戰前行爲,都更合於史密簋銘文意。因此,簋銘倒述東征緣起的内容當起自"敓南夷……",而終於"……執鄙寬亞",其中既描述了亂夷喧囂爲禍於東國的情形,也記録了面對突發戰亂,駐齊軍隊采取的緊急戒備措施,而"執鄙寬亞"正是此戰前行動之要義。

二、史密簋銘文文本重審

再來看第二個問題。由"執鄙寬亞"屬戰前警戒行爲當可進一步推知,周王應是在獲悉東國動蕩和齊地駐軍戒備兩方面戰況後,令王臣前往東征。這説明,齊地軍隊的警戒行動僅可堪堪維繫大局。否則,也不必勞動周天子派遣"師俗"這樣一位服侍數代周王、地位尊崇的王室重臣前往東國戡亂。[1] 換言之,設若亂夷酋首已被齊地軍隊拘執,説明周方早已掌控局面,也就無需再大動干戈進行後續征伐。在内容上可與史密簋銘聯繫的師寰簋銘,對戰事的記錄即止於拘執敵酋,可爲旁證。故從這個角度分析,過去將"鄙寬亞"理解爲敵酋的看法,[2]恐不合宜。

另一方面,前引各家對"執鄙寬亞"之"鄙",大多認爲當解爲"邊鄙""邊邑",並從上下文推得該"鄙"指齊國邊鄙。按,陳絜先生曾系統研究指出,商周時期"鄙"本指邊鄙,其内涵是與中心城市聚落相對的邊境農村聚落,多表現爲數量衆多的"數字邑"。由於這些數字邑地處邊鄙,故常有叛服不定之舉。[3] 可謂一語中的。林澐先生在20世紀80年代已指出,早期國家語境下的"都""鄙"是一組不可分割的相對概念,即"某個邑之發展爲都,是同與之相關的一批邑變成該都之鄙有機地聯繫在一起的"。[4] 兩位先生的研究表明,學界對此認識已較統一:商周時期的都鄙關係體現了中心聚落與農村聚落間的對立格局,二者有嚴格的統屬關係。且從這個角度看,儘管邊鄙聚邑時有反叛之舉,然既已被置於邊地,那麽它們對相應的中心城市聚落當大體保持着一定的政治、軍事隸屬和依附關係。否則,這個概念體系中所包含的"中心——邊境""城市——農村"兩組對應關係便無由附着。以此判斷,諸家將"鄙寬亞"之"鄙"理解爲齊國邊鄙聚邑是可行的。這説明,"鄙"在此對"寬亞"的政治屬性當起着某種限定作用。換言之,"寬亞"的政治立場大體應歸屬於周人一方。

以此觀之,在目前關於"寬亞"的衆多解釋中,吳鎮烽、王輝二家之説便值得重視了。具體而言,此前李學勤先生曾訓"寬"爲"遠","亞"爲"惡",以爲後者"猶害也"。即將"寬亞"的政治立場歸於亂夷一方。然卜辭、金文"亞"字多見。相關研究已指出,卜辭"亞"的職掌主要涉及軍旅和祭祀兩方面,[5]且晚商"亞"與"侯""服"並列,應指"强宗大族之首領"。[6]西周金文中有"走亞""亞旅",亦屬武職。[7] 既然"執鄙寬亞"屬戰前戒備行爲,則"亞"字的用法合於商周與軍事、武職相關的"亞"之語境,故並非一定要通假爲"惡"。比較而言,吳、王二説將"亞"理解爲守衛邊鄙武官,當更文從字順一些。此外,新出殷簋銘載周天子任命官員

---

[1] 關於師俗的身份地位,參見李學勤:《史密簋銘所記西周重要史實考》。
[2] 張懋鎔、趙榮、鄒東濤:《安康出土的史密簋及其意義》;陳全方、尚志儒:《史密簋銘文的幾個問題》。
[3] 陳絜:《周代農村基層聚落初探——以西周金文資料爲中心的考察》,收入《新出金文與西周歷史》,上海古籍出版社,2011年,第106—110頁。
[4] 林澐:《關於中國早期國家形式的幾個問題》,《吉林大學社會科學學報》1986年第6期。
[5] 于省吾主編:《甲骨文字詁林》,中華書局,1996年,第2904頁:"亞"條引姚孝遂、肖丁説。
[6] 劉源:《商末至西周早期賜貝研究——兼論册命制度的歷史淵源》,《歷史研究》2022年第5期。
[7] 張亞初、劉雨:《西周金文官制研究》,中華書局,1986年,第16頁。

管理"東鄙五邑",表明西周時期確實存在對邊地事務進行管理的行爲,[1]可爲此提供旁證。只是兩位先生將"寬"解爲邊鄙某一具體邑名,未免仍停留在猜度層面。研究可知,史密簋銘中叛亂者爲四個夷族——膚、虎、杞夷、舟夷,在地望上分屬東方濰水、大汶水兩個流域。它們侵擾齊國邊鄙所造成的周夷衝突戰綫並不短,並非某一個特定邊邑就能解決的(詳下文)。在這一點上,李先生將"寬"理解爲對"亞"的修飾詞,更合宜。

但是,"執鄙寬亞"之"執"通常傳遞出一種強制意味,"執"的受動者與施動者往往存在一定的緊張關係。[2] 由此分析,作爲"執"之對象的"鄙寬亞"似乎又與齊師所代表的齊地守軍之間,存在某種緊張或對立關係,這也許是上揭李先生讀"亞"爲"惡"的考慮因素之一。這表明,以邊鄙武官來解釋"鄙寬亞"仍不夠確切。在這一點上,前引王輝先生在同意邊鄙武官說的同時,進一步推測"寬亞"也是當地諸侯的看法,實爲進一步探索"鄙寬亞"確切內涵指明了方向。[3] 不過,在深入分析這一點之前,有必要將"執鄙寬亞"重新代入史密簋銘文整體語境之中作更細緻的審視。

總體上,"執鄙寬亞"之所以被視爲史密簋銘最難解的一句,主要囿於可供分析的關聯性信息過少。一方面,出土文獻與傳世典籍中未見同類表述,無從參照。另一方面,簋銘敘事語境由戰前轉向戰中,恰以"執鄙寬亞"爲臨界點,這不免給人一種印象,簋銘後面記述長必之戰的部分對進一步理解"執鄙寬亞"內涵無益。今按,這兩個原因中,前一個判斷自然屬實,後一個却未盡然。

上文雖否定了方述鑫先生關於"執鄙寬亞"屬東征環節一說,但他將簋銘前後戰事環節予以關聯的觀察,却爲進一步考察"執鄙寬亞"軍事行爲和隨後長必之戰排兵布陣等軍事行動的內在聯繫提供了新的觀察視角,是極具啓發性的。在此,不妨沿着方先生思路稍作拓展,可以發現在"齊師、族徒、遂人"三種齊地師旅中,"齊師""遂人"和"族徒"一樣,也參與了稍後的長必戰事,且共同構成了師俗所率主力部隊——左軍。從中,可窺知這次東征前後兵力調遣運作的某些細節:

---

[1] 李峰著,吳敏娜等譯:《西周的政體——中國早期的官僚制度和國家》,生活・讀書・新知三聯書店,2010年,第180頁。

[2] 如《禮記·檀弓下》,阮元校刻《十三經注疏》,收入《四部精要》第1册,上海古籍出版社,1992年,第1312頁中欄"而妻妾執",鄭玄注:"執,拘也。"又《説文》卷10下,中華書局,1963年,第214頁:"執,捕罪人也。"

[3] 西周晚期虩簋銘載周王令虩管理"成周里人眔諸侯大亞"(《集成》04215),"大亞"與"寬亞"結構類似,而學界近年關於"諸侯大亞"無需斷讀的共識則暗示與"大亞"結構類似的"寬亞"之內涵,可能亦與外服諸侯相關。近年"諸侯大亞"相關研究,可參陳絜、田秋棉:《商周宗親組織的結構與形態》,《中國社會科學》2022年第4期;趙慶淼:《從"諸侯大亞"看西周央地關係》,《歷史研究》2023年第6期。不過王先生認爲寬地當時受南夷、東夷侵擾,寬地武官被夷族拘執,事態緊急,遂有師俗、史密東征。此說誤解了"執鄙寬亞"的主語,不確。至於"諸侯大亞"與"鄙寬亞"之關係應如何解讀,還可再考察。

(1) 首先,因亂夷喧嚻,齊地守軍"齊師、族徒、遂人"采取"執鄙寬亞"的緊急戒備,以爲應對。

(2) 然後,獲悉戰報的周王命王臣師俗、史密東征。

(3) 緊接着,在關鍵戰事長必行動中,齊地守軍"齊師""遂人"被編爲左軍,由師俗率領;東征右軍則由"族人""釐伯""僰"三支力量構成,受史密指揮。其中,"族人"列於最前,當是右軍主力。

結合(1)(3)可知,參與戰前戒備的三股勢力,後來都成爲長必一役的主力部隊。換言之,在兵力配置上,簋銘所見戰前警戒與東征戰事直接關聯。

前文已述,"鄙寬亞"中的"鄙"和"亞"分別與邊鄙、戰事相關,"鄙寬亞"政治立場應更多傾向於周方陣營。這是我們一定程度認可"鄙寬亞"爲守衛齊地邊鄙武官説的一個依據。對此,王輝、沈長雲、[1]張永山、方述鑫等學者皆無異議。由於身處邊鄙,"鄙寬亞"自然對護衛齊之鄙邑安全最具直接意義,故其在戰前警戒中亦應擔負一定的軍事職能,由此可將之歸入戰前齊國邊鄙守軍之列。既然參與戰前警戒的"齊師""族徒""遂人"都參加了後來的長必一役,那麽按理説,與齊邊鄙守衛關係最直接的"鄙寬亞",即使不能作爲主力,也當有充分理由參與其中才是。然而恰恰在這一點上,簋銘前後語境出現了斷裂:"齊師""族徒"二見,而同樣牽涉戰前行動的"鄙寬亞"却不見了,尾隨"族人"的成了"釐伯"和"僰"這兩股力量。

在史密簋銘中,"釐伯""僰"隸屬於右軍,但被列在最末,可見兩者地位較"族人"低。目前,學界對"釐"即"萊"指萊國認識較統一,並循前人之説以其故地在今昌邑、平度之間。[2] "僰"之釋讀過去有爭議。由相關出土文獻可知,"僰"字先秦古音當讀如"福""幅"諸字,在銘中可讀爲"博",指故地在今泰安東南的秦漢博(陽)縣。至於周夷雙方交戰地"長必",則應指故地在今高密一帶的秦漢商密故城,地處濰水中游一綫。[3] 而通過對"南夷膚、虎""杞夷、舟夷"相關字形音義分析可知,他們應分別對應文獻所載周代東國的"莒""吾(郚)""杞""州"四夷,故地分屬今濰河上游和大汶河上游支流柴汶水一綫兩個流域。[4]

以今地理分析,濰河上游至柴汶水一綫的空間跨度其實不小。好在泰萊盆地與濰水上游兩個地理單元之間素有河谷通道便於通行,同時從濰水上中游河谷平原深入齊國中心區臨淄一帶亦極爲便利。這兩方面的戰略地理和交通路綫,在楚漢之際韓信平齊之役,特別是

---

[1] 沈長雲:《由史密簋銘文論及西周時期的華夷之辨》,《河北師範學報(社會科學版)》1994年第3期。

[2] 王獻唐:《山東古國考》,齊魯書社,1983年,第162—175頁。相關研究前史,參見趙慶淼:《齊國"遷萊於郳"與卜辭兒地考》,《歷史地理》第34輯,上海人民出版社,2017年,第31—37頁。

[3] 朱繼平:《史密簋所見僰國地望新探》。

[4] 朱繼平:《商周東土苗族地望新證》;亦見朱繼平、徐倩媛:《史密簋銘軍事地理研究》,《新資料與先秦秦漢荆楚地區的空間整合研究》,武漢大學出版社,2023年。

後半段的濰水之戰中早有充分體現。[1] 因此,以濰水之戰的軍事地理形勢爲參照,可確定以下兩點:(1)在同一地域空間內,西周時期莒、吾、杞、州四族確實具有聯合侵擾齊國邊鄙的戰略可能與優勢。他們一旦形成聯合侵擾之勢,必然給齊邊境帶來長綫防守的巨大作戰壓力。可見前揭以"寬"爲某一具體邊境邑名的解釋,與此戰爭地理形勢不合。(2)基於相似的交通綫路和地緣關係,長必一役中周夷雙方選擇在濰水中游今高密一帶進行最後決戰,也可得到合理解釋。

以上長必一戰的軍事地理格局説明:萊、夒二國分別位於西周齊國的東境和南境,周方的"萊伯"與夷方的"莒""吾"同屬濰水流域,周方的"夒"則與"杞夷""州夷"共處大汶河上游泰萊盆地。基於這兩組相對地望關係,可就此次東征戰事的戰前形勢有所推測:地處濰水上游的莒、吾和泰萊盆地的杞、州四族,分別對齊國的南鄙和東鄙發動了侵擾。而跟隨史密參與征討亂夷的萊、夒地望恰恰也屬於這兩個地域。當亂夷"廣伐東國"時,自然從騷擾鄰境開始,那麽與之相鄰的"萊""夒"等邊鄙邦伯便極有可能深受其害。若此推測可從,那麽在此次周夷衝突中,萊、夒二國就不僅僅是跟隨史密參與長必一役這麼簡單了,它們很可能從戰亂一開始就被裹挾其中。

既然從相對地望關係和戰略地理上分析,"萊""夒"很可能從戰爭伊始便涉入此次周夷衝突,那麽聯繫前文所述可知,作爲政治立場可歸入周方陣營,且與齊國邊鄙守衛事務直接相關的"鄙寬亞",也有很大理由應參與到後續長必決戰之中。由此,當可提出一種假想:作爲戰前戒備措施的"執鄙寬亞"與右軍協從者"萊伯、夒"之間,會不會存在一定的對應關聯?若此假說可從,則意味着可通過分析"萊伯、夒"來推進關於"鄙寬亞"內涵的理解。下文即從"亞""執""鄙"三個關鍵概念出發,嘗試論證上述假說成立的可能性。

三、"執鄙寬亞"與"萊伯、夒"的對應

先來看"亞"。上節已述,"執鄙寬亞"句中的"亞"與兵戎戰事相關。以之反觀"萊伯、夒",可知其中"萊伯"及所指代的國族恰表現出這方面的特質。

在史密簋、師寰簋二銘中,萊伯兩次跟隨周人敉伐亂夷,證明西周萊人職事與協從王師出征有密切關聯。又據傳世文獻,春秋萊人地位雖低,亦每與戎事相關。《左傳》定公十年齊、魯夾穀會盟,齊犂彌建議齊侯"使萊人以兵劫魯侯"。[2] 春秋晚期銅器叔夷鐘銘載齊侯滅萊,賞賜叔夷"馬、車、戎兵、萊僕二百又五十家""以戒戎作"(《集成》00285)。既言"戒戎

---

[1] 辛德勇:《韓信平齊之役地理新考》,《歷史的空間與空間的歷史——中國歷史地理與地理學史研究》,北京師範大學出版社,2006年,第136—152頁。
[2] 《春秋左傳正義》卷55,阮元校刻《十三經注疏》,收入《四部精要》第2册,第2147頁下欄;《史記》卷32《齊太公世家》,中華書局,1982年,第1505頁。

作",表明賞賜的車馬、兵器、萊僕主要用於征戰。儘管這裏"萊人""萊僕"皆屬春秋之世,但他們參與"劫魯侯""戒戎作",恰與史密簋、師寰簋銘中萊伯兩度協從周人東征史實相合。故裘錫圭先生將萊人歸入"僕庸""戎臣"之列,以爲其職事專在保衛和戰争的結論,[1]當同樣適用於西周"萊伯"。如此,作爲"戎臣"的"萊伯",在身份上完全可與"鄙寬亞"之"亞"的兵戎内涵相符。

至於萊國、萊人如何與商周"亞"所涉邊鄙内涵相對應,則須從"執""鄙"兩個概念着手進行分析。

前文已指出,萊、甹二族分處齊國東境和南境。從考古遺存所見兩周時期海岱地區的考古學文化分區及其歷時變化可知,齊文化與魯文化的分界綫曾長期維持在泰萊盆地北部一綫,而魯北一帶齊文化與夷文化大致以今瀰河——濰河爲界。[2] 可見,在地域上,史密簋銘所見"萊""甹"二族確位於齊之東部和南部周夷交争的敏感區域。前引林澐先生文曾分析指出,欲維持早期國家都鄙群的相對穩定,所需具備的一個重要條件是都邑在規模、武力上對鄙邑的絶對優勢。可見,中心都邑對衆多被征服者的强大武力威懾,是商周國家外服邊鄙穩定、存續的先决條件。這也説明,在政治地理層面,身處衝突頻發的齊之鄙地的萊、甹二族,的確具有一定的分離特質,[3]需在動蕩之際加以留意。

以上分析表明,在"邊鄙"叠加"戎臣"的雙重語境下,要全面界定萊、甹二族與周人的關係,應加上"叛服不定"這個限定詞。以此考察史密簋銘可知,儘管周人成功徵召萊伯、甹參與征伐叛夷,但在亂夷侵擾東國之初,萊、甹等邊鄙勢力確有加入鄰近亂夷陣營、參與動亂的可能。這應是齊師等軍隊在戰亂甫一開始,即需要對"鄙寬亞"采取帶有警戒意味的"執"這一行爲之根本原因。這與前文所論"執"字寓意"鄙寬亞"在與齊師合作的同時又隱含某種緊張、衝突感,是完全相符的。换言之,以邊鄙"萊伯""甹"對應"鄙寬亞",恰與"執"字所透露出來的緊張感、對立感相符。

在論證"萊伯""甹"對應"鄙寬亞"的可行性之後,還可就"萊""甹"之身份稍做進一步考察。早前我們曾大略推測"萊""僰"是跟隨王師作戰的協從國。[4] 現在看來這種理解過於粗疏。上文已分析指出,"萊""甹"與齊地師旅之間,表現出既合作又潛藏張力的複雜關係。正如王坤鵬先生所論,這種關係模式常見於西周時期周人與"多邦伯"之間。具體而言,西周時期大量位於外服邊地的異族邦伯,作爲被征服者,由於遠離王畿核心區,故在政治地理上

---

[1] 裘錫圭:《説"僕庸"》,《裘錫圭學術文集·古代歷史、思想、民俗卷》,復旦大學出版社,2015年,第107—120頁。
[2] 王青:《海岱地區周代墓葬研究》,山東大學出版社,2002年,第137頁,圖五十。
[3] 唐曉峰:《殷商"外服"農業發展在國家領土擴張上的意義》,《中國學術》第9輯,商務印書館,2002年。
[4] 朱繼平:《從淮夷族群到編户齊民:周代淮水流域族群衝突的地理學觀察》,人民出版社,2011年,第96—97頁。

表現出較明顯的分離傾向。[1] 另一方面,位於外服諸侯體系之末的"多邦伯",[2]亦對周王承擔有協從作戰的職事。[3] 跟隨周人參戰的"萊伯"亦與此完全相符。然而,是否即可基於這兩點而徑以史密簋銘"萊伯"爲齊邊鄙異族邦伯呢? 恐亦未然。

衆所周知,萊爲東土舊族。《世本》《史記·殷本紀》等古書謂萊爲子姓,清代時人曾有萊爲姜姓的異説,陳槃先生對後者已駁其非。[4] 則萊國很可能是活動於東土的子姓商人後裔。關於西周萊國史迹,《史記·齊太公世家》曾載太公初封時,"萊侯來伐,與之争營丘"。[5] 這個追憶反映出周初萊人乃是周人經略東方的敵對者,當頗具影響力。不過結合史密簋、師寰簋銘文則知,西周中晚期萊人已臣服於周人。進一步由上引裘先生將春秋萊人歸入"僕庸""戎臣"之論,可知春秋之世萊人地位無疑是較低的。在這一點上,史密簋銘中位列"族人"之後的"萊伯"地位,正與之一致。不僅如此,既然上文我們以"萊伯、專"與"鄙寬亞"相對應,説明前者應屬於齊鄙之"亞",當被視爲職官之屬,這亦與具有一定獨立性的"多邦伯"有所不同。

基於上述分析,可見"萊伯"雖稱"伯",但此"伯"内涵當非"邦伯"之義,而可如劉源先生所論,指"伯長"當更合宜。[6] 這種理解方式,也能更好地解釋與之並列的"專"爲何未稱伯的現象。

近年張惟捷先生注意在《合集》9788 中,貞人曾卜問"亞"是否"受年",與同一貞人卜問"四土"受年的内容可相關聯。由此張先生分析指出,該版卜辭中的"亞"當與"四土"一樣,可用於指某一特定的政治區域。他進一步結合商金文所見"多亞"及其空間分布,分析認爲這個"亞"當特指介於大邑商和"四土"之間而位於大邑商邊緣的區域,分布在此區域的"多亞"對商王擔負有一定的軍事、經濟職責。[7] 這一研究表明,晚商存在一個作爲政治地理概念的"亞",在空間上它位於内外服之間,但在政治、經濟與軍事上則與内服的聯繫更密切。從這一角度來看,西周金文所見位於外服且受諸侯管理的"鄙寬亞",或可溯至商代。

---

[1] 王坤鵬:《西周異族邦伯考》,《古代文明》2016 年第 2 期。
[2] 劉源:《"五等爵"制與殷周貴族政治體系》,《歷史研究》2014 年第 1 期。
[3] 參見王坤鵬:《西周異族邦伯考》;亦見李凱:《先秦巡狩研究》,北京師範大學出版社,2017 年。
[4] 詳見陳槃:《春秋大事表列國爵姓及存滅表譔異(三訂本)》,上海古籍出版社,2009 年,第 740—742 頁。
[5] 《史記》卷 32《齊太公世家》,第 1480 頁。
[6] 劉源:《"五等爵"制與殷周貴族政治體系》,第 74 頁。
[7] 參見張惟捷:《從卜辭"亞"字的特殊用法看商代政治地理——兼談"殷"的地域問題》,《中國史研究》2019 年第 2 期。按,張懋鎔《史密簋與西周鄉遂制度》一文也注意到卜辭"四土"與"亞"的對應關係,然認爲"亞"與"商"的内涵一致,是商人直接治理的核心區域,故將史密簋銘之"亞"理解爲與"鄙"相對的一個地域概念,未能切中銘意。

四、結　語

　　受前輩學者研究啓發,在細緻對讀史密簋銘前後文本基礎上,本文提出了以史密所率右軍中的"萊伯、專"來考察"執鄙寬亞"内涵的設想,又進一步結合商周時期"亞""執""鄙"等重要概念内涵,對這一設想成立的可能性進行了論證,指出"執鄙寬亞"當是齊地軍隊對鄰近亂夷的萊、專等邊地附庸小國的一種警戒行爲。换言之,史密簋銘"齊師、族徒、遂人乃執鄙寬亞"句可理解爲:面對四夷侵擾,齊師、族徒和遂人在加強對遭受亂夷侵擾的邊地附庸小國監管的同時,徵召其中長於戎事的萊、專協從作戰。[1]

　　過去王輝先生主張"鄙寬亞"作爲邊鄙武官的同時,也是當地諸侯,是極富洞察力的。只不過,結合"萊""專"二族作爲齊國邊鄙附庸小國的地位來看,他們顯然不僅不是當地諸侯,亦不能由"萊伯"一稱而歸入西周"多邦伯"之列。此外,西周金文中受外服諸侯轄制的"鄙寬亞"之來源,或可追溯至卜辭中位於大邑商邊緣、與"四土"相對的"亞"這一政治地理空間。由此可見,"鄙寬亞"内涵的厘清,不僅有助於獲悉更多長必戰事的細節,對進一步瞭解商周外服政治地理空間的細部結構及其發展亦有裨益。

2021 年 4 月 26 日初稿

2024 年 2 月 20 日改定

　　附記:本文寫作過程中,曾參考"殷周金文暨青銅器數據庫"(http://app.sinica.edu.tw/bronze/qry_bronze.php),並得到數位匿名評審專家賜正良多,併致謝忱。

---

[1] 當然,慮及亂夷侵擾波及的齊國邊境戰綫較長,其間當分布着衆多邊鄙聚邑,不只萊、專二族,故戰前齊地師旅所警戒的"鄙寬亞"或不限於萊和專。至於最後長必一戰時僅有萊、專參加,則有可能與他們長於武力、專事戎務的身份有關。

家伯束郱簠銘"王文大子"及相關問題考

王　超*

　　新近收錄在吴鎮烽先生《商周青銅器銘文暨圖像集成續編》(簡稱《銘續》)一書中有2件家伯束郱簠(器號0451、0452),其年代被定於春秋早期。[1] 從家伯束郱簠器形、紋飾,[2]以及銘文體例等所反映出的時代特徵看,[3]《銘續》斷代可信。家伯束郱簠銘文記載器主家伯束郱爲祭祀祖妣、父母而作器事。銘文中涉及的祖先人名稱謂、大師氏家族以及銘文體例等問題,此前已有學者作過討論。[4] 銘中"王文大子",吴鎮烽讀作"皇文大子",對其内涵,學界目前似尚未專門論及。筆者不揣譾陋,擬就"王文大子"内涵及相關問題試作考察。不當之處,敬祈專家指正。

一、"王文大子"當爲大子泄父

　　爲便於討論,現據《銘續》將家伯束郱簠銘文迻録如下:

　　　　唯王正月初吉丁亥,王文大子之孫家伯束郱作其公辟、叔姜寶簠,用享用孝于

---

* 北京師範大學歷史學院博士研究生。
[1] 吴鎮烽編著:《商周青銅器銘文暨圖像集成續編》第2卷,上海古籍出版社,2016年,第142—145頁。
[2] 家伯束郱簠爲侈口束頸,鼓腹,兩側一對獸首耳,圈足連鑄方座,器形與1974年河南商水縣練集鎮朱集村春秋墓葬所出鄂史茞簠近似,後者時代約在春秋早期。又,該簠耳部所飾獸首及垂耳,外形與2006年陝西韓城梁帶村春秋墓地 M26 所出仲姜簠近似,仲姜簠時代約屬春秋早期。此外,家伯束郱簠腹部、方座各邊均飾雙頭夔龍紋,但已有向蟠螭紋轉化的迹象,而後者流行於春秋中期以後,因此從紋飾看,這件簠的時代當處於春秋早期偏晚階段。
[3] 家伯束郱簠銘中器主自稱"王文大子之孫","某之子""某之孫"爲春秋以後金文的典型辭句,藉以凸顯作器者的出身及血統。銘文謂"用享用孝于其丕顯皇祖文大子、皇妣大師氏姜、皇考武公、皇母武姜","用享用孝"之類作用途銘辭主要流行於西周晚期至春秋早中期,春秋早期伯克父鼎(《銘續》0223)銘云"用追孝于我大丕顯",與家伯束郱簠銘"用享用孝于其丕顯皇祖文大子"表述方式類似(黄錦前:《曾伯克父諸器析論》,中國文化遺産研究院編:《出土文獻研究》第18輯,中西書局,2019年,第45頁)。
[4] 參見黄錦前:《曾伯克父諸器析論》,中國文化遺産研究院編:《出土文獻研究》第18輯,第45頁;黄錦前:《金文夫妻同字稱謂釋例》,《文獻(雙月刊)》2019年第4期;王歡:《〈商周青銅器銘文暨圖像集成續編〉著録青銅器及銘文分期整理研究》,西北師範大學碩士學位論文,2021年,第128頁;吴鎮烽:《試論周代女性稱名方式》,北京大學出土文獻研究所編:《青銅器與金文》第6輯,上海古籍出版社,2021年,第39頁;田率:《周代王朝大師家族器的考察》,北京大學出土文獻與古代文明研究所編:《青銅器與金文》第7輯,上海古籍出版社,2021年,第45—46頁。

其丕顯皇祖文大子、皇妣大師氏姜,皇考武公、皇母武姜,用祈萬福無疆,每🧬(季?)男子眉壽,子子孫孫永寶用享。

圖一　家伯束㝬簋器形及銘文拓片

(圖片來源:吴鎮烽編著《銘續》第 2 卷第 144 頁)

器銘涉及多組人物關係,其中"公辟、叔姜"即"皇考武公、皇母武姜",指家伯束㝬已逝的父母,"公辟"的"辟"是器主對父考的敬稱。[1] 從祭祀對象包含皇祖、皇妣、皇考、皇母來看,"皇祖文大子、皇妣大師氏姜"應爲束㝬的祖父、祖母;[2] "皇祖文大子"亦即"王文大子",是"皇考武公"之父。"每🧬(季?)男子眉壽","每"疑讀爲"敏",審也;"🧬"吴鎮烽釋爲"季",但該字下半部分殘缺,是否一定爲"季"字似不敢確定;從"敏季(?)"所處的銘文位置看,當是對"男子"的狀美之辭。銘文大意可通:周曆正月初吉丁亥日,王文大子之孫家伯束㝬爲公辟、叔姜鑄作寶簋,以享獻、追孝於偉大光輝的皇祖文大子、皇妣大師氏姜、皇考武公、皇母武姜,以祈求多福無窮盡,審慎莊重的男子老壽,子子孫孫都享用這件寶簋。

---

[1] 參見陳英傑:《從金文"辟"字所關涉的人物關係看"辟"的身份性質》,北京大學出土文獻研究所編:《青銅器與金文》第 3 輯,上海古籍出版社,2019 年,第 156—157 頁。
[2] 春秋金文中"某之孫"的"某"既可實指祖父,也可虛指某位對家族世系至關重要的遠祖(參見金方廷:《"某之孫、某之子"——談周代青銅器銘文中一種特殊的稱謂方式》,《國學學刊》2019 年第 3 期;宣柳:《金文所見春秋楚地滅國遺民及相關問題》,北京大學出土文獻與古代文明研究所編:《青銅器與金文》第 9 輯,上海古籍出版社,2022 年,第 101—104 頁)。家伯束㝬自稱"王文大子之孫",單從表述形式來看,"王文大子"爲束㝬的祖父或遠祖均有可能;但家伯束㝬簋的祭祀對象爲皇祖文大子、皇妣大師氏姜、皇考武公、皇母武姜,祖、妣、父、母共爲作器對象時,祖、妣一般實指祖父、祖母(參見羅新慧:《春秋時期祭祖範圍研究》,《史學集刊》2020 年第 2 期,第 63 頁)。因此,皇祖文大子、皇妣大師氏姜當指束㝬的祖父、祖母。

器銘"王文大子"的"文"當爲謚稱，吳鎮烽將"王"讀爲皇，"皇"爲光大之義。"王""皇"音近，但金文中二字通假情况罕見。[1] 西周中期仲戲父簋(《集成》4102)銘："仲戲父作朕皇考遲伯、王母遲姬尊簋……"[2]其中"王母"，以往多讀作皇母。不過，伯康簋(《集成》4160，西周中期)銘云"伯康作寶簋，用饗朋友，用饈王父、王母"，王父、王母並見；譽鼎(《銘圖》02439)銘謂"在朕皇高祖師娶、亞祖師夆、亞祖師寰、亞祖師僕、王父師彪，于朕皇考師孝"，[3]王父、皇考並見，據此，有學者指出王父、王母的"王"不必讀爲"皇"，其意指年長、年齡大。[4] 況且，家伯束邞簋銘文中，祖先稱謂有皇祖、皇妣、皇考、皇母，修飾詞皆爲"皇"，王文大子的"王"當與之用法有別。那麽，這裏"王"是否爲年長之義呢？儘管金文有"王姊""王姑""王父"等親屬稱謂，這裏的"王"用以表示齒序爲長、大；然大子的"大"本身就有年長的意思，王文大子的"王"其内涵大概不會與之相同，否則就語意重複了。

古書中"王"多指"君主"，此爲常訓，筆者以爲，王文大子的"王"，亦應是此種用法；而"文"爲謚稱，並非構成人名稱謂的元素。那麽，束邞的祖父，其身份當爲"王大子"。"大子"在商代甲骨卜辭、金文裏即已出現，本指家族嫡長子，大約到春秋以後，逐漸成爲表示儲君身份的專屬名詞。[5] 家伯束邞簋中的"王文大子"(即王大子)，應指"王家的大子"，也就是王位繼承者。

先秦傳世文獻有"王大子"之稱，如《左傳》僖公五年記載"會于首止，會王大子鄭，謀寧周也"，《春秋》同年經文説"夏……公及齊侯、宋公、陳侯、衛侯、鄭伯、許男、曹伯，會王世子于首止"，杜預注"王世子"即"(周)惠王大子鄭也"，"惠王以惠后故，將廢大子鄭而立王子帶，故齊桓帥諸侯會王大子以定其位"。[6]《左傳》昭公十五年亦載"六月乙丑，王大子壽卒"，杜預注"王大子壽"即"周景王子"。[7] 上舉文獻中的"王大子"均爲周王室大子。《國語·魯語下》記載魯襄公前往朝見楚康王，到達漢水時聽聞楚康王去世，襄公、諸大夫皆欲返還，叔仲昭伯諫止，謂楚王雖死，然"王太子又長矣，執政未改"，[8]"王太子"指楚康王的大子。此外，出土戰國竹簡中也載有"王大子"之稱謂。例如，包山二號楚墓竹簡簡2曰"魯陽公以楚

---

[1] 詳見田秋棉：《金文王姊、王姑考》，《故宫博物院院刊》2022年第4期。
[2] 中國社會科學院考古研究所編：《殷周金文集成(修訂增補本)》第3册，中華書局，2007年，第2270頁。本文簡稱《集成》。
[3] 吳鎮烽編著：《商周青銅器銘文暨圖像集成》第5卷，上海古籍出版社，2012年，第269頁。本文簡稱《銘圖》。
[4] 參見李晶：《〈爾雅·釋親〉王父王母考》，《歷史研究》2016年第6期；田秋棉：《金文王姊、王姑考》，《故宫博物院院刊》2022年第4期。
[5] 黄國輝：《江陵"北子"器所見人物關係及宗法史實》，《歷史研究》2011年第2期。
[6] 孔穎達：《春秋左傳正義》卷12，阮元校刻：《十三經注疏》，中華書局，1980年，第1794、1795頁。
[7] 孔穎達：《春秋左傳正義》卷47，阮元校刻：《十三經注疏》，第2077頁。
[8] 上海師範大學古籍整理組校點：《國語》卷5《魯語下》，上海古籍出版社，1978年，第191頁。

師後城鄭之歲,冬柰之月,刉令彭圍命之於王大子而以阩(登)刉人",[1]"魯陽公以楚師後城鄭之歲"爲大事紀年,這則簡文是説王大子命令刉地長官彭圍登録當地百姓户籍,"王大子"指楚國某位大子應無疑義。清華簡《楚居》亦云:"至獻惠王自嬭郢徙襲爲郢……王大子以邦復於湫郢","柬大王自疆郢徙居藍郢……王大子以邦居鄢郢",[2]《楚居》中的兩例"王大子"分別指楚惠王的大子和楚簡王的大子。由此,目前所見傳世、出土文獻裏的"王大子",指周王室大子或楚國大子。春秋時期,除了周天子稱王以外,楚君亦稱王,作爲各自王位繼承者的大子,當然可稱作"王大子"。那麽,家伯束邙簠銘文中"王文大子"是指周王室大子,還是楚大子呢?

首先,從各自地區使用青銅器特點來看,春秋早期以周王室爲代表的中原地區青銅禮器組合爲鼎、簋、壺、盤、匜,仍是沿用西周以來鼎、簋配合的傳統禮制;而楚國則爲鼎、簠、壺、盤、匜,簠、簋不共存,以簠代簋,體現出明顯的獨特風格。[3] 春秋早期楚系銅器中簋器較少,有銘銅簋更是罕見,這與春秋時期東周王朝所在地區出土銅簋較多的情況形成鮮明對比。[4] 而且,從家伯束邙簠器形、紋飾、文字等特點來看,其亦繼承了西周晚期以來典型周文化地區青銅禮器的特徵,[5]二者應是前後相承的關係。

其次,從家伯束邙簠的銘文內容看,家伯束邙的獻享對象有妣、母兩位女性祖先,通過"皇妣大師氏姜""皇母武姜"等稱謂,我們可知束邙的妣、母出自姜姓。自早周迄至春秋,周人多與姜姓聯姻,此已無需贅言。而目前可見的楚人與姜姓聯姻的例子,數量極少,且主要發生在春秋晚期。[6] 束邙的祖母稱"大師氏姜","大師氏"是以官爲氏,其概出自姜姓,[7]因此大師氏更加可能是周王室的聯姻對象。此外,銘文中"公辟"一語,爲家伯束邙對其父考武公的稱呼,"辟"在周人語境中常用來指示人際關係,據學者總結,大致包括妻對夫、子對父、臣對君等,[8]這在西周春秋金文中不難見到;楚國金文中以"辟"指示人物關係的情況則

---

[1] 劉彬徽等:《包山二號楚墓簡牘釋文與考釋》,湖北省荊沙鐵路考古隊編:《包山楚墓(上)》,文物出版社,1991年,第349頁。

[2] 李學勤主編:《清華大學藏戰國竹簡(壹)》,中西書局,2010年,第181、182頁。

[3] 劉彬徽:《楚系青銅器研究》,湖北教育出版社,1995年,第91頁。

[4] 參見張劍、周立:《洛陽古代青銅器研究》,文物出版社,2020年,第281—286頁。

[5] 例如,西周晚期出土於陝西省臨潼縣零口村窖藏的陳侯簠爲侈口束頸,鼓腹,有一對獸首耳(一邊已殘損),腹飾兩周雙頭獸紋,方座飾雲雷紋,此與家伯束邙簠的器物特徵頗有近似之處,只是具有更多稍早一些的時代特徵。後者應是在以陳侯簠爲代表的一批青銅簠風格的基礎上,又融入當時當地因素,鑄造而成。

[6] 參見劉麗:《兩周時期諸侯國婚姻關係研究》,上海古籍出版社,2019年,第176—178頁。

[7] 田率:《周代王朝大師家族器的考察》,北京大學出土文獻與古代文明研究所:《青銅器與金文》第7輯,第45—46頁。

[8] 陳英傑:《從金文"辟"字所關涉的人物關係看"辟"的身份性質》,北京大學出土文獻研究所:《青銅器與金文》第3輯,第154—162頁。

較爲罕見。

綜上,家伯束郘簋銘文中的"王文大子",概指出自周王室的某位大子。從銘文"王文大子之孫""用享用孝于其丕顯皇祖文大子"等看,家伯束郘的祖父身份爲王大子,而且,這位王大子未繼承王位,即已去世。

據上文,家伯束郘簋的時代爲春秋早期,這一時期周王室自平王東遷,歷桓王、莊王、釐王、惠王,其中,桓王爲平王之孫,有關其繼位,《史記·周本紀》記載:"平王崩,太子洩父蚤死,立其子林,是爲桓王。桓王,平王孫也。"[1]即説"太子洩父"爲周平王的大子,未即位而卒;平王卒,洩父之子"林"立爲王,就是周桓王。洩父之孫爲周莊王,其時仍處在春秋早期。因此,若家伯束郘簋中"王文大子"指大子洩父,作爲其孫的家伯束郘主要活動時代約處於周莊王在位前後,這與家伯束郘簋的時代亦大體吻合。

如以上推論大致不謬,則家伯束郘簋器主身份概爲周平王的兒子洩父之孫。從束郘稱亡父爲"公辟""皇考武公"來看,其稱父爲公,而不是王,由此亦可推測,束郘的父親不會是周桓王。從輩分上講,周桓王或是束郘的叔父或伯父,那麽,皇考武公與周桓王之間大概爲同父兄弟關係。

二、"皇考武公"或爲《春秋》中的"家父"

從稱謂來看,"家伯束郘"的"家"當爲氏稱,"家伯"宗法身份當爲家氏的族長。[2] 根據上一節的推論即家伯束郘爲大子洩父之孫,由此或可反映出,至少在大子洩父之後的第二代(即孫輩),已有名爲束郘者從王族中析離出去、並成立了新家族,即家氏。家氏一族早期人物關係及活動,我們或可在《春秋》一書中探得些許綫索。

《春秋》桓公八年記載:"天王使家父來聘。"[3]桓公十五年又説:"春,二月,天王使家父來求車。三月乙未,天王崩。"《左傳》同年亦云:"春,天王使家父來求車,非禮也,諸侯不貢車服,天子不私求財。"[4]《春秋》有關"家父"的兩則記載間隔七年,家父又均作爲周王朝使者來魯聘問,可以推斷這兩個家父應指同一個人。對於家父的身份,杜預謂:"家父,天子大夫。家,氏;父,字。"[5]《詩·小雅·十月之交》有"家伯作宰",清代王先謙謂:"家,氏姓,《春秋》

---

[1] 《史記》卷4《周本紀》,中華書局,1959年,第150頁。
[2] 關於"伯"在人名稱謂中的用法,可參見盛冬鈴:《西周銅器銘文中的人名及其對斷代的意義》,《文史》第17輯,中華書局,1983年,第31—34、36—37頁;李學勤:《考古發現與古代姓氏制度》,《考古》1987年第3期。
[3] 孔穎達:《春秋左傳正義》卷7,阮元校刻:《十三經注疏》,第1754頁。
[4] 孔穎達:《春秋左傳正義》卷7,阮元校刻:《十三經注疏》,第1757、1758頁。
[5] 孔穎達:《春秋左傳正義》卷7,阮元校刻:《十三經注疏》,第1754頁。

桓十五年(作者按：應爲桓八年之誤)'天王使家父來聘',是其證。"[1] 皆認爲家父的"家"爲氏名。文獻所見周代貴族男子稱謂中確有"氏+父"的用法,如《左傳》昭公十五年"王曰：籍父其無後乎,數典而忘其祖",[2] "籍父"指"籍談",爲晉國大夫,籍氏。金文亦有類似用法,如西周中期班簋(《集成》4341)云"王命吴伯曰：以乃師左比毛父","毛父"即班的父親毛伯(毛公)。以上皆以"氏+父"稱呼貴族男子。然需注意的一點是,無論稱"籍父",還是"毛父",均藉由敘事中的他人之口説出,而非以記述者的口吻,即這類"氏+父"的用法,往往有着特定語境。

"家父"作爲男子的字屢見諸文獻。例如,《詩·小雅·節南山》有"家父作誦,以究王訩",[3] 《節南山》寫成時代約屬西周晚期,《春秋》中"家父"活動時代在春秋早期周桓王之時,兩個"家父"概非同一個人。另外,金文人名中也有不少稱"家父"者：

(1) 家父爵：家父作辛。　　　　　　　　　　(《集成》9021,西周早期)
(2) 家父盤：家父作寶盉……　　　　　　　　(《銘圖》14427,西周早期後段)
(3) 伯家父鬲：伯家父作孟姜媵鬲……　　　　(《集成》682,西周晚期)
(4) 伯家父簋：伯家父作孟姜媵簋……　　　　(《集成》3856,西周晚期)
(5) 伯家父簋蓋：唯伯家父𨚵廼用吉金……　　(《集成》4156,西周晚期)
(6) 晉叔家父盤：晉叔家父。　　　　　　　　(《銘三》1188,[4] 西周末年)
(7) 晉叔家父壺：晉叔家父作尊壺……　　　　(《銘圖》12356、12357,兩周之際)
(8) 叔家父簠：叔家父作仲姬筐,用盛稻粱……(《集成》4615,春秋早期)

其中,上舉(2)家父盤出自山西曲沃天馬—曲村西周墓葬 M6384,墓葬時代約屬西周早期後段,[5] 家父盤的器主與 M6384 墓主關係未知,但根據墓葬及出土銅器時代推斷,其活動時間約在西周早中期之際。(6)晉叔家父盤和(7)兩件晉叔家父壺分别出自山西曲沃北趙晉侯墓地 M64、M93,兩座墓的墓主人應爲西周末年至春秋初年的兩位晉侯。[6] 晉叔家父盤、壺時代接近(西周末年至兩周之際),且均出自北趙晉侯墓地,"晉叔家父"概指同一個人；

---

[1] 王先謙撰,吴格點校：《詩三家義集疏》卷 17,中華書局,1987 年,第 678 頁。
[2] 孔穎達：《春秋左傳正義》卷 47,阮元校刻：《十三經注疏》,第 2078 頁。
[3] 孔穎達：《毛詩正義》卷 12-1,阮元校刻：《十三經注疏》,第 441 頁。
[4] 吴鎮烽編著：《商周青銅器銘文暨圖像集成三編》第 3 卷,上海古籍出版社,2020 年,第 325 頁。
[5] 北京大學考古學系商周組、山西省考古研究所編著：《天馬—曲村(1980—1989)》第 2 册,科學出版社,2000 年,第 496—511 頁。
[6] 其中,M64 的墓主人應爲晉侯邦父,M93 規格亦屬諸侯一級,發掘者認爲墓主人可能是兩周之際的晉文侯。參見山西省考古研究所、北京大學考古學系：《天馬—曲村遺址北趙晉侯墓地第四次發掘》,《文物》1994 年第 8 期；《天馬—曲村遺址北趙晉侯墓地第五次發掘》,《文物》1995 年第 7 期。

從稱謂看,晋叔家父當爲西周末春秋初的晋國貴族,"叔家父"應是排行+字的稱謂形式。(8)叔家父簋爲傳世器,時代略晚於三件晋叔家父器,此"叔家父"是否即晋叔家父似難以作出判斷。(3)(4)(5)的器主均稱"伯家父",時代約屬西周晚期,但因其非科學發掘所得,亦無法考察它們的人物關係。綜之,金文人名中稱"家父"者,既有處於不同時代的,也有雖處相近時代然未必是同一個人的。由此大致可斷定的是,"家父"是周代貴族男子中很常見的名或字(類似的還有皇父、吉父、嘉父等),家父的"家"應非族氏之名。

表一 《春秋》中列國遣使來魯的相關記載

國別	《春秋》所載列國遣使來魯		
	序號	時間	内容
周	1	隱公三年	秋,武氏子來求賻。
	2	隱公七年	冬,天王使凡伯來聘,戎伐凡伯于楚丘,以歸。
	3	隱公九年	春,天子使南季來聘。
	4	桓公四年	夏,天王使宰渠伯糾來聘。
	5	桓公五年	天王使仍叔之子來聘。
	6	桓公八年	天王使家父來聘。
	7	桓公十五年	春,二月,天王使家父來求車。
	8	莊公元年	王使榮叔來錫桓公命。
	9	莊公二十三年	祭叔來聘。
	10	僖公三十年	冬,天王使宰周公來聘。
	11	文公元年	天王使叔服來會葬。(杜預注:叔氏,服字)
	12	文公元年	天王使毛伯來錫公命。
	13	文公五年	春,王正月,王使榮叔歸含,且賵。
	14	文公九年	春,毛伯來求金。
	15	宣公十年	秋,天王使王季子來聘。
	16	定公十四年	天王使石尚來歸脤。
晋	1	成公三年	冬,十有一月,晋侯使荀庚來聘。
	2	成公八年	晋侯使士燮來聘。

续表

國別	《春秋》所載列國遣使來魯		
	序號	時　間	内　　容
晉	3	成公十一年	晉侯使郤犨來聘。
	4	成公十六年	晉侯使欒黶來乞師。
	5	成公十七年	晉侯使荀罃來乞師。
	6	成公十八年	晉侯使士匄來聘。
	7	成公十八年	晉侯使士魴來乞師。
	8	襄公元年	晉侯使荀罃來聘。
	9	襄公八年	晉侯使士匄來聘。
	10	襄公十二年	夏，晉侯使士魴來聘。
	11	襄公二十六年	夏，晉侯使荀吳來聘。
	12	襄公二十九年	晉侯使士鞅來聘。
	13	昭公二年	春，晉侯使韓起來聘。
	14	昭公二十一年	夏，晉侯使士鞅來聘。
	15	昭公三十一年	晉侯使荀躒唁公于乾侯。
楚	1	莊公二十三年	荆人來聘。
	2	僖公二十一年	楚人使宜申來獻捷。
	3	文公九年	冬，楚子使椒來聘。
	4	襄公三十年	春，王正月，楚子使薳罷來聘。
齊	1	隱公七年	齊侯使其弟年來聘。
	2	桓公三年	冬，齊侯使其弟年來聘。
	3	僖公三十三年	齊侯使國歸父來聘。
	4	宣公十年	齊侯使國佐來聘。
	5	襄公二十七年	春，齊侯使慶封來聘。
	6	昭公二十九年	齊侯使高張來唁公。

續表

國別	《春秋》所載列國遣使來魯		
	序號	時間	內容
秦	1	文公十二年	秋,滕子來朝,秦伯使術來聘。
鄭	1	桓公十四年	鄭伯使其弟語來盟。
	2	襄公五年	鄭伯使公子發來聘。
宋	1	成公四年	春,宋公使華元來聘。
	2	成公八年	宋公使華元來聘。
	3	成公八年	夏,宋公使公孫壽來納幣。
	4	襄公十五年	春,宋公使向戌來聘。
	5	昭公十二年	夏,宋公使華定來聘。
衛	1	文公四年	衛侯使甯俞來聘。
	2	成公三年	衛侯使孫良夫來聘。
	3	襄公元年	冬,衛侯使公孫剽來聘。
	4	襄公七年	冬十月,衛侯使孫林父來聘。
陳	1	莊公二十五年	春,陳侯使女叔來聘。
曹	1	桓公九年	冬,曹伯使其世子射姑來朝。

資料來源:《春秋左傳正義》,阮元校刻:《十三經注疏》。

　　根據表一,我們或可總結出一個規律,即《春秋》經文中列國遣使來魯,多數都明確記載了使者的族氏和名或字;未記載其氏者,大致有兩種情形:一是氏與其國名相同,如《春秋》隱公七年"齊侯使其弟年來聘",[1]桓公九年"曹伯使其世子射姑來朝",[2]"年"爲齊侯之弟,氏爲齊;"射姑"爲曹國大子,氏爲曹。二是《春秋》未及書氏,楚、秦遣使來魯聘問,《春秋》對來聘使者有不書其氏者,如文公九年"冬,楚子使椒來聘",[3]文公十二年"秦伯使術來聘",[4]"椒"爲楚使之名,"術"即西乞術,蹇氏;楊伯峻曾謂:"蓋《春秋》於楚之卿大夫,成公

---

[1] 孔穎達:《春秋左傳正義》卷4,阮元校刻:《十三經注疏》,第1732頁。
[2] 孔穎達:《春秋左傳正義》卷7,阮元校刻:《十三經注疏》,第1754頁。
[3] 孔穎達:《春秋左傳正義》卷19上,阮元校刻:《十三經注疏》,第1847頁。
[4] 孔穎達:《春秋左傳正義》卷19下,阮元校刻:《十三經注疏》,第1851頁。

以前多不書氏。成二年以後,始備書氏與名。"[1]大概説因楚與魯早些時期交往不密,所以楚使聘魯時史官對其個人信息記録不够詳備。從表1可見,東周王室與魯關係密切,大約不會出現魯國史官疏於記録使者氏稱的情形;因此,《春秋》中的"家父",若確如前面所分析屬於名或字,那麽根據《春秋》體例,其用法或如第一種情况,即其身份爲周之王族成員,猶如上述所引《春秋》所載齊侯之弟年、曹伯世子射姑一樣,都是省略了氏(《春秋》亦有記載王族成員來聘而未省其氏者,如宣公十年中的"王季子")。若此,《春秋》中之"家父",或即爲周桓王同父兄弟,也就是家伯東郊簋中的"皇考武公"。之所以作此推斷,筆者以爲,主要有幾點理由:

一、從春秋時期周王室聘魯所派使臣級别來看,一般爲身份顯赫的貴族,如凡伯、毛伯、周公、榮叔、王季子等等,多爲故舊勳臣,或周王近親。皇考武公作爲周桓王的同父兄弟,以使者身份聘魯,地位上匹配。二、皇考武公爲王族成員,由《春秋》記事體例推知,家父同樣很有可能出身王族,所以二者在族屬上概亦吻合。三、家伯東郊的氏名爲"家",這一氏名或即來自"家父"這個稱謂。《左傳》隱公八年記載,無駭卒,羽父請賜謚與族,衆仲向魯隱公答以得到謚號、族名的幾種情形,其中提到"諸侯以字爲謚,因以爲族",[2]楊伯峻謂:"諸侯于大夫,以其字爲其謚,而其後人因之以爲族姓。以字爲族者,多用於公族。"[3]即子孫後代通常是以所自出之祖的表字作爲氏名。例如,春秋晚期周靈王有弟字儋季,儋季卒,其子孫即以儋爲氏,如儋括、儋翩。皇考武公爲周桓王兄弟,子孫以其字爲氏,當與王族近支儋氏情形相同。類似情形,還有春秋時期宋國孔父嘉子孫以孔爲氏,皇父充石後代以皇爲氏。綜上,《春秋》中的"家父",概爲家伯東郊的父親皇考武公。東郊家族早期世系及其與周王室關係,應大致如下圖所示。

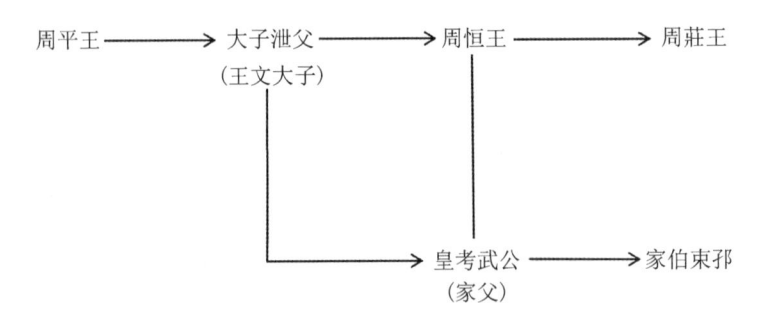

```
周平王 ──→ 大子洩父 ──→ 周桓王 ──→ 周莊王
          (王文大子)       │
                          │
                          └──→ 皇考武公 ──→ 家伯東郊
                                (家父)
```

圖二　東郊家族早期世系及其與周王室關係

---

[1] 楊伯峻編著:《春秋左傳注(修訂本)》,中華書局,2016年,第624頁。
[2] 孔穎達:《春秋左傳正義》卷4,阮元校刻:《十三經注疏》,第1734頁。
[3] 楊伯峻編著:《春秋左傳注(修訂本)》,第66頁。

三、小　　結

　　家伯束䣎簋的時代在春秋早期。銘文中的"王文大子"應指器主家伯束䣎的祖父,其中"王"不應讀作皇,或可理解爲"君主"之義;"文"爲謚稱,"王文大子"即爲王大子。文獻中的"王大子"可指周王室大子或楚大子,從周、楚使用青銅禮器的情況及家伯束䣎簋銘文内容可以推斷,這件簋大概屬於東周王朝貴族器物。"王文大子"是家伯束䣎已故祖父的稱謂,其祖父未繼王位就已去世。結合人物所處時代,徵諸文獻,"王文大子"或指周平王的兒子大子洩父。再對"家伯束䣎"的稱謂進行分析,束䣎當爲家氏的族長,"家"是從王族析離出的族氏。通過對《春秋》桓公八年、十五年所載"家父"身份的分析可推斷,家父或即束䣎父親"皇考武公"的字,皇考武公去世後,子輩即采用所自出之祖的表字爲氏名。家伯束䣎概爲王族近支家氏一族的第一代宗子。

　　附識:本文第一部分所認爲家伯束䣎簋銘文中的"王文大子"爲"大子洩父"的論點,得自哥倫比亞大學東亞語言和文化系宣柳博士的啓發,在此謹致謝忱!

金文考釋兩則

蘇曉威*

一

曶比鼎又稱曶攸從鼎、曶攸比鼎、曶攸鼎。[1] 曶,亦有隸定作裔者。陳夢家搜集器銘的有關詞例,猜出此字是贊。[2] 李零肯定其說,[3] 兩者有理。筆者暫依字形,寫作曶,不破讀。該器原爲清陸心源、端方舊藏,現藏於日本黑川文化研究所。[4] 鼎銘如《集成》2818 所示,《集成》4278 爲曶比簋蓋銘,兩者相同。銘文内容講述的是厲王三十二年,曶比向王控告攸衛牧不能履行給付土田的約定,王命令審查此事,由史南交付虢旅處理。虢旅使攸衛牧設誓,保證付田於曶比。

銘文有"我弗具付曶比,其且射分田邑,則殺"數句,爭議很大,主要集中在"射"字含義理解上,斷句因此多有差異。郭沫若把"且射"讀爲"租謝"而無説。楊樹達在"射"後斷句,補充郭説,認爲"且"當讀爲"租",田賦也;"射"當讀爲"謝",錢財也,蓋謝本酬謝之義。[5] 陳夢家認可把"且射"讀爲"租謝"的説法,但認爲應與"分"字連讀,義即"田與邑的田賦和租金"。[6] 馬承源主編的《商周青銅器銘文選》在"射"後斷句,讀"且射"爲"沮厭",沮有毀壞義,厭有損義,全句義爲"如果攸衛牧損毀誓約就分其田邑"。裘錫圭在前者的基礎上,認爲"射"可訓爲"厭",但兩者音韻相差甚遠,不能相通,他把"射"讀爲"斁",爲敗、壞義;全句義

---

* 天津師範大學國際教育交流學院副教授。

[1] 疑散氏盤中的"焌從曶"與此處"曶攸比"爲一人。曶爲該人姓氏,焌从攸得聲,與攸通,比、從易混,焌從攸從爲名,焌從曶爲名在姓氏前,曶攸比爲名在姓氏後。同人作器者還有曶比盨、攸鼎,曶比盨銘文字數較多,《殷周金文集成(修訂增補本)》第 4 册編號 4466 爲該盨銘文拓片,可參看。中國社會科學院考古研究所:《殷周金文集成(修訂增補本)》,中華書局,2007 年,下文徑稱《集成》。

[2] 陳夢家:《西周銅器斷代》,中華書局,2004 年,第 456—459 頁。

[3] 李零:《商周酒器的再認識——以觚、爵、觶爲例》,《中國國家博物館館刊》2023 年第 7 期。

[4] 該鼎器形見《黑川古文化研究所名品選》一書。(日)黑川古文化研究所編:《黑川古文化研究所名品選》,黑川古文化研究所,1990 年,第 91 頁。銘文載:"王才(在)周康宫遲(夷)大室。"唐蘭認爲康宫是祭祀康王的宗廟,表明該器一定在康王之後;遲大室爲夷王宗廟中的太室,周王宗廟不限於宗周、成周、王城等處。唐蘭:《西周銅器斷代中的"康宫"問題》,收入《唐蘭先生金文論集》,紫禁城出版社,1995 年,第 115—167 頁。根據這一論斷,該鼎當在夷王之後,學界多認爲它是厲王時器物。

[5] 楊樹達:《曶攸從鼎跋》,收入楊樹達《積微居金文説(增訂本)》,中華書局,1997 年,第 12—13 頁。

[6] 陳夢家:《西周銅器斷代》,第 267 頁。

爲：如果敢不把嘱比所應得的都付給他，而沮止破壞分田邑之事的話，就應被殺。[1] 白於藍把"且"讀爲"昔"，射字含義一仍裘氏所言。[2] 以上諸說中，裘說影響最大。但依常理，攸衛牧不能履行給付嘱比土田的約定，有錯在先，而嘱比又向王控告此事，攸衛牧應當不敢再有沮止破壞分田邑之事。兩者之間，是否順利給付土田是問題關鍵。

鑒於以上分析，筆者認爲"射"應讀爲"予"。《孟子·滕文公》載："庠者，養也；校者，教也；序者，射也。"孟子解釋庠、校、序的含義，以聲相訓，序，邪母魚部，射，船母鐸部，魚、鐸對轉，兩字音韻相近，所以用"射"解釋"序"義。從諧聲角度來看，予聲與射聲通。《爾雅·釋宫》載："無室曰榭。"唐孔穎達《禮記·鄉飲酒義》疏解漢鄭玄"庠，鄉學也。州党曰序"内容時，引用《儀禮·鄉射禮》載"豫則鈎楹内，堂則由楹外"句，故鄭注云"庠之制，有堂有室也"，"豫讀如成周宣謝灾之'謝'，凡屋無室曰謝"。豫，从象，予聲；謝，从言，射聲。所以豫與謝通。《詩·大雅·崧高》載"于邑于謝"，《潛夫論·志氏姓》引作"于邑于序"，謝與序通。陳夢家認爲《金文編》釋廎爲序，是正確的，序、射、廎、榭乃是一字一義所分衍。[3] 唐蘭亦認爲"廎"字在古書中又寫作"序"。[4] 予聲與射聲通，所以廎讀爲序。

西周中期金文中土地、田邑訴訟的記載，涉及"取田"和"舍田"兩方，"取田"往往都是由某些原因而引起，"舍田"只是事後的賠償或補償，二者在時間上往往是分開的。[5] 辭例格式多固定化，一般格式爲"某（舍田方）+舍田含義類動詞+某（取田方，間接賓語）+田（直接賓語）+數量詞（有無不定）"，使用的舍田含義類動詞有如下幾個：1. 即。散氏盤銘文云"迺即散用田"，楊樹達認爲，用，以也；即者，今言付與，與舀鼎銘文"迺或即舀用田二""凡用即舀田七田"中的"即"含義相同。[6] 2. 舍。衛盉銘文云"其（矩伯）舍（裘衛）田十田""其（矩伯）舍（裘衛）田三田"（《集成》9456）。五祀衛鼎銘文云："余（邦君厲）舍女（裘衛）田五田"（《集成》2832）。九祀衛鼎銘文云"（矩伯）迺舍裘衛林䇂里"（《集成》2831）。3. 付。永盂銘文云"付永厥田"（《集成》10322），九祀衛鼎銘文云"（矩伯）履付裘衛林䇂里"（《集成》2831）。舊說中，孫詒讓把履釋爲眉，影響最大，爲正疆界之事。裘錫圭承認孫氏釋義，但糾正孫氏字形之誤，釋爲履。[7] 此說多爲當今學界所認可，李零進一步認爲"履"是對地界進行勘定，以確定其範圍和數量大小，是一種步測法。[8] 履田和付田是兩個動作，履田在付田之前。三個

---

[1] 裘錫圭：《釋"殳"》，廣東炎黄文化研究會、紀念容庚先生百年誕辰暨中國古文字學學術研討會合編：《容庚先生百年誕辰紀念文集》，廣東人民出版社，1998年，第150頁。
[2] 白於藍：《金文校讀三則》，《考古與文物》2016年第6期。
[3] 陳夢家：《西周銅器斷代》，第156頁。
[4] 唐蘭：《西周銅器斷代中的"康宫"問題》，收入《唐蘭先生金文論集》，第129頁。
[5] 李零：《西周金文中的土地制度》，收入《李零自選集》，廣西師範大學出版社，1998年，第101頁。
[6] 楊樹達：《散氏盤跋》，收入楊樹達《積微居金文說（增訂本）》，第17頁。
[7] 裘錫圭：《西周銅器銘文中的"履"》，收入裘錫圭《古文字論集》，中華書局，1992年，第367頁。
[8] 李零：《西周金文中的土地制度》，收入《李零自選集》，第103頁。

動詞中,用"舍"的頻率最高,其他兩詞低,但都是付予、分予的含義。

"其且射分田邑"之"射分"爲舍田含義動詞,相當於即、舍、付。前文已言射與予音近可通,射可讀爲予,而予聲與舍聲常通,予、舍義同。"射分"與"予分"義同,與前面三個舍田動詞含義相同,爲付予義。"我弗具付嚻比,其且射分田邑,則殺",前半句似說如果我不付予嚻比所應得的,似乎包括因爲延遲交付田地而產生的滯納罰金;後半句仍然爲否定句,只是否定副詞"弗"承前省略,"其且"爲連詞,進一步說明解釋,予分、分予和付予含義相同,田邑爲其賓語。整句意爲:"如果我不付予嚻比所應得的,且不付予他田邑的話,那就殺掉我。"

二

農卣曾爲清宮舊藏銅器,出土地點不明。該器自清宮流出後又經潘祖蔭、李山農收藏,現藏於英國倫敦大英博物館。從器形上來看,學界一般認爲它爲西周中期穆王時期的銅器,[1]董珊、張程昊、王進鋒通釋了銘文。[2]

卣蓋銘文中有以下數句:

王徵命伯㺇曰"毋俾農弋",使厥友妻農,廼稟厥奴、厥小子。小大事毋有田。

徵字釋讀,從董說,訓爲招,"徵命"與卯簋蓋銘"呼命"同義。

弋字,學界多從楊樹達說,讀爲特,獨身無偶義,所以王發令使厥友妻農。楊說音理無誤,但下文"使厥友妻農,廼稟厥奴、厥小子"包含兩個動作,"毋俾農弋"只是其中之一。弋,不如讀爲忒。忒,从心,弋聲,故兩字通。《說文》認爲"忒,更也",段注認爲,凡人有過失改常謂之忒。《說文》又有"㥘"字,失常義。段注認爲此字爲淺人妄增,宜删。清王念孫《讀書雜誌》五之八"不貳"條中認爲,《管子》"動作不貳"之"貳"當爲"貳",不貳,不差也,或作忒,又作貸。[3] 筆者認爲,許慎使用音訓方式,用更義、代義解釋"忒"字,忒、代、貳、貸皆弋聲,諸字可通。從早期文獻例證來看,忒爲失常、差錯義,因此"毋俾農弋"是說不要讓農的生活失常、出現問題或差錯。

---

[1] 楊樹達:《農卣跋》,收入楊樹達《積微居金文說》,第106—107頁。陳夢家:《西周銅器斷代》,第343頁;張亞初:《解放後出土的若干西周銅器銘文的補釋》,文化部文物局古文獻研究室:《出土文獻研究》,文物出版社,1985年,第114—115頁;張經:《西周土地關係研究》,中國大百科全書出版社,2006年,第113頁。

[2] 董珊:《農卣新釋》,北京大學出土文獻研究所編:《青銅器與金文》第2輯,上海古籍出版社,2019年,第244—247頁;張程昊:《農卣銘文考釋》,《考古》2018年第12期;王進鋒:《從青銅器銘文看西周時期個人命運的轉變》,《社會科學》2021年第8期。

[3] (清)王念孫:《讀書雜誌》,江蘇古籍出版社,2000年,第478—479頁。

金文中友的職業屬性和來源,討論較爲成熟。唐蘭認爲友和僚都是助理官事者,但友的職位應略低於僚,常見的有太史友、內史友等。[1] 朱鳳瀚認爲"友"是對親族成員的稱謂。[2] 何景成進一步指出,"僚"是指擔任副職、負責輔佐正職的官員,而"友"是指一般的屬吏,這類屬吏在西周時期主要是由同族的兄弟充任。[3] 筆者認可其説,"厥"代指伯筍,厥友指伯筍的同族兄弟,"使厥友妻農"意爲王使伯筍同族兄弟的未婚女性親屬作爲農的妻子,商周時期,同姓不婚,那麽農與伯筍肯定不同族。

　　"廼稟厥奴、厥小子"。稟字,從楊説,給食義。厥,此處代指農。奴爲奴隸,厥奴,指農的奴隸。金文及早期文獻中的"小子"含義有點複雜,陳夢家認爲是公卿庶子,[4] 朱鳳瀚的看法更具體,指小宗宗子。[5] 在使用上,李學勤認爲,如係自稱,是表示謙卑;如稱他人,則是長上的口吻。[6] "厥小子"當指農家族内的小宗。該句主語爲王,承前省略,意爲王給食於農的奴隸,以及家族内的小宗。董珊認爲"厥"指伯筍,小子指與伯筍同族的小宗子弟,農爲"厥小子、大小吏(將"事"讀爲"吏")毋有田"之列,王進鋒認同其説。筆者認爲,作器者是農,核心内容圍繞農而展開,所以後文説到農"對揚王休寵",如董説,伯筍是銘文叙述中心,弱化了農的地位。且農與伯筍"厥友"女性親屬通婚,顯然與伯筍不同族,不太可能是伯筍"厥小子"之列。故不從董説。如果筆者所言不虚,農似爲王族小宗,甚得王的信任,所以王讓伯筍"厥友"妻農;農相對於"厥小子"而言,則爲大宗。

　　"大小事毋有田"。董氏將事讀爲吏,筆者如字讀。董氏將田如字讀,"毋有田"作"小子、大小吏"的後置定語,稍顯迂曲。筆者認爲,田,定母真部;顚,端母真部,定、端兩母,都是舌頭音,發音部位相同,韵部相同,兩字音韵極近。田,可讀爲顚。在早期文獻中,顚有隕義、敗義,《尚書》《左傳》《國語》《易經》《史記》皆有相關記載,見《故訓匯纂》該字條下所引。[7] 金文多有上級對下級做事的要求,或作器者自我做事結果評價的記載。一般使用如下幾個詞語: 1. 爽。散氏盤銘文云"余既付散氏田器,有爽,實余有散氏心賊"(《集成》10176)。爽,差也。有爽,有差錯。2. 差。王子午鼎銘文云"余不畏不差"(《集成》2811),義爲"我不畏懼責任,也沒有出現差錯"。3. 左。犾馭簋蓋銘文云"弗左"(《集成》9300),左與差通,義爲做事没有出現差錯。4. 尤。獻簋銘文云"楷伯于遘王,休,無尤"(《集成》4205)。麥方尊銘文云"候見于宗周,無逘"(《集成》6015)。逘,从辵,尤聲,與尤通。以前學界多認爲尤爲差錯

---

[1] 唐蘭:《西周青銅器銘文分代史徵》,上海古籍出版社,2016年,第325頁。
[2] 朱鳳瀚:《商周家族形態研究(增訂本)》,天津古籍出版社,2004年,第292—293頁。
[3] 何景成:《論西周王朝政府的僚友組織》,《南開學報(哲學社會科學版)》2008年第6期。
[4] 陳夢家:《西周銅器斷代》,第298頁。
[5] 朱鳳瀚:《商周家族形態研究》(增訂本),第310—314頁。
[6] 李學勤:《何尊新釋》,見李學勤《新出青銅器研究(增訂版)》,人民美術出版社,2016年,第38頁。
[7] 宗福邦、陳世鐃、蕭海波主編:《故訓匯纂》,商務印書館,2003年,第2504頁。

義,陳劍認爲西周金文中的尤、迖應隸定爲𢦏、𨒌,爲憂、病義。[1] 如此解釋,"無尤"應當是做事過程中不令人擔憂。"大小事毋有田"與前述表達類似,意爲大小事不要敗、出現差錯,這是王對農的告誡。同時,"大小事毋有田"與"毋俾農弋"呼應,再次強調王對農的重視。同一銘文内,爲避免詞語重複出現,有變換詞語、字形的情況,此點並不罕見。

　　總之,以上數句可翻譯爲:"王呼命伯㡰説'不要讓農的生活失常、出現問題或差錯',王使伯㡰同族兄弟的未婚女性親屬作爲農的妻子,又給食於農的奴隸,以及家族内的小宗。大小事不要敗、出現差錯。"農卣銘文似乎反映王族内大小宗關係,王和農血緣關係較近,農的地位比伯㡰還要高。

---

[1] 陳劍:《甲骨金文舊釋"尤"之字及相關諸字》,收入陳劍《甲骨金文考釋論集》,綫裝書局,2007 年,第 59—80 頁。

禽簋銘文補議二則*

田國勵**

禽簋銘文記述周初東征蓋(奄)侯史事,歷史意義重大,歷來受到不少關注,相關研究、討論極多,但仍有一些問題尚未達成一致意見。筆者擬就禽簋與禽鼎銘文、"𣄰"字釋讀兩個方面的問題做一些補充探討,草成劄記二則,以求教於方家。

一、禽簋與禽鼎銘文考辨

《三代吉金文存》[1](以下簡稱《三代》)同時著錄禽簋(6.50.1)與禽鼎(4.2.3)兩件器物。禽簋的收藏、著錄情況比較清晰,但禽鼎則不明,《殷周金文集成》[2](以下簡稱集成)未收,《三代》著錄外僅《貞松堂集古遺文》[3](以下簡稱《貞松》)有摹本。現將銘文列舉如下表1。

表1 禽簋與禽鼎銘文

禽 簋		禽 鼎
《三代》6.50.1	《三代》4.2.3	《貞松》3.18.1

---

* 本文爲國家社科基金重大項目"新修甲骨文字典"(20&ZD306)和國家社科基金青年項目"商周之際西土政治地理結構變遷與民族關係研究"(22CZS002)階段性成果。
** 四川大學歷史文化學院古文字與先秦史研究中心專職博士後。
[1] 羅振玉編:《三代吉金文存》,中華書局,1983年。
[2] 中國社會科學院考古研究所編:《殷周金文集成(修訂增補本)》,中華書局,2007年。
[3] 羅振玉著:《貞松堂集古遺文》,收入《羅雪堂合集》,西泠印社出版社,2004年。

禽簋原藏錢坫、劉喜海、王蘭谿,現藏中國國家博物館,其著錄情況在《商周青銅器銘文暨圖像集成》中有詳細的記錄。[1] 根據吳鎮烽先生的記錄,他在"貞松 3.18.1"與"國史金 2209"兩條著錄信息后都以括號標注"誤爲鼎",《中國國家博物館館藏文物研究叢書·青銅器卷》(西周)亦同。[2] 按,貞松 3.18.1 即上表所列舉的禽鼎摹本,國史金 2209 即王獻唐先生遺著《國史金石志稿》頁 2209 所著錄《周禽鼎》(459 號)銘文,與《三代》4.2.3 禽鼎銘文全同。[3] 雖然吳鎮烽先生未作具體説明,但顯然,他應該是認爲所謂禽鼎銘文就是禽簋銘文,在流傳著錄過程中,將禽簋誤爲禽鼎。劉青文先生亦持相同觀點,並分析認爲:"此禽鼎僅見於羅振玉《貞松堂集古遺文》,同時期各類金石著作未見,且鼎銘與簋銘全同,書體亦極似,疑此禽鼎即傳世禽簋,羅氏將簋誤記爲鼎。"[4] 劉先生僅將《國史金石志稿》之周禽鼎銘文收入其銘文版本 D 類,但《國史金石志稿》僅提示了《貞松》3.18.1 的著錄信息,故而他可能未注意到《三代》4.2.3 著錄之禽鼎。其實,將《貞松》3.18.1 摹本的臨寫字形特徵與兩種拓本一比較即可知道,臨摹的對象應該是禽鼎而非禽簋,如"㫃"字,摹本該字左半構件右下角缺筆(a),禽鼎銘文拓本同樣位置有一塊明顯非字形筆畫的斑點,而禽簋銘文該字此處完好;又禽簋該字上部的細微筆畫殘缺,摹本亦未摹出(b);如"王"字最下橫畫(c),摹本略向右延伸,顯然更接近禽鼎;如"寶"字所從貝旁上部(d),摹本呈尖角狀,與禽簋迥異。如下表 2 示。

表 2　摹本字形與禽鼎、禽簋銘文拓本比較示例

摹 本	禽 鼎	禽 簋
(㫃 a,b)	(㫃)	(㫃)
(王 c)	(王)	(王)
(寶 d)	(寶)	(寶)

---

[1] 吳鎮烽編著:《商周青銅器銘文暨圖像集成》第 10 卷,上海古籍出版社,2012 年,第 332 頁。《商周金文資料通鑒》1.2 版本中增加"《百年》(《中國國家博物館百年收藏集粹》)54 頁 22;《甲金粹》(《中國國家博物館典藏甲骨文金文集粹》)110 頁"兩條著錄信息。另外《中國國家博物館藏文物研究叢書·青銅器卷》(西周)亦收錄此器(第 68 號)。
[2] 中國國家博物館編:《中國國家博物館館藏文物研究叢書·青銅器卷》(西周),上海古籍出版社,2020 年,第 190 頁。
[3] 王獻唐:《國史金石志稿》,青島出版社,2004 年,第 2209 頁。
[4] 劉青文:《西周早期征東夷銅器銘文集釋及相關問題考略》,遼寧師範大學碩士學位論文,2020 年,第 31 頁。

這些結構上的差異應該也不太可能是拓印方式的不同而造成的,禽簋的諸多拓本和摹本也均未見到上述禽鼎的字形特徵。[1] 根據《貞松》3.18.1 的記錄,禽鼎是羅振玉"往歲見之都肆"。考羅振玉寓居北京時間不長,主要集中在光緒三十二年(1906)至宣統二年(1911)這五年間。據《俑廬日札》序言載:"予居京師三年(引者按:1906—1908),杜門不通干謁,曹務餘閒,頗得温習舊學,間與二三同好討論金石書畫以自遣。廠肆知予所好,每以吉金、古物、名迹、善本求售。顧以食指繁夥,俸入不能給朝夕,故所見不少而所得良嗇。然齋頭壁上往往留貤浹旬,是亦不啻我有矣。"[2] 推測羅氏見禽鼎於都肆即在此年間,趁着"留貤浹旬"的機會加以摹寫和拓印,從其摹本的還原度來看,他很有可能是見到了原器的。辛亥之後,羅氏離開北京,這樣的機會就很少了,據其《五十日夢痕録》:"骨董客某往在都時舊識也。爲予言自予出都後,凡發見之古物無過問者……請予入都一行。予實不忍重見國門,乃重謝之。"[3] 羅氏雖可能見過原器,但並不意味着禽鼎銘文就無問題,有學者即懷疑禽鼎銘文是仿刻的。容庚先生即在《商周彝器通考》"時代"一章列舉"約在成王時代器九十一"之"禽簋"條下説:"禽鼎文同,疑仿刻。"[4] 孫稚雛先生承師説進一步指出:"周公之周,下應從口,鼎銘刻作'⌣',疑仿簋銘僞刻。"[5] 從《貞松》3.18.1 禽鼎摹本來看,"周"字是从口的,僅從拓本可能看不出來,據此尚難論斷。不過容、孫二先生懷疑禽鼎銘文爲仿刻是很有可能的。首先,禽鼎與禽簋銘文字形、書體過於相似,甚至讓人誤以爲是一器,這就很不合常理。古代鑄器皆一范一器,即使是銘文全同的成套青銅器,其字形多少都會有些差別,不可能做到完全一致。其次,禽鼎銘文模糊,字體筆畫多粗細不均,字口常有斑點狀的崩壞,如▨、▨、▨諸字尤爲明顯。根據王沛姬先生的研究,"民國以來,作僞技術提高,僞器多直接從真器物上翻砂,與真器相比大多比較粗糙",這類直接仿造的銘文,除少數比較好的(文簋、日本藏夲甲盤)之外,往往"字口崩茬比較明顯"。[6] 唐際根先生在爲王沛姬先生《真假銘文》一書做的序言中進一步指出:"經驗告訴我們,假器的銘文和紋飾通常都模糊不清……説到底,紋飾和字口模糊的原因在於作僞者未能真正掌握商周時期的范土處理技術。"[7] 最後,禽鼎銘文三個"禽"字所從"今"聲寫法不一暴露出問題。參照摹本來看,禽鼎第一個"禽"字

---

[1] 劉青文的論文中將禽簋銘文各拓本、摹本收錄較全,可參看。劉青文:《西周早期征東夷銅器銘文集釋及相關問題考略》,第28—30頁。

[2] 羅振玉:《俑廬日札》,收入《羅雪堂合集》,西泠印社出版社,2004年,第1a頁。

[3] 羅振玉:《五十日夢痕録》,收入《羅雪堂合集》,第19a、b頁。

[4] 容庚:《商周彝器通考》,上海人民出版社,2008年,第33頁。

[5] 孫稚雛:《三代吉金文存辨正》,收入羅振玉編:《三代吉金文存》,中華書局,1983年,第23頁。

[6] 王沛姬:《真假銘文——商周青銅器銘文辨僞》,中國社會科學院出版社,2022年,第84—88、91—96頁。

[7] 唐際根:《真假銘文——商周青銅器銘文辨僞·序二》,收入王沛姬:《真假銘文——商周青銅器銘文辨僞》,第6頁。

"今"聲無短橫,其餘兩"禽"字都有;禽簋銘文三個禽字"今"聲短橫皆具,但第一個"禽"字的短橫尤爲細微難辨。筆者推測,這可能是作僞者不明禽從今聲,亦未見原器,而僅根據拓本仿刻而造成的。禽鼎原器下落不明,真僞與否尚難遽定,但基於上述疑點,筆者認爲容庚先生的懷疑不無道理,禽鼎銘文仿造的可能性很大,不是可靠的研究材料,《集成》未收,不知是否亦因此之故。

二、"𢽦"字補説

關於"𢽦"字的考釋大致有五種意見。

1. 釋攺。郭沫若先生隸定,然未考釋。[1] 葉正渤先生認爲:"攺,從頤省,從攴,《説文》所無,當是祝的一種形式。"[2]

2. 釋殷。吳闓生先生云:"殷祝,猶云殷祭。殷者,盛也。"[3] 柯昌濟先生同。[4]

3. 釋敵。唐蘭先生釋,認爲即《説文》"𣪊"字,讀爲角抵、角力之角,角祇意爲驅除強鬼。[5] 尹盛平先生説同。[6]

4. 釋敐。陳夢家先生隸敐,未釋。[7] 馬承源先生認爲:"從攴辰聲。辰字形和臣辰父乙鼎、臣辰父癸鼎及臣辰父辛尊等銘文的辰字相似。假借爲裖或脤(引者按:原作"脹"或係印錯,徑改作"脤"),即盛肉之祭器。《左傳·閔公二年》'受脤於社',孔穎達《疏》'出兵必祭社……今言受脤於社,明是祭社之肉盛以脤器'。銘辭爲伐奄侯用兵而以脤器祝之,正與用兵之社的習尚相合。"[8] 陳秉新、李立芳先生認爲當讀爲"振","《周禮·春官·大祝》'辨九祭',其五爲'振祭',杜子春云:'振祭,振讀爲慎,禮家讀振爲振旅之振。'此銘言周王伐蓋之前,伯禽佑振祝……禽佑振祝,是説伯禽在助祭時宣讀祝辭。"[9]

5. 釋啟、攺。謝明文先生援引禽鼎"𢽦"字,論證𢽦、𢽦左邊並非"辰"字,而應是 ▨(《合集》[10]34966)、▨(《合集》35108)一類甲骨文"肩"字初文演變而來。根據甲骨、金文

---

[1] 郭沫若:《兩周金文辭大系圖録考釋》,收入《郭沫若全集·考古編》第8卷,科學出版社,2002年,第40頁。
[2] 葉正渤:《武成時期銅器銘文與語言研究》,花木蘭文化事業有限公司,2019年,第48頁。
[3] 吳闓生:《吉金文録》,萬有圖書公司據1934年南宮邢氏刻本影印,1968年,第147頁。
[4] 柯昌濟:《韡華閣集古録跋尾》,收入劉慶柱、段志洪、馮時:《金文文獻集成》第25冊,綫裝書局據1935年餘園叢刻鉛字本影印,2005年,第141頁。
[5] 唐蘭:《西周青銅器銘文分代史徵》,上海古籍出版社,2016年,第37頁。
[6] 尹盛平:《西周史徵》,陝西師範大學出版社,2004年,第86頁。
[7] 陳夢家:《西周銅器斷代》(上冊),中華書局,2004年,第28頁。
[8] 馬承源主編:《商周青銅器銘文選》第3卷,文物出版社,1988年,第18頁。
[9] 陳秉新、李立芳:《出土夷族史料輯考》,安徽大學出版社,2005年,第128頁。
[10] 郭沫若主編,胡厚宣總編輯:《甲骨文合集(十三冊)》,中華書局,1979—1982年。簡稱《合集》。

文中"⺈(肩)""囟"互用之例,謝先生進一步認爲 ![字] 、![字] 左旁也可能即"兆"的初文"囟"省去"卜"形的變體,該字應從"攴"從"囟"省聲,在銘文中讀爲"肇",訓爲敏,作"祝"的修飾語。[1] 李春桃先生贊同此釋讀。[2] 黄錦前先生也認爲該字應分析爲從囟從攴,即"繇(繇)"字,指占卜的文辭。[3] 湯志彪先生則主張"⺈(肩)""囟"互用非普遍規律,該字應釋作從肩從攴的敯字,讀如"肩",表示勝任之義。[4]

上述諸説前三種敃、殷、敏之字形與"![字]"字左旁差異明顯,故信從者不多。目前采信較多的是第4、5兩種釋讀,兩者差異的關鍵即在於對"![字]"字左旁構形的認識。謝明文先生認爲"![字]"形與"辰"不類,並援引禽鼎![字]字爲證。我們在前節已經討論,禽鼎銘文仿刻嫌疑很大,並非可靠材料,因此![字]字也不能作爲可靠的材料進行研究。那麼"![字]"能否釋爲"肩"字初文呢?從形體特徵上看,二者可能還存在一些距離。首先,甲骨文中的"肩"字都很好地保留了骨臼突出部分的特徵。[5] 即便如謝明文先生所舉的、兩形,其上部象徵骨臼的凸出筆畫都未曾省略,這與"![字]"上部光滑完整的形態是不相符的。其次,"![字]"形細窄的特徵也與"肩"形下部寬大的特徵不符。試看如下金文中與"肩"同源的"囟"形:

![字] (明公簋,《集成》04029)

![字] (晋侯斯簋,《新收》[6]0865)   ![字] (晋侯斯簋,《新收》0866)

![字] (晋侯斯簋,《新收》0867)   ![字] (晋侯斯壺,《新收》0869)

"斯"字經周亞先生考證,左半爲"囟"形,當無疑問。[7] 這些"囟"字所從"肩"形特徵基本一致,下部凸出呈現肩胛骨骨面寬大的特徵,且底部筆畫圓潤象徵骨面底部弧形特徵,與"![字]"尖

---

[1] 謝明文:《金文"肇"字補説》,收入氏著:《商周文字論集》,上海古籍出版社,2017年,第278—280頁。
[2] 李春桃:《"肇"字構形蠡測》,《紀念于省吾先生誕辰120周年、姚孝遂先生誕辰90周年學術研討會論文集》,吉林大學,2016年,第287—295頁。
[3] 黄錦前:《説"繇功"》,《文物春秋》2019年第5期,第21—25頁。
[4] 湯志彪:《禽簋銘文剩議》,《第二届古文字與出土文獻青年學者西湖論壇論文集》,中國美術學院,2023年,第96—99頁。
[5] 可參考李宗焜編著:《甲骨文字編》,中華書局,2012年,第842—845頁。
[6] 鍾柏生、陳昭容、黄銘崇、袁國華編:《新收殷周青銅器銘文暨器影彙編》,藝文印書館,2006年。簡稱《新出》。
[7] 周亞:《館藏晋侯青銅器概論》,《上海博物館集刊》第7期,上海書畫出版社,1996年,第34—44頁。

銳底部有明顯區別。何景成先生曾舉敔簋（《集成》04323）"䏌"字,認爲其左半象"肩"字。[1] 即便敔簋銘文摹本無誤,我們仍能看到"肩"形上部象徵骨臼的凸出筆畫,這與甲骨文"肩"字特徵相同,但與"辰"形迥異。因此,要從字形上聯繫"辰"與"肩",似乎還存在着不少缺環。

馬承源釋"辰"爲辰舉了 、及 幾個例子。關於辰字的構形,徐中舒先生曾有精闢的分析：

> 商代以蜃（蛤蚌屬）殼爲鎌即蚌鎌,其制於蚌鎌背部穿二孔附繩索縛於拇指,用以掐斷禾穗。甲骨文辰字正象縛蚌鎌於指之形。「象蚌鎌,本應爲圓弧形,作方折形者乃刀筆契刻之故；𢆶象以繩縛於手指之形。故辰之本義爲蚌鎌,其得名乃由蜃,後世遂更因辰作蜃字。[2]

甲骨文中亦有比較象形的"辰"字寫法,如 、,就比較接近徐中舒先生所説的"蚌鎌"形（具體應用中材質可能不僅限於蛤蚌）。商末周初的金文中, ![]、![]諸形顯然是繼承了這類手持蚌鎌的較爲原始的"辰"字形態。其所持蚌鎌之"蜃"亦可以 ![]這樣的獨體來表示"辰"字。類似的例子如 、。這些"蜃"形整體上可以説與"辰"比較接近了,差異比較明顯的是底部,"辰"底部閉合,呈現出尖鋭狀的特殊形態。旟鼎（《集成》02670）有一辰字作：

![] ～在乙卯

該辰字所從蜃形"![]"底部亦呈閉合的尖鋭狀,與"辰"形相似,可證西周金文中並非沒有此類構形。綜上,將"辰"釋爲"蜃"之初文從字形上來看要比釋"肩"更契合一些。禽簋的"![]"字應釋作敶。如徐中舒先生所説,或許"蜃"被廣泛地用於農業生産,其原形被打磨成適宜使用的形態,故而於字形上呈現出 ![]、![]這類彎曲的鎌或 ![]、![]這類平直的刀形態,但其蜃殼紋路作爲特徵還是保留了下來。

---

[1] 何景成：《釋"花東"卜辭的"所"》,中國古文字研究會、吉林大學古文字研究室：《古文字研究》第27輯,中華書局,2008年,第123頁。

[2] 徐中舒主編：《甲骨文字典》,四川辭書出版社,2014年,第1590頁。

[3] 董作賓：《殷虚文字甲編》,《中國考古報告集之二·小屯》（第二本）,"中研院"歷史語言研究所,1976年。簡稱《甲編》。

筆者雖不同意謝明文先生釋啟、敁讀肇之説，但他對"敁"的詞性分析是非常正確的：

> 禽簋前言"禽祝"，又緊接着言"禽又（有）敁祝，王賜金百爰"，很顯然，"敁祝"强調的應該是一種狀態或結果，並不能像《銘文選》那樣把"敁"理解爲致祭的憑借或工具。[1]

讀振或脤無法將銘文講通，而陳秉新、李立芳先生引《周禮·春官·大祝》"振祭"下，鄭玄引杜子春注"振讀爲慎"的材料值得注意。筆者認爲禽簋中的"敁"或許也當讀作"慎"。辰字上古音爲禪母文部字，慎爲禪母真部字，中古音都是開口三等字。[2] 兩字聲母相同，韵部略異，但文、真兩部較近，辰、真亦多諧聲相通之例，如"譅"字，《説文》"一曰讀若振"；[3]《周禮·夏官·大司馬職》"大獸公之、小禽私之"條下，鄭玄注："慎讀爲麎。"[4] 王引之亦將《詩經·秦風·駟驖》"奉時辰牡"之"辰"讀爲"慎"。[5] 將"敁"讀爲"慎"從古音上來説應該是可行的。慎，《説文·心部》"謹也"，《爾雅·釋詁》"誠也""信也"。[6] 此外，"慎"在古漢語中常與"敬"聯繫在一起，如《詩經·大雅·抑》"敬慎威儀，維民之則""慎爾出話，敬爾威儀"；[7]《禮記·儒行》"敬慎者，仁之地也"；[8]《禮記·昏義》"敬慎、重正，而後親之"；[9]《管子·内業》"敬慎無忒，日新其德"。[10]"敬"一般多指儀容舉止，"慎"一般指向言説話語，但二者的涵義是相通的。祭祀自然要秉持敬慎的態度，《墨子·明鬼下》"今絜爲酒醴粢盛，以敬慎祭祀"，[11]而向神明祝禱亦當敬慎其辭，《國語·楚語下》"虔其宗祝，道其順辭"，[12]《爾雅·釋詁》"劼、虔，固也"，《説文·力部》"劼，慎也"，[13]邵晋涵《爾雅正義》云："虔者，

---

[1] 謝明文：《金文"肇"字補説》，收入氏著：《商周文字論集》，第279頁。
[2] 郭錫良：《漢字古音表稿專輯》，華學誠主編：《文獻語言學》第8輯，中華書局，2018年，第110、130頁。
[3] 許慎撰，徐鉉校定：《説文解字》卷3上《言部》，中華書局，2013年，第51頁上欄。
[4] 鄭玄注，賈公彥疏：《周禮注疏》卷29《大司馬職》，阮元校刻：《十三經注疏》，中華書局影印，1980年，第839頁上欄。
[5] 王引之：《經義述聞》，上海古籍出版社，2016年，第319頁。
[6] 許慎撰，徐鉉校定：《説文解字》卷3上《言部》，第216頁下欄；周祖謨撰：《爾雅校箋》卷一《釋詁》，江蘇教育出版社，第6頁。
[7] 鄭玄箋，孔穎達疏：《毛詩正義》卷18之1《抑》，阮元校刻：《十三經注疏》，第554頁下欄、555頁中欄。
[8] 鄭玄注，孔穎達疏：《禮記》卷59《儒行》，阮元校刻：《十三經注疏》，第1671頁中欄。
[9] 鄭玄注，孔穎達疏：《禮記》卷60《昏義》，阮元校刻：《十三經注疏》，第1680頁中欄。
[10] 黎翔鳳撰，梁運華整理：《管子校注》卷16《内業》，中華書局，2004年，第939頁。
[11] 孫詒讓撰，孫啓治點校：《墨子閒詁》卷8《明鬼下》，中華書局，2001年，第249頁。
[12] 徐元誥撰，王樹民、沈長雲點校：《國語集解》，中華書局，2002年，第519頁。
[13] 周祖謨撰：《爾雅校箋》卷1《釋詁》，第10頁；許慎撰，徐鉉校定：《説文解字》卷13下《力部》，第293頁下欄。

《殷武》《毛傳》云:'虔,敬也。'與劼、慎義同。"[1]"虔""慎"在"敬"的義項上是相同的。因此,禽簋的"䇂(啟)祝"讀爲"慎祝","慎"作爲"祝"的修飾語,可以理解爲"恭敬謹慎的祝禱"。

---

[1] 邵晋涵:《爾雅正義》卷1《釋詁上》,中華書局,2017年,第74頁。

西周金文及《尚書》所見"叡"字新探

謝忠晟*

一、由大保簋的釋讀談起

清代出土梁山七器中的大保簋現藏美國華盛頓,歷來學者對其時代及銘文大意沒有太多異議,均認可其乃成王時器,記載成王伐录子耶後,賜大保奭土地之事,其銘文如下:[1]

> 王伐录子耶,叡厥反。王降征命于大保,大保克敬亡譴。王衍大保,錫休余土。用茲彝對命。　　　　　　　　　　　　　　　　　　　　（《集成》4140）

首行"王伐录子耶叡厥反"應如何斷讀,過往曾引起學者們的討論。今學者普遍認同"耶"當屬上讀爲录子之名,其身份即紂王之子武庚禄父,"耶"是武庚禄父的名。[2] 諸家釋文大都將"叡厥反"拆分開來,視叡爲歎詞或句首語氣詞,單獨點斷爲"叡!厥反",如楊樹達、馬承源等。[3] 唐蘭在《西周青銅器銘文分代史徵》(以下簡稱《史徵》)中未加點斷,但實際上也贊成"叡"是一近於"嗟"的歎詞。[4] 郭沫若《大系》中未點斷且無説,不過其在縣改簋、录戜卣考釋中均將未點斷的"叡"説明爲發語詞,以爲與"都"相同,其對大保簋的"叡"應亦持發語詞説。[5]

---

* 臺灣政治大學中國文學系博士研究生兼任講師。

[1] 爲節約篇幅,本文所引出土文獻釋文一般采寬式隸定;文中引用古文字著錄,一律采學界常用簡稱,如《殷周金文集成》——"《集成》"等,不特隨文出注出版項及頁數。

[2] 對銘文斷句與录子耶身份的討論,可以參看楊樹達:《積微居金文説》,湖南教育出版社,2007年,第82頁;貝塚茂樹:《殷末周初の東方經略に就いて—特に山東省壽張縣梁山出土の銅器銘文を通じて(下)》,《東方學報(京都)》,第十一册第二分,1940年7月;白川静:《金文通釋》卷一,東京:白鶴美術館,1976年,第59—62頁;郭沫若:《兩周金文辭大系圖錄考釋》,《郭沫若全集·考古編》第8卷,科學出版社,2002年,第72頁;李學勤:《紂子武庚禄父與大保簋》,宋鎮豪主編:《甲骨文與殷商史》新二輯,上海古籍出版社,2011年,第2頁。

[3] 參見楊樹達:《積微居金文説》,第82頁;馬承源主編:《商周青銅器銘文選》第3卷,文物出版社,1990年,第24頁。

[4] 《史徵》:"叡與且通,發語詞。"在廣義的定義中,"發語詞"即句首語氣詞。雖然與歎詞有區別,但總體上釋讀路數是一致的。參見唐蘭:《西周青銅器銘文分代史徵》,上海古籍出版社,2016年,第74頁。

[5] 參見郭沫若:《兩周金文辭大系圖錄考釋》,《郭沫若全集·考古編》第8卷,第142、151頁。

將金文中的"叡"視爲歎詞或句首語氣詞的説法以楊樹達爲代表。[1] 他在《大保簋跋》中認爲"叡,歎詞,厥爲代詞,指录子,反即叛也。《小臣謎》云:'叡! 東夷大反。'《录䇂卣》云:'王命䇂曰:叡! 淮夷敢伐内國!'事例與此並同也"。[2] 在《縣改簋跋》中,他較具體地討論了這一問題:

> 叡字自阮元釋爲徂,孫詒讓、劉心源、吴闓生、于省吾皆從其説,吴及郭沫若並以爲發語詞。按此字金文屢見,恒用於句首……據文求義,叡蓋即經傳歎詞之嗟字也。《爾雅》《釋詁》云:"嗟,咨,蹉也。"《郭注》云:"今河北人云蹉歎,音㑳㝢。"按嗟蹉字同,並从差聲,古韵屬歌部。郭謂河北人讀蹉如㝢者,明其不讀歌部音而讀模部音也。《廣韵》㝢嗟二字同子邪切,並在九麻,與郭説合。叡《玉篇》音側家切,亦讀麻部音。據此,知叡嗟音同,可以瞭然於經傳作嗟,彝銘作叡之故矣。[3]

楊樹達等人注意到叡字金文中多用在句首,認爲應解釋爲發語詞或歎詞,進而在聲韵上將"叡"與"嗟"聯繫在一起,這一看法得到十分廣泛的認同,至今仍是學界的主流觀點。[4] 不過,李學勤曾經對大保簋銘文中"叡"的讀法提出質疑,他注意到銘文並非是王所説出口的話,而只是陳述事實,"句前並無'王曰''王若曰'等語,這裏怎麼會用'嗟'這樣表示語氣的感歎詞呢?"因此,他認爲不應當將其看作歎詞或發語詞。李學勤所提出的此一檢證原則極具啓發性,並不記録口述語言的大保簋銘文中出現作爲口語標誌的歎詞或發語詞是十分突兀的,不過其説並未得到足够重視。[5] 我們認爲,"叡"字在此處的確切涵義與語法作用都值得進一步省思,本文試圖探究這個問題,首先要回到大保簋的上下文中,揣度"叡"的最佳讀法。

在過往研究中,各家對"叡厥反"不同的釋讀源自他們對銘文叙事不同的理解。楊樹達將銘文的語序與事情的發生順序視爲一體,認爲先發生王伐录子一事,後出現反叛事件,再有大保"征令"一事,認爲"叡厥反"所記録的反叛周室一事,與銘文中王的征伐是兩次的攻伐,斷讀作"王伐录子,聖。叡! 厥反,王降征令于大保……";[6] 唐蘭則認爲只存在一次攻

---

[1] 柯昌濟《韡華閣集古録跋尾》是最早將王孫鐘與小臣謎簋中的"叡"字與"嗟"相聯繫的。參見柯昌濟:《韡華閣集古録跋尾》,崇基書店,1968年,第17頁。
[2] 參見楊樹達:《積微居金文説》,第82頁。
[3] 同前注,第2頁。
[4] 可參看武振玉:《兩周金文詞類研究(虛詞篇)》,吉林大學博士學位論文,2006年,第235—238頁。
[5] 參見李學勤:《紂子武庚禄父與大保簋》,第3頁。
[6] 參見楊樹達:《積微居金文説》,第82頁。

伐,改訓"反"作"返",意謂王攻伐录子耶,歸來後,降下征令給大保奭。[1] 將"反"訓作返回,於文意可通,但仍有不夠密合之處。劉桓便曾指出,若依唐蘭之釋,"反"訓返回,那麼"厥"作爲代詞,指代的即是王,短短三句之間,王伐——厥(王)反——王降,句意繞口,主詞重複紛亂,因此"厥"應當指代录子耶,"反"只能訓爲叛。劉桓進而在文中試圖將"叡厥反"與下文聯繫起來,認爲"叡"作爲一感歎詞,發端起後續"追述"性質的銘文,以爲文意作"唉!當日录子耶反叛之時,周王下了征討之令給太保",劉桓仍舊將"叡"視作歎詞,但處理文意的方法與楊樹達等人是不同的。[2] 就文意及句法言,劉桓將"反"訓爲叛的讀法比較恰當。

"叡"通作"徂",是清代小學家已經提出並爲大家所熟知的一則訓詁案例。有一系學者便循此將大保簋中的"叡"通作"徂",訓爲"往"或"昔",看作是一種時間詞,以容庚等爲代表。[3] 其說脈絡,乃聯繫到"徂"字在經學上的舊說——即《詩經》《尚書》中的"徂"字,過往經說多訓作"往"。[4] 依此,可將大保簋銘文解釋爲"之前录子耶反叛的時候,王降下征令給大保奭"。這一讀法實際上與劉桓的"追述"說相近。李學勤起初亦頗采信將"徂"訓爲"往"的舊說,不過後來他在《䣄子武庚禄父與大保簋》文中,改將《費誓》中的"徂"與大保簋中的"叡"都看作語詞。[5]

劉桓將"反"訓作叛,以爲"叡厥反"所指的就是前面"王伐录子耶"這一軍事事件的起緣,這是很有道理的。不過"追述"一說則難通,因爲"反(叛)"是這件軍事行動背後的原因,而非一個確切的時間點,若從劉桓等說爲"追述"語氣,則似當作"叡厥方反"或"初",文意才更貼合。另外,在"追述"語境下訓"叡"爲"往昔",放回容、徐二氏所舉的其他相關銘文如小臣謎簋等器中,實際上是說不通順的,說詳下文。我們細品銘文上下文文意、語氣,認爲較之"追述",更宜說這種語氣是一種"補述","叡厥反"向前補述王所以要征伐的原因。它並不開啓新的一句,而是"王伐录子耶"語意的延續,"王伐录子耶,叡厥反"其實就是一"先果後因"的因果複句,"王伐录子耶"是結果分句,"叡厥反"是原因分句。若用現代標點符號來表示,即"王伐录子耶,叡厥反。王降征令于大保……"。

在"先果後因"的這類因果複句之中,"叡"應該被視爲一個虛詞,並且於此有連接上下文的功能,承擔補述因果的句意,提示因果語氣。張振林曾簡要提出,"叡"字可讀爲"且",在銘文中"取決於文本的語境和上下文之關係……引出事情的原因,若用衆所周知的標原因的連

---

[1] 參見唐蘭:《西周青銅器銘文分代史徵》,第74頁。
[2] 參見劉桓:《釋甲骨文衒字兼說大保簋的考釋》,中國古文字研究會、安徽大學古文字研究室編:《古文字研究》第23輯,中華書局,2002年,第18頁。
[3] 參見李圃主編:《古文字詁林》,上海教育出版社,2000年,第409—413頁。
[4] 相關經解整理,參見宗福邦、陳世鐃、蕭海波主編:《故訓匯纂》,商務印書館,2003年,第742—743頁。
[5] 參見李學勤:《岐山董家村訓匜考釋》,吉林大學古文字研究室編:《古文字研究》第1輯,中華書局,1979年,第151頁;李學勤:《䣄子武庚禄父與大保簋》,第3頁;于省吾:《雙劍誃尚書新證》,中華書局,2009年,第301頁。

接詞'以'來代換'肆',其句子結構和意義完全一致",並舉包括大保簋在內的若干條銘文例證。[1] 張振林的這一意見很有見地,可惜並未受到學界的重視,"肆"應是用在因果複句中的因果連詞。大保簋銘文可以理解爲"成王攻伐录子叴,是因爲他反叛了",此句句意完足,已不必延續至王召集大保奭前來。依是解,則整體銘文在主語上的省略與否,比起楊樹達、劉桓、容庚、李學勤等人的解釋都更爲疏通。

最後,我們試圖按照本文的理解,依文序通讀大保簋銘文:成王攻伐录子叴,是因爲他反叛了。[2] 成王徵召、命令大保奭(某項任務),大保奭恭敬從事沒有過失。成王因大保奭有功而喜樂,[3] 賜予他余土。大保奭作此器來答謝王命。

二、西周金文中用作因果連詞的"肆"字

我們嘗試將大保簋銘文中的"肆"字解釋爲因果連詞,首先應考慮的是這一讀法有無其他例證支撐。"肆"字在西周金文出現的次數不少,除用作人名、族氏名外,以出現在句首爲主。根據我們的整理,那些用在句首的"肆"字,一律都出現在因果複句的原因分句中,以下將各種例子引出並加以說解。

與大保簋相同,"肆"與第三人稱代詞"厥"連用的例子共有兩見,其一爲現藏北京故宮博物院的師旂鼎,鼎銘作:

……懋父令曰:義(宜)播,肆厥不從厥右征。今毋播,其有納于師旂……

(《集成》2809)

師旂鼎中記載旂屬下衆僕抗命不戰,師旂交由伯懋父裁決一事。在上引銘文中,若將"肆"看作發語詞或歎詞,讀爲"宜播。肆!厥不從厥右征",將"應該放逐"與"他們不跟從他們的右軍征伐"二句割裂開來,文句古怪;而若將"肆"看作"昔""往",亦不甚確。在懋父的判詞中,"厥不從厥右征"正是"衆僕"現在背負的過錯、罪行,而非昔日的往事。[4] 同時,西周銘文中部分法律裁示文書的格式往往先言本事,再以"今……"展開判決結果。如師旂鼎以及下

---

[1] 參見張振林:《師旂鼎銘文講疏》,《張振林學術文集》,中山大學出版社,2019年,第346—348頁。

[2] 必須要說明的是,《商周青銅器銘文選》(以下簡稱《銘文選》)在大保簋的注釋中曾提出:"厥反,指录子聖之反叛。此爲補語,補充説明上句王伐的原因",與本文之意見相合。不過《銘文選》仍然認爲"肆"是"嗟"這樣的歎詞,與本文有別。參見馬承源主編:《商周青銅器銘文選》第3卷,第24頁。

[3] 從裘錫圭釋,參見裘錫圭:《釋"衍"、"侃"》,《裘錫圭學術文集》第1卷,復旦大學出版社,2015年,第378—386頁。

[4] 唐蘭另外又提出此處"肆"通"且","與若字和如字同義",將銘文理解爲"依法應該放逐像這些不跟右軍一起出征的人",說較迂曲。見唐蘭:《西周青銅器銘文分代史徵》,第324頁。

文將提及的敔伯豐鼎、𠑇匜等銘文俱如是。然而細辨師旂鼎銘文，與"今毋播"相對的並非"叡厥不從厥右征"而是"宜播"，"叡"之詞義不可能與"今"相對。

如將"叡"改看作因果連詞，讀爲"依軍法應當放逐（他們），因爲他們不跟着他們的右軍出征"，則文意曉暢。《銘文選》的釋文將此段銘文斷爲"叡！厥不從厥右征"，並注曰"他們不從其尊長出征，是上句'宜播'的補語，説明僕衆應予流放的原因"，[1]《銘文選》實際上已經把握住了文意，然而却没能發覺其所錯釋爲"叡"的"叡"字具因果連詞的性質。而張振林在《師旂鼎銘文講疏》一文中，準確提出了"'義敝'是應得的結果，而'叡'引出事情的原因"這一看法，並且也將"叡"指爲因果連詞。[2]

其二爲1975年出土的九年衛鼎，鼎銘有如下一句：

……廼舍裘衛林𣊲里。<u>叡厥</u>佳顏林，我舍顏陳大馬兩……　　　　（《集成》2831）

九年衛鼎銘文從周王賜物開始，嚴謹而完整地記錄了這一物品、土地轉讓事迹，其中並無"衛曰""我曰"這樣的口吻，上述引文中"叡"顯非發語詞或歎詞，不可能讀爲"叡！厥佳顏林"。而這一交易一環扣一環，亦無"追述"可能。它記載了貴族矩由裘衛手中索取了一批車馬器後，作爲交換，把"林𣊲里"交給了裘衛。不過，"<u>因爲</u>'林𣊲里'本屬顏氏，（所以）我又再送給顏陳大馬兩匹……作爲交換"，其清楚記錄了矩、裘衛、顏氏多方交易、互相補償、物品流動的過程，在這樣明晰的記録中，"叡"字明顯是用爲因果連詞的，"厥"指代"林𣊲里"。因此，幾種舊説在此都不如改讀作因果連詞要好。[3]

"叡"字後也可以省略主語，現藏中國國家博物館的著名傳世重器大盂鼎，其上銘文有如下一段：

……在雩御事，<u>叡</u>酒無敢酖，有祡烝祀無敢醻，故天翼臨子，法保先王，□有四方。我聞殷墜令，唯殷邊侯、甸雩殷正百辟，率肆于酒，故喪師巳……（《集成》2837）

大盂鼎中的"叡"，舊説亦爲歎詞或發語詞，[4]另有唐蘭《史徵》認爲："叡通且，《戰國策·秦

---

[1] 參見馬承源主編：《商周青銅器銘文選》第3卷，第60頁。
[2] 參見張振林：《師旂鼎銘文講疏》，第346—348頁。
[3] 看校補記：新出版的《金文與西周文獻合證》中，李學勤以九年衛鼎"叡"讀爲"徂"，義爲"過去"，"厥"指代"這片林"，"叡厥惟顏林"即"這以前是屬於顏氏的林"，李學勤在此支持的是將叡看作時間詞的看法。見李學勤：《金文與西周金文合證》，清華大學出版社，2023年，第897頁。
[4] 如《銘文選》即點斷作"叡！"，參見馬承源主編：《商周青銅器銘文選》第3卷，第38頁；楊樹達：《積微居金文説》，第49—50頁。

策》注:'且,將也。'"[1]李學勤以爲讀爲"且"訓作"其",大概是視爲代詞。[2] 其實,此處的"叚"雖屬於"王若曰:'盂……'"以降之話語,不過"酒無敢酖……"的主詞當爲"御事",文意與"在于御事"是斷不開的,讀爲句首語氣詞或歎詞都不正確。此處的"叚"也應讀爲因果連詞,其恰與下文"故"組成一對虛詞,意謂"……因爲(御事)不敢酖樂於酒,在燎祭、烝祭等祭祀中不敢因醉酒而擾亂生事,所以天才會臨先王而子之,大保先王……"。[3]

值得注意的是,銘文下一句"唯殷邊侯、甸雩殷正百辟,率肆于酒,故喪師巳",同樣是因果複句結構,意謂"因爲殷的官員飲酒怠工,所以才會戰敗失去軍隊","唯"與"故"的組合同見於班簋(《集成》4341)。相接的兩句因果複句使用不同的一對因果連詞,類似情況如禹鼎(《集成》2833)銘文:"用天降大喪于下國,亦唯鄂侯馭方率南淮夷、東夷,廣伐南國、東國,至于歷内。王迺命西六師、殷八師",前句上天降下災禍、鄂侯馭方的軍事行動,是王之所以派遣西六師、殷八師出征的兩個原因,分別使用了"用"與"唯"兩個不同的連詞,這與大盂鼎的情況是相似的。[4]

與大盂鼎的情況相類似的,還有現藏比利時皇家藝術博物館的它簋簋蓋,其蓋内有銘文:

…休凡公克成綏▨(胡)[5]考,以于顯顯受命。烏虖!唯考取(捷),叉(蚤)念自先王先公,廼妹克卒告剌成功。叚胡考克淵克,乃沈子其顧懷,多公能福。烏虖!乃沈子……
(《集成》4330)

它簋銘文目前仍有較多艱澀難通之處,董珊近年對其有較全面之研究成果,他將這段解釋爲"(首先是)美好的凡公能成功安撫胡考,以至胡考去顯盛地受命。(然後是)先公先王欣賞胡

---

[1] 參見唐蘭:《西周青銅器分代史徵》,第 185 頁。
[2] 參見李學勤:《大盂鼎新論》,《鄭州大學學報(哲學社會科學版)》1985 年第 3 期,頁 51;李學勤:《青銅器與古代史》,聯經出版社,2005 年,第 229 頁。
[3] 此句斷讀、訓釋舊有不同意見,如唐蘭以爲"子"爲"天子"之意,于省吾以爲"子"當讀爲"慈",李學勤則以爲當讀爲"故天異臨,子法保先王","子"爲代詞,指代"盂"。問題的癥結點,在於"異"字舊説均讀作翼。今從裘錫圭説,"異"當讀爲近於"唯"的虛詞,"臨子""法保"是一組並列的謂語,主語都是"天"。參見唐蘭:《西周青銅器銘文分代史徵》,第 186 頁;于省吾:《澤螺居詩經新證》,中華書局,2003 年,第 104—105 頁;李學勤:《大盂鼎新論》,第 52 頁;裘錫圭:《卜辭"異"字和詩書裏的"式"字》,《裘錫圭學術文集》第 1 卷,第 217 頁;謝明文曾將大盂鼎"臨"字訓爲護視,參見謝明文:《說"臨"》,《商周文字論集》,上海古籍出版社,2019 年,第 33 頁。
[4] 可參武振玉:《兩周金文詞類研究(虛詞篇)》,第 230—231 頁;潘玉坤:《西周金文語序研究》,華東師範大學出版社,2005 年,第 153—154 頁;梁華榮《西周金文虛詞研究》中亦提到了"叚"可以用爲偏正複句連詞,表原因,並舉了師旂鼎及大盂鼎文句爲例,與本文立場一致,但他在同頁的另一處又將大盂鼎的"叚"當作"並列複句連詞",認爲銘文上下文是並列關係。參見梁華榮:《西周金文虛詞研究》,四川大學博士學位論文,2005 年,第 36—38 頁。
[5] 謝明文:《商代金文研究》,中西書局,2022 年,第 128—129 頁。

考秉性敏捷,(若非上述原因),則不能成功受命而告其烈祖。而且胡考的德性能以淵深勝,胡考顧念你的幼子它,諸先公能福佑幼子它……",他通過文意辨讀,判斷"迺妹克"前省略了一假設條件分句,頗具啓發性。[1] 不過,這一釋法將"凡公克成綏胡考"與"唯考敢,蚤念自先王先公"視爲並列的條件分句,則尚有疑慮。其一,凡公對胡考的"綏",其結果是讓胡考"顯顯受命",而非"告剌成功";其二,"嗚呼"斷開此二句,而與下文的"嗚呼"相呼應,顯見兩句當分屬不同的語義段落。因此,我們認爲"唯考捷,蚤念自先王先公,迺妹克卒告剌成功"反而應向下與"虩胡考克淵克,乃沈子其顧懷多公能福"成句意相因的一組。

此處的"虩"字,董珊將其讀爲連詞"且",認爲它連接了"唯考捷……"與"胡考克淵……"兩句,代表語義的延續。細審銘文,"唯考敢,蚤念自先王先公,迺妹克卒告剌成功"一句意謂"因爲胡考敏捷,早就被先王先公所念及,所以最終能夠完成受命而告其烈祖"。[2] 下一句"虩胡考克淵克,乃沈子其顧懷,多公能福"若解釋爲"因爲(受命的)胡考確實德性淵深,能顧懷幼子它,(所以)讓幼子它能爲先公們所庇蔭福佑",上言胡考因敏捷才得以受命,下言胡考新逝,它繼而受命,則銘文叙事相接,回顧了先公——胡考——它的這一條系譜,胡考與它先後承繼、受命,胡考扮演了傳遞先公庇佑的角色,如此解釋的文意是一路貫穿通順的。因此我們認爲它簋中的"虩"也以讀作因果連詞爲佳。相鄰二因果複句的連詞分別使用了"唯"與"虩",與大盂鼎的情況相同。

現藏臺北故宫博物院的小臣謎簋,器蓋同銘,銘文開篇說:

虩東夷大反,伯懋父以殷八師征東夷。　　　　　　　　　　(《集成》4239)

"虩"出現在篇首,許多研究者都將其讀爲發語詞。[3] 按照李學勤曾在討論大保簋時所提出的意見,小臣謎簋銘文並非王或什麽人的口語,純爲叙述伯懋父征伐東夷的事跡。這一篇首的"虩",實不當讀爲發語詞或歎詞,而應當看作因果連詞,意謂"因爲東夷大規模叛亂,(所以)伯懋父率領殷八師征伐東夷"。

吴鎮烽《商周青銅器銘文暨圖像集成》著録了一新見青銅器馭伯豐鼎銘文:

唯十月既生霸甲辰,在成周,御事至,以兹命曰:"内史曰:告馭伯,虩伯氏宅,卿

---

[1] 參見董珊:《它簋蓋銘文新釋》,復旦大學出土文獻與古文字研究中心編:《出土文獻與古文字研究》第6輯,上海古籍出版社,2015年,第168—171頁。

[2] 李學勤曾指出,此處的"妹"用作虛字,即文獻中的"未"或"末",它簋銘文"妹克"即"克"。參見李學勤:《大盂鼎新論》,第51頁。

[3] 如《史徵》《大系》等。參見唐蘭:《西周青銅器銘文分代史徵》,第246頁;郭沫若:《兩周金文辭大系圖録考釋》,第64頁;楊樹達則仍采釋嗟之"歎詞"説,參見楊樹達:《積微居金文説》,第122頁。

事辭曰：'命（論）。'今我既即命，曰：'先王命，尚（當）付。'"虩伯豐作寶鬻（肆[1]）
彝。
(《銘圖》2426)

虩伯豐鼎銘文以諸多"曰"連用爲特色，對於其斷句及解釋，研究者多有討論，尚未有所定論。[2] 我們認爲"以茲命曰"以下，由"内史曰"至"尚付"均爲御事交付虩伯豐的"命"，此命書爲内史之口吻，故首題"内史曰"。銘文所記的爭辯一事，起因爲伯氏的"宕"，[3] 卿事裁斷後，認爲這件事理應"論"之以法。因此呈報内史，由他作出裁決。内史提出當依先王之命解決。銘文中的"叡"，李學勤讀爲"徂"，以爲有"始"義，與早先他釋讀大保簋銘文時的意見有異。單育辰循楊樹達意見，讀爲"嗟"，董珊亦從是説。劉源另外提出將此字與伯氏連讀，是伯氏私名。其實揆諸文意，"伯氏宕"爲事件起因，"叡"在此亦顯用爲因果連詞。上下文中，結果複句或即"卿事辭曰：'命'"，也可能"卿事辭曰：'命'"也要括入原因複句，"今我既即命"以下方爲結果複句。

最近山西翼城大河口西周墓地 M2002 新清理出一件銅器，其銘文結構與虩伯豐鼎銘文相似：

唯六月初吉，辰在戊子，尹氏使保子𦐇蔑霸＝姬＝𠂤（懋[4]）伐，用璋鬼（餽）。告姬氏："叡爾曰：'其朕子智作君。'今晋人伸亦曰：'朕甥作君。'今我既異＊殼先王既有型，曰：'弗能違有家。'今我亦既訊伸氏，亦曰：'不能違有家。'今我既兟告伯伥父曰：'其殼用。'我既眔龠叔㝅父、師父、微史顠＊，訊既汝姬氏之。今既瀕智于王，肆史告霸姬。"霸姬對揚皇尹休，用作寶簋，孫孫子子其萬年永寶。　　（霸姬簋[5]）

---

[1] 參見陳劍：《甲骨金文舊釋"𤳪"之字及相關諸字新釋》，復旦大學出土文獻與古文字研究中心編：《出土文獻與古文字研究》第 2 輯，復旦大學出版社，2008 年，第 13—47 頁。

[2] 參見沈培：《西周金文"宕"字釋義重探》，李宗焜主編：《出土材料與新視野》，"中研院"歷史語言研究所，2013 年，第 381—418 頁；李學勤：《一篇記述土地轉讓的西周金文論》，《故宫博物院院刊》2015 年第 5 期，第 29—30 頁；單育辰：《虩伯豐鼎考》，中國社會科學院語言研究所《歷史語言學研究》編輯部編：《歷史語言學研究》第 10 輯，商務印書館，2016 年，第 217—220 頁；董珊：《韓伯豐方鼎銘文新論》，楊榮祥、胡敕瑞主編：《源遠流長：漢字國際學術研討會暨 AEARU 第三屆漢字文化研討會論文集》，北京大學出版社，2017 年，第 46—64 頁；劉源：《從韓伯豐鼎銘文看西周貴族政體運作機制》，《史學集刊》2018 年第 3 期。

[3] 諸家或讀爲"度""書""宅""托""書""居"等，尚無定論，本文不詳加討論這一問題，可以確定的是，銘文中的"宕"當是爭辯的起始。

[4] 陳劍：《簡談對金文"蔑懋"問題的一些新認識》，《出土文獻與古文字研究》第 7 輯，上海古籍出版社，2018 年，第 91—117 頁。

[5] 見嚴志斌、謝堯亭：《格姬簋銘研究》，《中國國家博物館刊》2023 年第 9 期，第 74—80 頁。此條材料承蒙匿名審稿專家提示，謹致謝忱。

銘文中的"戲",整理者看作語氣詞"嗟",馮時將其讀爲"徂"訓爲"昔"。[1] 按尹氏讓保子帶來的訊息中,詳盡記錄了一件攸關霸國繼承人的案子之處理過程。銘文中標明一切的主因,都來自霸姬最早要求由其子習繼承,同時霸姬的母家——晋人伸也提出了這一要求。因此上報到王室由尹氏加以處置,決議遵循[2]先王所立之準則,即"弗能違有家"。隨後,尹氏先後做了晋人伸、霸姬等人的思想工作,並將最後的處理結果正式提交給霸姬。此銘與軏伯豐鼎銘文都是對一個事件的處理結果,其中都先以"戲"言本事,再以"今"言處置結果,"戲"也該看作因果連詞。

同樣記錄法律判决的儼匜銘文中的"戲"字,可能也是在這一格式下用作因果連詞的:

> 伯揚父廼成餯(决[3])曰:"牧牛,戲乃可(苛)甚,汝敢以乃師訟,汝上卻先誓,今汝亦既有卬(孚[4])誓,專、趞、嗇、親、儼、𠭯覆[5]亦兹五夫,亦既卬(孚)乃誓,汝亦既從辭從誓。弋(式)可(苛?),我義(宜)鞭汝千,鼢臎汝,今我赦汝……"

(《集成》10285)

儼匜銘文目前在釋讀上衆説紛紜,未有確詁。聯繫到前文所討論的師旂鼎、軏伯豐鼎等法律銘文,我們懷疑從"戲乃苛甚"到"亦既從辭從誓",銘文都在叙述之所以依法當以鞭刑、墨刑

---

[1] 嚴志斌、謝堯亭:《格姬簋銘研究》,第 76 頁;馮時:《霸姬簋銘文所見西周宗法與家族倫理》,《文物季刊》2023 年第 4 期,第 77—83 頁。

[2] 銘文"舁*"字目前還未有確釋,整理者懷疑可讀爲"登",馮時則隸定爲"異",以爲"非常",於字形難合。頗疑此字可與臣諫簋(《集成》4237)"余弅皇辟侯令"聯繫起來考慮,謝明文曾將臣諫簋"弅"字讀爲"遵",以爲銘文意謂"我(臣諫)遵循了邢侯的命令"。"舁*"字上似從"弅",在此也許亦可讀爲"遵",其與後來東周文字中用來表示"尊"的"酹""畬"等字是否存在關聯也值得考慮。"舁*"下一字"𠭯",在銘文中兩次出現。整理者、馮時俱釋作"典",由字形上看實應釋爲與"册"有通用關係的"殷"字,與"殷""坒"等形爲一字異體。榮作周公簋(《集成》4241)有"用坒王命"語,與霸姬簋簋銘"今我既舁*先王既有型""其殷用"應當有關,其意義還有待考察。參看謝明文:《臣諫簋銘文補釋》,《商周文字論集》,第 228—229 頁;鄔可晶、施瑞峰:《説"朕""弅"》,《文史》2022 年第 2 輯,第 5—44 頁;謝明文:《商代金文研究》,第 619—631 頁。

[3] 參見鄔可晶:《説金文"餯"及相關之字》,復旦大學出土文獻與古文字研究中心編:《出土文獻與古文字研究》第 5 輯,上海古籍出版社,2013 年,第 232—233 頁。

[4] 從裘錫圭釋,下同。參見裘錫圭:《鼐公盨銘文考釋》,《裘錫圭學術文集》第 3 卷,復旦大學出版社,2015 年,第 161 頁。

[5] 舊説釋"造",相關整理見何景成:《釋金文詞語"逆送"》,華東師範大學中國文字研究與應用中心編:《中國文字研究》第 22 輯,上海書店出版社,2015 年,第 23 頁,何景成另釋"彤"讀"送",見同書第 24—26 頁;我們認爲從文意來看,當從張持平、吳匡、蔡哲茂等人之説釋爲"覆",《爾雅·釋詁》:"覆,審也。"參見吳匡、蔡哲茂:《釋金文𠭯、𠭯、𠭯、𠭯諸字》,吳榮曾主編:《盡心集:張政烺先生八十慶壽論文集》,中國社會科學出版社,1996 年,第 137—152 頁。

處置牧牛(宜鞭汝千,黥輾汝)的原因,"叡"亦當看作因果連詞。

除上引諸例之外,還有一些西周青銅器銘文中的"叡"字雖然從舊説看作歎詞能自圓其説,但其上下文仍屬於因果複句,"叡"可能也是當做因果連詞使用的,如現藏臺北故宮的縣改簋,上有銘文:

伯犀父休于縣改曰:"叡乃任縣伯室,錫汝婦爵……"　　　　　(《集成》4269)

伯犀父對縣改所説的話以"叡"開頭,確實有視爲發語詞或歎詞的空間。諸家多以爲縣改簋銘文內容,是伯犀父將縣改嫁予縣伯,並賜物若干。[1] 不過我們注意到,銘文後半段縣改答謝的是伯犀父體恤縣伯家,賞賜了這些物件,而非答謝伯犀父將她嫁予縣伯一事。同時,通篇銘文中縣伯妻子的稱謂均爲"縣改",説明這位女性在銘文所記之事發生前就已是縣伯的妻子了,銘文當無涉嫁女之意圖本身。由此,"乃任縣伯室"便是伯犀父所以要賜物給縣改的原因,這段銘文並非伯犀父命縣改去"任縣伯室",也許可以考慮將銘文解釋爲:"因爲你現已嫁予縣伯爲妻了,(所以)賜給你……",把"叡"視爲因果連詞。

西周中期的录致尊、卣(《集成》5419、《集成》5420)銘文開頭有:"王命致曰:'叡淮夷敢伐內國,汝其以成周師氏戍于叶自……'"一句。王命令致武裝衛戍,是因爲"淮夷敢伐內國"一事,此處的"叡"雖屬於"王曰"以降王的話語,但仍可考慮看作因果連詞。

近年公布的《清華簡(捌)》中有《攝命》一文,由於可能與古文《尚書》存目的《冏命》相關,記録了西周時的一次册命,且簡文結構與西周金文或可參照,受到了研究者們廣泛的關注。其內文以連段"王曰"接續,且結尾記録册命儀式時間、地點、程序,篇章格式與詢簋(《集成》4321)、師詢簋(《集成》4342)高度相似,因此我們附論於此,《攝命》簡文第二段有文句如下:

王曰:"㛑(攝),今余既命汝曰:'肇出入朕命,虞今民不造不[庚(康)],□□□肙(怨),雩四方小大邦,雩御事庶百有告有省(訟)[2]。今是亡其奔告,非汝亡其協,即行汝。'"　　　　　(《攝命》簡3—4)

---

[1] 參見陳英傑:《西周金文作器用途銘辭研究》,線裝書局,2009年,第733頁;馬承源主編:《商周青銅器銘文選》第3卷,第124頁。
[2] 參見陳劍:《試爲西周金文和清華簡〈攝命〉所謂"粦"字進一解》,李學勤主編:《出土文獻》第13輯,中西書局,2018年,第29—39頁;趙平安:《古文字中的"嗇"及其用法》,《中國文字》2019年夏季號總第1期,第129—134頁;古育安:《甲金文中舊釋爲"粦"字之形義問題補論》,《第三十一屆中國文字學國際學術研討會論文集》;陳斯鵬則將與訴訟有關的舊釋"粦"字讀爲"譖",參見陳斯鵬:《舊釋"粦"字及相關問題新解》,《文史》2019年第4期,第5—18頁。

引文大意蓋謂王册命於攝，讓他出入王命，貫徹王的意志。整理者將此處的虘讀爲"且"，讀爲一個無義的虛詞，不另加討論，後來研究者或改讀爲"嗟"。[1] 按引文之後的文意，是王闡述目前局勢的混亂，"現在人民大遭不康，有所怨氣，畿外四方大小邦國、畿内御事和庶民百姓，都有獄訟告罪之糾紛"，同時，"現在没有一個能夠一言九鼎、布政四方的家卿類人物，因此才凸顯册命攝的重要性——'非汝亡其協'，即非你不可"，[2] 這些都是"即行汝"、讓攝"出納王命"的一個前提條件、原因。因此，我們認爲此段引文中的"虘"與西周金文中用作因果連詞的"叡"是一字一詞。

本節我們通過通讀數例金文中的"叡"字在各自銘文中上下文的結果，認爲舊説多將其當作歎詞、發語詞的讀法是有問題的，大多數的"叡"字都應該改看作因果連詞。近年研究者多信從楊樹達以"叡"通"嗟"之説，將"叡"在銘文通讀中朝歎詞方向解釋，並進一步研究其"語氣"或語言學上的語法功能。如游文福認爲"叡"有篇章指示、情境指示用法。舉例來説，游文福認爲大盂鼎的"叡酉(酒)無敢酖"意謂康王"呼唤"盂，"指示聽話人注意説話人"。[3] 又如鄧佩玲認爲，銘文中的"叡"多有"斥責"的語氣，與"詛"的譴責本質有關。舉例而言，鄧佩玲認爲九年衛鼎"叡厥隹顔林，我舍顔陳大馬兩"意謂"……警告提醒，裘衛需補償顔氏其他財物"。進而她將傳世典籍中的"嗟"也解釋成帶有譴責、詛咒意思的歎詞。[4] 其實從本文上引辭例來看，只有少數幾個例子（如縣改簋、彔叡卣）是明確的對話語境，其餘多爲書面文書語言。在書面的命書、判決書中，未必存在如游、鄧等人所指出這麼强烈的"呼唤"或"斥責"語氣。另外，鄧佩玲還指出，"西周金文所見'叡'較多出現於句子前端，屬於獨立部分，不與其後結構發生任何關係"，成爲她判斷"叡"爲歎詞的重要依據。然而，根據本文的整理，西周金文所有出現於句首的"叡"字，無一例外地出現在因果複句的原因分句前，而既有如大盂鼎、它簋等先因後果的因果複句，又有如大保簋這樣先果後因的因果複句，後者的"叡"出現在靠後的原因分句而非全句之首，這足以説明實際上"叡"顯然與句子結構有密切關係。

比較特別的是，朱其智、朱學斌在《西周金文句首提起連詞"叡(且)"辨證》一文中，亦反對了"叡"訓往、訓今昔、通嗟的三種舊説，以爲其即後世的"且"字，在銘文中用作"提起連詞"。他們認爲"叡"在銘文中有兩種用法，其一爲"用在引語或篇章首句的開頭以發端"，其二爲"用在篇章中句子的開頭，承上文補充説明具體情況、原因或條件"。如小臣謎簋與儠匜

---

[1] 相關意見可參陳姝羽：《〈清華大學藏戰國竹簡（捌）〉集釋》，華東師範大學碩士學位論文，2020年；石小力：《清華簡〈攝命〉與西周金文合證》，《中國文字》2020年冬季號總第4期，第206頁。

[2] 參見寧鎮疆：《由清華簡〈攝命〉的"奔告"説伯攝之職的秩級——兼申毛公鼎銘文之"楚(胥)賦"當爲職官》，《清華簡〈攝命〉研究高端論壇論文集》，上海，2019年5月。

[3] 參見游文福：《兩周金文"叡"的功能及其分化》，《清華中文學報》第19期，第5—51頁。

[4] 參見鄧佩玲：《從西周金文談〈尚書〉所見嘆詞"嗟"——兼論"盟詛"及其相關問題》，田煒主編：《文字·文獻·文明》，上海古籍出版社，2019年，第56—71頁。

等數器銘文,他們認爲是用"叡"來引導出銘文的第一句話。而如大盂鼎、大保簋等數器銘文中,他們認爲是用"叡"引導出句子來補充説明上文的情況,其與本文的部分意見不謀而合。唯其第一種用法,實際上也有提示因果語氣的作用。這一看法將出現在篇章之首與出現在篇章之中的類型分開,並且將大保簋"王伐彔子耴,叡厥反"一類我們看作先果後因的複句看作兩個單句,認爲"叡"開啓新的句子。在其邏輯中也自圓其説,似難分辨孰説優勝。[1]

我們認爲,解決問題的關鍵在於傳世文獻《尚書》中的"徂"字用例。過去從楊樹達以降説"叡"爲"嗟"的研究者,對待清人將"叡"與"徂"聯繫的意見,往往態度曖昧,或並讀爲"嗟",或將二者分開不加比觀,而仍將後者看作時間詞或其他詞。[2] 而朱其智、朱學斌等人在討論"叡"的語法功用時,也並未留意過《尚書》中的"徂"字用例。其實,二者的聯繫仍然十分緊密,而且後者的用例還能幫助我們確定"叡"斷非歎詞或提起連詞,而當是因果連詞。

三、《尚書》中的因果連詞"徂"

早期學者們在討論金文中的"叡"字時,往往聯繫到傳世文獻中的徂字立説。無論他們將"叡"視爲實詞或虛字,在整體的訓釋意見上都與"徂"字在經學上舊有的訓詁成果密不可分。他們十分慣於將"叡"讀爲"徂"後,再訓爲"今"或"昔",看成一種由{徂}的"往"義虛化而來的時間詞。其實,將傳世文獻中的部分"徂"字訓爲"往"或"昔",本身即不可靠。諸家均引用的《費誓》便是一個亟待辯證的例子:

> 公曰:嗟,人無嘩,聽命。徂兹淮夷、徐戎並興,善敹乃甲胄,敽乃干,無敢不弔。備乃弓矢,鍛乃戈矛,礪乃鋒刃,無敢不善。今惟淫舍牿牛馬,杜乃擭,敜乃穽,無敢傷牿。 (《尚書·費誓》)

僞孔傳曰:"今往征此淮浦之夷……"顯然將"徂"訓爲動詞"往"。[3] 蘇軾《書傳》中提出:"徐州之戎及淮浦之夷叛已久矣,及伯禽就國,則並起攻魯。故曰:'徂兹淮夷徐戎並興'。'徂兹'者,猶云'往者'云爾。"[4] 蘇軾同樣將"徂"訓爲"往",不過與僞孔傳所訓的動詞"往"不同,蘇説已向"往昔"上靠。吴汝綸《尚書故》、曾運乾《尚書正讀》均認同此説,認爲

---

[1] 參見朱其智、朱學斌:《西周金文句首提起連詞"叡(且)"辨證》,中國社會科學院語言研究所《歷史語言學研究》編輯部編:《歷史語言學研究》第 14 輯,商務印書館,2020 年,第 142—151 頁。

[2] 唯楊樹達《積微居金文説·全盂鼎跋》中提出《尚書》"徂兹"即"嗟兹",見楊樹達:《積微居金文説》,第 49—50 頁。

[3] 參見孔安國注(僞),孔穎達疏,阮元校刻:《十三經注疏·尚書》,藝文印書館,1993 年,第 311 頁。

[4] 轉引自顧頡剛、劉起釪:《尚書校釋譯論》,中華書局,2005 年,第 2139 頁。

"徂茲"即"往哉"。[1] 而近人論及金文中的"叡"字，有一系便循這一理路，如徐中舒、容庚。[2] 于省吾在《尚書新證》中已經反對經說將此處的"徂"訓爲"往"的説法，他根據小臣謎簋中"叡東夷大反，伯懋父以殷八師征東夷"一句，以爲既然後已有"征"，則讀爲"徂"的"叡"無論如何也無法讀作"往"。[3] 如果僞孔傳訓"往"之説靠不住脚，則循之延伸而出的"往昔"之説更不可信。並且，若訓爲"前往"，句法則很難讀通，因爲"淮夷、徐戎"是"並興"的主詞，而非"徂茲"的受詞；而從文意來説，淮夷與徐戎的叛亂，顯然正在發生，魯公正急於興兵平叛，絕非"往昔"之事。

從文意來看，"徂茲淮夷、徐戎並興"是下文要"善敕乃甲冑，敿乃干""備乃弓矢，鍛乃戈矛，礪乃鋒刃""淫舍牿牛馬，杜乃擭，斂乃穽"之因，敵人的反叛與征討敵人兩者之間存在因果關係。上引經文的意思是，魯公命令手下說："因爲現在淮夷、徐戎都起來作亂了，（所以）你們都要好好選擇一件盔甲，修治好武器……"。[4] 由此來看，"徂"實際上也擔負了因果連詞的功用。而且，上引文中前已出現真正的"嗟"字，若要説後一"徂"字本來表示的亦爲{嗟}，則很難解釋相鄰的同一個詞，爲何在傳抄中使用了不同字來表示。

在《召誥》中，也存在一個一直以來未被正確認識的"徂"字：

夫知保抱攜持厥婦子，以哀籲天，徂厥亡出執。　　　　　（《尚書·召誥》）

上引經文記載了商末苛政暴虐的社會背景下人民生活的困苦。僞孔傳曰："言困於虐政，夫知保抱其子攜持其妻，以哀號呼天、告冤無辜，往其逃亡，出見執殺，無地自容，所以窮。"[5] 將"徂"字讀爲實詞，訓爲"往"。這樣的訓讀使得"徂厥亡出執"的每一字均難以落實，因此諸家討論頗多。或堅持將徂訓爲"往"，如于省吾《尚書新證》中曾認爲"僞傳訓往，是也。徂厥亡出執者，言有所往，其無出而見執也"，他將經文讀爲"（有所）徂，厥亡出執"，增字解經，扞格難通。有部分學者則另闢蹊徑，嘗試將"徂"讀爲詛或阻。前者如曾運乾《尚書正讀》中以爲此句當訓"夫人皆知攜其婦子，呼籲於天，詛商紂之速亡，庶幾得出于昏墊"。[6] 吳汝綸亦有類似看法，他引古書徂、阻通借之例以及韋昭《晉語》注"阻，古詛字"的意見，將此句讀爲

---

[1] 參見吳汝綸：《尚書故》，中西書局，2014年，第297頁；曾運乾：《尚書正讀》，中華書局，1964年，第296頁。
[2] 參見李圃主編：《古文字詁林》，第409—413頁。容庚讀作"往昔"，徐中舒將其讀爲相反的"今"。
[3] 參見于省吾：《雙劍誃尚書新證》，第301頁。
[4] 參見李春桃：《説〈尚書〉中的"牧"及相關諸字》，復旦大學出土文獻與古文字研究中心編：《出土文獻與古文字研究》第6輯，第712頁。
[5] 參見孔安國注（僞），孔穎達疏，阮元校刻：《十三經注疏·尚書》，第220頁。
[6] 參見曾運乾：《尚書正讀》，第193頁。

"詛其死亡以出傾壓也",[1]楊筠如《尚書覈詁》亦采此説。[2] 此説之問題,在於《召誥》前文雖以"厥"來指代殷("兹殷多先哲……越厥後王後民兹服厥命"),但"夫知保抱攜持厥婦子"中的"厥"所指代的已經是商末的人民,而不會回過頭去指代殷商;後者如屈萬里、程元敏,他們認爲"保抱攜持"的原因,是商人要相攜出逃。因此"徂厥亡"當省略了主語"商",商要阻止這些人民出逃,徂即阻。[3]

　　無論是訓往,還是讀作阻、詛,其存在的問題均爲過度追求字義的落實,試圖將"徂"讀爲實詞,爲此,不惜改換主語、受詞的組合乃至將"執"破讀爲墊、窴或埶。其實,將亡、執均依照古書中常見之詞義來訓讀才是比較恰當的,如屈萬里《尚書集釋》中説明,"亡,逃亡。出執,言有出者則拘禁之也"。[4] 由整體文意上看,殷商行至末年,"智藏鰥在",社會黑暗,使得智者都要隱藏起來。一般百姓無敢出逃,只能够"保抱攜持"妻小,哀告、呼籲上天,他們不出逃正是因爲出逃會被抓捕的緣故。"保抱攜持厥婦子,以哀籲天"與逃亡,顯然是矛盾的無法同時進行的兩項活動。按此文意,如不堅持"徂"字具備實詞的性質,而轉爲將它視作虛字,則大可以將經文讀爲:"(之所以)人們只能背負、抱持他們的妻小,向上天呼籲他們的悲哀,是因爲他們出逃就會被抓捕",最小限度滿足了每一字的落實,並且它與前文所論大保簋銘文"王伐录子䣅,䧻厥反。"同屬先果後因的因果複句。因此我們認爲,《召誥》與《費誓》中的"徂"一樣是用作因果連詞的。

　　《尚書》中還可於《酒誥》中見到一"徂"字:

　　　　王曰:"封,我西土棐徂邦君、御事、小子,尚克用文王教,不腆於酒,故我至於今克受殷之命。"　　　　　　　　　　　　　　　(《尚書·酒誥》)

引文後半段,諸家大抵持相似的讀法:"邦君、御事、小子一向都能接受文王的教令,不貪於飲酒,所以我們到現在能够接受、承繼了殷的天命。"[5]而在這一無可易的句義之下如何解釋"我西土棐徂",則成了諸家異説集中之處。舊注包括僞孔、蔡沈、孫星衍等,大多釋"棐"爲"輔"、"徂"爲往,皆不可信,此近人多已指出,本文不加贅述。棐,清人以降大都將其讀爲匪。孫詒讓、王國維、楊筠如等人進而又將匪通讀爲非,並結合舊説有"往"義的徂字,將"棐徂"讀爲"非自此始""前此""在昔"等。這一系説法雖然將"棐"字作了與舊注不同的訓釋,但整體

---

[1] 參見吴汝綸:《尚書故》,第207頁。
[2] 參見楊筠如:《尚書覈詁》,陝西人民出版社,2005年,第305頁。
[3] 參見屈萬里:《尚書今注今譯》,商務印書館,1969年,第118頁;程元敏:《尚書周誥十三篇義證》,萬卷樓圖書股份有限公司,2017年,第497頁。
[4] 參見屈萬里:《尚書集釋》,聯經出版社,1983年,第175頁。
[5] 于省吾指出,此處的"尚"當讀爲"常"。參見于省吾:《雙劍誃尚書新證》,第20頁。

文意仍采舊注的意見。[1] 吴汝綸《尚書故》中引《廣雅》"匪,彼也",反對舊傳"往日"的讀法。[2] 實際上王念孫《廣雅疏證》早已根據《詩經》中的諸多用例,證明"説家皆訓'匪'爲非,失之","匪"顯然當讀爲彼。[3] 于省吾《尚書新證》中爲這一説法做過總結:"孫讀'我西土棐徂'句……言我周西土非自此始,是於經旨固無當也,此'棐'字不應讀'非',按匪、彼古同聲,詩'彼交匪敖',左傳引作'匪交匪敖',詳經傳釋詞",説是。[4]

由於"故"的存在,本句引文是標準的因果複句。因此,我們認爲,"徂"與"故"在此是一對因果連詞。《酒誥》引文完整句意當是"封! 我們西土因爲邦君、御事、小子一向都能接受文王的教令,不貪於飲酒,所以我們到現在能夠接受、承繼了殷的天命"。如此,則與前文所論大盂鼎的"在于御事,𢿢酒無敢酖,有柴烝祀無敢醻,故天異臨子,法保先王,□有四方"一句,文意、句法結構高度一致,不僅都説明了周人克制飲酒與克商的因果關係,同時也都使用了與"故"成對的因果連詞。

上述《尚書》中《費誓》《召誥》以及《酒誥》中的"徂"字改讀爲因果連詞,較之舊注,顯然是使得文意更爲穩當的讀法,這也能夠回頭證明過往金文研究者屢據《尚書》舊注中"徂"訓"往"的意見來解決"𢿢"字,其結果難以取信於人。另外值得説明的是讀"徂"爲"且"的意見。如楊筠如《尚書覈詁》以爲《費誓》裏的"徂"通作"且",根據詩經"匪且有且"毛傳訓"且,此也",將《費誓》的"徂兹"解釋爲二字同義。[5] 楊説當出自王引之《經傳釋詞》,王氏曰:

　　且,猶"此"也,今也。《詩·載芟》曰:"匪且有且,匪今斯今,振古如兹。"《毛傳》曰:"且,此也。"《正義》曰:"今,謂今時,則且亦今時,其實是一,作者美其事而丁寧重言之耳。"字亦作"徂"。(王引之原按:《詩·出其東門》:"匪我思且。"釋文:"且,音徂。"《爾雅》云:"徂,存也。""徂"通作"且",故"且"亦通作"徂"。)《書·柴誓》曰:"徂兹淮夷、徐戎並興。""徂"讀爲"且"。且,今也。言今兹淮夷、徐戎並興也。《某氏傳》以"徂"爲"往征"。往征兹淮夷、徐戎並興,斯爲不詞矣。且經言"徂",不言"徂征"也。[6]

王引之針對僞孔傳以降舊經説釋"徂"的意見所提出的反駁很是精當,且爲于省吾《新證》

---

[1] 相關集釋,可參看顧頡剛、劉起釪:《尚書校釋譯論》,第1401—1402頁。
[2] 參見吴汝綸:《尚書故》,第193頁。
[3] 參見王念孫:《廣雅疏證》,上海古籍出版社,2016年,第414—415頁。
[4] 參見于省吾:《雙劍誃尚書新證》,第20頁。
[5] 參見楊筠如:《尚書覈詁》,第440頁。
[6] 參見王引之:《經傳釋詞》,上海古籍出版社,2014年,第173頁。

前導，值得我們重視。其讀"此"、讀"今"之說，放置在《費誓》中，亦文意順暢，然而無論是"此"還是"今"，在訓讀《召誥》《酒誥》時，都顯然無法文意扣合，如《酒誥》中後有"至於今"，前"徂"訓"今"則矛盾，《召誥》遥述商末之事，更非"今"。於是，説家又不得不使用其他方案來解決。其實，一個虛詞放置到上下文後進行整體的理解時，往往會含有一些根據文句内容及語氣來框定的大致指涉，但其並非由虛詞的性質所賦予，而是隨不同的上下文而變化的。換句話説，導致一個結果的原因既可能是現下正發生的事——如《費誓》中徐戎淮夷的叛亂正在發生，因而要準備攻伐；也可能是過去發生的事，如《酒誥》中，是周人一直以來都能克制飲酒，因而能獲得天命。連詞"徂"在不同的上下文中，或帶有"今"或帶有"昔"的言外意，不代表它本身含有時間詞一類用法。類似的情況又如"肆"一詞，《爾雅·釋詁》中曾記有"肆，故也"，又記有"肆，今也"，郭璞注曰"肆既爲故，又爲今。今亦爲故，故亦爲今，此義相反而兼通者"，李零便指出"此字一般訓爲'故'，是承原因句之後，引其結果句的轉折詞……它只是在表達既往之事的句子後，才具有相當於'今'的含義。"這一看法用來解釋《尚書》中的"徂"乃至西周金文中的"叡"在上下文中有"昔"乃至"今"之文意的現象，也是相當允當的。[1]

徂、且、阻、叡，音韵均近，都是从且得聲之字，上古漢語常可通用。[2]《説文》中記録："徂，迋，往也。从辵且聲。祖，迋，齊語。迋或从彳。遣，籀文从虐"，兩周古文字从且聲的形聲字聲符常作"虐"或"叡(虞)"，由傳抄古文中从且之字的異體關係看，此情況屢見不鮮。[3] 而在出土戰國文字中也數見"遷"字，研究者多認爲他們與《説文》中的籀文字形均係後世"徂"字之所從出。[4] 清華簡《説命》簡5中的"虞"(不~遠)、《尹至》簡1中的"薦"(隹尹自顥~白)亦讀爲"徂"。而從用法上看《費誓》《召誥》中的"徂兹""徂厥"與大保簋、師旅鼎、九年衛鼎三器中的"叡厥"均爲這個詞後接代詞的用法，上引《尚書》"徂"字用例也都屬於因果複句。由此可見，本節所論《尚書》中的"徂"字，顯然與西周金文中的"叡"字所記録的是同一個詞，其在古書流傳過程中轉寫爲"徂"。在認可"徂""叡"用法相同的基礎上，金文學界占統治地位的"叡"讀"嗟"之説，用於解釋《尚書》相關文句時就顯得比較困難攪繞。另外，在《酒誥》的例子中，"徂"出現在了句子的中間、主語的後面，這證明了它並非句首語氣詞或提起連詞。上古漢語類似接在主語之後的因果連詞，如師望鼎銘文"王用弗忘聖人之後，多蔑厤賜休"(《集成》2812)中的"用"。綜上所述，傳世文獻中的"徂"字用例，可以爲

---

[1] 參見周遠富、愚若點校：《爾雅》，中華書局，2020年，第17頁；李零：《讀楊家村出土的虞逑諸器》，《待兔軒文存·説文卷》，廣西師范大學出版社，2015年，第164頁。
[2] 參見白於藍：《簡帛古書通假字大系》，福建人民出版社，2017年，第317—319頁。
[3] 參見李春桃：《傳抄古文綜合研究》，吉林大學博士學位論文，2012年，第512—513頁。
[4] 如梁十九年亡智鼎(《集成》2746)等。《安大壹·國風》簡48中的"遷"則通假爲{阻}。

我們改讀"叡"爲因果連詞的意見提供證據。

四、因果連詞{叡}的時代特徵

在前二節中,我們通過對西周金文以及《尚書》文本的各自細讀,找出了上古漢語中曾經存在的一個因果連詞{叡},[1]這一虛詞消失後,漢代人已然無法辨識《尚書》中的"徂"字,因此方將之視爲實詞來訓釋。這一詞彙的出現時代與消失時代,以及由"叡"到"徂"的字詞關係發展是本文進一步試圖討論的問題。

本文在第二節所討論的西周金文"叡"字因果連詞用例凡十餘例,對其時代上下限的框定可以幫助勾勒{叡}的時代特徵。當然,由於青銅器銘文斷代難以將每一器均精細到確切的時代或王世,且語言的嬗變是一漸進的過程,青銅器銘文所展示的只是商周語言的一片面印象,我們只能粗略試論其出現時期。

本文所論銘文諸例中,時代最早的當係大保簋,大保簋銘文記載成王伐商平定三監時事,即使銅器鑄造時間稍後,大抵不脫成王時代。唐蘭《史徵》曾據此器中"大保"之"保"未作召公器常見的"傈",斷此器鑄於成王初年。[2] 大盂鼎,康王時期標準器。它簋,時代可能落在昭王前期。[3] 小臣謎簋與師旂鼎都出現了"伯懋父",彭裕商曾結合"伯懋父"諸器的器型時代,將"伯懋父"定爲昭穆時人,可能是周公之孫祭公謀父。他將小臣謎簋定爲昭王時器,師旂鼎定於穆王前期。[4] 九年衛鼎,西周中期器,可能下及夷王時期。軶伯豐鼎,器型具西周前期的風格,吳鎮烽定爲西周早期,李學勤認爲其"文字規整精好,爲西周中期作風"。[5] 劉源根據這類小方鼎的形制普遍存在於西周早期及中期偏早,以及其整體風格和靜方鼎的相似,將軶伯豐鼎歸爲昭、穆時器。[6] 霸姬簋出土的山西翼城大河口墓地 M2002 則屬西周中期偏早,可能屬於穆王、恭王之際。[7] 根據這些時代分布來看,{叡}在西周早期使用"叡"字表示,直到西周中期,最晚下及夷王時。而以目前的材料來說,這一現象沒有進一步延及至西周晚期。

本文所懷疑可能讀爲因果連詞而無敢說死的縣改簋、录致卣、儺匜等辭例中,縣改簋、录致卣皆爲西周中期器,如果確係用作因果連詞,則符合{叡}出現在西周早、中期的時代特徵。

---

[1] 下文凡用{叡}表示的,都是本文所論西周時期用作因果連詞的{叡}。
[2] 參見唐蘭:《西周青銅器銘文分代史徵》,第 75 頁。
[3] 參見董珊:《它簋蓋銘文新釋》,第 176—177 頁。
[4] 參見彭裕商:《西周青銅器年代綜合研究》,巴蜀書社,2003 年,第 274、315 頁。
[5] 參見李學勤:《一篇記述土地轉讓的西周金文論》,第 29 頁。
[6] 參見劉源:《從軶伯豐鼎銘文看西周貴族政體運作機制》,《史學集刊》2018 年第 3 期。
[7] 山西省考古研究所等:《山西翼城大河口西周墓地 2002 號墓發掘》,《考古學報》2018 年第 2 期,第 260—261 頁。

儵匜,李學勤、唐蘭等學者根據器型將其歸入西周晚期,[1] 其與西周中期偏晚的九年衛鼎同出董家村窖藏,時代相隔大抵不遠。唐蘭曾指出,西周金文中法律判詞裏的"辭""贅(決)""義(宜)"等均是當時法律上的常用語,如"義(宜)"表達"應該如何處理"的意思。[2] 結合儵匜中"叡……宜鞭汝千……今我赦汝。宜鞭汝千……今大赦汝……"以及師旂鼎中"宜播,叡……今毋播"的結構來看,{叡}應該也是一個法律文書中的常用術語。[3] 一份判決文書"贅(決)"的完整結構當爲:

本事、所犯事由(叡)——依法當做的處置(宜)——最終的處置決定(今)

因此,在文書語言中,{叡}作爲一個常用術語得以延續到了西周晚期——即使此時日常語言中恐怕已經見不到具有因果連詞作用的{叡}。

《尚書》中以"徂"表示{叡}的三個例子均爲今文《尚書》,文本來源尚稱可靠。《酒誥》《召誥》均作於成王時期,與大保簋、大盂鼎的時代是接近的。而《費誓》的時代則尚有討論空間,《書序》以爲其是周公之子"魯侯伯禽"所作誓,自《史記》以降歷來從之。上世紀初,古史辨派的余永梁撰文提出,《費誓》中的魯公當係魯僖公,《費誓》的時代要大幅度調整至春秋時期,這引發了廣泛的爭辯,較權威的今人《尚書》注本如楊筠如《尚書覈詁》、屈萬里《尚書集釋》皆從余說,改訂《費誓》爲春秋文本,並加以補證。但劉起釪又在《尚書校釋譯論》中反駁這種看法,認可數千年來"魯侯伯禽所作"的舊說。[4] 諸家反覆就《費誓》中的用語以及春秋魯國是否可能與徐戎淮夷發生戰事進行爭論,殊無定見。根據本文的研究結果,考慮到西周金文及《酒誥》《召誥》中的{叡}均出現在西周早期、中期的特徵,我們更支持《費誓》文本創作於西周早期,從《書序》舊說爲魯侯伯禽所作。

清華簡《攝命》記錄了西周中期的一次冊命,即使這一戰國抄本並非文本原貌,但從其格式與西周冊命銘文格式的高度關聯來看,其文本源自西周中期是沒有問題的。馬楠、程浩等學者均從文句、儀式及人物繫聯等角度,提出《攝命》的時代應落在西周中晚期。[5] 最近李

---

[1] 李學勤以爲其有蓋、竊曲紋之特點屬西周晚期偏早,參見李學勤:《岐山董家村訓匜考釋》,《古文字研究》第 1 輯,第 149 頁;唐蘭:《陝西省岐山縣董家村新出西周重要銅器銘辭的譯文和注釋》,《文物》1976 年第 5 期,第 58 頁。

[2] 唐蘭:《陝西省岐山縣董家村新出西周重要銅器銘辭的譯文和注釋》,第 58 頁。

[3] 而九年衛鼎銘文也屬於契約文書一類,其中出現的{叡}可能也屬文書中的常用詞。

[4] 參見余永梁:《粊誓的時代考》,顧頡剛等編:《古史辨》第 2 册,上海古籍出版社,1982 年;楊筠如:《尚書覈詁》,第 438—439 頁;屈萬里:《尚書集釋》,第 246—247 頁;顧頡剛、劉起釪:《尚書校釋譯論》,第 2161—2167 頁。

[5] 參見馬楠:《清華簡〈攝命〉初讀》,《文物》2018 年第 9 期,第 46—49 頁;程浩:《清華簡〈攝命〉的性質與結構》,《清華大學學報(哲學社會科學版)》2018 年第 5 期,第 53—57 頁。

紀言在《清華簡〈攝命〉補議——以虛詞爲中心的討論》一文中，曾對《攝命》中三個虛詞"于""弜""雩"的用法加以研究，他注意到簡本《攝命》雖屬戰國楚寫本，但其虛詞用字習慣與戰國出土楚地文獻並不相類，還保存了更爲古老的傳統，如在商代及西周大爲流行的否定詞"弜"，其"作爲否定詞的用法在西周之後完全滅絕，在《攝命》之外其他戰國簡中再也没有出現過"，證明其文本來源定係西周，《攝命》就是轉録王命的册命書。[1] 而根據本文所論西周金文{虘}的時代特徵落在西周晚期之前來看，《攝命》簡文中仍然存在{虘}，甚至仍然使用"虘"字來表示，證明了過去學者對《攝命》文本時代的認定十分正確，它屬於西周中晚期。由此可見，《尚書》的《召誥》《酒誥》《費誓》與清華簡《攝命》的成書時代，亦合於西周金文中{虘}的時代特徵，它還能反過來幫助我們斷定一些文本的成書年代。

{虘}活躍於西周早期、中期，而其後的出土、傳世文本中"虘"及"且"聲諸字均未見有表因果的用法，也無另外存在與"虘"（從母魚部）音韵相近的字用爲因果連詞之例，因此我們認爲{虘}已經在語言中自然消亡。武振玉曾對西周金文中的因果連詞做過整理，在因果複句的原因分句中使用的因果連詞有{用}、{唯}兩個，{用}出現在西周中晚期，{唯}則貫穿整個西周。[2] 然而，由於無論是{虘}還是{用}、{唯}，其語料終究很少，並没有顯著的發展軌迹，是否是{用}取代了{虘}，就目前的材料來看仍無法下定論。而對於{虘}的演化，張振林又曾在《"則繇隹"解》一文中提出，逑盤、四十二年逑鼎、四十三年逑鼎、師克盨以及師訇簋中"則繇隹"亦有領起原因句之用，因此他認爲"則繇"當即"虘"之緩讀，"證明當時的語言習慣裏，'則'和'繇'同樣繼承了'虘''則繇'的意義和功能"，可備一説。[3] 而{虘}與後來文獻中的虛詞"且"，其用法是否有繼承關係，也是值得進一步思考的。

西周早期、中期裏除了用作{虘}的"虘"外，便幾乎僅見有專有名詞用法。"虘"字在{虘}消失後仍然存在於漢字使用環境之中。除了人名、地名等用法外，它還常出現在樂器銘文之中頌美樂器的套語裏，表示虛詞{且}。如西周中期偏晚的戎生編鐘（《新收》1613—1620）中，它便被借去表"既穌虘（且）淑"的並列連詞{且}，其時代與{虘}重疊，春秋早期的楚大師登編鐘中亦見"穌鳴虘（且）敔"的用法；[4] 樂器銘文常見的"終翰且揚"中的"且"，也常見用"虘"來表示。如近年湖北襄陽新出的一件春秋中期句鑃、[5] 春秋晚期的王孫遺者鐘

---

[1] 參見李紀言：《清華簡〈攝命〉補議——以虛詞爲中心的討論》，《中國文字》2019年冬季號總第2期，第233—248頁。
[2] 參見武振玉：《兩周金文詞類研究（虛詞篇）》，第224—231頁。
[3] 張振林：《"則繇隹"解》，《張振林學術文集》，第354—362頁。
[4] 戎生編鐘"虘"字用爲並列連詞"且"的例子，似揭示因果連詞"虘"與後來功能越發多元的虛詞"且"有歷時的發展關係。參見周亞：《楚大師登編鐘及相關問題的認識》，《上海博物館集刊》第11期，上海書畫出版社，2008年，第146—167頁。
[5] 參見襄陽市文物考古研究所：《湖北襄陽沈崗墓地M1022發掘報告》，《文物》2013年第7期，第15頁。

(《集成》261)及沇兒鎛(《集成》203)。另外在西周晚期的散氏盤(《集成》10176)以及召皇父匜(《銘續》472)中,"虡"字也用來假借表示{徂}。而"虡"字與"且"聲諸字進一步相通的現象廣泛出現在戰國時期出土簡帛文字之中,{徂}在戰國時或以"虡"爲聲符,用"遽"來表示,這是導致《尚書》文本中的{虡}逐漸由"虡"轉寫爲今本"徂"字的原因。傳抄古文中,《汗簡》《古文四聲韻》以及《訂正六書通》均錄"古尚書"中的"徂"字作"遽",我們推測是原先作"虡"的本子,在戰國時期添上羨符"辵";[1] 另一種可能則是戰國時人已不解此處存在一個因果連詞{虡},由於誤解了文意,因而在傳抄時,直接改爲使用音近、當時用來表示{徂}的"遽"字。从虘或虡(虞)爲聲符的字在秦漢以降多轉爲从且,"遽"於是轉寫爲"徂"。目前所見的春秋戰國文字中,"虡"字在楚、晉、吴等國文字中俱有所見,唯獨秦文字中從未見。[2] 到了秦漢時期,"虡"字及从"虡"或"虘"形的字便完全消失了。這説明在秦文字的用字習慣中,可能早已捨棄了這一形體。因此有研究者推測,後世傳世文獻中从"虘"或"虡"之字悉數轉爲从"且",可能是秦"書同文"政策的影響,有意識將六國文字中的"虘""虡"形全部去代爲"且"。[3] "虡"字在漢代又重新出現,《説文》中記載"虘,虎不柔不信也,从虍且聲。讀若鄘縣";"虡,叉卑也",此實與挅、攎表示同一個詞(《方言》:"挅、攎,取也。南楚之間凡取物溝泥中謂之挅。或謂之攎。"),與先秦文獻中的實際用法,已經完全脱鈎。

五、結　語

總結本文所論,我們從大保簋銘文出發,注意到"虡厥反"屬上、屬下讀的根本問題在於"虡"字扮演的角色。本文提出西周早中期存在一個用作因果連詞的{虡},並在西周早中期以"虡"字表示。西周金文中大部分舊説讀爲歎詞、發語詞的"虡",都應該改讀爲因果連詞。這一詞流傳到傳世典籍之中,改用"徂"來表示,導致在{虡}於西周晚期消亡後,後人已無法準確判讀《尚書》中的"徂"字。清末、二十世紀初的訓詁學家、古文字學家們已經認識到,金文的"虡"、《尚書》的"徂"不該是實詞,而應該是虛詞。最受研究者支持的讀"嗟"之説已由李學勤作了極具説服力的質疑,張振林、梁華榮也已指出過西周金文中的部分"虡"當爲因果連詞。這些認識無疑是相當到位的,本文不過是在他們的基礎之上,探究這一虛詞可能扮演的語法功用,並嘗試全面將西周金文、清華簡《攝命》中的"虡"及今本《尚書》中的部分"徂"字改讀作因果連詞,對其背後反映的字詞關係做延伸研究,並借以對《尚書》《攝命》相關篇章

---

[1] 參見李春桃:《傳抄古文綜合研究》,第345頁。
[2] 黃德寬主編:《春秋文字字形表》,上海古籍出版社,2017年,第134—135頁;黃德寬主編:《戰國文字字形表》,上海古籍出版社,2017年,第395頁。
[3] 參見謝佩霓:《從先秦古文字材料看"且"、"虡"二字的演變歷程》,《逢甲人文社會學報》第19期,2009年,第117—141頁。

文句的成書時代略作討論。

田煒《西周金文字詞關係研究》中曾説："西周金文是當時的實用文字，較少受到古書流傳傳抄、底本版本等因素的影響，可以真實反映西周時期語言文字使用的實際情況，這是字詞關係斷代研究的重要前提……通過對西周金文字詞關係進行研究，我們可以更好地了解西周時期語言文字的使用情況，也可以更好地了解漢語字詞關係發展、變化的情況，同時對研究傳世文獻與出土文獻的差異以及傳世文獻的形成等問題都是有幫助的。"[1] 本文的實際研究成果恰恰證明，金文材料與傳世材料從不同角度反映了一些特定時期的漢語語言文字使用情況，然而，出土文獻中的用語、用字，在傳世文獻中留下的痕跡本身歷經了長久的演變過程，其中不僅包括了文本定型之前字詞組合關係的變化，也會因爲不同時代文本的閲讀者對文本所屬時代語言的不了解，進而誤讀、誤抄文本。在聯繫出土文獻與傳世文獻時，便會受到不少因素的干擾。本文的案例中，叙的消失及它在文字材料中以各種形式留下的痕跡，都向我們展示了上古漢語字詞關係之糾葛及文獻文本形成之複雜性的一面。

2020 年 11 月 29 日初稿
2024 年 2 月 29 日改定

附記：拙文承蒙顔世鉉、古育安、黄庭頎、謝博霖等先生審閲教正，並曾於 2023 年 8 月"中研院"歷史語言研究所安陽工作室主辦之"上古中國互動關係的多重面貌：戰争、器物與文字"研討會宣讀，投稿後復蒙匿名審稿專家惠賜意見，謹致謝忱。

---

[1] 參見田煒：《西周金文字詞關係研究》，上海古籍出版社，2016 年，第 362 頁。

青銅器及相關考古學研究

二里岡文化青銅器紋飾的製作方式
——以盤龍城青銅器爲中心

張昌平*

　　二里岡文化時期是青銅器大發展的階段,其間青銅器裝飾也有很大發展。與二里頭文化時期鮮有裝飾的情況不同,二里岡文化時期青銅器器表處理得光潔平整,容器上幾乎都有裝飾,裝飾成爲普遍現象。當時裝飾的內容既有獸面紋、夔紋、獸首等動物形紋樣,也有雲雷紋、弦紋、渦紋等幾何形紋樣。裝飾設計上不僅有單周紋飾,同時還向多周紋飾發展。同時,單周紋飾橫向展開,將紋飾單元分割成等分而規整的幅面;多周紋飾縱向排列,以適應於不同徑值的容器。這樣單周與多周的形式,形成完整的布局效果,也是中國青銅時代容器裝飾的共同特徵。因此,理解和研究這一時期青銅器紋飾,具有重要的意義。

　　紋飾的製作技術,是理解其形態的重要路徑。一方面,紋飾的結構、布局乃至形態上的特徵,都可能有製作技術的背景。明確製作技術背景,顯然有益於理解紋飾結構以及裝飾效果。另一方面,紋飾製作方式——在陶範上直接製作還是通過陶模製作之後翻印到陶範上,迄今仍然是個爭議中的熱點問題,甚至可以説是紋飾製作研究的核心問題。

　　此外,二里岡文化前後的青銅器裝飾中,還有兩個令人迷惑的現象。一是從裝飾發展上來説,二里岡文化晚期繼續大量沿用較早出現的細綫紋飾。二是在同一周裝飾中,有時會出現兩組風格不同的紋飾,這種特別的現象被學者稱之爲"一帶雙紋"。[1] 這些特別的現象,也很可能有紋飾製作技術上的背景。基於以上考慮,本文將以盤龍城青銅器爲基礎材料,考察二里岡文化時期青銅器紋飾的製作方式。

一、裝飾與鑄造技術的關聯性

　　早在二里頭文化時期之前,中國青銅器就呈現出範鑄技術的傾向。[2] 因此在二里頭文化時期以來塊範法技術系統之下,紋飾的製作與鑄造技術發生密切的關聯,是必然的過程。二里岡文化時期青銅容器幾乎都帶有紋飾,青銅器紋飾無論是否通過陶模翻製到陶範,最終的製作工序,還是會在陶範上完成。因此紋飾的位置、單元的割分、幅面的大小等因素,都往

---

* 武漢大學歷史學院教授。
[1] 常懷穎:《二里崗銅容器的"一帶雙紋"現象》,《文物》2010年第6期。
[2] 張昌平:《從三棱錐形器足看中國青銅時代塊範法鑄造技術特質的形成》,《考古》2022年第3期。

往與分範相關。裝飾和鑄造技術之間的關聯性,是顯而易見的。雖然二里岡文化的青銅容器在鑄造時常常會掩蓋鑄造痕迹,但在紋飾處因爲難以處理仍然會留有範縫。這樣,紋飾和技術之間的關係是可以被清楚地觀察到的。

盤龍城青銅器中,除了弦紋會在每周連續延伸之外,其他從獸面紋到圓圈紋等不同紋飾,基本都會在範縫處終止(圖一)。也就是説,範縫基本是紋飾單元的休止處,範縫也就成爲紋飾單元的隔欄。無論是模作還是範作紋飾,紋飾單元的劃分往往是按範型來設計的。由於分範都是等分的,因此每周紋飾也相應地被等分爲不同的單元,這樣使單元紋飾變得規整而有序。器物紋飾單元的數量及位置取決於腹部使用的外範塊數:鼎鬲甗等三足炊器(圖一)、簋尊罍等圈足盛器使用三塊外範(圖二),紋飾就是一周三個單元;觚爲二分範,觚上的獸面紋也爲兩個單元(圖八);爵腹爲扁體使用兩塊外範,紋飾也是兩個單元(圖十一)。紋飾單元的劃分與鑄造器物的分範,是完全協調、一致的。

圖一　紋飾單元與範型(李家嘴 M2:35 鼎)

塊範法鑄造技術系統,使紋飾得以於鑄造之前在範塊上刻畫、堆塑,這使得裝飾無論是在精細還是複雜程度上,都有極大的伸縮性。相較於失蠟法或者鍛製技術鑄後在青銅器表面鏨刻紋飾,塊範法具有很大的紋飾製作優勢。比如,塊範法鑄造製作浮雕性紋飾,只需在範上製作相應凹入的效果。這樣便利的條件,使半浮雕獸面紋裝飾很早就得以出現(《全集》一,圖版128)。[1]

---

[1] "《全集》一"爲《中國青銅器全集》第一卷的簡稱,下文同。參考中國青銅器全集編輯委員會:《中國青銅器全集(一)》,文物出版社,1996年。

在盤龍城青銅器中，也有三件罍爲半浮雕獸面紋，典型者如王家嘴 M1：2 罍（圖二）。這些半浮雕獸面紋在器表半浮雕狀凸出，器内壁相應凹入。由於這一時期青銅器器壁較薄，如此凸凹式的處理，可避免原本較厚的半浮雕器壁因澆注冷却收縮時可能産生鑄造缺陷。在這類紋飾的製作中，紋飾的設計、範與芯的製作、器物的澆注等工序必須相互配合，方能確保紋飾最後完成。半浮雕紋飾在殷墟文化較早階段繼續發展，並在殷墟文化晚期成爲流行的裝飾手段。因此，塊範法鑄造在技術上爲中國青銅時代青銅器裝飾的發展，提供了極大的技術空間。

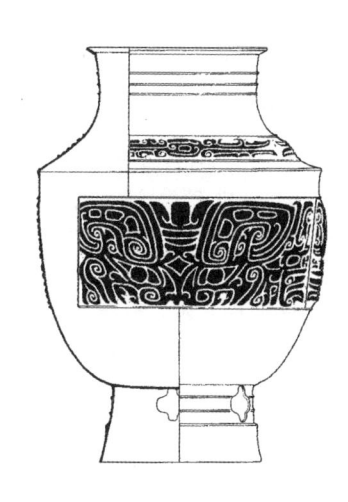

圖二　半浮雕獸面紋（王家嘴 M1：2 罍）

二、紋飾製作方式的雙重性

盤龍城青銅器紋飾即二里岡文化時期青銅器紋飾在形態上一個重要的特徵是突起於器壁。這些突起的陽紋絶大多數爲綫性的平雕，偶見半浮雕，在製作上則可能有不同的方式。雖然幾乎所有紋飾的製作，都是先在陶範上完成而後通過鑄造形成的，但是，是在模上製作完成後再翻印到陶範上（模作），還是直接在範上製作完成（範作），則難以判斷。因爲無論模作還是範作，鑄出的紋飾從圖案結構上來説是基本一致的。紋飾製作方式之所以形成難解之局，正如貝格立分析的那樣，[1]當需要製作類似獸面紋這樣的紋飾，可能是先畫出紋飾的圖樣，如果紋飾爲模作的話，則在模上剔掉圖樣空白部分，而後將模上紋飾翻印到陶範上；而若紋飾爲範作，則在範上剔除圖樣部分而保留空白部分。前者模作是在模上獲得正向的陽紋，後者範作是在範上獲得反向的陽紋。

二里岡文化時期青銅器紋飾，按紋樣結構有獸面紋、夔紋、雲雷紋、渦紋、連珠紋、弦紋

---

[1] Robert Bagley, Ornament, Representation, and Imaginary Animals in the Bronze Age China, *Arts Asiatiques*, pp. 17-29, tome 61-2006.

等,如按紋路形態則可分爲寬頻和細綫兩種。紋飾製作方式似乎與紋路形態關係更大,因爲結構最爲複雜的獸面紋,也有寬頻和細綫兩種。換言之,相同結構的紋飾有不同的紋路形態,可能是技術上的選擇。不過,無論寬頻還是細綫紋飾,似乎都有模作和範作的可能,其製作方式呈現出似是而非的雙重性。

　　細綫紋飾一般被認爲是範作的,因爲最早像二里頭文化青銅器的裝飾應該都是在陶範上直接刻畫製作的。盤龍城青銅器的細綫紋飾包括複雜的如獸面紋、夔紋,以及簡單的如雲雷紋、弦紋等,都有範作紋飾的迹象。例如楊家灣 M3∶1 爵在腹部飾三道凸弦紋(圖三,1),弦紋在靠鋬的一側間距較小,而對面腹部上弦紋間距明顯較大。兩塊陶範上紋飾的不同,説明這類細綫紋飾是在腹範、鋬側範上分别刻畫出來,因此拼合時無法對齊。類似情況也見於楊家灣 H6∶20 罍(圖三,2),在範縫兩側的細綫紋帶上,上下部分的邊欄對位整齊,但紋帶中弦紋、獸面紋都有錯位,錯位部分也應該是在範上刻紋的結果。類似紋帶在範縫兩側錯位的現象在細綫紋飾中頗爲多見,尤其以觚類器爲甚。楊家灣 M11∶18 觚的弦紋和細綫獸面紋在紋帶下部較爲整齊,但上部則都出現了明顯的錯位,暗示這件觚上包括圓圈紋都是範作的(圖三,3)。

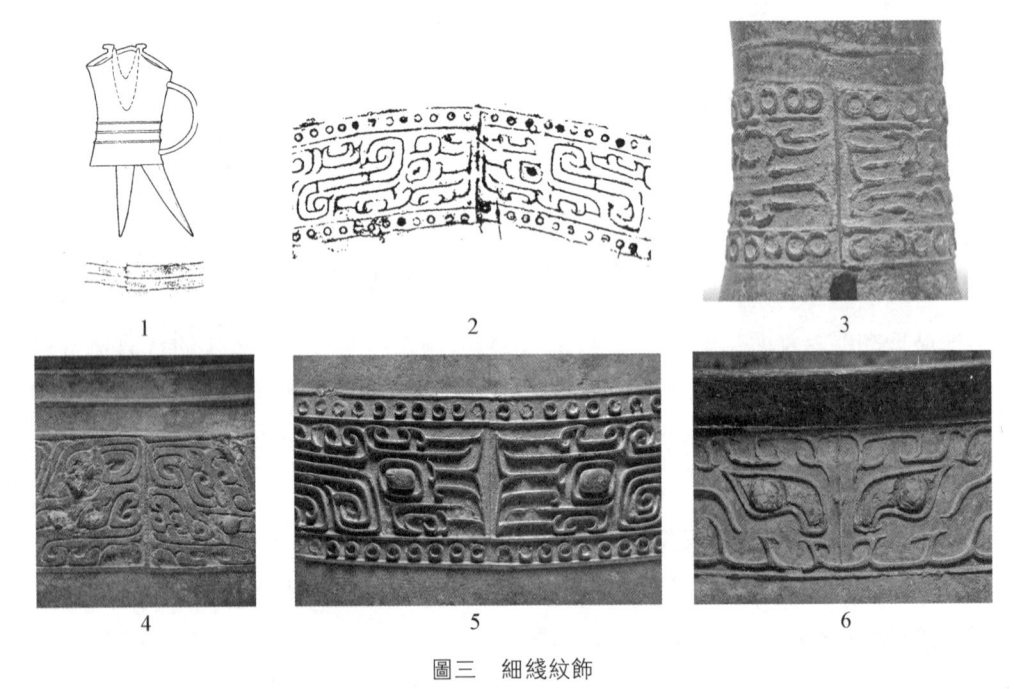

圖三　細綫紋飾

1. 楊家灣 M3∶1 爵;2. 楊家灣 H6∶20 罍;3. 楊家灣 M11∶18 觚;
4. 楊家灣 M11∶13 簋;5. 楊家灣 M7∶6 罍;6. 李家嘴 M2∶55 鼎

　　不過,細綫紋飾也可能爲模作。一方面,並不是所有的細綫紋飾都在範縫處不能對接,相反,更多的時候包括弦紋是在範縫處絲滑過渡,顯示出很强的整體性,這暗示其在模上連貫旋出的製作背景。另一方面,如果在模上製作細綫紋飾,翻範後凸起的陽綫應該是平直的,這是一個判斷製作技術的方法。楊家灣 M11：13 篡在紋帶上部的弦紋寬細不同,有明顯的接頭痕跡,或者說是範作紋飾的起始處(圖三,4)。但此器獸面紋帶之上的兩條獨立的弦紋却非常流暢,很可能是在模上一次性地完成的一周。楊家灣 M7：6 罍邊欄的弦紋也很流暢(圖三,5),同時其細綫獸面紋綫條凸起較多,凸起的表面不像一般的弦紋那樣圓凸,而是方直地凸起,表面平整。這樣的形態顯然不是刻畫形成的,很可能是模作紋飾剔去凹下的部分。李家嘴 M2：55 鼎細綫獸面紋上的陽綫也是方直凸起、表面平整,獸面的雙目還有寬而平整的眼瞼,這樣的紋飾也很可能是模作的(圖三,6)。細綫紋飾在盤龍城青銅器中約占三分之一的比例,綜觀其製作特徵,可能大部分為範作,但也應該有較少數量為模作,這其中又以獨立的弦紋、紋帶邊欄的弦紋較多。

寬頻紋飾多被認為是模作。如此判斷多是根據紋飾的紋路以及留白形態做出的,因為模作紋飾應該是在模上剔去留白部分。又因為範作紋飾與我們觀察到的器物紋飾形態相反,而模作的是正相,因此器物看上去有雕塑感的紋飾,多應該是模作的。例如,李家嘴 M1：7 罍範縫與獸面紋的尾端相連(圖四,1),應該就是在模作才會出現的情形。許多紋飾的紋路在收分時都有很長的拖邐,如前述李家嘴 M1：7 罍,或者獸面塑形時留白呈均匀地(的)空隙,如李家嘴 M2：2 篡(圖四,2),以及紋路是圍繞特定的圖形形成,如李家嘴 M1：10 斝(圖四,3),這些都是在模上雕刻、塑形形成的特點。楊家灣 M4：6 觚甚至可以觀察到

圖四　寬頻紋飾(模作)

1. 李家嘴 M1：7 罍;2. 李家嘴 M2：2 篡;3. 李家嘴 M2：10 斝;4. 楊家灣 M4：6 觚

凹下部分的凸凹不平，應是刀工剔地後未經修整形成的痕迹（圖四，4）。這些紋飾往往紋路較深而邊壁陡直，且表面平整，模作的特徵較爲明顯。

　　寬頻紋飾也不全然是模作。一些寬頻紋飾在範縫的兩側出現錯位的情形，看上去紋飾可能是分別在不同的外範上形成的，如西城垣 M1∶6 鼎，紋飾錯位明顯（圖五，1）。類似的情况也見於楊家灣 M4∶4 罍，該罍飾有兩周獸面紋，罍腹上部一周獸面紋在範縫兩側延續平齊完整，下腹紋飾則有不同範塊拼合之感（圖五，3）。還有一些紋飾在分範處看不到紋飾延續的發展，也説明是在外範上各自設計的，如李家嘴 M1∶4 鬲口下的三角雲紋（圖五，2）。楊家灣 M4∶2 鬲口下雷紋情況類似，紋飾在範縫處不僅略有錯位，且在右側的雷紋較爲短促，也應該是在外範上各自完成的（圖五，4）。

圖五　寬頻紋飾（範作）
1. 西城垣 M1∶6 鼎；2. 李家嘴 M1∶4 鬲；3. 楊家灣 M4∶4 罍；4. 楊家灣 M4∶2 鬲

　　不過，在各類紋飾中，圓圈紋是屬於範作方式，是很明確的。胡家喜等認爲圓圈紋是用珠管之類的工具在範上直接戳印而成，[1] 這個看法無疑是正確的。可以注意到，圓圈紋雖

---

[1] 胡家喜、李桃元：《盤龍城遺址青銅器鑄造工藝探討》，《盤龍城——1963～1994 年考古發掘報告》附錄七，文物出版社，2001 年，第 576—598 頁。

然多排列不均匀,但都與外範的空間契合,且没有圓圈紋跨騎在範縫的位置。不少圓圈紋常常在範縫兩側分布得較爲密集或者較爲稀疏(圖三,3;圖五,3),這是在陶範邊緣戳印時才會做出的位置調整。

明確了圓圈紋範作的方式,可以觀察與之共存紋飾類型及其製作方式。圓圈紋較多裝飾在觚、爵、斝和尊罍器類中,共存紋飾多爲細綫獸面紋。這其中觚類器較多,盤龍城有 6 件細綫獸面紋觚裝飾圓圈紋,3 件獸面紋上下均帶圓圈紋的。觀察這些器物的獸面紋,均應爲範作紋飾,如前述的楊家灣 M11∶18 觚(圖三,3)。爵類器細綫獸面紋中有 4 件帶圓圈紋,其中楊家灣 M4∶3 觚上側邊欄飾圓圈紋、楊家灣 M7∶7 爵上下邊欄均飾圓圈紋,這兩件器的細綫獸面紋也是範作的。圓圈紋與寬頻獸面紋共存的器物中,也見範作的,如上下帶連珠紋楊家灣 M4∶4 斝(圖五,3)、西城垣 M1∶6 鼎(圖五,1),上側帶圓圈紋的王家嘴 M1∶11 爵,獸面紋應該都是範作的。也有一些帶圓圈紋的器物其共存紋飾製作方式不明,采集 P∶033 爵獸面紋紋路較爲細密,凸起的陽綫與凹入部分大體相當,難説是否範作(圖六,1)。又如樓子灣 M3∶2 觚飾有兩周寬頻紋飾,紋飾各兩組,器足帶 4 個鏤孔,也很難判斷是否爲範作。相反的情況是,範作圓圈紋共存模作紋飾,也就是説,在完成模作紋飾和翻範之後,再在範上製作圓圈紋。李家嘴 M1∶8 罍、李家嘴 M1∶9 壺(圖六,2)都是在模作的寬頻獸面紋上下兩側裝飾範作的圓圈紋。這兩件器物的獸面紋和圓圈紋製作都很規整、細緻,體現出較高的工藝水準。較爲極端的情況如楊家灣 M7∶6 罍(圖三,5),在細綫獸面紋上下邊欄飾範作的圓圈紋,除了圓圈紋之外,該器其他各周紋飾可能都是模作的。以上現象説明,因爲圓圈紋是範作紋飾,共存的紋飾多爲範作,其中又以細綫獸面紋爲多,這合乎紋飾製作上技術選擇的便利性。而對於李家嘴 M1∶8 罍、李家嘴 M1∶9 壺這樣製作精美、裝飾複雜的器物而言,在模作的寬頻獸面紋的邊欄再施以範作的圓圈紋,是以複雜的工序,去追求裝飾、精細的製作效果。

圖六 範作的圓圈紋
1. 采集 P∶033 爵;2. 李家嘴 M1∶9 壺

从总体情况而言,宽频纹饰应该多爲模作,綫状纹饰多爲範作。但兩种纹饰的製作方式都各有交叉,宽频纹饰應该有少数爲範作,而那些圆润平滑的弦纹以及那些纹路凸起陡直而表面平齐的綫状纹饰,應该多是模作的。另一方面,當多周纹饰共存,特别是製作那些较爲精细的器物時,模作和範作兩种技術手段顯然會被先後使用。當然,以上對於模作和範作纹饰的討論,仍然是根據纹饰表像的觀察,結論未必確定。

三、细綫獸面紋的適用性

在陶範上刻畫凹入的綫條,即可在鑄後的器物表面得到相應凸起的陽綫,因此範作细綫纹饰在技術上頗爲简易,细綫的獸面紋也應该如此。早年戴維森(J. LeRoy Davidson)通過觀察一些商時期青銅器所飾窄细而凸起的细綫纹饰,認識到這些纹饰應该是直接在陶範上刻畫而成的。[1] 戴維森的這個認識,又直接影響到其後羅越(Max Loehr)提出著名的獸面紋五型發展的觀點:在陶範上直接製作的细綫獸面紋被羅越列爲最早的Ⅰ型,邏輯發展上早於宽频獸面紋的Ⅱ型。[2]

细綫纹饰在陶範上直接刻畫製作、在發展系列上较早的認識,應该是正確的。不難注意到,迄今發現年代较早的青銅器,其裝飾纹饰者一般是綫状纹饰。二里頭文化時期青銅器不多的纹饰,是在鼎、爵上裝飾網格紋等细綫纹饰,少数乳釘紋也應该是在陶範上戳印出來的。二里岡文化早期青銅器絶大部分也是裝飾细綫纹饰,盤龍城年代最早的楊家灣 M6,出土三件青銅容器爵、斝、鬲,均飾细綫的獸面紋或弦紋(圖七)。

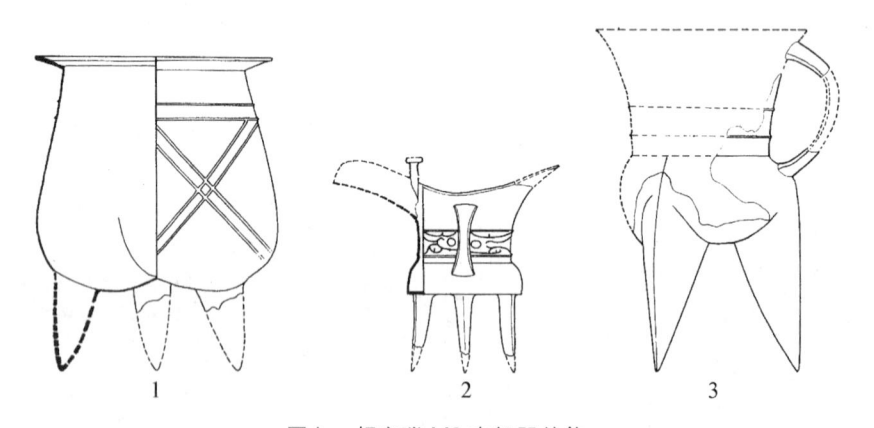

圖七　楊家灣 M6 青銅器紋飾
1. M6∶2 鬲;2. M6∶1 爵;3. M6∶4 斝

---

[1] Davidson, J. LeRoy, Toward a Grouping of Early Chinese Bronzes, *Parnassus*, Vol. Ⅸ, 1937, April.
[2] Max Loehr, The Bronze Styles of the Anyang Period(1300-1028B.C.), *Archives of the Chinese Art Society of America*, 1953,7.

但是，在二里岡文化時期青銅器的發展，寬頻紋飾並沒有取代細綫紋飾，細綫獸面紋甚至在二里岡文化晚期仍然大量存在，這在盤龍城青銅器中尤爲明顯。在盤龍城最晚階段的代表性單位像楊家灣M11、H6，其細綫紋飾特別是細綫獸面紋的青銅器不在少數，看上去細綫紋飾與寬頻紋飾並沒有成爲早晚承襲的發展關係。

細綫獸面紋在年代較晚的青銅容器上流行，一定有其特別的背景，技術背景當然是首先應該考慮的。要理解何以年代較晚的青銅器裝飾邏輯發展關係較早的綫狀紋飾，需要考察那些綫狀紋飾青銅器的內聚特徵。不難發現，細綫獸面紋結構簡化而抽象，有時甚至會省略獸面紋最常見的構件——雙目。因其綫條較細，細綫獸面紋可以在較小空間中展開。實際上，紋飾幅面較小的觚類器上，就常見細綫獸面紋。

盤龍城遺址典型單位發表圖像的觚類器中，有22件可辨識紋飾，其中裝飾綫狀紋飾的觚有9件，這在盤龍城青銅器各器類中比例最高。其中屬於盤龍城遺址年代最晚階段的楊家灣M11出土的4件觚中，有3件是裝飾細綫獸面紋（圖八）。

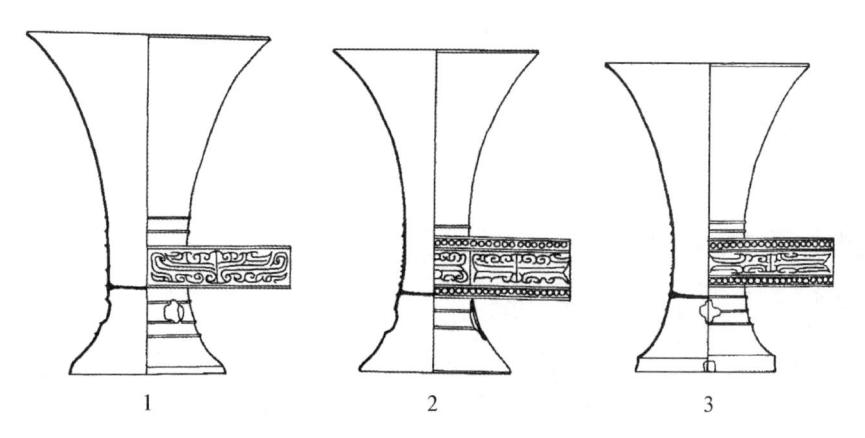

圖八　楊家灣M11細綫獸面紋觚
1. M11：11觚；2. M11：18觚；3. M11：51觚

細綫獸面紋在觚上的裝飾甚至還和觚的粗細相關，即粗腰觚較多裝飾寬頻獸面紋，而細腰觚較多裝飾細綫獸面紋。粗腰觚如李家嘴M2：5觚口部殘，腰徑7.2釐米；李家嘴M1：19觚底徑10、腰徑6.2、通高16.8釐米；楊家灣M4：6觚，口徑11.6、高16.6、腰徑5.2釐米；樓子灣M3：2觚底徑9、通高15.4釐米，這些觚均裝飾寬頻獸面紋。與之相反，細綫獸面紋則往往裝飾在細腰觚上，楊家灣M11裝飾細綫紋飾的觚，M11：11觚口徑12.9、通高18.2、腰徑4.2釐米；M11：18觚口徑10.4、通高17.2、腰徑3.4釐米；M11：51觚口徑10.3、通高16、腰徑3.6釐米。這些裝飾細綫獸面紋的觚，其腰徑明顯小於粗腰觚。

細腰觚裝飾綫狀紋飾應該與紋飾的裝飾幅面大小相關。二里岡文化時期還未出現像殷墟第二期文化青銅器那樣的複雜分範的現象，觚的範型應該是使用兩塊外範。受合範方式的影響,觚的紋飾也是一周兩組,紋飾的分界重合於合範的範縫。對於觚而言,由於直徑很小,兩組紋飾可供裝飾的空間十分有限——在所有的青銅器容器器類中,觚的裝飾空間是最小的一類,且裝飾在直徑最小的腰部。當裝飾主體爲結構複雜的獸面紋,這意味着在較小的幅寬範圍需要展開紋樣的獸面、軀尾等不同部件。對於細腰觚而言,以細綫表達獸面紋的面部器官和展開的軀尾,無疑較紋路較寬的寬頻紋飾方便得多。因此就器形而言,由於二里岡文化時期青銅觚的總體變化是腰部由粗及細,如此則細腰觚年代多較晚,細綫紋飾的需求就較多。因此二里岡文化時期細綫紋飾特别是細綫獸面紋較多,不是一個時代發展的必然現象,而是出於技術需求。

與裝飾在幅面較小的器類上相反,細綫獸面紋還出現在一些體形較大的器物上。二里岡文化時期體量最大的器類是鼎(包括圓鼎和方鼎),其器形高大者,常常裝飾細綫獸面紋。大型鼎上的細綫獸面紋往往是突出橢方形雙眼,獸面、角、軀體抽象難辨,細綫紋路與器形的高大、粗獷對比强烈。

盤龍城出土的鼎類器中,體量最大的 4 件都飾細綫獸面紋(圖九)。李家嘴 M2∶36 鼎,口徑 31.6、通高 55 釐米;李家嘴 M2∶55 鼎,口徑 21.4、通高 35.6 釐米;李家嘴 M1∶1 鼎,口徑 28.5、通高 45 釐米;楊家灣 M11∶16 鼎殘,口徑約 55 釐米。在盤龍城裝飾寬頻獸面紋或其他如弦紋的鼎,體量均明顯小於上述諸鼎。

图九 盤龍城細綫獸面紋的大鼎

1. 李家嘴 M2∶36 鼎;2. 李家嘴 M2∶55 鼎;3. 李家嘴 M1∶1 鼎;4. 楊家灣 M11∶16 鼎

大型青銅鼎裝飾綫狀獸面紋並非盤龍城一地的獨特現象,在二里岡文化至中商文化時期的鄭州商城及其他地區,大型鼎類器也多是細綫獸面紋。如鄭州商城迄今所見最大的圓鼎是鄭州向陽回民食品廠窖藏 H1∶1,口徑 52、通高 77.3 釐米,口下飾一周細綫獸面紋(圖十,1)。[1] 平

---

[1] 河南省文物考古研究所:《鄭州商城:1953—1985 年考古發掘報告》下册彩版 17,文物出版社,2001 年。

陸前莊獸面紋鼎口徑47.5、通高73釐米，口下獸面紋也是細綫的(圖十，2)。[1] 不僅在圓鼎中，在大型方鼎中也多是如此，如鄭州男順城街H1的4件方鼎均飾細綫獸面紋。[2]

圖十　盤龍城之外細綫獸面紋大鼎
1. 鄭州向陽回民食品廠窖藏H1∶1鼎；2. 平陸前莊鼎

细綫獸面紋與大型銅鼎之間存在的内在聯繫，也是技術上的。由於大型鼎的範型會相對較大，即便如鄭州向陽回民食品廠窖藏H1∶1鼎作水準分範，但單塊外範也會遠大於普通口徑不足20釐米的鼎範。如果裝飾寬頻獸面紋，則很可能是模作方式地翻製紋飾。這對於較大的陶範而言，操作比較困難且易導致紋飾變形。上述大型鼎的细綫獸面紋，很可能是直接的範作紋飾。如此範作會大大降低技術難度、增加製範工序環節的成品率。

四、细綫和寬頻紋飾共存的背景

除了紋飾和器類的關係之外，紋飾的組合情況也是觀察製作技術的一個視角。此前已有學者注意到，在器物特别是爵類器的同一周紋飾中，有時會出現兩組不同的紋飾，這種不同於絶大多數紋帶風格一致的情况，被學者稱之爲"一帶雙紋"現象。[3]

由於紋飾手工製作的先決條件，每周紋飾各個單元都會有細節的不同。我們這裏所説的"一周雙紋"，是構圖明顯不同乃至技術背景不同的情況。盤龍城最有代表性的"一帶雙紋"，是學者已經指出的、在多件爵上的裝飾方式：在鋬的一側飾细綫獸面紋，而在腹側飾寬頻獸面紋。代表器如楊家嘴M2∶5爵，以及采集P∶032爵(圖十一)。

---

[1]《全集》一，圖版33。
[2] 河南省文物考古研究所等：《鄭州商代銅器窖藏》彩版二，科學出版社，1999年。
[3] 常懷穎：《二里崗銅容器的"一帶雙紋"現象》，《文物》2010年第6期。

图十一　一带双纹（兽面纹）

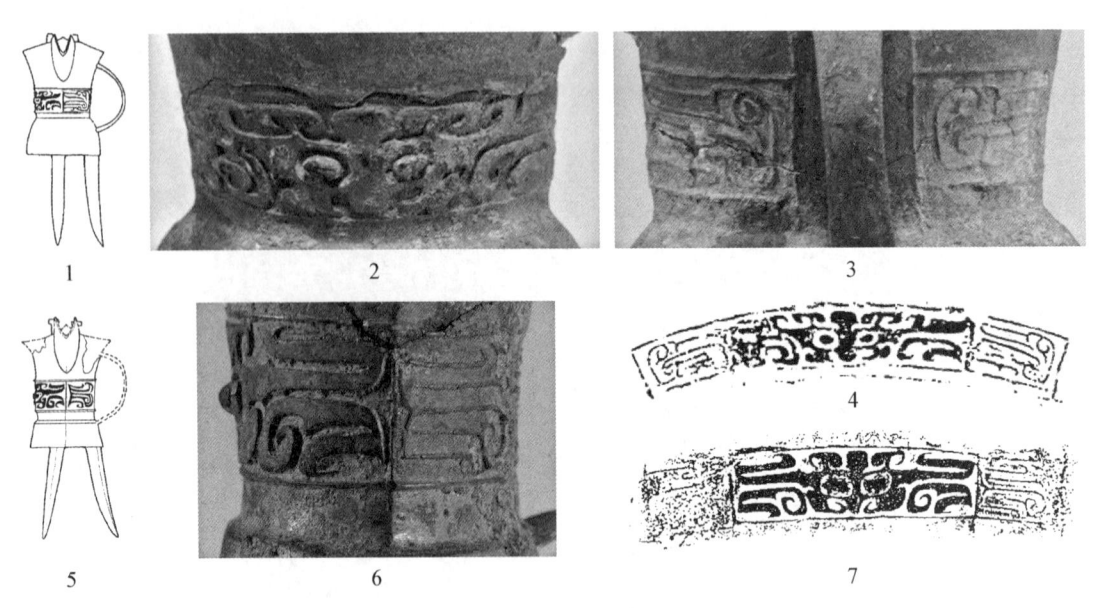

1—4. 杨家嘴 M2∶5 爵；5—7. 采集 P∶032 爵

"一带双纹"既有一周兽面纹的细线、宽频两种纹路的方式，还有其他变相的例子。杨家湾 M11∶57 爵在腹侧饰三道细线的平行弦纹，而在鋬侧则是素面没有装饰（图十二，1）。这样的例子令人联系到二里头遗址的 1975YLⅦKM7∶1 乳钉纹爵（《全集》一，图版 7），该爵也是在腹侧饰弦纹，鋬侧没有纹饰。另一个类似的形式是在斝上，王家嘴 H7∶1 斝上腹一周两组斜向弦纹，其中鋬侧的一组是两道细线，而腹侧的一组是三道细线，并在其中夹圆点纹（图十二，3）。王家嘴 H7∶1 斝和一般的斝不同，是使用两块外范而不是一般斝的三块外范，因此纹饰相应的也是两组。

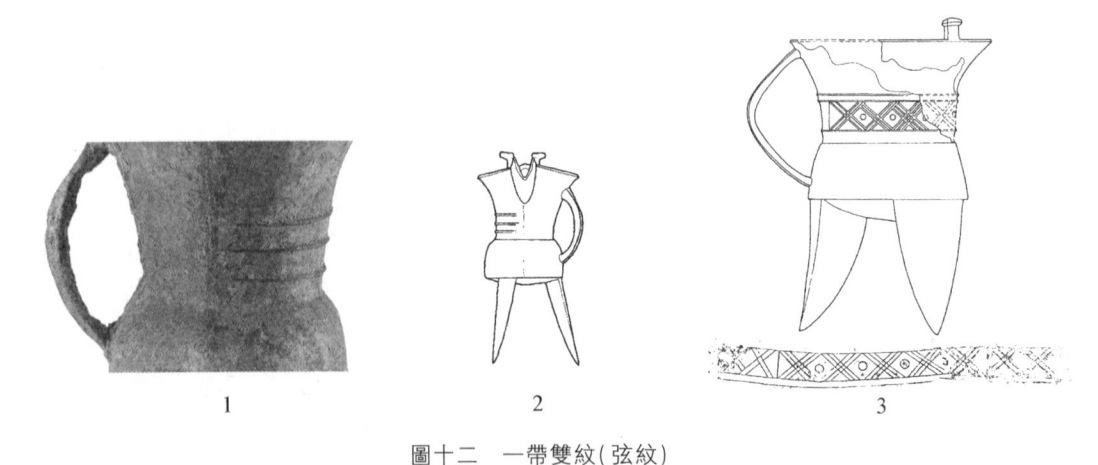

图十二　一带双纹（弦纹）

1、2. 杨家湾 M11∶57 爵；3. 王家嘴 H7∶1 斝

如此一來，"一帶雙紋"所呈現的規律性現象就比較明確：這類裝飾絕大部分發生在爵類器上，爵使用兩塊外範，而斝上所見唯一的一例也是使用兩塊外範。正因如此，"一帶雙紋"即一周紋飾爲兩組，對應的是兩塊外範。進一步來說，"雙紋"製作上在腹側的一組紋飾總是較鋬側的一組更爲複雜，即寬頻獸面紋比細綫獸面紋複雜，細綫弦紋較素面的複雜。這說明鋬側應該是因爲較難施加紋飾，從而選擇簡單的方式來處理。

　　細綫與寬頻紋飾除了在一周紋帶上共存之外，還會在斝類器上以兩周不同類型的紋飾共存。在二里岡文化較早階段，斝一般在上腹飾一周紋飾，如李家嘴 M2 的斝多是如此。至李家嘴 M1 或更晚階段，斝越來越多地飾有兩周紋飾。兩周紋飾的斝可能是兩周寬頻紋飾的組合，如兩周獸面紋，也可能是一周獸面紋加一周渦紋。兩周紋飾還可能是一周細綫紋飾加一周寬頻紋飾，若如此，則一定是下腹飾一周寬頻獸面紋，上腹紋帶或者是細綫的弦紋，或者是細綫的獸面紋。細綫弦紋＋寬頻獸面紋的例子如李家嘴 M2：22 斝（圖十三，1）、樓子灣 M7：1 斝，細綫獸面紋＋寬頻獸面紋的例子如楊家灣 M11：31 斝（圖十三，2）。後者的這種細綫和寬頻獸面紋在二里岡文化和中商文化階段都頗爲多見，上海博物館就收藏有 4 件此類紋飾的斝（圖十三，3）。[1]

圖十三　雙周雙紋

1. 李家嘴 M2：22 斝；2. 楊家灣 M11：31 斝；3. 上海博物館斝

　　爵上也見類似斝類器的雙周雙紋現象。其中上腹細綫獸面紋＋下腹寬頻渦紋的例子，如楊家灣 M7：7 爵、楊家灣 M6：28 爵。上腹細綫弦紋＋下腹寬頻獸面紋的例子，則有王家嘴

---

[1] 陳佩芬：《夏商周青銅器研究·夏商卷》，上海古籍出版社，2004 年，第 79 頁。

M1∶11 爵，這樣爵裝飾的共同處，就是細綫紋飾的位置在靠上的一周。

雙周雙紋的例子見於斝、爵類器，其特點是細綫的紋帶一定在上腹的一周，同時，這類裝飾都發生在帶鋬的器類上。考慮到細綫紋飾如同爵類器那樣是因爲製作技術背景而出現，那麽一周雙紋和雙周雙紋的共同點就是因爲器鋬的因素。一周雙紋中紋飾製作簡單的一面是在鋬側，而雙周雙紋上腹也是在器鋬的位置，上腹紋飾選擇簡單的細綫紋飾，同樣是選擇簡單的技術方向。從這個角度來説，如果細綫紋飾是因爲簡單的製作技術，則其對應的是範作紋飾，如此則寬頻獸面紋應該對應爲模作紋飾。寬頻獸面紋和細綫獸面紋的共存，暗示的是模作紋飾和範作紋飾的技術選擇。

綜上所述，細綫紋飾多具有明顯的傾向：或者出現在觚類器極小的畫幅上，或者裝飾在鼎類器很大的畫幅上，或者選擇兩組紋飾中靠鋬的一側，或者選擇在雙周紋飾中靠上在鋬的一周。這些細綫紋飾的製作技術背景，都與較複雜困難的製作環境相關，或者説都與易於製作的技術選擇相關。還有一些細綫紋飾，出現在一些不重要的器類如鬲、甗，或者地位較低的器類如小型鼎，也是因其製作簡單。從細綫獸面紋簡易的範作技術選擇，反襯出寬頻紋飾模作的背景。

二里岡文化時期多種製作技術背景對細綫紋飾的需求，是細綫紋飾特別是細綫獸面紋得以繼續流行的重要原因。同時，因爲細綫紋飾存在的熱度，也使其在非技術需求背景下常常出現。一些青銅器如楊家灣 M7∶6 罍和楊家灣 H6∶20 罍，細綫獸面紋製作極其精細，就是這樣背景下較爲特殊的操作。

黎城西關 M7、M8 墓主性別與器用制度
——兼論考古發現中的"遣器挪用"現象[*]

張天宇[**]

黎城西關墓地自發掘以來,受到了學界的廣泛關注。M7、M8是墓地南區的兩座中型墓,保存完好。已有學者就這兩墓出土的青銅器及其葬俗發表了不少認識,現在兩墓的發掘簡報和正式報告均已發表,特將本人的一些思考整理成文,以求證於方家。

M8位於墓地南部,東側爲M7,西北側爲M9。M8共出土銅容器8件,分別爲鼎1件、甗1件、簋2件、壺2件、盤和匜各1件,另有陶鬲1件。M8:13銅鼎銘文爲"楷宰中(仲)丂(考)父乍(作)/季姒寶鼎其萬/年子子孫孫用享",是楷侯家宰仲考父爲季姒作器;M8:7、12一對銅壺,銘文爲"楷侯宰/䉛(吹)乍(作)寶/壺永用",爲楷侯宰吹自作器;M8:65匜銘"中(仲)丂(考)父乍(作)旅匜其/萬年子子孫孫用享",是仲考父自作器。

M7位於墓地南端,西側爲M8。墓内出土銅禮器7件,包括鼎1、簋2、壺2、盤1、匜1,其中鼎、簋、壺、盤出土於南二層臺上的壁龕内,共出的還有1件陶鬲和3件漆器。另外兩件銅禮器盤和匜則置於墓主頭端的槨室西北角。另有車軎2件、車轄1件。M7:39銅盤銘文爲"中(仲)丂(考)父不録(禄),季/姒尚(當)誓,遣爾/盤、匜、壺兩、簋兩/、鼎一,[1]永害福爾後",大意是説季姒爲仲考父製作了一套銅器,分别是盤、匜各1件,壺、簋各2件,鼎1件,從銘文内容看,季姒應當是仲考父的夫人。

一、兩墓墓主性別問題

關於兩座墓的墓主性别,發掘簡報稱M7"棺内發現人骨架1具,仰身直肢,兩臂彎曲,雙手交於腹部,面向右側。經人骨鑒定爲男性,年齡在20—25歲之間",M8"棺内發現人骨架一

---

[*] 本文係國家社科基金青年項目"考古背景視野下的曾國青銅器器用制度研究"(23CKG013)、國家社科基金冷門絕學研究專項學術團隊項目"近出兩周封國青銅器與銘文的綜合研究"(20VJXT019)、"古文字與中華文明傳承發展工程"資助項目"棗陽郭家廟墓地與京山蘇家壠墓地出土青銅器及銘文資料整理研究"(G1921)階段性成果。
[**] 北京大學出土文獻與古代文明研究所特聘副研究員。
[1] "鼎"字之後的"一"字,簡報的釋文中有,而正式報告的釋文中則没有,據筆者對實物的觀察,這個"一"字是存在的,只是整體略向右下傾斜,與銘文整體的行文方向並非完全垂直。

具,仰身直肢,雙臂彎曲,雙手交於胸前,頭骨部分腐朽。性别、年齡不詳",[1]正式的發掘報告中均沿用了這一判斷。[2] 不過在正式報告的結語部分,執筆者透露了另外的信息:"M7 的人骨腐朽嚴重,性别通過常規鑒别方法鑒别較難,具有男女性别的共同特徵";"M8 的人骨腐朽更嚴重,不可辨識性别"。[3]

  發掘簡報根據"M7 出土青銅盤(M7∶39)盤銘內容以及人骨鑒定結果",判斷 M7 墓主爲"楷侯宰吹",根據"M8 出土楷侯宰吹作季鼎",判斷 M8 墓主爲"楷侯宰夫人"。從 M7、M8 的位置關係來看,二者構成"對子墓",晚商和周代前期規模較大的對子墓,其墓主一般是夫妻關係,這與簡報推定的墓主身份也是吻合的。那麽,M8∶13 這件仲考父爲夫人季姒所作的銅鼎,就正好隨葬在季姒的墓中;M8∶7、12 這一對楷侯宰吹自作的壺及 M8∶65 仲考父自作的匜,則是丈夫自作器,隨葬於夫人墓中。M7∶39 盤銘中記載的禮器種類與數量,正好與 M7 中出土的禮器吻合,似乎是墓中隨葬銅禮器與"遣册"[4]完美吻合的絕佳例證。但兩墓的性别判斷是否正確? 這一結果本身值得懷疑。

  人骨的性别鑒定並不能做到完全準確,鑒定結果除了與人骨的保存狀況、鑒定者的水平相關之外,有些人骨本身的性别特徵就不甚突出,這會直接影響鑒定結果。如天馬—曲村遺址 1980—1989 年發掘墓葬的人骨材料是由著名的體質人類學家潘其風先生鑒定的,其鑒定水準自不必懷疑,但 M6382、M6434、M6479、M7011、M7014 的墓主被鑒定爲男性,而這五座墓隨葬有女性專用隨葬品陶大口尊,墓主顯然是女性。[5]

  M8 隨葬有 1 件銅矛和 1 件銅戈,共 2 件銅兵器,簡報特别指出"女性墓葬隨葬青銅兵器,這是值得注意的"。晚商、西周和春秋時期,除了婦好墓這樣極特殊的例子外,有兵器隨葬的墓葬,無論等級高低,基本都可確認墓主爲男性,這已經被目前的考古發現所證實。而上述天馬—曲村遺址和北趙晉侯墓地出土有陶大口尊或三足甕的墓葬中,均没有兵器隨葬。馮峰曾指出,戰國楚墓中偶有發現女性墓隨葬兵器的現象,並舉荆門左塚 M3 和荆州天星觀 M2 爲證。[6] 新近公布的材料中,棗陽九連墩 M2 也隨葬有少量兵器,但經鑒定墓主爲女性,[7]從墓位關係判斷,該墓無疑爲 M1 的夫人墓。至西漢時期,部分諸侯王后墓中出現隨葬銅、鐵兵器的現象,但隨葬兵器的種類、數量明顯少於相應的諸侯王墓。[8] 因此,直到西

---

[1] 山西省考古研究院:《山西黎城西關墓地 M7、M8 發掘簡報》,《江漢考古》2020 年第 4 期。
[2] 山西省考古研究院、長治市文物旅游局、黎城縣文博館:《黎城楷侯墓地》,文物出版社,2022 年,第 76、93 頁。
[3] 山西省考古研究院、長治市文物旅游局、黎城縣文博館:《黎城楷侯墓地》,第 160 頁。
[4] 嚴志斌:《遣器與遣策源起》,《故宫博物院院刊》2021 年第 10 期。
[5] 路國權:《晉侯墓地出土陶大口尊的文化屬性和淵源試析》,《青年考古學家》第 22 期。
[6] 馮峰:《東周喪葬禮俗的考古學觀察》,北京大學博士學位論文,2011 年,第 212 頁。
[7] 湖北省文物考古研究所、襄陽市文物考古研究所:《湖北棗陽九連墩 M2 發掘簡報》,《江漢考古》2018 年第 6 期。
[8] 謝綺:《西漢諸侯王後墓出土兵器現象分析》,《西部考古》第 16 輯,科學出版社,2019 年,第 211—218 頁。

漢時期,女性墓隨葬兵器仍然比較少見;隨葬兵器是商周考古中判定墓主性別的有效依據之一。由此審視黎城西關 M8 墓主爲女性這一結論,實際上是與墓内隨葬兵器相龃龉的,正式報告的執筆者在結語中也指出"M8 隨葬青銅兵器等現象看,M8 又似爲楷侯宰吹的墓",顯然也已經注意到這一矛盾之處。[1]

此外,M8 的另外兩類隨葬品也能反映出墓主的性別信息。

第一類是一組銅帶飾,共 3 件。其中 1 件(M8：79,圖一)爲三角垂葉形,形制與三門峽虢國墓地 M2001：680－6(金質)、[2] 洛陽潤陽廣場 M9950：12(銅質)、[3] 上馬 M4078：31－1[4](銅質)等三角形帶飾相近。另外 2 件分別爲 M8：76 和 M8：77,其中 M8：76 在報告正文中未介紹,M8：77 在正文中雖有文字介紹,但相關描述及尺寸與 M8：79 完全相同,當是文字誤植;墓葬平面圖上的 M8：76、M8：77 位於墓主腹部右側,形狀爲圓形,M8：79 位於墓主腹部左側,三者位於一條直線上,從報告彩版八九：2 公布的墓底照片看(圖二),M8：76、77 兩件帶飾爲銹蝕較甚的圓片形器,其形制當與上舉諸墓出土的圓形帶飾相近。目前共有二十餘座墓葬出土此類帶飾,未被盜的墓葬中幾乎均有兵器共出(參見表一),可見此類帶飾只隨葬於男性墓中。

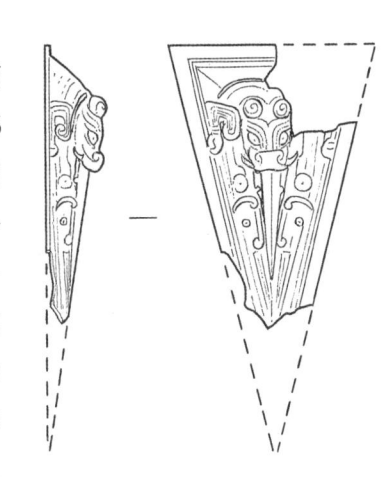

圖一　M8：79 三角形帶飾

圖二　M8 三件帶飾出土位置

[1] 筆者曾就墓主性別問題專門求教正式報告的執筆者韓炳華先生,他告知筆者墓主骨骼鑒定結果可能存在問題。
[2] 河南省文物考古研究所、三門峽市文物工作隊:《三門峽虢國墓》(第一卷),文物出版社,1991 年,彩版一二：1。
[3] 洛陽市文物工作隊:《河南洛陽市潤陽廣場 C1M9950 號東周墓葬的發掘》,《考古》2009 年第 12 期,圖一二：11。
[4] 山西省考古研究所:《上馬墓地》,文物出版社,1994 年,圖七四：1。

表一　春秋早期隨葬帶飾墓葬登記表

序號	墓　　號	數量及組成	材質	墓主骨骼鑒定結果	兵器	其　他
1	北趙晉侯墓地 M8	三角形 1+扁圓環 5+扭絲圓環 6+虎頭形 1+扁方環 1+扭絲方環 1	金	無法鑒定	有	墓主爲晉侯
2	羊舌晉侯墓地 M1	三角形 1	金	無法鑒定	無	被盜，墓主爲晉侯
3	虢國墓地 M2001	三角形 1+圓環 7+獸首形 3+扁方環 1 三角形 1+圓環 6	金 銅	無法鑒定	有	墓主爲虢季
4	梁帶村 M27	三角形 2+圓環 12	金	無法鑒定	有	墓主爲芮公
5	梁帶村 M28	三角形 2+圓環 12	銅	無法鑒定	有	墓主爲芮公
6	梁帶村 M502	三角形 2+圓環 8+小圓環 2+獸首形 2+扁方環 1+圓角長方形 1	銅	無法鑒定	有	芮公或略低
7	梁帶村 M586	三角形 1+龍形圓環 6+獸首形 1	銅	男	有	
8	黎城西關 M2	龍形圓環 3	銅	無法鑒定	有	被盜
9	垣曲北白鵝 M3	三角形 1+龍形圓環 7	銅	無法鑒定	有	
10	上馬 M4078	三角形 1+龍形圓環 5	銅	無法鑒定	有	
11	上村嶺 M1715	三角形 1+龍形圓環 6	銅	未詳	有	
12	上石河 M93	三角形 1+圓環（破損，數量不詳）	銅	男	有	
13	洛陽潤陽廣場 M9950	三角形 1+龍形圓環 7	銅	無法鑒定	有	
14	辛村 M18	三角形 1	銅	未詳	有	
15	夏餉鋪 M6	龍形圓環 4	銅	未詳	有	被盜
16	南陽萬家園 M202	三角形 1+龍形圓環 8	銅	未詳	有	
17	棗陽熊集 1972M	三角形 1+圓環 8	銅	未詳	有	
18	曹門灣 14CM10	三角形 1+圓環 7	銅	無法鑒定	無	墓主爲曾子

續　表

序號	墓　號	數量及組成	材質	墓主骨骼鑒定結果	兵器	其　他
19	曹門灣 14CM1	三角形 1	玉	未詳	有	被盜,墓主爲曾侯
20	應國墓地 M301	三角形 1+圓環 9+菱形 7+長方形 1	玉	無法鑒定	有	
21	上村嶺 M1706	三角形 1+圓環 6	石	詳	有	
22	上村嶺 M1810	三角形 1+圓環 4	石	詳	有	

　　第二類是車馬器,M8 出土車馬器包括鑾鈴 4 件、帶銜馬鑣 2 套、角鑣 2 對、節約 2 組、環 2 組、帶扣及銅管 1 組、帶轄車軎 3 組,而 M7 僅有 2 件車軎、1 件車轄,共 3 件車器,無馬器隨葬。周代前期有車馬器類隨葬品的中小型墓葬,男性墓中往往隨葬車器、馬器,而女性墓則只隨葬車器,或者馬器數量明顯少於車器。[1] 因此,根據這兩類隨葬品也可以判斷 M8 墓主爲男性。

　　需要説明的是,M7 出土的 1 件銅環首刀(M7∶32)不能用以判斷墓主性別爲男性。這件環首刀長僅 12.9 厘米,器形小巧,並不是作爲兵器使用的刀。類似形制的小刀還見於黄君孟夫人墓、[2] 夏餉鋪噩侯夫人墓 M5、[3] 郯城大埠 M1(夫人墓),[4] 此類小刀應是女性使用的"妝刀"。此外,隨葬陶紡輪的墓主多是女性,[5] M7 出土了一件陶紡輪,似暗示墓主的性別,但這件紡輪發現於填土中,從形制上亦無法判定年代,很可能不是墓中的隨葬品,而僅是墓葬回填土中的包含物,因此我們不能以之來進行墓主性別判斷。

　　正式的發掘報告中還公布了與 M7、M8 毗鄰的 M9 的資料。M9 出土銅禮器 6 件,包括簋 2 件、壺 2 件、盤匜各 1 件,另有車軎 2 件、車轄 1 件,未見兵器(參見表二)。報告介紹 M9

---

[1] 張天宇:《葉家山墓地研究》,北京大學考古文博學院博士學位論文,2020 年,第 233 頁。
[2] 河南信陽地區文管會、光山縣文管會:《春秋早期黄君孟夫婦墓發掘報告》,《考古》1984 年第 4 期,圖二五∶1、2。
[3] 河南省文物局南水北調文物保護辦公室、南陽市文物考古研究所:《河南南陽夏餉鋪鄂國墓地 M5、M6 發掘簡報》,《文物》2020 年第 3 期。
[4] 山東省文物考古研究所、臨沂市文物管理委員會、郯城縣文物管理所:《郯城縣大埠二村遺址發掘報告》,《海岱考古》第四輯,科學出版社,2011 年,第 105—140 頁。報告未對墓主性別做出判斷,從 M1 不隨葬兵器,M2 有兵器來看,M1 爲夫人墓。
[5] 方利霞:《中原地區商周墓葬隨葬生產工具研究》,鄭州大學歷史學院碩士學位論文,2021 年,第 49 頁;王帥:《曲村墓地斂葬器物研究》,山西大學歷史文化學院碩士學位論文,2021 年,第 25—26 頁。

"棺内人骨架,仰身直肢,頭向北,雙臂彎曲,雙手位於左右髖骨部位。性別爲男性,年齡 45 歲左右",但在報告結語部分披露,"M9 的人骨鑒定更爲複雜,考古出土僅爲一具,而送檢人骨材料混裝,導致鑒定結果爲兩具,因此,M9[1]人骨的材料也不是在現場鑒定的,其鑒定結論也有待再做考慮"。M9 未見兵器,只隨葬 2 件車軎、1 件車轄共 3 件車器而無馬器的現象與 M7 相同。

因此,筆者認爲 M7、M8、M9 三座墓的墓主性別如下:M7 墓主爲女性,M8 墓主爲男性,M9 墓主爲女性。

表二　M7、M8、M9 部分隨葬品統計表

墓號	銅禮器	兵器	車馬器	陶器	其他
M7	鼎 1、簋 2、壺 2、盤 1、匜 1	無	車器:軎 2、轄 1 無馬器	鬲 1	
M8	鼎 1、甗 1、簋 2、壺 2、盤 1、匜 1	矛 1、戈 1	車器:帶轄車軎 3 馬器:鑾鈴 4、銅帶銜馬鑣 2 組、角鑣 2 對、節約 2 組、環 2 組、帶扣及銅管 1 組	鬲 1	帶飾 1 組
M9	簋 2、壺 2、盤 1、匜 1	無	車器:軎 2、轄 1 無馬器	鬲 1 罐 1	

二、M7、M8 的銅禮器器用制度

在此首先需要討論一下 M7∶39 銅盤銘文中涉及的幾個問題。M7∶39 盤銘爲:中(仲)丂(考)父不录(禄),季𠂤(姒)卨(媯)䛑(諯)誓,遣爾/盤、匜、壺兩、簋兩/、鼎一,永害福爾後。

此處的"不禄",學者們都將其與《禮記·曲禮下》"天子曰崩,諸侯曰薨,大夫曰卒,士曰不禄,庶人曰死"的記載相聯繫,[2]指出"不禄"即去世之意,在金文中又見於作册嗌卣(《銘圖》13340),棗陽郭家廟墓地 M17 出土的曾亘嫚鼎銘中的"非禄"意亦相當。不過學者們據 M7 隨葬品使用一鼎二簋的規制,而認爲"不禄"確如《禮記》所言是"士"一級去世的專有稱謂的看法恐怕不能成立,郭家廟 M17 帶有一條墓道,墓室規模很大,墓主級別顯然遠高於"士"。

關於"行器"中的"行"的理解,歷來有"出行""征行"和"大行"兩種相反的意見,前者以

---

[1] 報告此處的墓號爲 M7,從上下文推斷,疑爲排版錯誤。
[2] 吳鎮烽:《釋讀山西黎城出土的季姒盤銘文——兼論否叔器》,復旦大學出土文獻與古文字研究中心網站,2020 年 10 月 19 日,後收入《吳鎮烽金文論集》,上海古籍出版社,2023 年;嚴志斌:《遣器與遣策源起》,《故宫博物院院刊》2021 年第 10 期。

黄盛璋先生爲代表,[1]後者則可舉馮峰、[2]楊華、[3]吳鎮烽[4]等先生的研究成果。筆者贊同"行器"爲專門製作的隨葬品的觀點,M7：39 盤銘所記的内容是仲考父去世之後,夫人季姒爲他專門製作了一套隨葬品,包括盤匜各 1 件、壺 2 件、簠 2 件、鼎 1 件。

基於上文的性別判斷結果,可知 M8 是楷侯宰吹(即仲考父)之墓,M7 是其夫人季姒之墓,M9 與 M8、M7 的關係不詳。由此引出一個頗爲有趣的現象,即兩墓中的隨葬銅禮器與 M7：39 盤銘記載的信息存在矛盾之處：仲考父墓中隨葬的銅禮器比盤銘記載的銅禮器多 1 件,且記載季姒爲仲考父專門製作隨葬銅禮器的盤隨葬於季姒本人墓中(參見表三)。

表三　M7、M8 隨葬銅禮器及銘文統計表

墓　號	墓　主	銅禮器及作器者
M7	季姒	季姒爲仲考父作器：盤 1 無銘文銅器：鼎 1、簠 2、壺 2、匜 1
M8	仲考父	楷侯宰吹/仲考父自作器：壺 2、匜 1 仲考父爲季姒作器：鼎 1 無銘文銅器：甗 1、簠 2、盤 1

M8：7、12 兩件銅壺,由銘文可知爲楷侯宰吹自作器,兩壺的器壁較厚,紋飾製作較爲精美,可以確定是宰吹生前製作的實用器,由 M8：65 銅匜、13 銅鼎銘文可知分别是仲考父自作器和仲考父爲季姒作器,因此可以肯定的是,這 4 件銅器都不是 M7：39 銅盤銘文中所記載的季姒爲仲考父所作的鼎、壺、匜(圖三)。M7：39 這件有銘銅盤已經隨葬於 M7 中,M8：66 這件無銘銅盤自然也就不會是盤銘中所記的那件爲仲考父所作的盤了。此外,盤銘所記器物中没有銅甗,M8：16 銅甗也不會是季姒爲仲考父所作。M8：18、19 兩件銅簠,由於没有銘文,需要對其另做分析。這兩件簠蓋沿和口下裝飾的重環紋帶爲重環紋與桃心紋相間的布局,與 M8 所出鼎、甗和盤腹所裝飾的重環紋帶相同(圖四,下),而 M7：39 銅盤腹外壁的重環紋帶中並無桃心紋,因而 M8 的兩件銅簠也不是 M7：39 盤銘中記載的簠。M8 所出鼎、甗、簠、盤這幾件銅器裝飾風格上的一致性,表明它們應當是同時製作的成組禮器,從 M8：13 鼎銘可知,這些銅器是仲考父生前爲季姒製作的。根據上面的分析,我們可以判

---

[1] 黄盛璋：《釋旅彝：銅器中旅彝問題的一個全面考察》,《歷史地理與考古論叢》,齊魯書社,1982 年。
[2] 馮峰：《東周喪葬禮俗的考古學觀察》,北京大學考古文博學院博士學位論文,2010 年,第 92—98 頁。
[3] 楊華：《"大行"與"行器"——關於上古喪葬禮制的一個新考察》,《湖南大學學報(社會科學版)》2018 年第 2 期。
[4] 吳鎮烽：《論青銅器中的"行器"及其相關器物》,復旦大學出土文獻與古文字研究中心網站,2018 年 9 月 11 日,後收入《吳鎮烽金文論集》。

定，M8 隨葬的銅禮器中，沒有一件是 M7：39 盤銘中記載的季妣因仲考父"不禄"而作的器物，而是仲考父生前的自作器（壺和匜）和爲季妣所作的一套禮器（鼎、甗、簋、盤）。

图三　M8 隨葬的楷宰/仲考父自作器及仲考父爲季妣作器

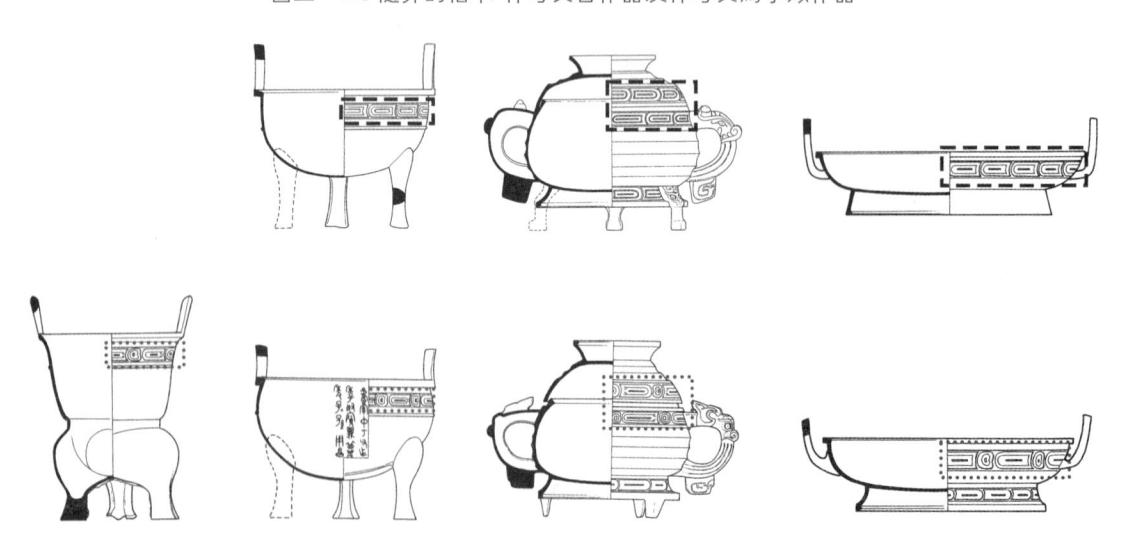

图四　M7、M8 部分銅禮器紋飾細部比較（上：M7，下：M8）

M7 中的鼎和 2 件簋，裝飾着與 M7：39 銅盤相同的不帶桃心的重環紋，據紋飾風格可以判斷是與銅盤同時製作的，即盤銘中記載的鼎和簋。M7：3 鼎左側耳下的腹部紋飾存在因澆不足而導致的缺孔（圖五），呈現出明顯的"明器"特徵。這與盤銘的性質也是吻合的。M7 的 2 件銅壺飾竊曲紋和龍紋，銅匜飾竊曲紋，紋飾風格與盤、鼎、簋不同，難以從紋飾風格上判斷是否同時製作，不過，壺和匜紋飾粗疏，"明器"特徵濃厚，加上 M8 隨葬的壺和匜作器者均明確可知爲仲考父，因而可以判斷 M7 隨葬的壺和匜，就是 M7：39 盤銘中記載的壺和匜。

圖五　M7：3 鼎左側腹部紋飾澆不足現象

由此我們可以發現，季妠因仲考父去世而專門製作的一整套共 7 件銅禮器並沒有被埋在仲考父的墓（M8）中，而是全部隨葬於她自己的墓（M7）中。而仲考父墓中的銅禮器，分別是仲考父的自作器（壺、匜）和他生前爲季妠所做的一套禮器（鼎、甗、簋、盤），且 M8 隨葬的銅禮器數量要比 M7 盤銘所記多出一件銅甗。考察兩墓各自的銅禮器組合，均構成完整的食器（炊食器+盛食器）+酒器+水器的組合，各器類內部的數量，如成對的簋、成對的壺、成套的單件盤匜、也都符合當時流行的組合和數量，M8 隨葬單件的甗而 M7 無甗，也契合銅甗等級較高、單件隨葬的使用方式。

墓葬中出土他人所作之器並不罕見，學者們曾以"賵賻"制度來進行解釋。[1] 然而將爲某人專門製作的隨葬銅禮器放入他人墓中，却是以往未曾發現的。筆者不揣冒昧，將其稱爲"遣器挪用"現象。就筆者目前所搜集到的資料，類似的例子只見於湖北隨州棗樹林墓地 M191。M191 爲曾公㬰夫人漁嬭墓，其中 3 件無蓋鼎的銘文爲"唐侯佩（賵）[2] 隨侯行鼎，隨侯其永祜福唐侯"，4 件銅簋的銘文爲"唐侯佩（賵）隨侯行簋，隨侯其永祜福唐侯"，[3] 可知銅鼎、簋是唐侯在隨侯（應即曾公㬰）去世後專門賵贈的行器，但最終却被埋在了曾公㬰的夫人墓中。

筆者推測，黎城西關 M7 中"遣器挪用"現象的出現，很可能是仲考父去世尚未及下葬、季妠也相繼去世造成的。由於季妠去世突然，其親屬來不及準備專門的隨葬銅禮器，便"挪用"了季妠爲仲考父製作的銅禮器，而將仲考父生前的自作器和爲季妠作器作爲仲考父的隨葬品埋入墓中。夫妻短時間內相繼去世，甚至"同時"去世的例子，在周代考古中發現亦有少

---

[1] 如曹瑋先生的《試論西周時期的賵賻制度》和《東周時期的賵賻制度》，均收入《周原遺址與西周銅器研究》，科學出版社，2004 年。

[2] "佩（賵）"字的隸定及含義采用陳劍先生意見，詳參《簡談清華簡〈四告〉與金文的"祜福"——附釋唐侯諸器的"佩（賵）"字》，《出土文獻綜合研究集刊》第 13 輯，巴蜀書社，2021 年，第 2—22 頁。

[3] 湖北省文物考古研究所、北京大學考古文博學院、隨州市博物館、曾都區考古隊：《湖北隨州市棗樹林春秋曾國貴族墓地》，《考古》2020 年第 7 期。

量的例子,如馮峰所分析的襄陽團山 M1。[1]

　　隨葬品的最終埋入,墓主本人没有機會參與,儘管他(她)生前可以指定某些特定的物品。正常情况下,按照墓主的等級、生前的財力,遵循當時的"禮制"(在隨葬品中更多表現爲材質與組合,組合中也包括數量)埋入。非正常情况下,比如墓主因爲突然去世,親屬來不及鑄造專門的隨葬品,隨葬品的準備者會按照組合進行拼凑,甚至會"挪用"專門爲他人準備的隨葬品,最終的目標是使組合完整,隨葬品(這裏主要指銅器)上的銘文並不會被優先考慮,甚至可以被忽略,無論它原先爲誰而作。這種情况看似没有遵守"禮制",但又可以視作是爲了遵守"禮制"而進行的一種變通。

　　附記:本文的最初構想產生於 2021 年 3 月參與北京大學考古文博學院黎婉欣副教授擔任主策展人的"吉金耀河東——山西青銅文明特展"的策展工作期間。2022 年 11 月應田天副教授邀請,在她開設的《禮制與考古發現》課程上講授過主要結論並成文。朱鳳瀚老師審閱了全文,並提出了多項修改建議。在此,謹向三位老師致以誠摯的謝意。

---

[1] 馮峰:《鄭莊公之孫器新析——兼談襄陽團山 M1 的墓主》,《江漢考古》2014 年第 3 期。

扶風美陽銅器群相關問題探析

葉之童*

1973年陝西省扶風縣法門公社美陽大隊發現一批銅器,銅容器包括一鬲、一杯、一鼎、一簋、一卣,另有工具一斧、一錛、一鑿(圖一),羅西章先生推測這批銅器可能出自一座墓葬,且年代跨度較大。[1]

圖一 扶風美陽銅器群

(采自《周原出土青銅器 第6卷》第1198—1209頁)

一、漢中風格仿陶銅容器

美陽銅器群中高足銅杯形制獨特,通高21.3釐米,口徑14.2釐米,腹深13.9釐米。最初羅西章先生推測其造型像山東龍山文化中的黑陶高足杯,其後李海榮先生也注意到美陽高足銅杯的器

---

* 中國國家博物館考古院助理館員。
[1] 羅西章:《扶風美陽發現商周銅器》,《文物》1978年第10期。

形不見於其他地區,同時也指出高足銅杯的腹部裝飾和圈足上十字鏤孔的作風與典型商式銅器近同。[1] 張天恩先生進一步指出美陽高足銅杯與寶山文化的高圈足陶杯具有相似性(圖二,1、3),將其定爲周原商代銅器第二期(殷墟二期)。[2] 高圈足尊形陶杯是漢中地區寶山文化的一種特色器類,流行於二里岡上層或稍晚階段,[3] 美陽高足銅杯的形制與其相近,應當是仿造了寶山文化高圈足尊形陶杯的器形,可以歸爲漢中風格的仿陶銅容器。從紋飾來看,美陽高足銅杯腹部所飾獸面紋由雲雷紋構成,無地紋,上下以聯珠紋爲界,這種裝飾風格通常見於二里岡期至殷墟一期的商式銅器(圖二,2、4)。[4] 綜合其形制和紋飾來看,美陽高足銅杯的年代應該不晚於殷墟一期。

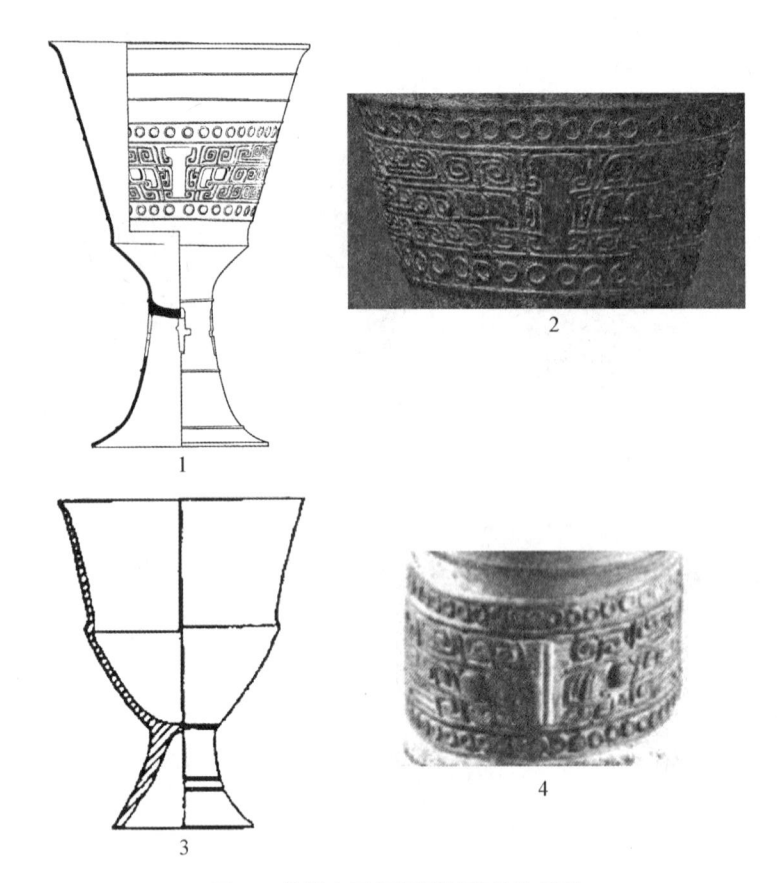

圖二　美陽高足銅杯形制與紋飾對比

1. 美陽高足銅杯;2. 美陽高足銅杯腹部紋飾;3. 城固寶山 SH9∶16;4. 輝縣琉璃閣 M100 銅觚腹部紋飾
(1、2采自《周原出土青銅器 第6卷》第1205—1206 頁;3采自《城固寶山1998年發掘報告》第43頁;4采自《河南出土商周青銅器(一)》第93頁)

[1] 李海榮:《關中地區出土商時期青銅器文化因素分析》,《考古與文物》2000年第2期。
[2] 張天恩:《關中商代文化研究》,文物出版社,2004年。
[3] 西北大學文博學院:《城固寶山:1998年發掘報告》,文物出版社,2002年。
[4] 朱光華:《早商青銅器分期與區域類型研究》,鄭州大學博士學位論文,2005年;岳洪彬:《殷墟青銅禮器研究》,中國社會科學出版社,2006年,第198—210、230頁。

美陽銅簋的年代和風格爭議頗大，李朝遠先生指出美陽銅簋與 1975 年城固呂村銅簋 1975CHWLT：1 和 1964 年洋縣張村銅簋 YLZT：8（殘）在形制、紋飾和尺寸方面十分接近（圖三）。美陽銅簋通高 17.1、口徑 23.6、腹深 11.8 釐米，呂村銅簋通高 17.6、口徑 21.3 釐米，張村銅簋圈足已殘，通高不可知，口徑爲 23.5 釐米。李朝遠先生依據城洋銅簋乳釘紋尖長而美陽銅簋乳釘紋圓短認爲前者晚於後者，城洋銅簋是受到了美陽銅簋的影響，其年代已經晚至商末。[1] 其他學者則對三件銅簋的斷代持有不同觀點，李伯謙先生認爲呂村銅簋的年代可能晚至商周之際，[2] 朱鳳瀚先生將呂村銅簋定爲殷墟青銅器三期第Ⅰ階段（廩辛至文丁時期），[3] 趙叢蒼先生最初認爲呂村銅簋的風格與典型商式銅器無二，年代爲殷墟三期，[4] 其後又在《城洋青銅器》一書中指出呂村銅簋具有先周文化特徵，[5] 張天恩先生將美陽銅簋定爲周原商代銅器第二期（殷墟二期），[6] 而林巳奈夫先生則認爲呂村銅簋的年代已經晚至西周時期。[7]

圖三　美陽乳釘紋折腹銅簋與城洋乳釘紋折腹銅簋

1. 美陽銅簋；2. 1975CHWLT：1（城固呂村銅簋）；3. 1964YLZT：8（洋縣張村銅簋）
（1 見圖一 4. 簋；2、3 采自《漢中出土商代青銅器 第 1 卷》第 42—45 頁）

　　部分學者之所以對上述三件乳釘紋折腹銅簋斷代較晚，主要是受到了關中地區殷墟三期之後流行的菱格乳釘紋盆形簋的影響，後者通常被視作先周式銅器[8]或周系

---

[1] 李朝遠：《城固洋縣青銅器所含周文化因素之我見》，《漢中出土商代青銅器》第 4 卷，巴蜀書社，2006 年，第 73—91 頁。
[2] 李伯謙：《城固銅器群與早期蜀文化》，《考古與文物》1983 年第 2 期。
[3] 朱鳳瀚：《古代中國青銅器》，南開大學出版社，1995 年，第 669 頁。
[4] 趙叢蒼：《城固洋縣銅器群綜合研究》，《文博》1996 年第 4 期。
[5] 趙叢蒼主編：西北大學文博學院、陝西省文物局編：《城洋青銅器》，科學出版社，2006 年，第 245 頁。
[6] 張天恩：《關中商代文化研究》，文物出版社，2004 年。
[7]（日）林巳奈夫著；（日）廣瀨薰雄等譯；郭永秉潤文：《殷周青銅器綜覽》第 1 卷《殷周時代青銅器的研究》，上海古籍出版社，2017 年，第 268 頁。
[8] 郭妍利：《斜方格乳釘紋簋類型及其相關問題》，《中國歷史文物》2009 年第 3 期。

銅器[1]（圖四，3、4）。雖然上述兩類銅簋均於腹部裝飾五排菱格乳釘紋，但先周式或周系的菱格乳釘紋盆形簋口徑更寬，腹部更深，腹部特徵表現爲圓弧而非折收，且圈足之下並不施加圈座，與乳釘紋折腹簋的形制有比較明顯的區別（圖四，1、3、4），因此不應將乳釘紋折腹簋視作先周文化特色。漢中地區寶山文化二里岡期至殷墟二期流行一類高圈足折腹陶簋（圖四，2），雖然體型較小，如寶山 SH11：10，通高爲 9.4、口徑爲 13.5 釐米，但是與美陽銅簋具有相似的形制特徵，均表現爲寬折沿，腹壁斜直，下腹折收，腹部較淺而圈足較高，高圈足之下另加圈座（圖四，1、2）。由此看來，乳釘紋折腹銅簋可以被視作另一類漢中風格的仿陶銅容器。

圖四 高圈足折腹簋與乳釘紋盆形簋形制對比

1. 美陽銅簋；2. 城固寶山 SH11：10；3. 1973 岐山賀家村 M1；4. 2010 岐山王家嘴墓
（1 見圖一 4. 簋；2 采自《城固寶山：1998 年發掘報告》圖版三七；3 采自《周原出土
青銅器 第 6 卷》第 1229 頁；4 采自《中國國家博物館館刊》2015 年第 11 期）

城洋銅簋和美陽銅簋雖然仿造了寶山文化陶簋的形制，但其裝飾却具有明顯的殷墟銅簋特色。美陽銅簋圈足所飾獸面紋由細綫雲雷紋構成，無地紋，除獸目微凸外，其餘部位凸出不明顯，如前所述，這種獸面紋裝飾風格可早至二里岡上層至殷墟一期（圖五，1、3）。美陽

---

[1] 李宏飛：《論商周之際的乳釘夔紋盆形簋——關中地區先周時期銅器群探索之三》，《四川文物》2021年第 2 期。

銅簋頸部紋飾帶以三浮雕犧首爲界，左右各有兩隻頭向相對的夔紋對稱分布，夔紋刀形角與頭部分離，嘴鋒折角，接近李宏飛先生劃分的Ⅱ式短軀直肢鳥首夔紋，此式夔紋流行於殷墟二期晚段至殷墟三期早段。[1] 美陽銅簋腹部所飾菱格乳釘紋的形態與濟南劉家莊M121：60銅簋[2]最爲接近（圖五，2、4），後者年代爲殷墟三期。李宏飛先生認爲劉家莊M121：60銅簋裝飾的縱向菱格半球狀乳釘紋屬於殷墟文化特色，異於關中特色的斜方格高圓凸或斜方格高尖刺乳釘紋，因此即便從乳釘紋形態來看，美陽銅簋也是異於先周文化特色的。與美陽銅簋相比，城洋地區的兩件同類器除了頸部所飾的變形夔紋和圈足所飾的獸面紋稍有不同之外，整體裝飾風格與美陽銅簋較爲一致（圖三，2、3），所以這三件乳釘紋折腹簋的年代應該大體相當，同屬於殷墟三期。綜合而言，城洋銅簋和美陽銅簋的形制和紋飾均不具有先周文化特色，而是寶山文化陶簋形制與商式銅器紋飾的結合。

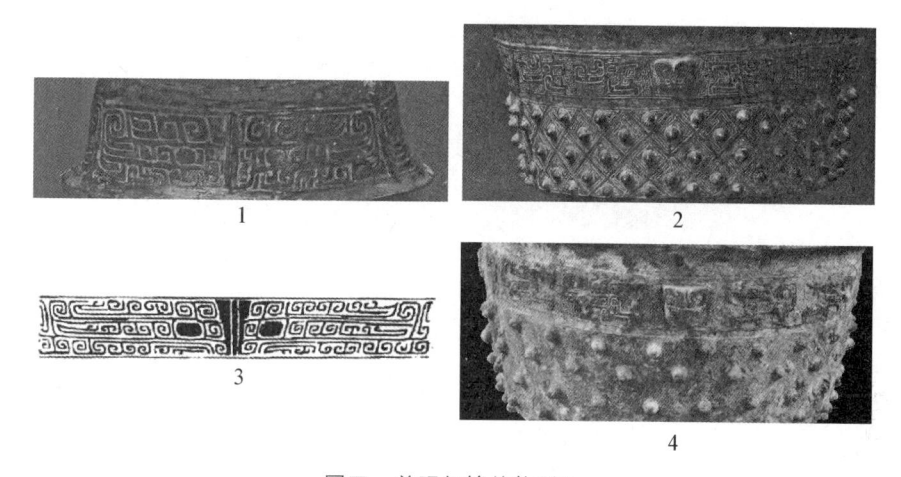

圖五　美陽銅簋紋飾對比

1. 美陽銅簋圈足上裝飾的獸面紋；2. 美陽銅簋頸部紋飾帶及腹部乳釘紋；
3. YM232：R2039；4. 濟南劉家莊M121：60
（1、2見圖一4.簋；3采自《殷墟青銅禮器研究》第200頁；4采自《中國國家博物館館刊》2016年第7期）

二、商式風格銅容器

美陽銅鬲在美陽銅器群中年代最早，其形制可類比1972年岐山京當出土的弦紋銅鬲（圖六，1、3），[3]年代早至二里岡上層，有可能是京當型銅器的孑遺。

---

[1] 李宏飛：《論游鳳七器——關中地區先周時期銅器群探索之二》，《考古與文物》2020年第4期。
[2] 濟南市考古研究所：《濟南市劉家莊遺址商代墓葬M121、M122發掘簡報》，《中國國家博物館館刊》2016年第7期。
[3] 此銅鬲最初在1972年岐山京當銅器窖藏的簡報《陝西省岐山縣發現商代銅器》中未見報道，其後在《陝西出土商周青銅器（一）》圖版說明第2頁及《中國出土青銅器全集15》第3頁中被歸爲1972年岐山京當銅器窖藏出土。

美陽銅卣在關中本地尚未發現同類器，而與安陽劉家莊北地 H326∶1 銅卣[1]和羅山天湖 M57∶13 銅卣[2]在形制、紋飾和尺寸方面相近（圖六，2、4、5）。美陽銅卣通高爲 24、口徑爲 12×9.5 釐米，天湖 M57∶13 銅卣通高爲 26.8、口徑爲 13.9×11 釐米，劉家莊北地 H326∶1 銅卣通高爲 26.8、口徑爲 13.6×10.5 釐米。從紋飾來看，美陽銅卣與後兩件銅卣存在一定差異，後兩件銅卣呈現出明顯的"三層花"風格，紋飾主次分明，而美陽銅卣腹部所飾獸面紋未突出主體紋飾的層次感，僅獸目圓凸，體現出年代較早的銅器裝飾特徵。此外，美陽銅卣的

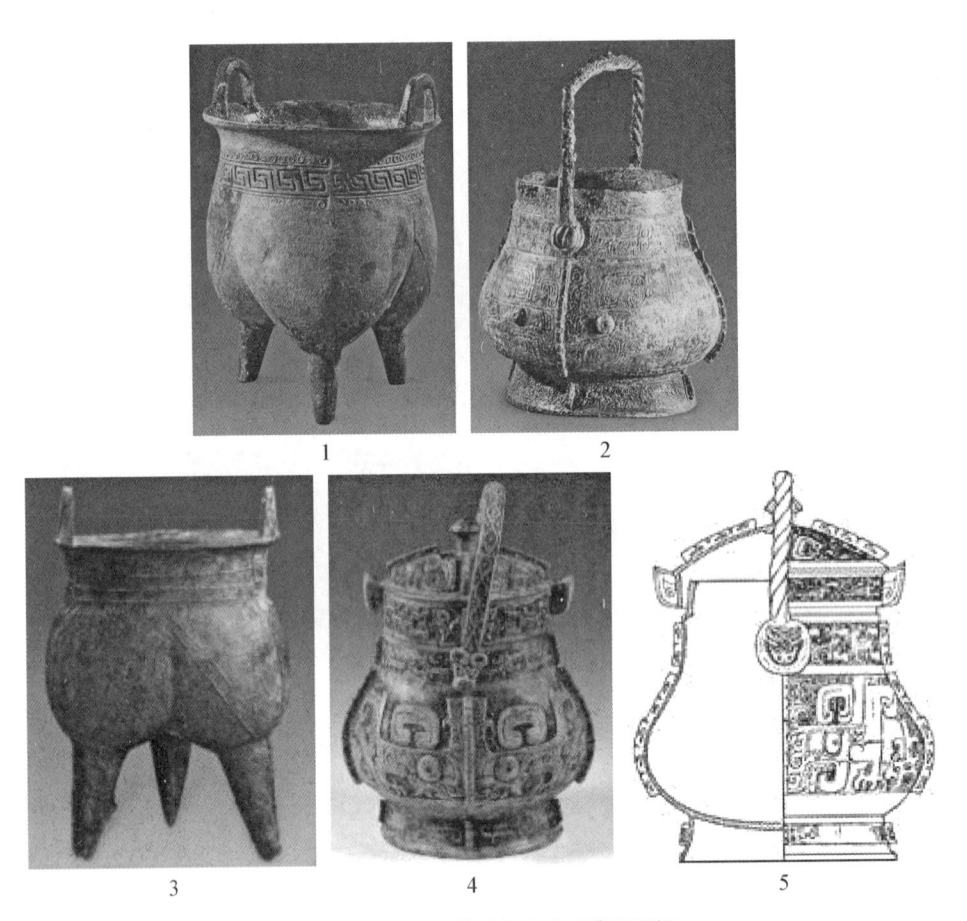

圖六　美陽銅鬲、美陽銅卣與同類器對比

1. 美陽銅鬲；2. 美陽銅卣；3. 1972 岐山京當出土；4. 羅山天湖 M57∶13；5. 劉家莊北地 2008H326∶1
（1、2 見圖一 1. 鬲、5. 卣；3 采自《中國出土青銅器全集 15》第 3 頁；4 采自《華夏考古》2016 年第 2 期；
5 采自《考古》2009 年第 7 期）

---

[1] 中國社會科學院考古研究所安陽工作隊：《河南安陽市殷墟劉家莊北地 2008 年發掘簡報》，《考古》2009 年第 7 期。
[2] 河南省文物考古研究院、信陽市博物館、羅山縣博物館：《河南羅山天湖商周墓地 M57 發掘簡報》，《華夏考古》2016 年第 2 期。

槨狀提梁鈕與後兩件銅卣的獸首狀提梁鈕亦有差別，因此美陽銅卣的年代應當稍早於劉家莊銅卣和天湖銅卣。劉家莊北地 H326 的年代爲殷墟四期偏晚，羅山天湖 M57 的年代爲殷墟三四期，相較而言，美陽銅卣的年代當在殷墟三期左右。

張天恩先生將美陽簡化獸面紋銅鼎與 1977 年岐山王家嘴 M1 出土的簡化獸面紋銅鼎共同歸爲周原商代銅器第二期，認爲二者的形制可類比小屯 M17：4"丙"鼎，年代爲殷墟二期，屬於京當型銅器。[1] 王天藝先生則依據同出長銎斧推測王家嘴 M1 爲一座李家崖文化墓葬，王家嘴 M1 出土的簡化獸面紋銅鼎係李家崖文化南進的遺存。[2] 上述爭議主要涉及周原地區簡化獸面紋銅鼎的斷代、來源以及出土單位的文化屬性問題，值得進一步探討。

美陽簡化獸面紋銅鼎的形制特徵表現爲平沿外折，直腹較深，圜底，三柱足較細，鼎足橫截面內平外圓，近似馬蹄形，不似殷墟二期的安陽劉家莊 M89：10 銅鼎[3]和安陽小屯 M17：4"丙"鼎[4]的鼎足橫截面呈圓形，更接近殷墟三期早段安陽大司空 M166：6 銅鼎，[5]且比殷墟三期晚段大司空 M105：6 銅鼎的腹部更深（圖七，1—4），因此美陽簡化獸面紋銅鼎的年代不會晚於殷墟三期晚段。周原地區另有三件簡化獸面紋銅鼎與美陽簡化獸面紋銅鼎的形制和體型十分接近。1977 年岐山王家嘴 M1 和 1974 年岐山京當[6]出土的簡化獸面紋銅鼎與美陽簡化獸面紋銅鼎的通高均接近 20.5 釐米、口徑均接近 16 釐米、腹均接近 10—11 釐米，1985 年眉縣嘴頭遺址[7]所出簡化獸面紋銅鼎雖然尺寸不明，但是形制與上述三件銅鼎相近，上述四件周原地區的簡化獸面紋銅鼎的年代大體都可歸爲殷墟三期（圖七，5—8）。

已有的研究認爲簡化獸面紋銅鼎最早出現於殷墟地區，並且在殷墟地區有一個完整的演變序列，稍晚階段亦流行於晉陝高原和關中地區，由此基本上可以認爲簡化獸面紋銅鼎屬於殷墟地區的創制，晉陝高原和關中地區的簡化獸面紋銅鼎是受殷墟地區的影響產生的。[8] 雖然周原地區的簡化獸面紋銅鼎與晉陝高原同類器的鼎足特徵較爲一致，但二者的相關性難以一言概之。1981 年綏德溝口和 1983 年清澗寨溝出土的簡化獸面紋銅鼎[9]與周原地區的簡化獸面紋銅鼎較爲接近，通高約 20—21 釐米，口徑約 16—18 釐米，腹部特徵表現

---

[1] 張天恩：《關中商代文化研究》，文物出版社，2004 年。
[2] 王天藝：《從閻家溝墓葬看晚商簡化獸面紋銅鼎的相關問題》，《考古》2017 年第 11 期。
[3] 楊錫璋、唐際根：《河南安陽殷墟劉家莊北地殷墓與西周墓》，《考古》2005 年第 1 期。
[4] 中國社會科學院考古研究所安陽工作隊：《安陽小屯村北的兩座殷代墓》，《考古學報》1981 年第 4 期。
[5] 中國社會科學院考古研究所編著：《安陽大司空 2004 年發掘報告》，文物出版社，2014 年。
[6] 曹瑋主編：《周原出土青銅器》第 10 卷，巴蜀書社，2005 年，第 2065—2066 頁。
[7] 張天恩：《關中商代文化研究》，文物出版社，2004 年。
[8] 葉之童：《關中地區晚商時期銅容器研究》，西北大學碩士學位論文，2022 年。
[9] 曹瑋主編：《中國出土青銅器全集 15》，科學出版社，2018 年，第 39—40 頁。

爲直腹較深(圖七,9、10);而 2004 年甘泉閻家溝[1]和 1957 年石樓二郎坡[2]出土的簡化獸面紋銅鼎體型偏大,閻家溝簡化獸面紋銅鼎耳殘,通高不可知,腹深 15 釐米,二郎坡簡化獸面紋銅鼎通高 30.6、口徑 21.5、腹深 15 釐米,腹部特徵表現爲弧腹微鼓(圖七,11、12),與周原地區簡化獸面紋銅鼎的形制存在一定差異。

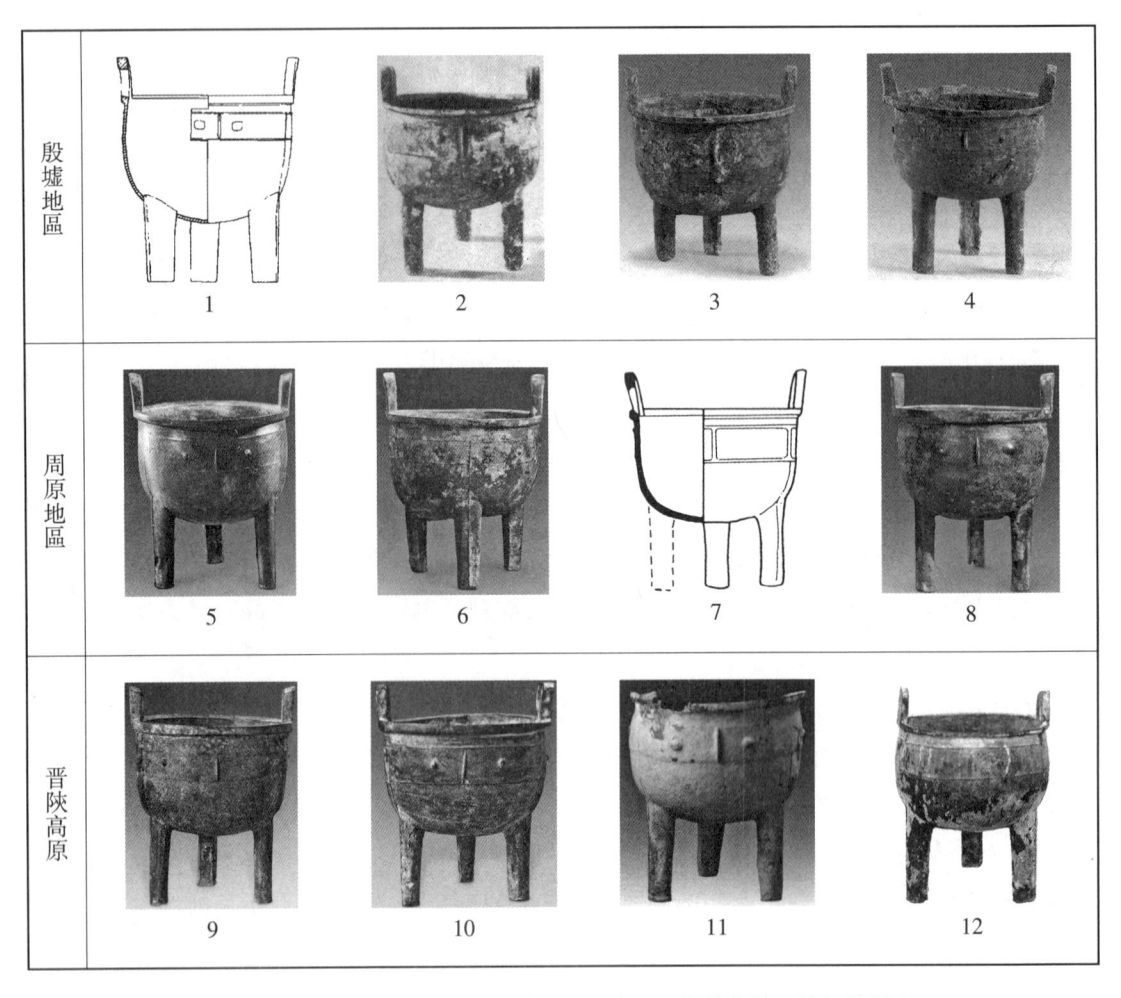

圖七 殷墟地區、關中地區、晉陝高原殷墟二三期簡化獸面紋銅鼎對比

1. 安陽劉家莊 M89:10;2. 安陽小屯 M17:4;3. 安陽大司空 M166:6;4. 安陽大司空 M105:6;
5. 美陽銅鼎;6. 1977 岐山王家嘴 M1;7. 1985 眉縣嘴頭遺址;8. 1974 岐山京當;9. 1981 綏德溝口;
10. 1983 清澗寨溝;11. 2005 甘泉閻家溝;12. 1957 石樓二郎坡

(1 采自《考古》2005 年第 1 期;2 采自《考古學報》1981 年第 4 期;3、4 采自《安陽大司空 2004 年發掘報告》彩版六八 3、彩版六九 1;5 見圖一 3.鼎;6 采自《周原出土青銅器》第 7 卷第 1524 頁;7 采自《關中商代文化研究》218 頁;8 采自《周原出土青銅器》第 10 卷第 2065 頁;9、10 采自《中國出土銅器全集 15》第 39—40 頁;11 采自《考古與文物》2007 年第 3 期;12 采自《晉西商代青銅器》第 130 頁)

---

[1] 王永剛、崔風光、李延麗:《陝西甘泉縣出土晚商青銅器》,《考古與文物》2007 年第 3 期。
[2] 韓炳華主編:《晉西商代青銅器》,科學出版社,2017 年,第 128—133 頁。

三、相關問題探討

通過上述探討,不難看出美陽銅器群具有年代跨度大和文化因素複雜的特徵,說明這批器物的收集並非"一時一地之功"。其中年代最早的雲雷紋銅鬲年代爲二里岡上層,應當是早期京當型銅器的孑遺;而簡化獸面紋銅鼎和縱置提梁銅卣的年代則晚至殷墟三期,可能是對殷墟銅器的仿製,也不排除簡化獸面紋銅鼎來自晉陝高原的可能性;高足銅杯和乳釘紋折腹銅簋則是對寶山文化早期陶器的仿製,可以視作漢中風格的仿陶銅容器。總體而言,美陽銅器群的年代下限當在殷墟三期,至少包括商文化因素和寶山文化因素,可能還與李家崖文化存在一定交流,美陽銅器群呈現出的跨時代、多來源的複雜特徵在周原地區殷墟三期銅器群中並非"孤例"。

(一) 周原地區殷墟三期銅器群組合

1977年岐山王家嘴M1器物群[1]同樣具有年代跨度大和文化因素複雜的特點(附表一)。如上所述,王家嘴M1出土的簡化獸面紋銅鼎形制接近大司空M166：6銅鼎(圖八,1、5),年代應當同屬殷墟三期;高圈足尊形陶杯與寶山文化同類器接近(圖八,2、6),年代可早

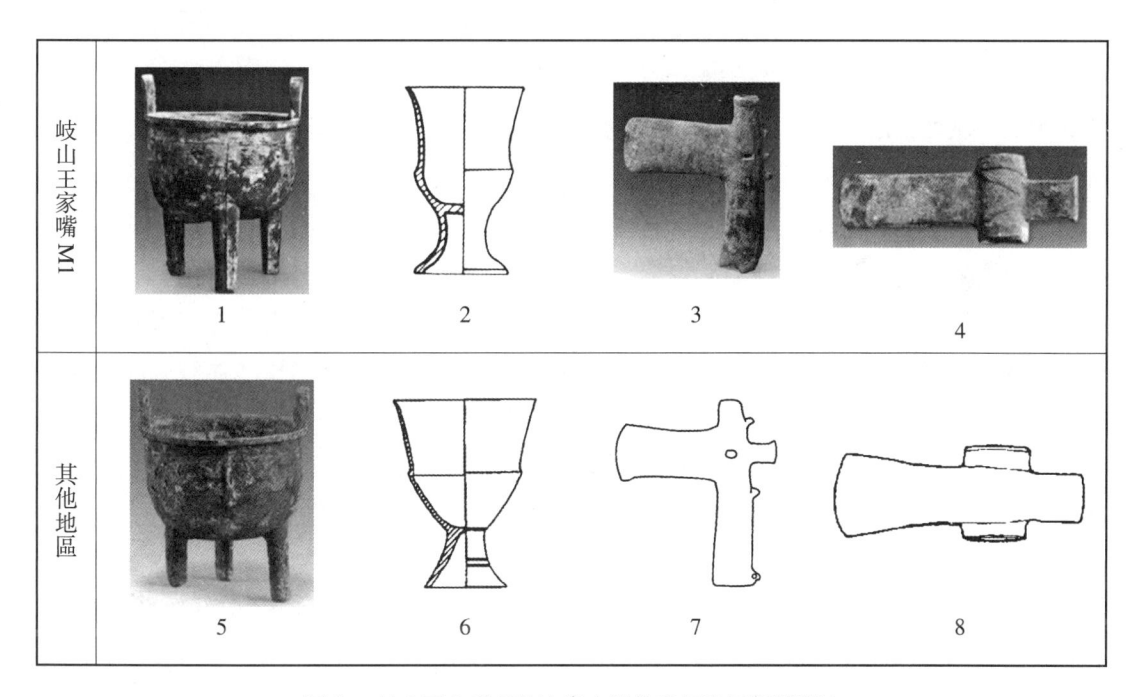

圖八　岐山王家嘴77M1出土器物與周邊同類器對比

1—4.岐山王家嘴77M1;5.大司空M166：6;6.城固寶山SH9：16;7.吉縣上東村;8.柳林高紅
(1、3、4采自《周原出土青銅器　第7卷》第1522—1527頁;2采自《關中商代文化研究》第101頁;
5采自《安陽大司空2004年發掘報告》彩版六八3;6采自《城固寶山1998年發掘報告》第43頁;
7、8采自《中原文物》2003年第2期)

---

[1] 曹瑋主編:《周原出土青銅器》第7卷,巴蜀書社,2005年,第1522—1527頁。

至二里崗上層;馬首型管銎斧與山西吉縣上東村同類器相近(圖八,3、7),其源頭可追溯至伊朗地區,[1]另一件直内短銎斧與山西保德林遮峪及柳林高紅地區同類器相近(圖八,4、8),此類直内短銎斧是受到中原傳統夾内兵器影響後產生的一類地域特色兵器。[2] 綜合來看,王家嘴 M1 器物群的年代也跨越了二里崗上層至殷墟三期,出土器物包括殷墟文化因素、寶山文化因素和李家崖文化因素。前文述及 1985 年眉縣嘴頭出土的簡化獸面紋銅鼎年代也在殷墟三期(圖七,7),張天恩先生還指出眉縣嘴頭同出有一件銅鉞(附表一),可惜相關資料未見公開,難以辨别銅鉞是否具有外來文化因素。

與美陽銅器群和王家嘴器物群形成鮮明對比的是 1984 年岐山廟王村出土的兩件器物和 20 世紀 50 年代陝西歷史博物館收集的游鳳七器(附表一)。1984 年岐山廟王村發現一件銅鼎和一件陶鬲,[3]發掘者據銅鼎腹部的席痕推測其爲墓葬出土。廟王村銅鼎近似武功尚家坡徵集的弦紋銅鼎(圖九,1、3),年代當爲殷墟二期。廟王村陶鬲與武功鄭家坡遺址 H14∶29 高領袋足鬲[4]較爲相近(圖九,2、4),後者年代相當於殷墟三期,因此廟王村墓的年代下限也在殷墟三期。廟王村二器雖然也存在早期銅器出土於晚期單位中的現象,但銅鼎和陶鬲的年代跨度並不大,文化因素也不複雜,屬於商式銅器與本地陶器的組合。1959—1960 年陝西歷史博物館陸續收集到一批銅器,其中七件青銅容器發現於武功游鳳鎮浮沱村附近,[5]李宏飛先生稱之爲游鳳七器,推測這組器物出土於墓葬之中,年代爲殷墟三期。[6] 李宏飛先生認爲游鳳七器從風格到組合均受到了殷墟文化的影響,並對殷墟文化中趨於減少的菱格乳釘紋銅簋加以强調,同時拒絶了商系墓葬中核心的觚爵組合,是"周因於殷禮,所損益"的重要表現。

由上所述,殷墟三期的周原銅器群大體可以分爲兩種類型,一種以美陽銅器群和王家嘴器物群爲代表,具有年代跨度大、文化因素複雜的特徵;另一種以廟王村二器和游鳳七器爲代表,所出銅器均未超出商式銅器範疇(附表一)。兩種不同類型的銅器群表明商文化勢力退出周原地區以後,一部分深受商文化京當型影響的社會上層人群繼續使用商式銅器,並加强了和商文化中心區的交流,同時選擇性地摒棄了商人重視的觚爵組合;而另一部分社會上層人群則吸收了周邊地區的青銅文化因素,這些外來風格的銅容器甚至有可能是周邊地區的輸入品。我們也注意到,周原地區殷墟三期的銅器群中尚未發現先周文化典型的聯襠陶鬲和圓肩陶罐,似乎表明銅器群的文化歸屬尚存在一定争議,這種現象需要結合周原地區殷

---

[1] 李剛:《中國北方青銅器的歐亞草原文化因素》,文物出版社,2011 年,第 110—116 頁。
[2] 朱永剛:《中國北方的管銎斧》,《中原文物》2003 年第 2 期。
[3] 龐文龍、崔玫英:《陝西岐山近年出土的青銅器》,《考古與文物》1990 年第 1 期。
[4] 寶雞市考古工作隊:《陝西武功鄭家坡先周遺址發掘簡報》,《文物》1984 年第 7 期。
[5] 段紹嘉:《介紹陝西省博物館的幾件青銅器》,《文物》1963 年第 3 期。
[6] 李宏飛:《論游鳳七器——關中地區先周時期銅器群探索之二》,《考古與文物》2020 年第 4 期。

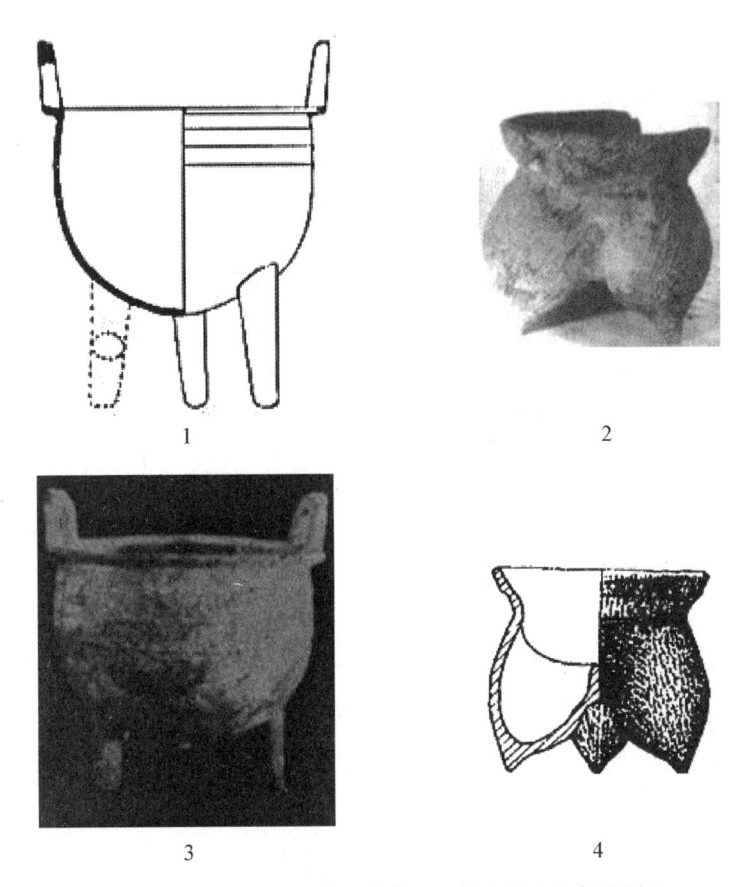

图九　1984 年岐山廟王村出土器物與周邊同類器對比

1、2. 岐山廟王村銅鼎、陶鬲；3. 武功尚家坡徵集；4. 武功鄭家坡 H14∶29
(1、2 采自《考古與文物》1990 年第 1 期；3、4 采自《文物》1984 年第 7 期)

墟三期的文化變遷和政治形勢進一步探討。

(二) 周原地區殷墟三期的文化變遷和周人遷岐以後的崛起策略

已有的研究表明，[1]商文化勢力西進到渭河中游的周原地區後形成了商文化京當型，其存續時間大約爲二里岡上層至殷墟二期。殷墟二期及以前，先周文化[2]已經與商文化京當型産生了較爲緊密的聯繫，麟游史家塬、武功尚家坡等先周文化遺址內出土的早期銅容器均屬於商式風格，可見商文化京當型在銅容器層面對先周文化影響深刻。商文化京當型與漢中地區的寶山文化也存在一定交流，張天恩先生認爲寶山文化中長期存在的分襠陶鬲即是受到了商文化京當型的影響。殷墟二期之後，隨着商文化京當型的退出，先周文化在周原

---

[1] 張天恩：《關中商代文化研究》，文物出版社，2004 年；牛世山：《商文化京當類型的形成背景分析——關於考古學文化空間分布特殊模式的思考》，《考古與文物》2015 年第 6 期。
[2] 本文所説的先周文化從張天恩先生的觀點，以漆水河中下游的鄭家坡類型和涇水中游的孫家類型爲先周文化。

地區有了進一步的發展空間,並且勢力範圍迅速向涇渭地區擴展。同時期的關中北緣以淳化黑豆嘴類型銅器群爲代表,所出銅容器具有殷墟風格,而條形有穿刀、半月形有銎鉞、橢圓形首削、馬頭形弓形器等工具和兵器屬於自身特色,舌形銅鉞、鉤形金飾則與李家崖文化同類器近同,[1]同在關中北緣的淳化棗樹溝腦遺址也出土了與李家崖文化相關的三足陶甗。[2] 從岐山王家嘴、岐山魏家河、武功游鳳等地發現的管銎斧、銎内斧、條形有穿刀、銎内戈等兵器來看,黑豆嘴類型文化因素和李家崖文化因素亦出現在先周文化範圍内,但是黑豆嘴類型和李家崖文化應該不至於越過關中北緣占據周原地區。由此可以看出,殷墟二期以後,先周文化發展勢頭強勁,但周邊地區的各種文化因素亦伺機湧入了周原地區,因而在周原地區出現了多種文化因素共存的現象。張天恩先生認爲殷墟二期以後正值周人大肆擴張之際,似乎不便推測周原地區出土的北方文化青銅因素是北方族群南侵的結果,更像是先周文化北上與北方文化交流的體現。[3] 同理,周原地區出土的寶山文化因素很有可能也是先周文化與漢中地區交流的結果。

　　從文獻來看,周人的崛起亦始於殷墟二期以後。《史記·周本紀》記載,古公亶父因不堪熏育戎狄的侵擾率衆遷至岐下,"熏育戎狄攻之,欲得財物,予之。已複攻,欲得地與民……(古公亶父)乃與私屬遂去豳,度漆、沮,踰梁山,止於岐下"。[4]《今本竹書紀年》記載古公亶父遷岐的時間爲殷墟三期,"(武乙三年)命周公亶父賜以岐邑"。[5]《詩經·大雅·綿》記載古公亶父定居岐下之後,通過聯姻的方式與岐西的姜戎結爲"姬姜聯盟",其後,混夷(即熏育戎狄[6])不敢南下侵岐。[7]《古本竹書紀年》記載古公亶父之後,周王季歷朝見商王武乙,"(武乙)三十四年,周王季歷來朝,武乙賜地三十里,玉十縠,馬八匹",[8]《詩經·大雅·大明》還記載周王季曆迎娶了來自殷商的太任。[9] 同時,周人對西北戎人開始大規模反擊,"(武乙)三十五年,周王季伐西落鬼戎,俘二十翟王。大丁二年,周人伐燕京之戎,周師大敗……四年,周人伐余無之戎,克之,周王季命爲殷牧師。七年,周人伐始呼之戎,克之。十一年,周人伐翳徒之戎,捷其三大夫"。[10] 此外,岐山鳳雛村還出土有武王克商以前"伐

---

[1] 朱鳳瀚:《古代中國青銅器》,南開大學出版社,1995年,第665頁。
[2] 李成、錢耀鵬、魏女:《陝西淳化縣棗樹溝腦遺址先周時期遺存》,《考古》2012年第3期。
[3] 張天恩:《關中商代文化研究》,文物出版社,2004年。
[4] 司馬遷撰:《史記·周本紀》,中華書局,1982年,第113—114頁。
[5] 朱右曾輯,王國維校補,黃永年校點:《古本竹書紀年輯校 今本竹書紀年疏證》,遼寧教育出版社,1997年,第72頁。
[6] 黃盛璋:《獫狁新考》,《社會科學戰綫》1983年第2期。
[7] 陳戍國撰:《詩經校注》,嶽麓書社,2004年,第319—322頁。
[8] 范祥雍訂補:《古本竹書紀年輯校訂補》,上海古籍出版社,2011年,第25—26頁。
[9] 陳戍國撰:《詩經校注》,第317—319頁。
[10] 范祥雍訂補:《古本竹書紀年輯校訂補》,第25—26頁。

蜀"的甲骨卜辭，[1]表明周人在滅商以前對西南族群也進行過武力征服。通過梳理文獻，我們發現周人遷岐之後的崛起策略比較明晰，對東方的商王朝和岐西的姜戎采取朝見或聯姻的方式穩固關係，對西北戎人和西南蜀人則采取了頻繁征伐的措施擴張勢力，對外征伐多以周人的勝利告終，其軍事權力甚至得到了商王朝的官方認可。

（三）殷墟三期周原銅器群的來源和歸屬推測

銅容器作爲中國青銅時代財富和等級的物化載體，較之陶器可以更爲直觀地體現社會上層之間的互動和政治形勢的變遷。通過上述探討，殷墟三期周原銅器群的來源可以得到一些合理的推測。在商周勢力交接的過程中，周人有可能繼承了一部分年代較早的京當型銅器，並在稍晚階段與商王朝中心區產生了友好往來。但這一時期周原地區發現的殷墟式銅容器似乎不能簡單地視作商王朝的饋贈，杜金鵬先生曾指出殷墟甲骨卜辭和銅器銘文中未見把青銅禮器用作賞賜、進獻和交易的記錄，青銅禮器不可用作賞賜、貢納、饋贈、交換等，玉禮器才是真正的"禮物"，這與上文中《古本竹書紀年》所載武乙賞賜季曆之物有玉禮器而無青銅禮器是相一致的。因此，殷墟三期周原銅器群中的商式銅器或是對早期京當型銅器的繼承，或是對殷墟青銅禮器的仿製。周原地區簡化獸面紋銅鼎的來源則比較複雜，從共出器物來看，扶風美陽、岐山王家嘴和眉縣嘴頭所出簡化獸面紋銅鼎均伴出斧、鉞之類的兵器（附表一），王家嘴M1出土的兩件管銎銅斧與李家崖文化同類器尤爲接近，似乎暗示周原地區伴出兵器的簡化獸面紋銅鼎有可能是周人與西北戎人作戰獲得的戰利品，亦不排除一部分簡化獸面紋銅鼎是本地仿製品的可能性。美陽銅器群中的高足銅杯、乳釘紋折腹銅簋以及王家嘴M1出土的高足陶杯應當是與西南族群交流所得，從甲骨卜辭來看，其獲取途徑可能也伴隨着武力衝突。周人遷至岐下以後，雖然也通過聯姻的方式與岐西的姜戎結盟，但是與姜戎對應的劉家文化青銅容器並不發達，因此"姬姜聯盟"很難在青銅器層面體現，反而在陶器層面更易探討，如岐山廟王村和武功鄭家坡所出的高領袋足鬲（圖九，2），很有可能都是受劉家文化影響的體現。

殷墟三期的周原地區處於商周勢力交接以及周人遷岐之後與周邊族群頻繁互動的關鍵時期，年代跨度大和文化因素複雜的美陽銅器群正是這一特殊歷史背景的物質體現。考古學文化變遷和文獻記載均表明，殷墟三期周人遷至岐下後，周原地區逐漸爲周人及其盟友所控制。因此，雖然殷墟三期的周原銅器群中很少共出先周文化的典型陶器，其所有者也當與姬姓周人密切相關。先周文化晚期擴張階段（大約相當於殷墟三四期），涇渭地區的許多文化都被先周文化吸收、融合和同化，[2]其背後體現的是族群之間的互動與融合。周人崛起的過程中吸納了涇渭地區的其他族群作爲同盟，爲日後的東向翦商積蓄力量，這種日益形成

---

[1] 陝西周原考古隊：《陝西岐山鳳雛村發現周初甲骨文》，《文物》1979年第10期。
[2] 張天恩：《關中商代文化研究》，文物出版社，2004年。

的滅商同盟兼具地緣指向性和政治凝聚力,周武王在牧野之戰前夕將這種滅商同盟統稱爲"西土之人"。[1] 由此看來,美陽銅器群被歸爲"西土之人"所有似乎比較合理。

四、餘　　論

　　周人的崛起並非一蹴而就,而是一個循序漸進的發展過程。殷墟三期商王朝勢力退出周原地區以後,周人逐漸成爲此地的主導者。在此過程中,周人有可能繼承了一部分年代較早的京當型銅器,並通過與周邊族群的多元互動獲得了不同風格的銅器,其中與晉陝高原人群和漢中地區人群的互動有可能伴隨着武力征伐。周人雖然獲取了跨時代、多來源的銅容器,但是在銅容器方面尚未形成自身的"周系"風格,在器物組合方面也未見成熟的器用制度,因此美陽銅器群整體呈現出一種"雜亂無章"的特徵,這種複雜的特徵比較符合周人"後來者居上"的漸進式發展過程。殷墟三期以後,以菱格乳釘紋盆形鼎和菱格乳釘紋盆形簋爲代表的"周系"風格青銅容器逐漸形成,並在關中地區廣泛流行,甚至影響到了殷墟地區。[2] 隨着"周系"風格青銅容器的形成和流行,周原銅器群中跨時代、多來源的複雜特徵逐漸消失。

　　綜上所述,扶風美陽銅器群的年代跨越二里岡上層至殷墟三期,所出銅容器兼具寶山文化因素、商文化京當型因素和殷墟文化因素,其年代跨度大和文化因素複雜的特徵體現了殷墟三期周原地區複雜的政治形勢變遷和族群之間的多元互動,比較符合周人遷岐以後"後來者居上"、漸進式發展過程。因此,扶風美陽銅器群很有可能是周人遷岐以後的遺存,屬於以周人爲主導的"西土之人"所有。

附表一　周原地區殷墟三期銅器群組合

地　點	銅　容　器	陶容器	其他銅器
扶風美陽	圓鼎1、簋1、鬲1、卣1、高足杯1	不明	銅斧1、銅錛1、銅鑿1
岐山王家嘴M1	圓鼎1	高足杯1	銅斧2
眉縣嘴頭	圓鼎1、簋1	不明	銅鉞1
岐山廟王村	圓鼎1	鬲1	不明
武功游鳳浮沱村	圓鼎3、簋2、瓿1、罍1	不明	不明

注：附表一中五處周原地區殷墟三期銅器群均未經過正式考古發掘或資料披露不全,故已發表資料中所見器物組合未必是原生埋藏環境中的完整器物組合。

---

[1] 皮錫瑞撰,盛冬鈴、陳抗點校:《今文尚書考證》,中華書局,1989年,第232—238頁。
[2] 李宏飛:《商末周初文化變遷的考古學研究》,文物出版社,2021年,第73—79頁。

南陽市博物院藏有銘銅車軎小考[*]

張晨陽[**]

河南南陽市博物院收藏有兩件車軎,均爲南陽地區廢品公司揀選所得,此前已有銘文介紹,但並未公布圖版資料,[1]《銘圖》等著録也未收入,[2]因此,學界一直未能進行深入的研究。最近我們有機會見到這兩件車軎清晰的銘文照片,分別是三十□年車軎(簡稱"車軎A")、王二年車軎(簡稱"車軎B"),下面作簡單討論,不當之處,請方家批評指正。

一

車軎A在軎身近轄穿孔處鑄有一圈銘文(圖一),《介紹》一文給出的原釋文如下:

卅□年□□命(令)王右,右庫工師坴,冶迷。

《介紹》一文認爲"年"上有一字,仔細觀察照片,有似刀刻殘畫,筆畫或爲銹所掩蓋,或因磨損而筆畫不清,不能確認是否爲文字。因此,銘文紀年爲"三十年"或爲"三十□年"。"年""令"之間的鑄造地名,筆畫稍不够清楚(圖二,1)。首字推測爲"少"字,下一字作 ,可能爲"曲"字。三晉中"曲"字一般作 (《中國璽印類編》)、[3] (合陽矛,《銘圖》17612)。[4] 地名或爲"少曲"。"王"下一

圖一

---

[*] 本文爲"古文字與中華文明傳承發展工程"規劃項目"吉林大學所藏甲骨集"(項目號G1003)和"《雙劍誃文集》整理"(項目號G1812)的階段性研究成果。
[**] 吉林大學考古學院博士研究生。
[1] 尹俊敏、劉富亭:《南陽市博物館藏兩周銘文銅器介紹》,《中原文物》1992年第2期,第90頁。以下簡稱《介紹》。
[2] 吴鎮烽:《商周青銅器銘文暨圖像集成》,上海古籍出版社,2012年;《商周青銅器銘文暨圖像集成續編》,2016年;《商周青銅器銘文暨圖像集成三編》,2020年。以下分別簡稱爲《銘圖》《銘續》《銘三》。
[3] 小林斗盦編:《中國璽印類編》,天津人民美術出版社,2004年,第433頁。
[4] 詳見湯志彪:《三晉文字編》,作家出版社,2013年,第1732—1733頁。關於"曲"字的考釋參見李零:《戰國鳥書箴銘帶鈎考釋》,《古文字研究》第8輯,中華書局,1983年,第59—62頁;吴振武:《談戰國貨幣銘文中的"曲"字》,《中國錢幣》1993年第2期,第16—21頁。

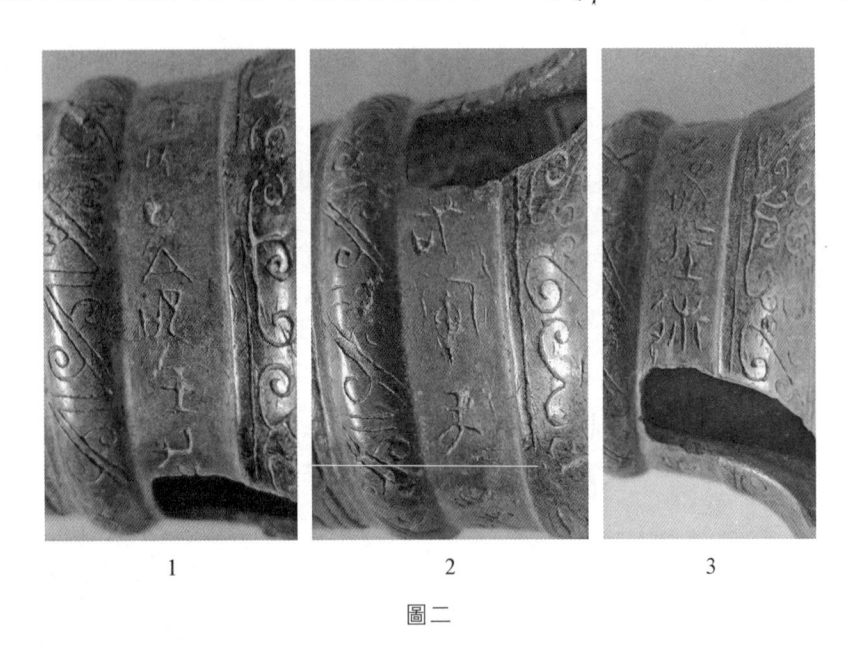

字作 ▆，當非"右"字，而應爲"加"字。"加"字一般從"力"作 ▆（滎陽上官皿，《銘圖》14085）形，與下文"右庫"之"右"從"又"有別（圖二，2）。"冶"上一字作 ▆，上部顯然並不從"史"，而應從心從夬，當釋爲"快"字，如新鄭陶文"快"字作 ▆。[1] "快"當爲工師之名。

图二

綜上，車軎A銘文應改釋爲：

三十□（？）年，少曲（？）命（令）王加，右庫工師快，冶述。

關於車軎A的國別和年代，《介紹》一文已斷爲三晋器，當是。另外，"冶"字作 ▆ 形（圖二，3），據吳良寶、徐俊剛先生的研究，趙國兵器中從來不作 ▆ 形，[2] 車軎A國別當屬於三晋中的韓或魏。

若前面釋爲"少曲"無誤，當爲地名。關於此地名郭聲波先生做過總結：

城邑名。在少水（今沁河）之曲，即今河南省濟源市東北（一説今河南省洛陽市吉利區，一説今河南省宜陽縣）。戰國時屬韓國上黨郡野王縣，秦昭襄王時取之，屬河內郡。[3]

---

[1] 徐在國、程燕、張振謙：《戰國文字字形表》，上海古籍出版社，2017年，第1457頁。
[2] 吳良寶、徐俊剛：《戰國三晋"冶"字新考察》，《古文字研究》第31輯，中華書局，2016年，第205頁；又見氏著《出土文獻史地論集》，中西書局，2020年，第187頁。
[3] 郭聲波：《〈史記〉地名族名詞典》，中華書局，2020年，第28頁。

"少曲"在戰國時期主要在韓國境内,根據高紀年特徵,可能爲韓昭侯或韓桓惠文王時期。但韓桓惠文王八年後是"令"加"司寇"的監造制度,且少曲之地在此後已被秦國攻占,[1]可以排除。

韓昭侯時的兵器如二十四年郫陰令戈(《銘圖》17233)已實行三級監造制度,蘇輝先生將此戈定爲韓昭侯二十四年。[2] 且目前出現的兩件少曲令戈(《銘圖》17313、《銘三》1514)監造制度都是"令,右庫工師,冶"的模式。韓昭侯在位30年,若車䡇A銘文爲"三十年",定爲韓昭侯三十年(公元前333年)時正好相符。但是"三十"後面似乎還有數字,地名"少曲"也只是推測,所以這件器是否定爲韓昭侯時期,還有待進一步研究。

此外,魏惠王前元時期有幾件高紀年兵器,如二十四年邟令戈(《銘圖》17229)、[3]二十七年頓丘令戟(《銘圖》17308)、[4]三十三年鄴令戈(《銘圖》17166),均已使用"令,工師,冶"的三級監造制度。結合監造制度以及高紀年特徵,車䡇A更可能爲魏惠王前元時器。

二

車䡇B在口沿鑄有一圈銘文(圖三),原釋文爲:

王二年,成算命(令)旧章,工師事□,冶□。

"王二年"後兩字原釋文爲"成算",非是,應爲"行麗"(圖四,1—2)。作爲地名首字▨顯然是"行"字。目前晋系銘文中未見"算"字,"麗"字《説文》籀文作▨,傳抄古文作▨(汗6.82説)、▨(汗6.82義)形。[5] 齊系兵器銘文中有字形▨(陳麗子戈,《集成》[6]11082),清人已據古文釋出爲戰國文

圖三

---

[1]《史記·范雎列傳》載:"范雎相秦二年,秦昭王之四十二年(按公元前265年),東伐韓少曲、高平,拔之。"
[2] 蘇輝:《韓國紀年兵器研究》,《中國社會科學院歷史研究所學刊》第3集,商務印書館,2004年,第120頁;又見氏著《秦三晋紀年兵器研究》,上海古籍出版社,2013年,第151—152頁。
[3] 吴良寶先生根據此戈三穿在闌、闌側有缺的形制,以及三級銘文格式,將此戈定在魏惠王前元24年。見吴良寶:《湖北荆門左冢所出銅戈新考》,《湖南省博物館館刊》第4輯,嶽麓書社,2007年,第241—243頁。
[4] 董珊先生根據三穿在闌、闌部加寬,闌側有缺的形制,定在魏惠王前元27年。見董珊:《讀珍秦齋藏吴越三晋銘文札記》,《珍秦齋藏金(吴越三晋篇)》,澳門基金會,2008年,第294頁。
[5] 徐在國:《傳抄古文字編》,綫裝書局,2006年,第979頁。
[6] 社科院考古所編:《殷周金文集成(修訂增補版)》,中華書局,2007年。簡稱"《集成》"。

字中"麗"字。[1] 三晋韓國兵器中宜陽戈銘有"麗"字作 ✡ (《銘圖》17213)。[2] ▣ 字與上方繁複的"麗"字字形一致,只是"人"形下部加有一點,這種現象在三晋文字中也能見到,如侯馬盟書中"比"字既可作 ✡ 形,又可作 ✡ 形。[3] 因此, ▣ 當釋爲"麗"字。▣ 字似釋爲"及"(圖四,3),字形如 ✡ (温縣 WT4K6∶315)、[4] ✡ (中山王鼎,《集成》2840)。"及"爲工師之姓氏,在戰國時期常見。

1　　　　　2　　　　　3

圖四

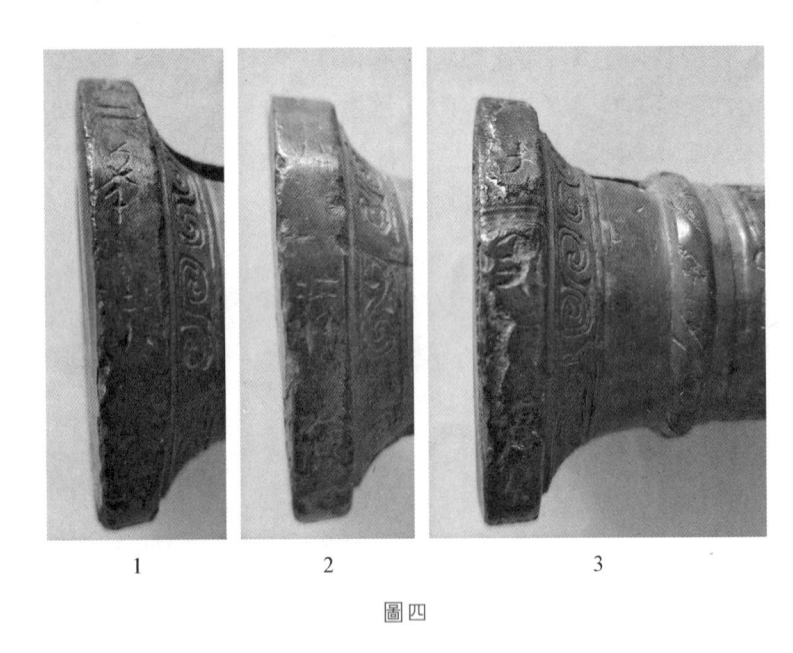

總之,車軎 B 銘文應釋爲:

王二年,行麗命(令)旧(?)章,工師及□,冶□。

李學勤先生指出"這種記令、工師、冶的銅器,主要是兵器,都是三晋的"。[5] 此車軎國别屬

---

[1] 此字考釋可參看吴大澂:《説文古籀補》第十·二,光緒二十四年(1898)增輯本,收入《金文文獻集成》第 17 册,2005 年,第 200—285 頁;劉心源:《奇觚室吉金文述》,朝華出版社,2018 年,第 714 頁;孫詒讓撰,戴家祥點校:《名原》,中華書局,2016 年,第 286—287 頁。

[2] 參看黄錫全:《新見宜陽銅戈考論》,《考古與文物》2002 年第 2 期,第 68—69 頁;郭永秉:《補説"麗"、"瑟"的會通——從〈君人者何必安哉〉的"䪴"字説起》,《中國文字》新 38 期,藝文印書館,2012 年,第 73—90 頁;王子楊:《甲骨金文舊釋"競"的部分之字當改釋爲"麗"》,吉林大學中國古文字研究中心編:《古文字與出土文獻——青年學者論壇(2019)論文集》,上海古籍出版社,2023 年,第 14—28 頁。

[3] 詳參張道升:《侯馬盟書文字編》,黄山書社,2017 年,第 284—292 頁。

[4] 湯志彪:《三晋文字編》,第 394 頁。

[5] 李學勤:《戰國題銘概述(中)》,《文物》1959 年第 8 期,第 60 頁。

三晉應無問題。兵器中稱"王某年"爲諸侯國稱王後的產物,後來由於相繼稱王,"王"號流於形式,銘文中逐漸不再加刻"王"字。[1] 因此,加"王"字兵器,大都在各諸侯王稱王不久。趙國在武靈王時稱王,然目前未發現有當時三級監造的兵器,也未見有加"王"字之例,因此排除屬趙國的可能。

《介紹》一文認爲此器爲韓國的遺留物,當有可能。如韓桓惠王三年馬雍令史吳戈(《銘圖》17329)已使用"令,工師,冶"的三級監造制度,車軎 B 年代或爲韓桓惠王二年,即公元前 271 年。此外,魏惠王改元後稱王,也有類似的兵器銘文,如向令瞂戈(《銘續》1231)、王垣令豕戟(《銘圖》17234),亦實行三級監造制,故車軎 B 年代亦可能爲魏惠王後元二年,即公元前 333 年。且車軎 B"冶"作 ,似爲從"刀、土、二"形,韓、魏習見此類"冶"形,因此,車軎 B 國別有韓、魏兩種可能。

最後值得一提的是,車軎 A、車軎 B 銘文均實行三級監造制,此格式當前屬首次出現,爲研究三晉兵器的鑄造制度提供了寶貴材料。

致謝:感謝南陽市博物院尹俊敏老師惠賜照片,並慨允發表。筆者在撰寫過程中受到鄭州大學田成方老師、吉林大學吳良寶老師鼓勵與指導,許世和師兄、紀帥師兄、同學劉新全爲本文提出寶貴意見,謹致謝忱!

---

[1] 虞同、宛鵬輝:《向壽戈與王之一年戈考》,《飛諾藏金》,中州古籍出版社,2012 年,第 130—133 頁。

論淮安高莊戰國墓的年代與族屬[*]

黎婉欣[**]

　　高莊遺址位於今淮安市(舊稱淮陰)清江浦區京杭運河南岸近淮沭河交界的崗地，1978年在這裏發現了一座大型豎穴土坑戰國墓。高莊這座墓葬雖曾被盜，但仍發現了較多青銅禮器和馬車飾件，其中包括不少於24件鏨刻青銅器，爲隨葬有這類興起於春秋晚期並流行於戰國早、中期的特殊青銅器數量最多的一座墓葬，高莊青銅器上的人物畫像紋飾亦較以往所見豐富，提供了重要的研究信息。2004年，在高莊大墓東北3公里的運河村又發現了一座帶封土的戰國大墓，該墓采用了與高莊墓所見相近的葬制，也發現了獨木棺和車馬器，惟運河村墓内的青銅禮器均已被盜。[1] 發掘者稱自高莊至運河村一帶原有多座土墩和崗坡，曾發現若干小型戰國時代土坑墓(資料未詳見刊)，[2] 可知這片區域原應是一片規模較大的戰國時代墓地。《淮陰高莊戰國墓》簡報和發掘報告分別於1988年和2009年刊出，發掘報告和其他研究者曾對高莊這座墓葬的年代、族屬等問題作過一些討論，[3] 多將高莊墓歸入戰國中期越文化範圍。[4] 高莊墓内隨葬內容化成份繁雜，分別有吳、楚、東夷、越等文化的因素，不少器形也是首見的，其年代和族屬似仍可作更細緻的分析。

一、高莊墓葬的葬制與隨葬品內容

　　高莊墓葬是一座東西向豎穴土坑墓，未見墓道和封土，墓口呈長方形(圖一)，墓室面積約94.5平方米。墓坑西北角留有一方形斜坡狀臺面，故墓底平面呈曲尺形，墓坑底近主棺所

---

[*] 本文爲"古文字與中華文明傳承發展工程"規劃項目"東周青銅器人物畫像紋綜合研究"(項目號G3611)的階段性研究成果。
[**] 北京大學中國考古學研究中心副教授。
[1] 發掘者根據運河村所出陶器的形制和組合，估計該墓的年代略晚於高莊大墓，參見尹增淮、王劍：《江蘇淮安市運河村一號戰國墓》，《考古》2009年第10期；淮安市博物館編著：《淮安運河村戰國墓》，文物出版社，2011年，第72—73頁。
[2] 淮安市博物館編著：《淮陰高莊戰國墓》，文物出版社，2009年，第11—24頁。
[3] 王厚宇：《試談淮陰高莊墓的時代、國別、族屬》，《考古》1991年第8期；丁燕傑、燕生東：《江蘇淮陰高莊戰國墓用鼎特點及墓主人族屬問題》，《東南文化》2022年第3期。
[4] 鄭小爐：《江蘇淮陰高莊大墓的族屬與年代探討》，收入淮安市博物館編著：《淮陰高莊戰國墓》，第247—251頁。

在位置之下有一殉狗腰坑。木槨室位於墓坑東北角,槨室底板用 15 塊木板平鋪而成,槨底板的長度、寬度均大於槨室尺寸,形成曲尺形臺面。槨室內三副木棺南北並列,主棺居中,長 3.65、寬 1.1、高 0.97 米,主棺已被盜洞打破和擾亂,墓主頭向、葬式不明。主棺南側爲一陪葬獨木棺,長 2.39、高 0.75 米,尺寸較小,棺外散落有部分人骸骨,估計棺內原爲一名女性殉人。主棺北側爲一懸底方棺,棺內散落有多副人骨。全墓共發現人骨架 14 副,其中 11 副位於槨內,其餘 3 副位於槨外。隨葬品多發現於槨室外的槨底板上,部分器物於發掘前曾被當地村民移走,經調查,墓內陶器、青銅禮器、硬陶器和青銅車馬器等應是成組依次擺放(圖二)。[1]

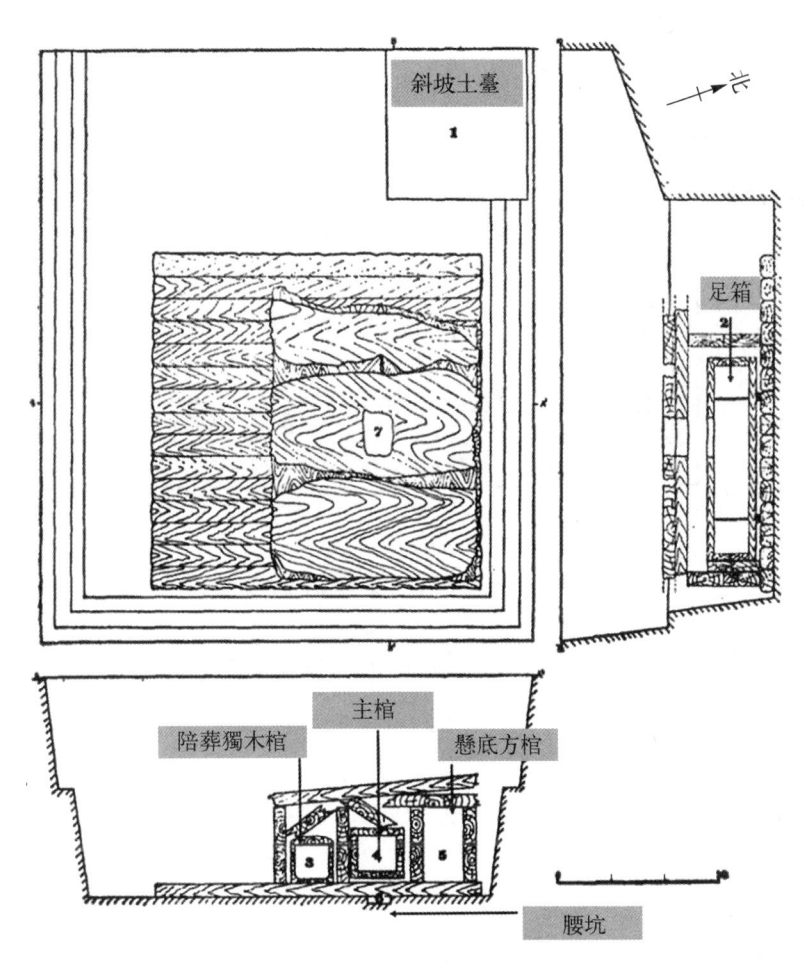

圖一　高莊墓室與棺槨結構示意圖

(改自王立仕《淮陰高莊戰國墓》,圖二)

---

[1] 王立仕:《淮陰高莊戰國墓》,《考古學報》1988 年第 2 期。

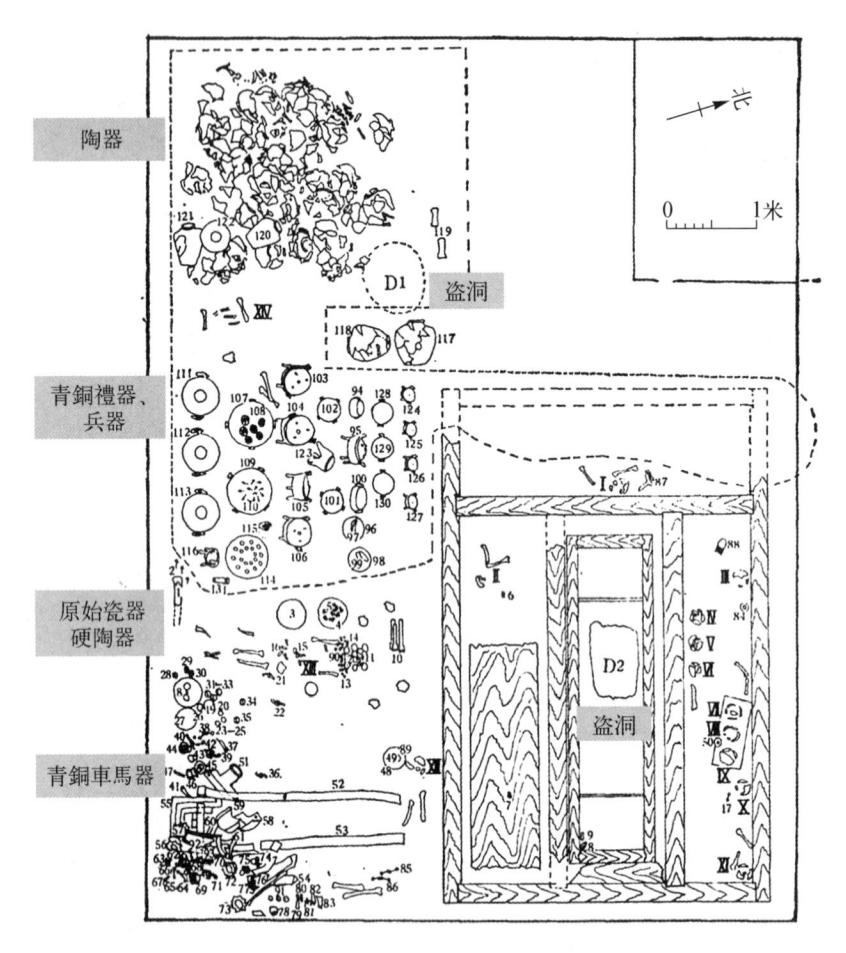

圖二　高莊墓底平面圖

（改自王立仕《淮陰高莊戰國墓》，圖三）

　　高莊墓葬曾兩次被盜，發掘前器物亦曾被散失而後被追回，目前所知的隨葬品組合應非原貌，出土器物共 291 件，計：

　　青銅器 176 件；

　　陶瓷器 37 件；

　　玉石器 9 件；

　　骨角器 53 件；

　　鱉魚板 6 件；

　　鉛紡輪 4 件；

　　木陀螺形器 6 件。[1]

---

[1] 淮安市博物館編著：《淮陰高莊戰國墓》，第 90—92 頁。

高莊墓内青銅禮器有51件,計鼎11、獸首鼎1、瓿1、三足罍2、鐎盉2、三足鑑4、三足盤11、刻紋鑑1、刻紋盤7、刻紋匜6、素面匜1、刻紋箅形器4。[1]

高莊墓所出青銅禮器中,水器所占比例較高,多爲薄壁鍛製青銅器,均飾有人物畫像紋圖案。過去發現有隨葬這類青銅器的墓葬通常只有一至三件不等,未見有隨葬這等數量。青銅盤(1:0144)内外壁均施有紋飾;同墓所出的原始瓷雙管薰爐(1:18),形制講究,其青銅鳥形鈕蓋(圖三),直徑8.7厘米,亦飾以人物畫像紋圖案,工藝小巧細緻。箅形器(1:114-1,圖四),直徑50厘米,圓板狀,平均分布有35個直徑4厘米的圓孔,箅形器是首見器物,器表飾有細密的半人半獸狩獵紋飾。高莊所出青銅刻畫紋盤(修復後分類號7:280-2)口徑25厘米,青銅匜(修復後分類號7:289-4),長51、寬39、高17厘米,[2]這些青銅水器普遍都大於同形制器物。江蘇

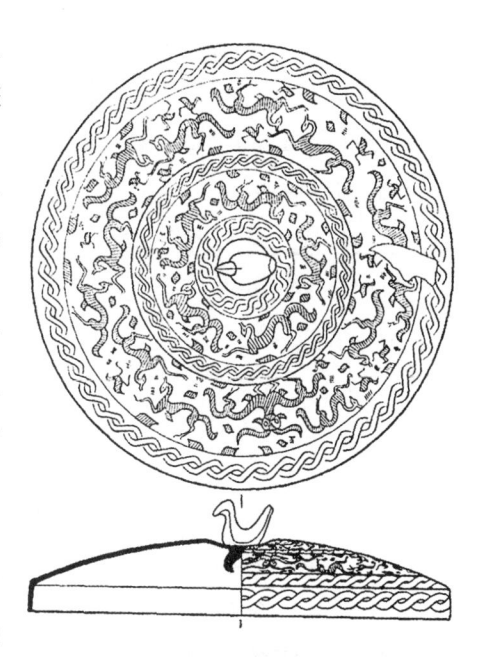

圖三　淮安高莊原始瓷薰爐(1:18)青銅蓋上的人物畫像紋飾

(引自王立仕《淮陰高莊戰國墓》,圖五·1)

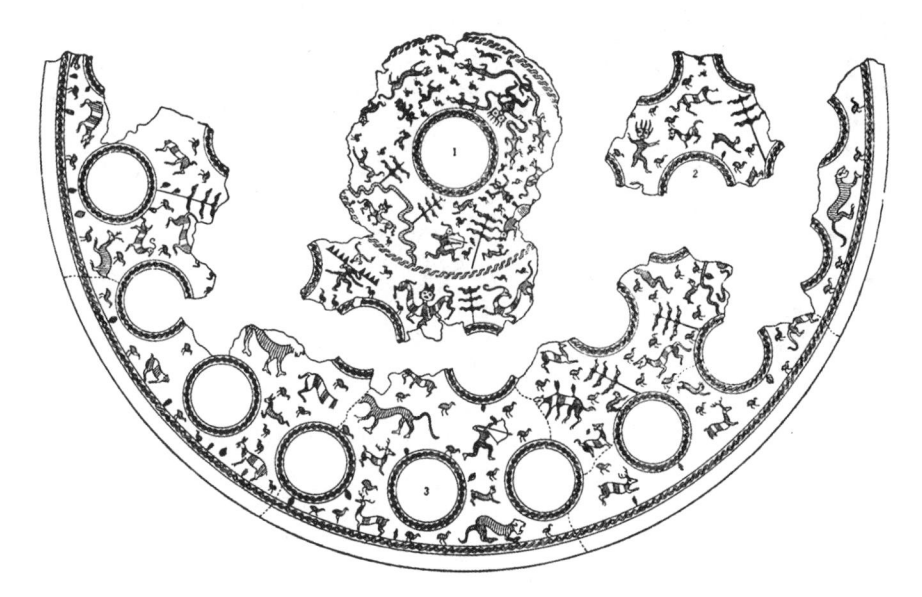

圖四　淮安高莊青銅箅形器(1:114-1)上的人物畫像紋飾

(引自王立仕《淮陰高莊戰國墓》,圖二〇)

---

[1] 淮安市博物館編著:《淮陰高莊戰國墓》,第90—92頁。
[2] 淮安市博物館編著:《淮陰高莊戰國墓》,第137—138頁。

諫壁王家山墓葬發現有目前年代最早的刻有人物畫像紋的青銅匜、盤和鑑組合,王家山墓葬的年代屬於春秋晚期。[1] 高莊所出青銅盤(1:48,圖五,2)上的人物畫像紋飾基本沿用了王家山銅盤(36號)的圖案布局(圖五,1),但另一件高莊所出青銅盤(1:3)以及筒形器上的圖案(圖四)則是在此基礎上作了進一步發揮,以更開闊的手法展現鳥人和半人半神形象進行狩獵的場景。高莊墓葬的發現反映了青銅器上的人物畫像紋飾曾有着不斷發展的過程,首先是豐富了圖案的内涵,也發展出新的青銅器類,而這些變化都似與高莊墓葬所在的江蘇北部地區有關。

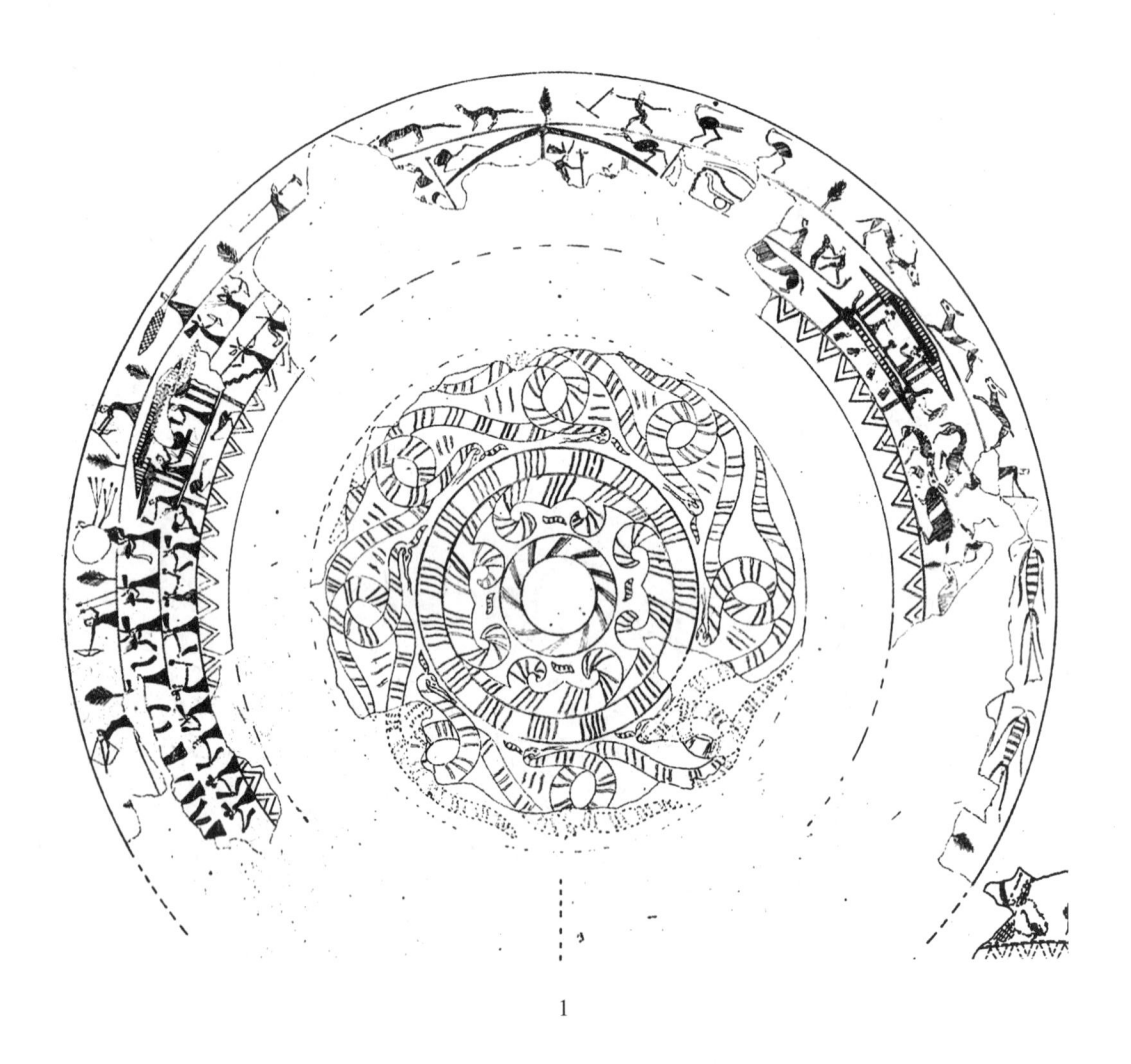

1

---

[1] 劉建國、談三平:《江蘇鎮江諫壁王家山東周墓》,《文物》1987年第12期。

2

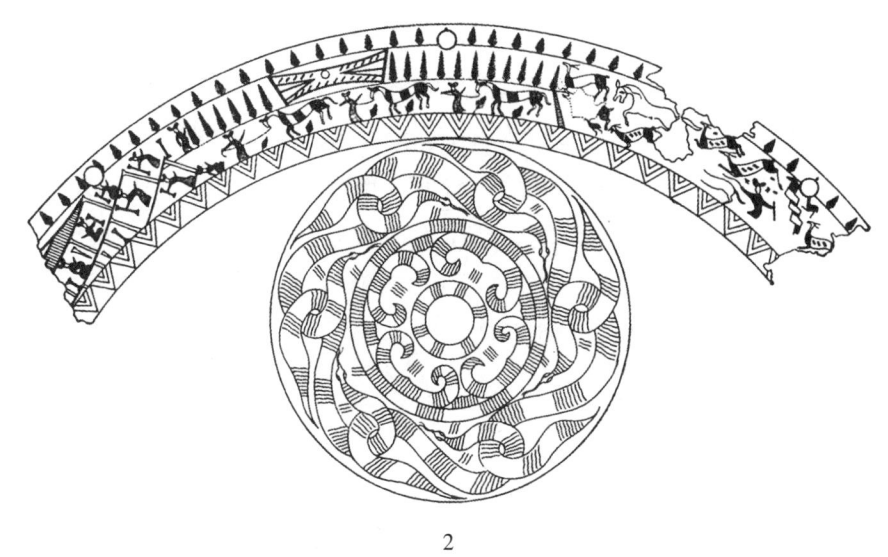

圖五　青銅盤刻畫人物畫像紋飾

1. 江蘇諫壁王家山墓葬出土(36號);2. 淮安高莊墓葬出土(1:48)
(引自劉建國、談三平:《江蘇鎮江諫壁王家山東周墓》,圖七·2;王立仕《淮陰高莊戰國墓》,圖十二·2)

二、淮安高莊墓葬的年代

　　高莊墓葬所出銅鼎中有兩組各三件具有"越式鼎"風格的蓋鼎,兩組鼎的形制差異主要是腹部形制有別,A組(1:104,圖六,1)作深腹,其腹壁微垂,圜底,B組(1:103,圖六,2)作較淺腹,微垂,底微圜,但兩組鼎皆有截面爲橢圓形的外撇的細長足,足底外折,具有"越式鼎"的特徵。這兩組鼎與典型"越式鼎"的區別在於腹部,且皆已有蓋,蓋的形制,如環狀提手、三環角形鈕,同於戰國中期楚鼎的蓋。高莊的鼎也有垂腹的特點,這種腹的形制在戰國中期偏早的江陵望山M1出土的楚式鼎(M1:735)中已見到,[1] 可以認爲這兩組鼎的形制是戰國中期以來楚國東進,青銅工藝與越人的青銅工藝交融以後所產生的形制。[2]　只是高莊A、B兩組鼎的器腹很深,器腹的形制與江蘇六合程橋M1春秋晚期墓所出越式鼎(M1:66,圖七,5)相似,與年代同爲春秋晚期的湖南姚子侖M098、M026以及江蘇吳縣何山墓葬所出越式鼎(圖七,1—4)的淺腹、平底的形制有較明顯的區別,越式鼎的形制於各地似乎有着不同的發展。進入戰國早期以後,越式鼎的年代區別主要體現於鼎足,與器腹相接位置進一步外移已近於器中下腹,鼎足彎曲、外撇現象加大(圖七,8—11),這些特徵在高莊A、B兩組鼎上只初步反映。再參考湖南資陽舊市M165所出越式鼎(M165:4,圖七,7)、[3] 湖北

---

[1]　朱鳳瀚:《中國青銅器綜論》,上海古籍出版社,2009年,第2061頁。
[2]　朱鳳瀚:《中國青銅器綜論》,第2343頁。
[3]　吳銘生:《湖南資興舊市戰國墓》,《考古學報》1983年第1期。

黄梅劉岳 M1 所出越式鼎[1]（M1：7，圖七，8）有着附耳根部內收、加厚的現象（圖八），而高莊 A 組鼎耳的長方形穿却是沿襲了六合程橋 M3 春秋末年墓葬所出青銅鼎的特徵，高莊鼎蓋的坡狀形制、環角形足鈕和絢紋也與六合程橋 M3 銅鼎相近。高莊 C 組青銅鼎（1：124，圖六，2），器腹扁圓外鼓，平直底，器蓋和器腹飾變形蟠螭紋，與一般越式鼎風格有異，形制罕見。根據三組鼎的形制分析，高莊青銅鼎的鑄造似是吸收並改造了屬於不同年代、不同地區的青銅鼎的風格，高莊鼎整體保留了較多吳地所出青銅器的特徵，基本未受戰國早期偏晚階段所謂越式鼎的影響。高莊所出青銅甗（圖九，5），附耳，甑腹直長，鬲部與甑部同寬且襠較高，與安徽銅陵、[2]浙江紹興、[3]四川成都雙元村[4]等南方地區所出流行的青銅甗（圖九，1—4）的形制也存在較大的區別。

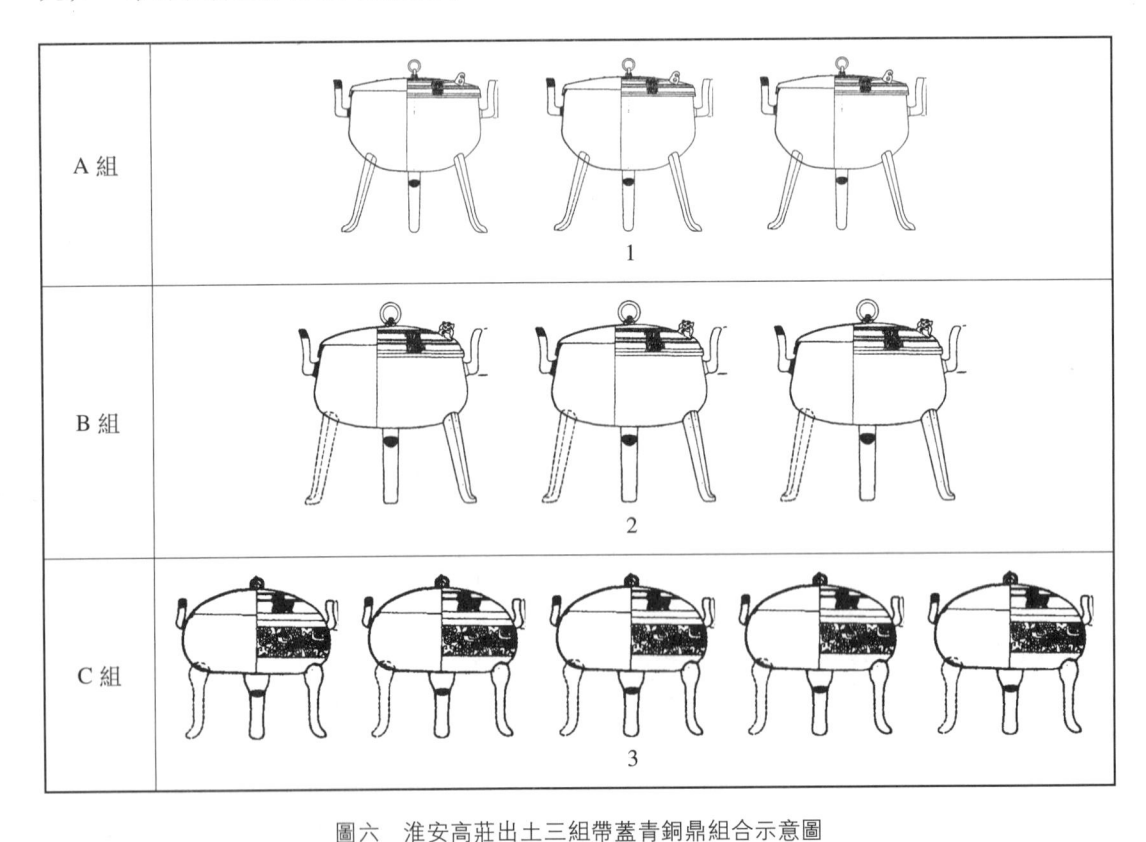

A 組	（圖）
B 組	（圖）
C 組	（圖）

圖六　淮安高莊出土三組帶蓋青銅鼎組合示意圖

1. A 組"越式鼎"（1：104）；2. B 組"越式鼎"（1：103）；3. 蹄足平底鼎（1：124）
（引自王立仕《淮陰高莊戰國墓》，圖七·1—3）

---

[1] 凡國棟等：《湖北黄梅劉岳墓地 M1 發掘簡報》，《江漢考古》2021 年第 4 期。
[2] 張國茂：《安徽銅陵謝壠春秋銅器窖藏清理簡報》，《東南文化》1990 年第 4 期。
[3] 牟永抗：《紹興 306 號戰國墓發掘簡報》，《文物》1984 年第 1 期。
[4] 王天佑、陳雲洪、原海兵、白鐵勇：《四川成都雙元村東周墓地一五四號墓發掘》，《考古學報》2020 年第 3 期。

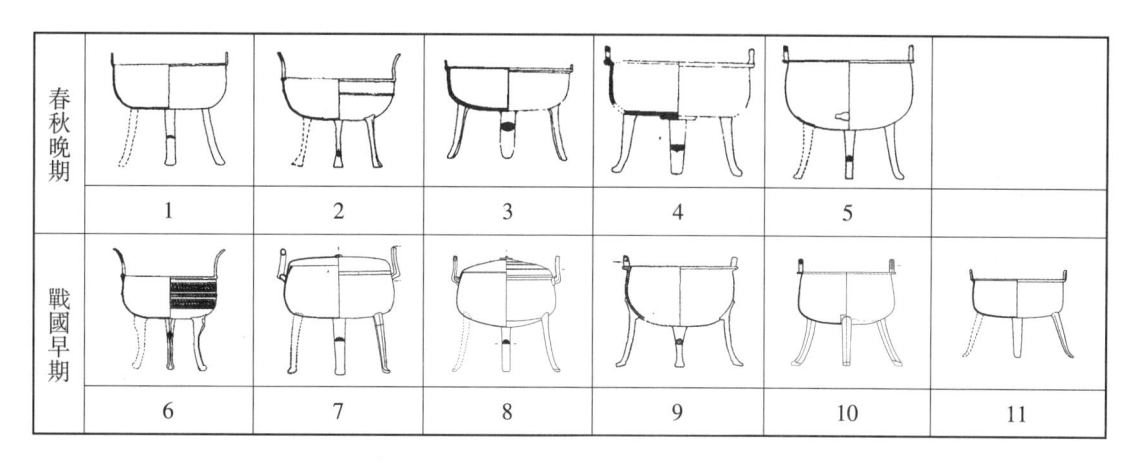

春秋晚期	1	2	3	4	5	
戰國早期	6	7	8	9	10	11

圖七　各地出土越式鼎綫圖

1. 湖南姚子嶺 M098 出土(1)；2. 湖南姚子嶺 M026 出土(2)；3—4. 江蘇吴縣何山出土；5. 江蘇六合程橋 M1 出土(66)；6. 湖南姚子嶺 M029 出土(1)；7. 湖南資陽舊市 M165 出土(4)；8. 湖北黄梅劉岳 M1 出土(7)；9. 江蘇六合和仁戰國墓出土；10. 四川成都雙元村 M154 出土；11. 四川成都金沙巷 M2 出土

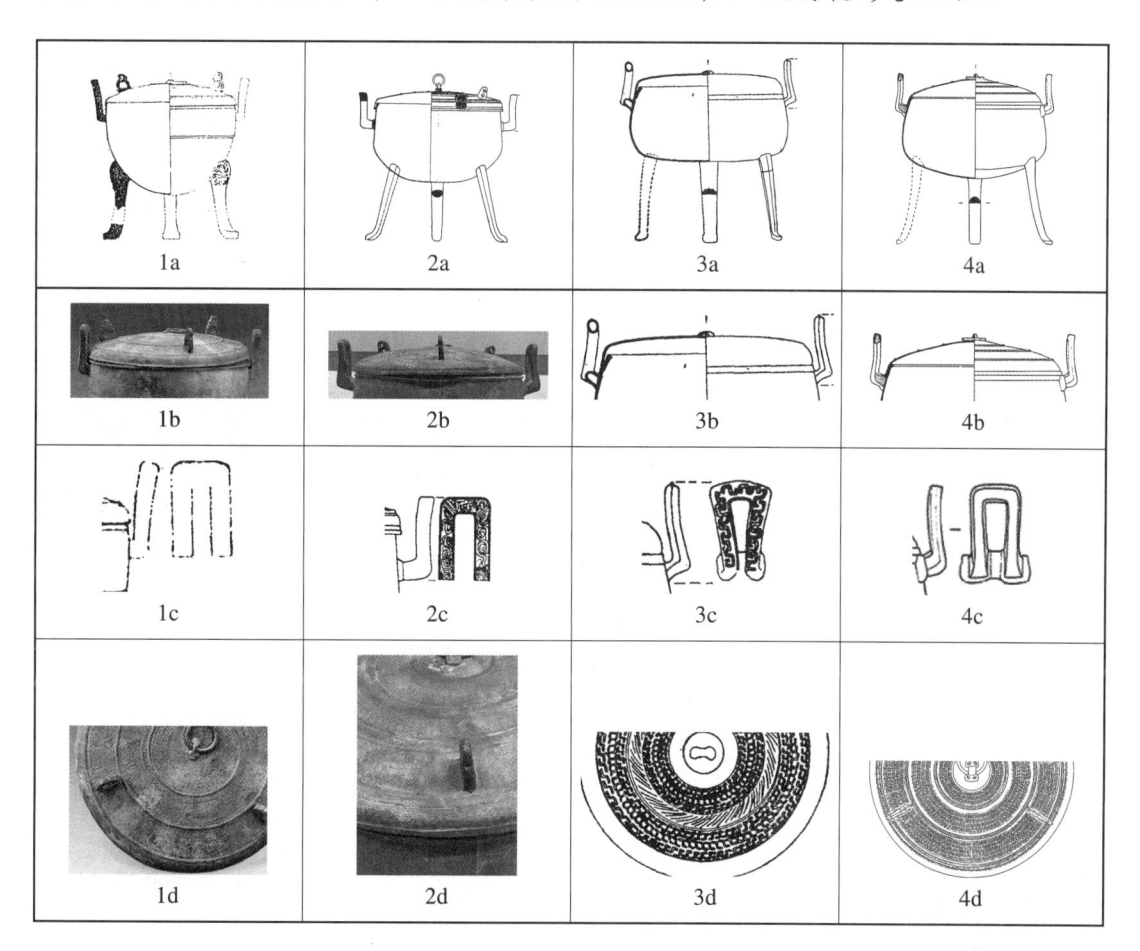

圖八　各地出土青銅帶蓋附耳銅鼎細節對比圖

1. 六合程橋 M3 出土(1)；2. 淮安高莊出土(1∶104)；3. 資陽舊市 M165 出土(4)；4. 黄梅劉岳 M1 出土(7)

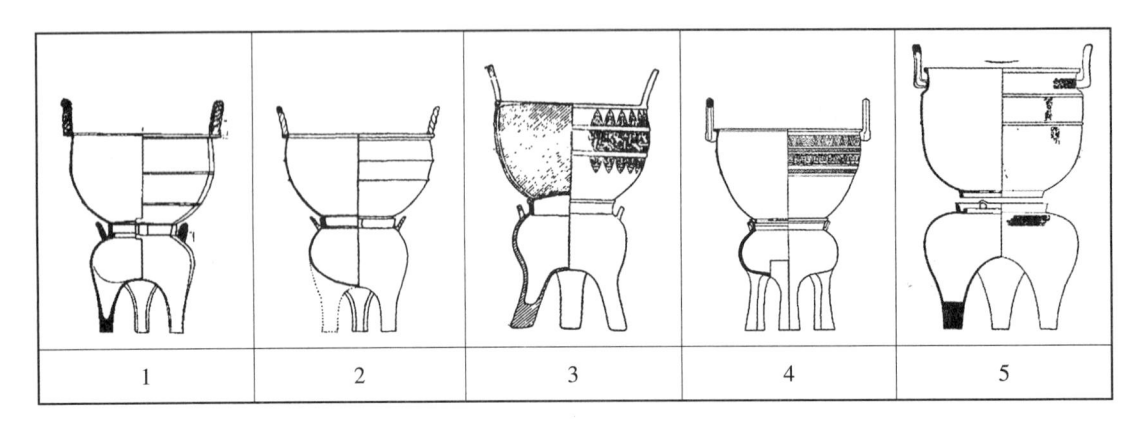

圖九　春秋晚期至戰國早、中期青銅䰜綫圖
1. 安徽銅陵西湖輪窯廠出土；2. 安徽銅陵市北郊謝壠出土；3. 浙江紹興 M306 出土(10)；
4. 四川成都雙元村 M54 出土(7)；5. 淮安高莊戰國墓出土

　　安徽舒城、[1]懷寧[2]等地所出獸首鼎（圖十，1—3），附耳、淺腹，蹄足較直長，鼎尾常有帶勾扉棱。此器類流行自春秋中期群舒地區至徐夷文化一帶，[3]江蘇邳州九女墩 M3 春秋晚期墓中仍有發現。[4]　九女墩 M3 所出獸首鼎（M3：41，圖十，4），鼎足變細、變矮，鼎腹加寬。進入戰國以後，獸首鼎基本不再流行，高莊墓所出的這一件（1：99，圖十，5），鼎足進一步變矮、加粗，腹部加寬，鼎尾扉棱仍有保留但已簡化，其年代顯然晚於九女墩 M3 所出獸首鼎。考慮到此器類的流行年代，高莊的這一件的年代應不會晚於戰國早期。

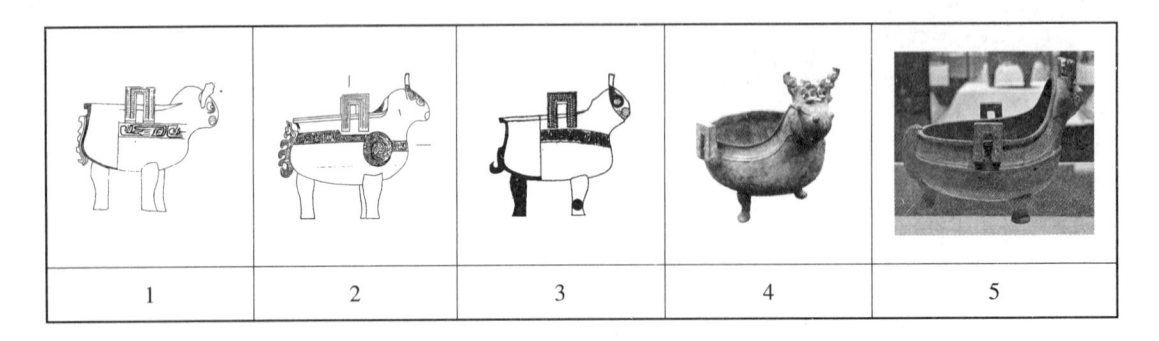

圖十　安徽、江蘇一帶出土青銅獸首三足鼎
1. 安徽舒城河口鎮墓葬出土；2. 安徽舒城鳳凰嘴墓葬出土；3. 安徽懷寧東部金拱鄉人形河出土；
4. 江蘇邳州九女墩 M3 出土(41)；5. 江蘇淮安高莊戰國墓出土(1：99)

---

[1] 楊鳩霞：《安徽舒城縣河口春秋墓》，《文物》1990 年第 6 期；殷滌非：《安徽舒城出土的銅器》，《考古》1964 年第 10 期。
[2] 許文：《安徽懷寧縣出土春秋青銅器》，《文物》1983 年第 11 期。
[3] 朱鳳瀚：《中國青銅器綜論》，第 1800—1801 頁。
[4] 孔令遠、陳永清：《江蘇邳州九女墩三號墩的發掘》，《考古》2002 年第 5 期。

高莊所出三足素面銅甖(1∶112,圖十一,4),該器的形制最早見於山東棗莊徐樓 M1 春秋晚期墓,似是魯南東夷地區對流行於春秋中期中原地區的青銅甖的改造,[1]與之形制相似的三足銅甖在諫壁王家山、[2]浙江紹興 M306 等墓都有發現,[3]目前以紹興 M306 徐墓的年代最晚,或可到春秋晚期,[4]不晚於戰國初年。高莊三足鑑(1∶100,圖十二,2)的形制與丹徒北山頂墓所出三足鑑(84DBMJB∶10,圖十二,1)近似;[5]高莊刻畫紋銅盤(1∶3,圖十三,2),平底、器上腹微鼓內的形制沿襲了王家山同形盤(王家山 30 號,圖十三,1)的特徵,亦近於春秋晚期偏早的吳縣楓橋何山墓出土盤。[6] 高莊所出的這幾件青銅禮器都表現出較多春秋晚期江蘇至山東一帶所流行的青銅器的形制特徵,高莊青銅器的年代屬於戰國早期偏晚階段。

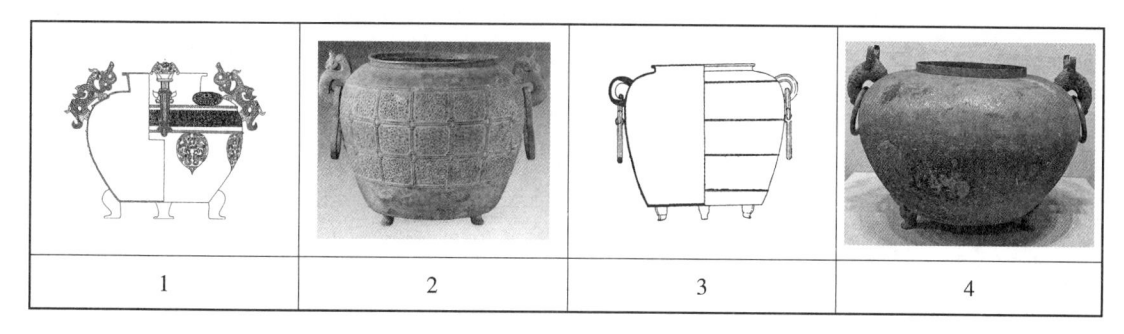

1	2	3	4

圖十一　各地出土三足青銅甖

1. 山東棗莊徐樓 M1A 出土(19);2. 江蘇諫壁王家山墓葬出土;
3. 浙江紹興 M306 出土;4. 江蘇淮安高莊戰國墓出土

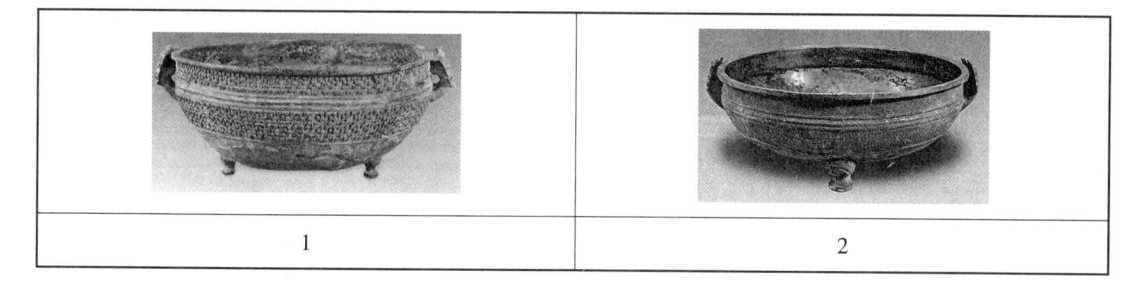

1	2

圖十二　江蘇出土三蹄足青銅鑑

1. 鎮江丹徒北山頂春秋墓出土(84DBMJB∶10);2. 淮安高莊戰國墓出土(1∶100)

---

[1] 尹秀嬌等:《山東棗莊徐樓東周墓發掘簡報》,《文物》2014 年第 1 期;朱鳳瀚:《棗莊徐樓春秋墓分析》,收入北京大學歷史學系、北京大學中國古代史研究中心編:《吳榮曾先生九十華誕頌壽論文集》,中華書局,2022 年,第 218—238 頁。
[2] 劉建國、談三平:《江蘇鎮江諫壁王家山東周墓》,《文物》1987 年第 12 期。
[3] 牟永抗:《紹興 306 號戰國墓發掘簡報》,《文物》1984 年第 1 期。
[4] 李零:《紹興坡塘 306 號墓的再認識》,《中國國家博物館館刊》2020 年第 6 期。
[5] 張敏、劉麗文:《江蘇丹徒北山頂春秋墓發掘報告》,《東南文化》1988 年第 3、4 期。
[6] 張志新:《江蘇吳縣何山東周墓》,《文物》1984 年第 5 期。

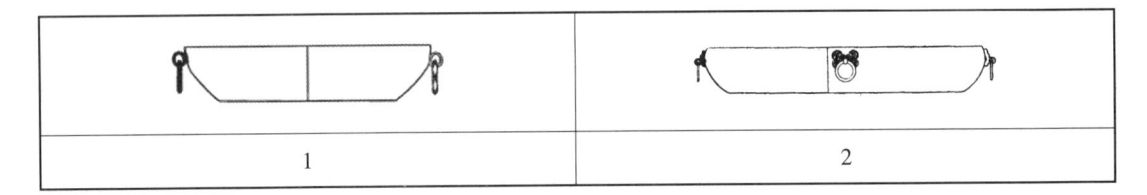

1	2

图十三　江苏出土刻画纹锻制青铜盘
1. 谏壁王家山春秋晚期墓出土;2. 淮安高庄战国墓出土

　　高庄所出的青铜车马器和兵器也能提供较确切的年代信息,高庄车釭(1∶56,图十四,4)的多角星形制目前只见于谏壁王家山墓葬(王家山 8 号,图十四,1),而年代稍晚于高庄墓的运河村墓葬仍有采用(图十四,5),[1] 可知其为这版区域所流行的形制。车軎方策采用鸭嘴形扣,这种形制始流行于战国早期,见于淄博尧王村 M2(M2G∶5-1,图十四,2)[2] 和长岛王沟 M10(M10∶74,图十四,3),[3] 此二墓的年代分别属于战国早期偏晚和战国中期偏早,王沟 M10 的年代似可作为高庄墓葬的年代下限。兵器方面,高庄青铜戈(1∶87-1、1∶87-3,图十五,4—5)有一小圆形和三长方形穿,这种四穿青铜戈的形制并不常见,上刃近栏处有斜出的鼻饰,吴越地区有一些发现(图十五,1—3),丹徒北山顶墓葬、六合和仁墓葬和绍兴凤

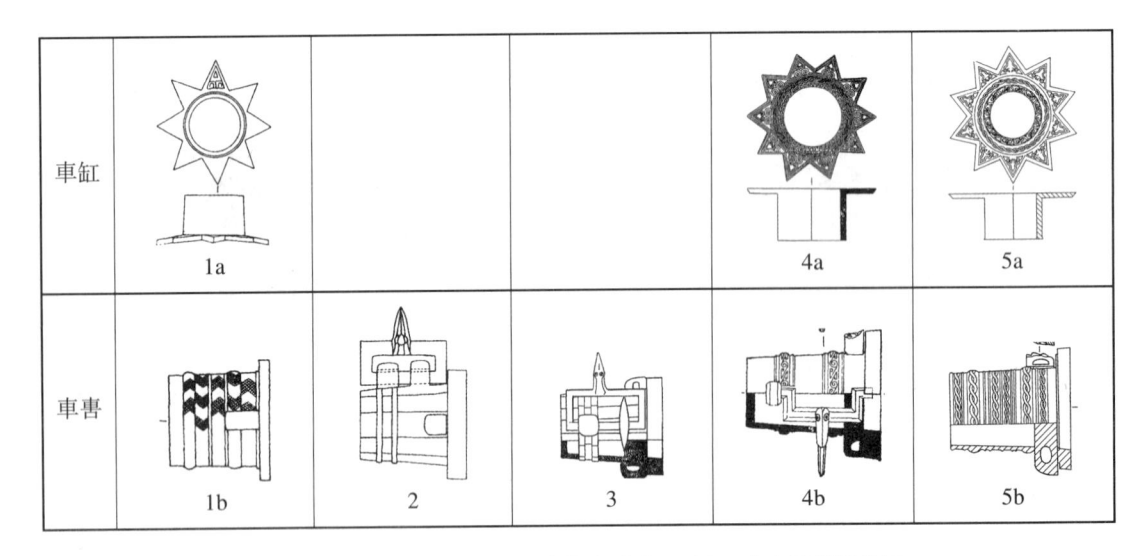

车釭	1a			4a	5a
车軎	1b	2	3	4b	5b

图十四　春秋晚期至战国早、中期各地出土车釭、车軎形制对比图
1. 江苏谏壁王家山春秋晚期墓出土;2. 山东淄博尧王村 M2 战国早期墓出土;3. 山东长岛王沟 M10 战国中期墓出土;4. 江苏淮安高庄战国墓出土;5. 江苏淮安运河村战国墓出土

---

[1] 尹增淮、王剑:《江苏淮安市运河村一号战国墓》,《考古》2009 年第 10 期。
[2] 王会田、贾健:《山东淄博市临淄区尧王战国墓的发掘》,《考古》2017 年第 4 期。
[3] 李步青、林仙庭、王富强:《山东长岛王沟东周墓葬群》,《考古学报》1993 年第 1 期。

1	2	3
4	5	6
7	8	9
10		

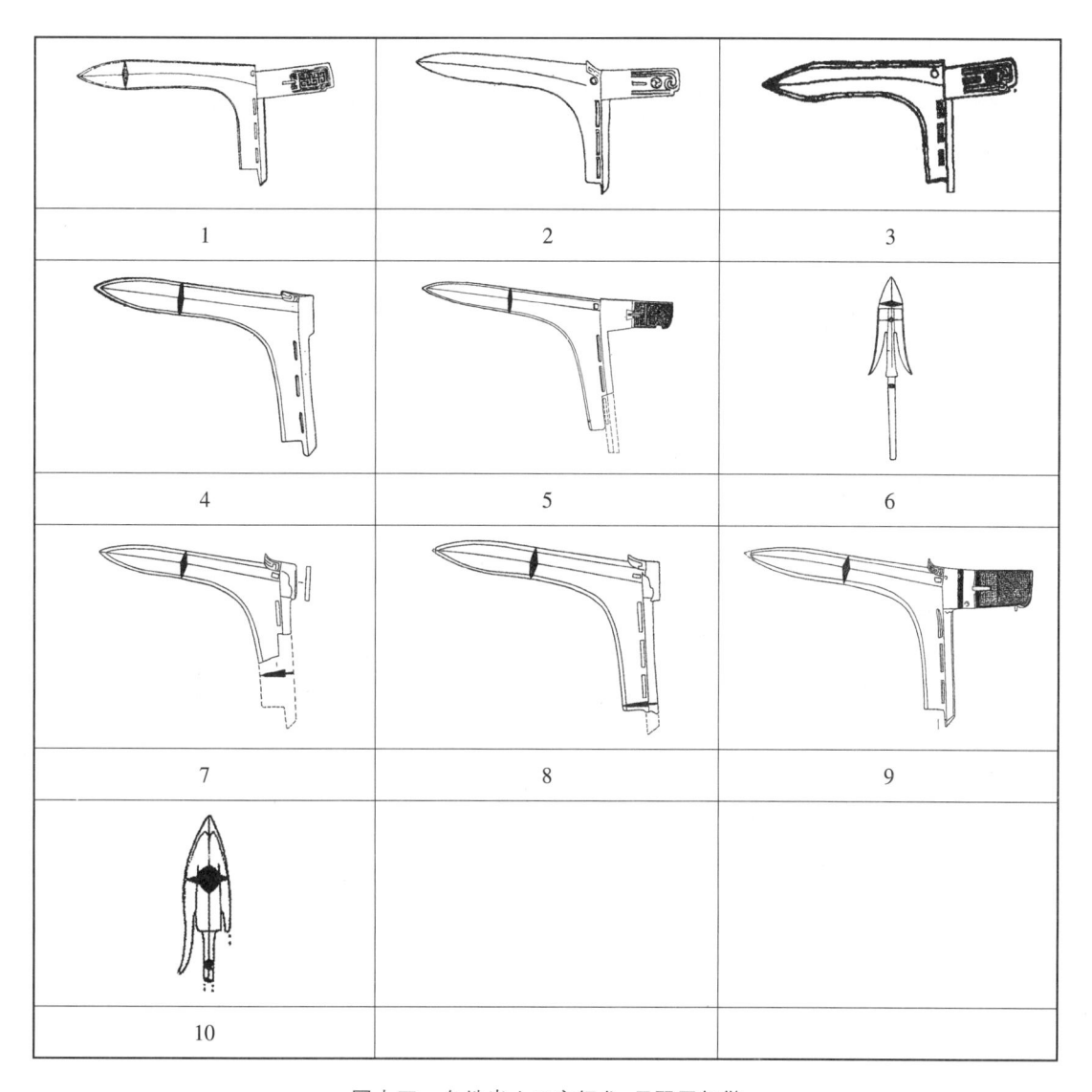

圖十五　各地出土四穿銅戈、長翼尾銅鏃

1. 江蘇丹徒北山頂墓出土(M：8)；2. 江蘇六合和仁戰國墓出土；3. 浙江紹興鳳凰山墓出土(M1：2)；4—6. 江蘇淮安高莊墓葬出土(1：87-1；1：87-3；1：2-1)；7—10. 山東新泰周家莊出土(M3：37—39；M35：74)

鳳山墓葬都曾出土。[1]不過，這種形制的四穿戈目前最早見於山東新泰周家莊M3，該墓的年代爲春秋晚期早段，[2]M3墓内發現有三件這類銅戈(M3：37—39，圖十五，7—8)，其中兩件的内部似被整齊削去，與高莊所出的其中一件(圖十五，4)相同。帶長翼尾的銅鏃並不

---

[1] 張敏、劉麗文：《江蘇丹徒北山頂春秋墓發掘報告》，《東南文化》1988年第3、4期。
[2] 山東省文物考古研究所、新泰市博物館編著：《新泰周家莊東周墓地》，文物出版社，2014年，第102、462—465頁。

多見,新泰周家莊 M35 也有發現,而周家莊 M35 的年代約爲春秋晚期晚段,[1] 這類銅鏃在六合和仁戰國墓内仍有發現,[2] 高莊墓所出的一件(1∶2-1,圖十五,6),翼尾已變細長,但仍保留有此鏃的形制特徵。

結合以上各類青銅器的分析,高莊大墓出土器物保留了較多春秋晚期的形制特徵,這種情況也與魯南蘇北之間缺乏戰國早期的發現有關。高莊墓内的發現應是吸收了並進一步發展該墓所在區域的青銅禮器、兵器和車馬器的特徵,該墓的年代似不會太晚,應屬於戰國早期偏晚,下限或可至戰國早、中期之際。

三、淮安高莊墓葬的族屬

高莊大墓發現有大量的刻畫人物畫像紋青銅器,學界普遍參考江蘇六合程橋 M1 和六合和仁戰國墓内所發現的刻畫紋青銅器,認爲這類青銅工藝和青銅紋飾起源於吳越地區。[3] 以上關於高莊青銅器物的形制來源,已分析到它們與山東南部地區有着較密切的關係。江蘇、山東交界爲南北交通要道,也是所謂的東夷文化區域,其中的文化元素較爲複雜,徐、莒文化元素在吳越地區也有發現。[4] 近年山東滕州大韓小邾國墓地發現有較多刻畫紋青銅器,目前只詳細刊布了大韓 M39 的隨葬内容,[5] 該墓所出青銅匜(M39∶54)的年代屬於戰國早期中段,同墓地中的 M42、M43 也發現有刻畫紋青銅器,[6] 爲了解刻畫紋青銅器與東夷文化的關係提供了新的綫索。

淮安地區於戰國早、中期之際歸屬越國,高莊墓主與越的關係仍需説明。越墓罕見隨葬青銅禮器,青銅車馬器基本不見,却有較多仿銅原始瓷器。[7] 高莊墓主隨葬有精美青銅車馬器,陶瓷器的數量却不多。前文述及在高莊青銅禮器中有一件刻畫紋深腹匜,小流口(修復後編號 7∶289-4,圖十六,1),[8] 此器形制罕見,紹興鳳凰山 M3 越墓出有一件原始瓷深腹匜(M3∶14,圖十六,5),即可能是參照了高莊銅匜之形制。高莊墓内也隨葬有越墓所流

---

[1] 山東省文物考古研究所、新泰市博物館編著:《新泰周家莊東周墓地》,第 253、474 頁。
[2] 吳山菁:《江蘇六合縣和仁東周墓》,《考古》1977 年第 5 期。
[3] 滕銘予:《東周時期刻紋銅器再檢討》,《考古》2020 年第 9 期; Alain Thote, 'Images d'un royaume disparu Note sur les bronzes historiés de Yue et leur interprétation', *Cahiers d'Extrême-Asie*, 2008, no. 17, pp. 93-123.
[4] 張敏:《吳越文化比較研究》,南京出版社,2018 年,第 276—277 頁。
[5] 郝導華、劉延常、代全龍等:《山東滕州市大韓東周墓地第一次發掘簡報》,《考古》2021 年第 12 期。
[6] 代全龍等:《山東滕州市大韓東周墓地第一次發掘出土青銅器的科學分析研究》,《南方文物》2021 年第 3 期。
[7] 張敏:《吳越文化比較研究》,第 231—232 頁。
[8] 淮安市博物館編著:《淮陰高莊戰國墓》,第 138 頁。

行的陶瓷器,高足三足陶盌(1∶28)、原始瓷熏爐(1∶18)和陶壇(1∶117)等器物與紹興鳳凰山、[1]安吉龍山[2]等越墓所出器物近似(圖十六,6—8),反映了越國内陶瓷器貿易有一定的流通。

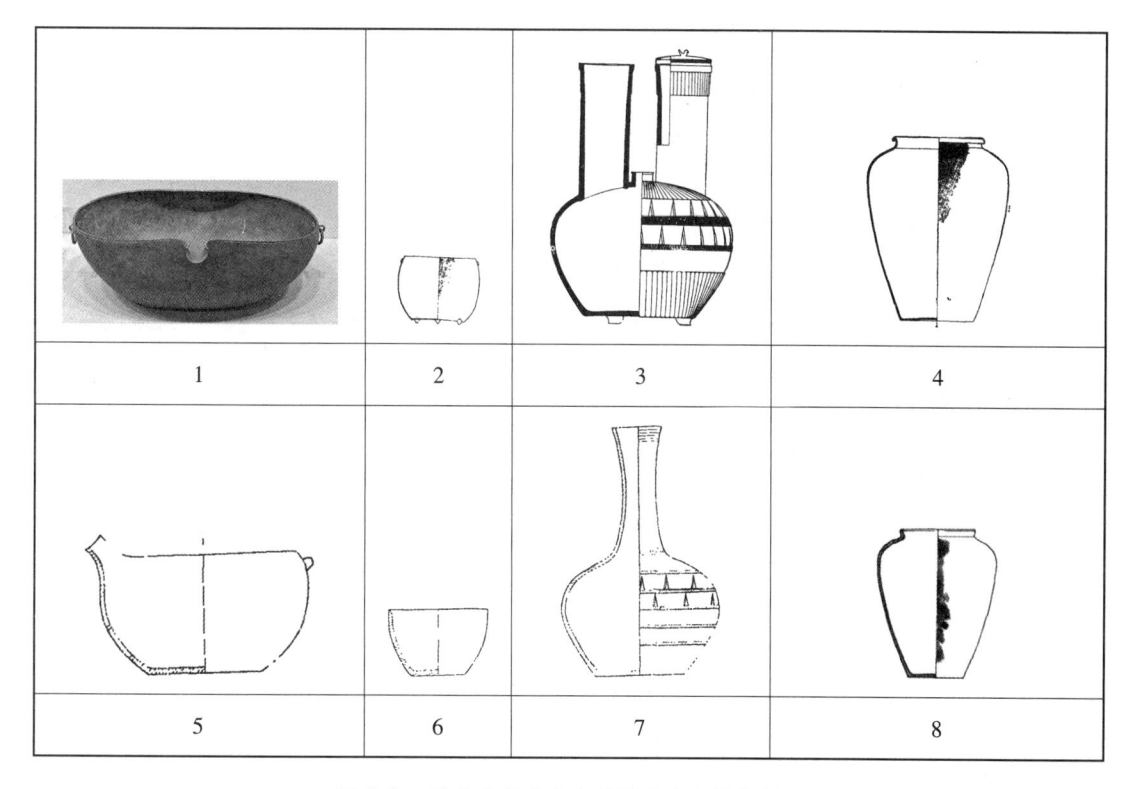

圖十六　淮安高莊墓與各地越墓出土器物對比

1. 銅匜;2. 三尖足原始瓷杯;3. 原始瓷雙管薰爐;4. 硬陶罐(1—4. 淮安高莊墓葬出土);5. 原始瓷匜;6. 原始瓷杯;7. 原始瓷薰爐 (5—7. 紹興鳳凰山 M3 出土);9. 硬陶罐(安吉龍山越墓出土, 04 安龍 D141M1Q∶105)

關於高莊墓主的族屬問題,葬俗給出的信息應更爲準確。高莊墓内所見的殉狗腰坑習俗,常見於魯中南部至魯東南一帶的東夷文化地區,山東長清仙人臺春秋墓地、[3]新泰周家莊東周墓地、[4]滕州大韓東周墓地等都有發現。[5] 高莊墓内也發現有較多的殉人,而殉人也是東夷常用葬俗,山東莒南大店 M1 春秋墓有殉人 10 名、[6]沂南西岳村 M1 春秋早期墓

---

[1] 蔡曉黎、沈作霖:《浙江紹興鳳凰山戰國木椁墓》,《文物》2002 年第 2 期。
[2] 陳元甫、黄昊德、邱宏亮:《浙江安吉龍山越國貴族墓》,《南方文物》2008 年第 3 期。
[3] 郎劍鋒、方輝、任相宏:《山東濟南長清仙人臺周代墓地 M4 發掘簡報》,《文物》2019 年第 4 期。
[4] 山東省文物考古研究所、新泰市博物館編著:《新泰周家莊東周墓地》,第 11—12 頁。
[5] 郝導華等:《山東滕州市大韓東周墓地第一次發掘簡報》,《考古》2021 年第 2 期。
[6] 吴文祺、張其海:《莒南大店春秋時期莒國殉人墓》,《考古學報》1978 年第 3 期。

有殉人5名、[1]江蘇邳州九女墩M3春秋晚期墓有殉人16名。[2] 長清仙人臺M4的主棺采用獨木棺,仙人臺M4的年代約爲春秋中期。[3] 高莊墓葬采用結構複雜的葬具,槨底板、器物箱、槨棺室於墓坑内偏於一隅等做法常見於上述東夷墓葬。綜合以上現象,高莊大墓吸收了較多自春秋時期以來魯南至蘇北一帶所流行的葬俗,這墓應非典型的越墓,反映了墓主有着當地族群的背景。

四、結　語

淮安高莊墓在國別上屬越,但墓主的文化來源應與地望有較大的關係,似是歸附於越國的夷人,該墓的年代宜歸入戰國早、中期之際。高莊墓内刻畫紋青銅器形制獨特,紋飾講究,刻畫紋銅器在此區域有着較完整的發展序列,這類青銅器顯然與東夷文化有較大的關聯。

---

[1] 劉延常、蘭玉富:《山東地區周代考古的新進展》,《東南文化》2009年第6期。
[2] 吴公勤、耿建軍、劉照建:《江蘇邳州市九女墩春秋墓發掘簡報》,《考古》2003年第9期。
[3] 郎劍鋒、方輝、任相宏:《山東濟南長清仙人臺周代墓地M4發掘簡報》,《文物》2019年第4期。

學術史及海外青銅器研究

試說仲虡父盤銘文真僞及相關問題*

陳建新**

一

《總集》6753[1] 著録有仲虡父盤銘文，其釋文如下：

中（仲）虡父作婦姬隣（尊）般（盤），汓（稻）淌（粱）眂（菽）麥，用眂（夙？揚？）譿（醓）仲氏䬼（羞/饈）。

《集成》與《銘圖》未收録該銘，大概二書的編者認爲是僞銘。但有多位學者論及此銘，並不以爲僞，早期如孫詒讓、于省吾、吳闓生、楊樹達、陳夢家、張政烺、趙錫元等，[2] 近年如裘錫圭、周忠兵、李春桃、謝明文、黄錫全、董珊等。[3] 上舉釋文即參考上述各家意見而成。

目前看來學界多認爲仲虡父盤銘文爲真，但是其實《集成》編者未將其收録還是有其原因的。最早張永山根據文字、文例和句法分析，及名稱與用途的矛盾，認爲該盤銘文是後人

---

* 本文是古文字與中華文明傳承發展工程規劃項目"雙劍誃藏甲骨拓本整理"（項目編號：G1002）的階段性成果。
** 吉林大學考古學院古籍研究所，"古文字與中華文明傳承發展工程"協同攻關創新平臺博士研究生。
[1] 嚴一萍：《金文總集》，藝文印書館，1983年，第3664頁。
[2] 孫詒讓：《古籀拾遺·古籀餘論》，中華書局，1989年，第12頁；于省吾：《雙劍誃吉金文選》，中華書局，2009年，第348頁；吳闓生：《吉金文録》，萬有圖書公司，1968年，第296頁；楊樹達：《積微居金文説》，上海古籍出版社，2007年，第283—284頁；陳夢家：《西周銅器斷代》，中華書局，2004年，第225頁；張政烺：《哀成叔鼎釋文》，《古文字研究》第5輯，中華書局，1981年，收入氏著《張政烺文集·甲骨金文與商周史研究》，中華書局，2012年，第261—268頁；趙錫元：《甲骨文稻字及其有關問題》，《吉林大學社會科學學報》1988年第1期，第11—21頁。
[3] 裘錫圭：《䛬公盨銘文考釋》，《中國歷史文物》2002年第6期，第13—27頁，收入氏著《裘錫圭學術文集·金文及其他古文字卷》，復旦大學出版社，2012年，第146—166頁；周忠兵：《金文所見"菽麥"考》，《考古與文物》2016年第3期，第106—109頁；李春桃：《金文"醓"字小考》，《青銅器與金文》第2輯，上海古籍出版社，2018年，第323—328頁；謝明文：《説夙及其相關之字》，《出土文獻與古文字研究》第7輯，上海古籍出版社，2018年，第30—49頁，收入氏著《商周文字論集續編》，上海古籍出版社，2022年，第249—272頁；黄錫全：《談談楚國的"沈郢"問題》，《出土文獻》2020年第1期，第56—66頁；董珊：《釋"汓"——兼説哀成叔鼎銘文》，清華大學出土文獻研究與保護中心編：《半部學術史，一位李先生：李學勤先生學術成就與學術思想國際研討會論文集》，清華大學出版社，2021年，第458—464頁。

僞刻,該器現爲故宫所藏,並且引用了王文昶的鑒定意見:

> 今知此器爲故宫所藏,既不是盤,也不是敦,而是失蓋的簋。器腹外壁飾竊曲紋和瓦紋,有對稱雙耳,爲西周中晚期的形製。銘文在器内底部,字口並不齊整平滑,明顯是後人在真器上僞刻的。[1]

據王文昶介紹,故宫博物院藏有一件"中叔父簋":

> 高十四厘米,寬三十點四厘米,重三千二百三十克。底内銘"中叔父乍……"三行十八字。熟坑。一九五八年故宫博物院收購。著録於《筠清館金文》、《三代吉金文存》、《金文著録簡目》,但均著録爲盤類。
>
> 此器自名爲"盤",實際是簋。圓體、失蓋、大口、鼓腹、圈足、獸首雙鋬,有方耳。圈足下三個扁足傷缺,頸部與足飾竊曲紋,腹部飾瓦紋,是西周晚期器。該簋十八字爲僞刻,刻字技術高超,可以亂真。但文理不通,字體拘謹,呆滯無力,筆畫粗細相同。無鑄字範痕,經加工腐蝕,塗蠟作舊,字處皮色與旁色迥然不同。據此分析,該簋字刻工雖精,還是定僞字。[2]

王文昶公布的銘文和器型如下:

圖一　仲叔父簋銘文拓本　　　　圖二　仲叔父簋器型

---

[1] 張永山:《中叔父盤僞銘辨》,《中國歷史博物館館刊》1989 年第 13、14 期。順帶一提,仲叔父盤的現藏地由曹淑琴告知張永山,曹淑琴爲《集成》的編纂者之一。

[2] 王文昶:《青銅器辨僞三百例》,紫禁城出版社,2009 年,第 147 頁(王書未引張永山説)。近年陳英傑有注意到這條辨僞意見,但無進一步討論,見陳英傑:《青銅器辨僞讀書筆記——兼談青銅器與金文著録的基本信息建設》,澳門漢字學會第八届年會暨慶祝曾憲通先生米壽學術研討會論文集,2022 年,後正式發表於《青銅器與金文》第 9 輯,上海古籍出版社,2022 年。

該拓本與《總集》6753 拓本能夠較好地重合,應是一物無疑。[1] 爲免混亂,下文仍按學界習慣將其稱爲"仲叡父盤"。王文昶認爲銘文爲僞主要有兩點:一、自名爲"盤",實際是簋;二、無鑄字範痕,經加工腐蝕,塗蠟作舊,字處皮色與旁色迥然不同。

先來看第一點,我們知道,青銅器自名存在代稱,如鼎可自稱"鬲",盨可自稱"簋",匜可自稱"盤"等。但據陳劍研究,器名代稱可分作以下幾類:第一,音近通假;第二,因簡稱、省略而形成;第三,兩類器僅在功用上有關係,如用途相同或相近,或有替代關係,或有配合關係等,而形制上並無聯繫;第四,兩類器在形制、器形淵源、用途、組合關係等各個方面有着千絲萬縷的内在聯繫,情況最爲複雜,需要就具體情形作出具體分析。[2] 而簋和盤,一爲食器,一爲水器,顯然與上述四類無關。[3] 而且除此之外,目前所發現的簋的自名也無作"盤"者。[4] 王文昶曾在故宫博物院工作,能夠目驗原器,他所指出的第二點更加有力。

因此,該銘文爲僞刻無疑。不過真相似乎没有這麼簡單,誠如李春桃文中所説:"從形體上看,銘文中很多形體淵源有自;從風格來看,銘文甚爲古樸。"[5]

二

按照學界一般的認識,除《總集》6753 外,"仲叡父盤"銘文又著録於:《筠清》4.30,《攈古》二之二.65,《小校》9.73,《三代》17.10.2,[6] 其中前兩者爲摹本,後兩者爲拓本,《總集》所選取的應是《三代》的拓本。現將各圖版列舉如下:[7]

---

[1] 還有其他證據可以證明二者爲同一器,詳下文。
[2] 陳劍:《青銅器自名代稱、連稱研究》,《中國文字研究》第 1 輯,1999 年,第 335—370 頁。
[3] 外審專家提示,近年來研究者考證銅器製作時由於種種原因可發生自名上的錯亂,不一定是作僞者的馬脚,可參看石安瑞:《鑄銘之前的書寫:論西周青銅器銘文製作使用的寫本》,《出土文獻》2021 年第 3 期。《銘三》1217 苟盤和 1243 苟盉自名爲簋即屬此類情況(此點承張致鋮先生提示,謹致謝忱)。
[4] 張芳:《西周食器稱謂及用途研究》,吉林大學碩士學位論文(指導教師:李春桃),2018 年;李琦:《東周青銅食器稱謂與功用整理研究》,吉林大學碩士學位論文(指導教師:李春桃),2019 年;查飛能:《商周青銅器自名疏證》,西南大學博士學位論文(指導教師:鄒芙都),2019 年。
[5] 李春桃:《金文"醽"字小考》,《青銅器與金文》第 2 輯,第 324 頁。
[6] 福開森:《歷代著録吉金目》,商務印書館,1939 年,第 463 頁;周法高主編,張日升、黄秋月編纂:《三代吉金文存著録表》,1977 年,三民書局,第 740 頁;孫稚雛:《金文著録簡目》,中華書局,1981 年,第 348 頁;嚴一萍:《金文總集》,第 3664 頁;邱德修:《商周金文總目》,五南圖書出版公司,1985 年,第 640 頁。
[7] 《筠清》《攈古》圖版引自劉慶柱,段志洪,馮時主編:《金文文獻集成》,綫裝書局,2005 年,第 12 册第 105 頁、第 11 册第 252 頁。另外《商周金文集成》亦有著録,與《總集》爲同一拓本,見邱德修:《商周金文集成》,五南圖書出版公司,1983 年,第 3255 頁。

《筠清》	《攟古》	《小校》	《三代》	《總集》

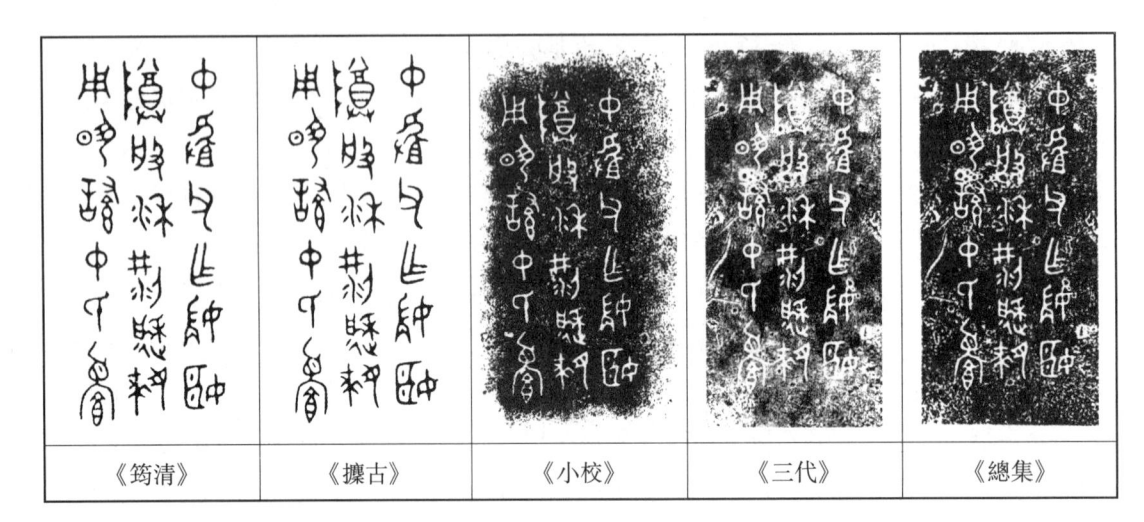

圖三　仲叡父盤銘文摹本、拓本

據《筠清》記載,"仲叡父盤"爲"張小餘藏器",《攟古録》的記載則爲"山西陽城張子絜藏"。[1] 張小餘、張子絜實爲同一人,即張薦粢,字子絜,號小餘,山西陽城人,[2] 與陳介祺有交游。[3] 關於張薦粢藏器,還有以下記載:潘祖蔭在順德本華山廟碑題跋中稱"余所極不忘者,則子絜之居遬彝與仲叡父盤也,未知何日遇之耳"。[4] 褚德彝《金石學録續補》記載爲"好蓄三代鐘鼎,能辨釋古文,所藏魯伯愈父鬲、伯角父盉、居趛睿彝、中睿父般,均彝器中奇品"。[5] 容庚《商周彝器通考》的記載爲"藏有仲叡父敦蓋(原誤盤),居後彝,魯伯愈父鬲,魯伯愈父簋,伯角父盉(後三器見於攟古録)"。[6]

臺灣"國家圖書館"金石拓片資料庫公布有"仲䈪父作婦姬敦"銘文拓本和全形拓,[7]

---

[1] 見劉慶柱、段志洪、馮時主編:《金文文獻集成》,第 18 册第 234 頁。
[2] 彭壽編著,朱鰲、宋苓珠整理:《清代人物大事紀年》,北京圖書出版社,2005 年,第 883 頁。
[3] 陳育丞:《簠齋軼事》,《文物》1964 年第 4 期,第 53—58 頁。
[4] 林業強編著:《漢延熹西岳華山廟碑順德本》,香港中文大學文物館,1999 年,第 50 頁。引者按:原文中的"叡"字爲"叝"字之誤釋。
[5] 李遇孫、陸心源、褚德彝著,桑椹點校:《金石學録三種》,浙江人民美術出版社,2017 年,第 189 頁。引者按:原文中的"睿"字均爲"叡"字之誤釋。
[6] 容庚:《容庚學術著作全集·商周彝器通考(上)》,中華書局,2012 年,第 242 頁。原文所稱的"敦"即現在"簋"的舊稱,下文在引述前人意見時或徑稱爲"簋",不再注明。
[7] 鏈接見: https://rbook.ncl.edu.tw/NCLSearch/Search/SearchDetail?item = 3093ffc826f14569b81de53bc095ebccfDg3OTU2NA2&page = &whereString = &sourceWhereString = &SourceID = 5&HasImage = 。關於這張全形拓陳秀玉認爲"觀銘拓可知此器自名爲盤,而器拓却爲段類器形,疑爲拓工將仲叡父盤之拓片誤植於此,造成銘文與器形不相合之情況"[見陳秀玉:《"國家圖書館"藏金文全形拓研究》,臺灣師範大學碩士學位論文(指導教師:季旭昇、盧錦堂),2002 年,第 401 頁]。其説不確,所謂"仲叡父盤""仲叡父簋"實爲同一件器。

經對比器型、紋飾和銘文可知與王文昶公布的爲同一件器物。[1] 拓本上有"沈秉成舊藏""歸安沈仲復秉成舊藏 十八字 絜齋兄屬柯昌泗題"等字樣。"絜齋"即商承祚之號。容庚在《武英殿彝器圖錄·華季嗌盥》中記載有："然器名亦有誤稱者，如仲叡父簋銘云作'尊盤'，故《筠清館金文》《攈古録金文》著録皆入之盤。余見全形拓本，始知其爲簋而非盤也。"[2] 所指的應該就是這張全形拓。關於沈秉成藏器的記載還見於陸心源《吳興金石記》：

> 仲叡父盤（沈仲復中丞所藏）
> 文曰：仲叡父作媯姬尊盤黍梁來麥用夙餐中氏饗。案：叡，《説文》訓爲又取，此作器者姓名，仲叡父有作皇考遲伯王母遲姬敦，此媯姬，或其母氏。[3]

容庚《商周彝器通考》也記載沈秉成藏有"仲叡父敦"，並標注出處爲沈秉成的《歸安沈氏藏器目》。[4] 國家圖書館藏有《二十三家金文目 四卷》和《各家所藏鐘鼎彝器目録》二抄本，裏面均有沈秉成藏器目録，二者内容基本相同，均稱爲"中㝬父敦"。[5] 值得注意的是目録中的"黄公鼎""韓伯鼎""史頌鬲"下均標注有"僞刻"，而"中㝬父敦"下無標注。《吳興金石記》所稱的"仲叡父盤"與《歸安沈氏藏器目》所稱的"仲叡父敦"應是同一器物。[6] 而這件全形拓和王文昶所公布的器物恰好只有器没有蓋，所以容庚有可能據此認爲張薦粱所藏爲簋蓋。顧文彬日記記載，光緒三年正月初四（公元1877年2月16日）"午後，李香嚴來晤，偕至沈仲復處，觀其新得虢叔大霖鐘及仲敦，皆周器中精品"。[7] 根據前引《二十三家金文目 四卷》和《各家所藏鐘鼎彝器目録》中的沈秉成藏器目録，其所藏之敦唯有頌敦、史頌敦、中㝬父敦，則顧文彬日記中所稱的"仲敦"當是"中㝬父敦"，又稱其"新得"，因此沈秉成收

---

[1] 王文昶公布的器物圈足上有兩個獸首，左珥有破損；全形拓圈足上只有一個獸首，右珥有破損。其他紋飾則相同。因此二者是同一器物的正反兩面。
[2] 容庚編著：《寶蘊樓彝器圖録 武英殿彝器圖録》，中華書局，2012年，第423頁。商承祚可能只見過全形拓而未見實物，否則應該不會讓柯昌泗題字，而是會得出與王文昶相近的結論。
[3] 見陸心源撰：《吳興金石記》，《續修四庫全書》第911冊，上海古籍出版社，2002年，第449頁。
[4] 容庚：《容庚學術著作全集·商周彝器通考（上）》，第249頁。
[5] 鏈接見：http://read.nlc.cn/allSearch/searchDetail?searchType=10024&showType=1&indexName=data_892&fid=312001039299；http://read.nlc.cn/allSearch/searchDetail?searchType=10024&showType=1&indexName=data_892&fid=312001039301。
[6] 關於《歸安沈氏藏器目》又可參看中國科學院圖書館整理：《續修四庫全書總目提要（稿本）》，齊魯書社，1996年，第2冊第569頁。提要中稱"據《金石記》中所載，沈之藏器……已見此目外，父癸鼎、亞形父辛觶、且辛觶、嘉禮壺、仲叡父盤及秦漢以下之秦方權……並此目所未載"，認爲仲叡父盤見於《吳興金石記》不見於《歸安沈氏藏器目》，即仲叡父盤與仲叡父簋非同一器，有誤。有可能陸心源只見過沈藏器的銘文拓本而未見過實物或全形拓，因此誤以爲盤。
[7] （清）顧文彬著，蘇州市檔案局（館）、蘇州市過雲樓文化研究會編：《過雲樓日記：點校本》，文匯出版社，2015年，第431頁。

藏此器當在光緒三年(公元1877年)前不久。[1]

根據以上情況可以明確的是：第一，《筠清》與《攗古》所著錄的摹本爲同一器，器型未知，爲張薦粢所藏(下文簡稱"張藏")；第二，《小校》《三代》《總集》所著錄的拓本爲同一器，器型爲簋，無蓋，爲沈秉成所藏(下文簡稱"沈藏")，後爲故宫博物院收購，張永山、王文昶已正確指出其銘文爲僞。[2]

那麽，可以有以下幾種假設：第一，張藏和沈藏可能爲同一器。19世紀的清代學者對青銅器分類和定名的研究還不够深入，見到簋(當時稱之爲"敦")自名作"𣪕"因而稱之爲"盤"也不是不能理解。容庚雖然認爲張藏是簋蓋，但是似乎並没有證據表明他見過張藏的實物或器型圖像，有可能是根據沈藏器型爲簋而得出這個結論。

第二，張藏和沈藏也有可能不是同一器。從容庚對他們二人收藏的記載表述來看，他應該也是這麽認爲的。張藏有可能如容庚所説是簋蓋(簋蓋本身即與盤形近，加上其自名寫法亦與"般(盤)"字相近，可能因此造成誤解)，或者是與盤形近的器物。那麽在此之下就有以下幾種可能：第一，張藏蓋、沈藏器銘文均僞，二者是或不是成套器物。第二，張藏爲盤，銘文爲真，最後不知所踪，而容庚見到沈藏器後誤以爲張藏是簋蓋。第三，張藏爲簋蓋，銘文爲真，但誤爲盤，最後不知所踪；而沈藏器銘文爲據《筠清》或《攗古》仿刻，其拓本收録於《三代》《小校》和《總集》，其器最後被故宫博物院收購。[3]

由於《筠清》和《攗古》所著録的是摹本，無法直接與拓本對比，沈藏又不知其來源，因此張藏和沈藏二者具體關係還有待進一步研究。總而言之，最早著録在《筠清》上的"仲虡父盤"銘文要麽爲真，要麽爲僞。現在一般認爲《筠清》《攗古》《小校》《三代》和《總集》所著録的爲同一器，意即張藏和沈藏爲同一器，而《小校》《三代》和總集所著録的銘文由張永山、王文昶的意見可以確定爲僞。我們姑且按照這種最壞的情況來重新審視這件銘文，即也認爲《筠清》《攗古》著録的"仲虡父盤"銘文爲僞。那麽僞造的"仲虡父盤"銘文在1842年(《筠清》出版之年)以前即已出現。

---

[1] 沈秉成收藏"虢叔大鐘"的時間或以爲是1872年，或疑爲1876年，可以參看白謙慎：《晚清官員收藏活動研究》，廣西師範大學出版社，2019年，第28—29頁。

[2] "中研院"歷史語言研究所"青銅器拓片資料庫"收録有"仲虡父作媯姬盤"拓片(即本文所討論的"仲虡父盤"，鏈接見：https://ihparchive.ihp.sinica.edu.tw/ihpkmc/fullimg_op?@.BC1CDBFAADD607D05A97F2CB60E5644E0E99666A836E4C4CF2E670@@27749259)，原刊出處爲《小校經閣金石文字》，這張拓片的左下角有一方"翰卿"印章。"翰卿"即徐熙之字，爲徐康之子，承其父業販售古物，與吴大澂有交。[見李軍：《吴大澂交游新證》，復旦大學博士學位論文(指導教師：吴格)，2011年]該器是否曾經過徐熙之手也未可知。

[3] 筆者更加傾向於這種可能。不過從《筠清》和《攗古》的摹本來看，張藏器自名爲"般(盤)"，而非"𣪕(簋)"，關於此點的解釋詳下文。

三

我們以 1842 年爲界再來審視"仲叡父盤"銘文,可以發現其中有一些情況可與 1842 年以後出土或公布的青銅器銘文相合。

作器者之名"仲叡父"又見於《集成》4102、4103 著録的仲叡父簋:

仲叡父作朕皇考遲伯、王母遲姬尊簋,其萬年子子孫孫永寶用享于宗室。

陳夢家已將它們聯繫起來。[1] 簋銘中的仲叡父之母爲姬姓,根據周人"同姓不婚"的原則,説明仲叡父並非姬姓;"仲叡父盤"銘文中的"婦姬"是對其妻的稱呼,爲姬姓,則盤銘中的仲叡父亦非姬姓,與仲叡父簋相合。這兩件仲叡父簋,前者最早著録於 1896 年出版的《窸齋集古録》,後者最早著録於 1916 年出版的《周金文存》。[2] "仲叡父盤"銘文出現有"婦姬"這一女性稱謂,爲"婦+姓"結構。"婦姬"不見於其他青銅器,類似結構也十分罕見,但也並非沒有,如"婦改"(《集成》10216)、"婦嫘氏"(《銘圖》14532、14533),筆者僅檢得以上三例,[3] 著録的時代均晚於 1842 年。

金文中讀爲"梁"的字,根據其基本聲符的不同,可以分爲以下幾類。[4] 第一類从"刅"聲("刅"旁或訛作"刀"):

《集成》947   《銘圖》3362   《集成》4621

第二類从"刕"聲("刅"旁或訛作"刀"):

《集成》4615   《集成》4628 蓋   《集成》4628 器

[1] 陳夢家:《西周銅器斷代》,第 225 頁。
[2] 相關銘文出土、著録信息見《金文通鑒》,下不出注。
[3] 董笛音:《西周金文中女性稱名資料的整理與研究》,吉林大學碩士學位論文(指導教師:何景成),2019 年。
[4] 《銘三》589 有"用盛稻🔲","🔲"字《銘三》誤釋爲"刕"讀爲"梁",《金文通鑒》已改釋爲"秋"讀爲"梁"。我們認爲該字是"黍"字異體,見陳建新:《讀金文札記四則》,《漢字漢語研究》2024 年第 1 期。

第三類从"京"聲：[1]

《銘圖》4989　　《銘續》474 蓋　　《銘續》518 蓋

第二類較爲少見，筆者僅檢得上舉兩器。"仲叡父盤"銘文中讀爲"梁"的字作"㭝"，其聲旁寫法與《集成》4628 蓋正同（所从的"水"旁可能是"米"旁的誤摹），楊樹達已指出其从"刅"聲。《集成》4615 亦著録於《筠清》，《集成》4628 則於 1977 年出土。

接下來看"譮"字，李春桃認爲其基本聲符爲"又"，將其與單叔矢父盨、伯克父甘婁盨銘文中从"又"的字聯繫起來，一併釋讀爲"醢"，對文意的把握十分恰當。[2] 而其文中引用到的單叔矢父盨和伯克父甘婁盨則分別於 1995 年和 2016 年公布。

還有銘文中的"曑"字（下文記作△），爲便於比較，將上述幾種著録中的字形羅列如下：

《筠清》	《攈古》	《小校》	《三代》	《總集》

圖四　曑字字形表

類似字形又見於以下銘文：

A：《集成》4545　　B：《集成》3762

C：《集成》10890[3]　　D：《銘圖》5677

A、B 从飤从頁，C、D 从食从頁，A、B、C、D 四字當爲一字之異體，學者多將△與之聯繫，[4]

---

[1] 謝明文：《伯旬簠銘文小考》，《中國文字研究》第 18 輯，2013 年，第 56—59 頁，收入氏著《商周文字論集》，上海古籍出版社，2019 年，第 175—181 頁。

[2] 李春桃：《金文"醢"字小考》，《青銅器與金文》第 2 輯，第 323—328 頁。關於單叔矢父盨的"盨"又可參張新俊：《釋單叔矢父盨銘文中的"醢"字》，《三代考古》第 8 輯，科學出版社，2018 年，第 308—315 頁；蔡一峰：《金文雜識（四則）》，《古文字論壇》第 3 輯，中西書局，2018 年，第 269—278 頁。

[3] 銘文疑僞，詳另文。

[4] 裘錫圭：《䚄公盨銘文考釋》，《中國歷史文物》2002 年第 6 期，第 13—27 頁，收入氏著《裘錫圭學術文集·金文及其他古文字卷》，第 146—166 頁；薛培武：《"豳公盨"拾詁（二則）》，《中國文字》2019 年冬季號，第 187—196 頁。

是正確的。上舉四形中,唯 C、D 形與△形相同。A 字最早著錄於 1940 年出版的《痴盫藏金》,B 字最早著錄於 1886 年出版的《從古堂款識學》,C 字最早著錄於 1916 年出版的《周金文存》,D 字見於 2002 年公布的燹公盨。"仲戲父盤"銘文的作僞者顯然不可能根據這些字形來仿造△字。從文意來看,△字又可與 A、B 同讀爲"羞",文從字順(D 字亦可讀爲"羞",但與 A、B 詞義不同)。[1]

最後來看"仲戲父盤"銘文中"仲氏"這一稱謂,這一稱謂還見於以下青銅器銘文(釋文用寬式):

芮公作鑄京仲氏婦叔姬媵鬲,其子子孫孫永寶用。　　　（芮公鬲,《銘圖》3012）
叔妭作寶尊簋,眔仲氏萬年。　　　　　　　　　　　　（叔妭簋,《銘圖》5133）
公姒呼疑逆仲氏于侃。　　　　　　　　　　　　　（疑尊,《銘續》792、881）
乘敢對揚仲氏丕顯休,用作寶盨。　　　　　　　　　　（乘盨,《銘三》544）

以上五器最早著錄者爲叔妭簋,著錄於 1902 年出版的《奇觚室金文述》,遠遠晚於 1842 年。[2]

以上所列舉的諸例,1842 年以前的作僞者能夠憑空製造並且又與晚出材料的字形、用法、稱謂相合,這種情況是難以想像的。[3] 不過不得不承認的是,我們所列舉的晚出材料,用以對比的都是銘文著錄首次公開出版的時間,而非青銅器出土和流傳的時間,也不是著錄的成書時間。上舉諸器多無法查明具體出土時間,著錄的成書時間和出版時間也有部分差異(如《愙齋集古録》據吳大澂自序成書於 1896 年,但到 1916 年才正式出版[4]),不排除其中有在 1842 年以前就已出土並且流傳者,書籍的成書時間、出版時間和器物的流通時間並不統一。

四

根據以上討論,我們認爲《總集》6753 著錄的"仲戲父盤"銘文拓本確如張永山、王文昶

---

[1] 有學者認爲"羞""頁(首)"聲母不同,"䏧"是否可以讀爲"羞"還需要再考慮。見鄔可晶:《"夒"及相關諸字綜理》,復旦大學出土文獻與古文字研究中心、復旦大學歷史學系編:《出土文獻與中國古代史》第 1 輯,中西書局,2021 年,第 20—41 頁。
[2] 當然,古書中也有"仲氏"這一稱謂,如《詩經·邶風·燕燕》等。
[3] 清華簡《繫年》等材料公布後,"仲戲父盤"銘文中的"沬"字也引起許多學者討論(可參看上引董珊文)。不過本文不打算討論該字的寫法與清華簡字形相合,因爲"水"和"禾"都是古文字中很常見的偏旁。
[4] 此點承外審專家提示,謹致謝忱。

所說爲僞刻。而《筠清》和《攈古》所著録的銘文摹本真僞未知,但是即使爲僞,也並非拼湊或臆造而成,而是比較忠實地抄録了某篇未見諸著録的真銘(也很有可能没有抄録完整),因此我們仍然可以將其作爲一篇真銘來使用。王文昶在討論這件僞銘的時候,將其歸入"移刻他銘器"類,似乎也是類似的看法。銘文中有一些字字形較爲奇怪,如"虡"作"![]","婦"作"![]",但也見於其他銘文;"麥"字作"![]",所從的"夊"旁位於"來"旁的右邊,尤爲費解;讀爲"菽"的"逨"字作"![]",鄔可晶認爲該字所從與古文字裏一般的"采"字字形上有些距離。[1] 考慮到該銘是從真銘抄録而來的,字形難免失真,那麽這些奇怪之處也就不難理解了。

《集成》3904 著録小子夆簋銘文,該器現藏於上海博物館,最早陳佩芬指出銘文爲僞,[2] 但並未引起學界注意。張懋熔和曹瑋也曾指出銘文爲僞。[3] 後來葛亮進一步申論,並且認爲"'小子夆簋'銘雖係僞刻,但當有所本,且仿製較精,字形、辭例與真銘的距離不會太大,由於真銘所在的器物未見著録,我們仍可將其作爲一篇早期記事金文來使用,同時也應正確看待其中因摹刻造成的錯誤字形"。[4] 對於這類情況,張光裕亦認爲"依照原銘而僞,其字形亦不變,它的史料價值並不亞於真的……就算我們錯引用了僞銘也不致有太大的影響"。[5] 葛亮又指出"跟'小子夆簋'銘情況類似的青銅器銘文肯定還有,希望將來能一一得到辨别。"如果本文論述可信,則可爲葛亮所説的這種情況再添一例。

當然,也有可能張藏和沈藏並非同一器,張藏爲真,我們也更加傾向於這個觀點,但是目前難以證明。而且即使張藏爲真,也不影響本文的根本看法,因爲本文的寫作目的就是要證明存在一件真實的"仲虡父盤"銘文,而不能根據王文昶公布的"仲虡父簋"僞銘就認爲所有的"仲虡父盤"銘文爲僞。

另外,還有一個問題無法避免:本文第三節所討論的均爲單個字詞,相關字詞與後出青銅器銘文相合,其真實性應無疑慮,但這真實性是否能上升到銘文整體? 意即如何證明

---

[1] 鄔可晶:《釋穗》,中山大學古文字研究所、出土文獻與中國古代文明研究協同創新中心、中山大學中國語言文學系編;田煒主編:《文字·文獻·文明》,上海古籍出版社,2019 年,第 1—10 頁。

[2] 陳佩芬:《青銅器辨僞》,《上海博物館集刊》第 3 期,1986 年,第 35—57 頁;馬承源主編,陳佩芬等編撰:《中國青銅器》,上海古籍出版社,1988 年,第 545 頁。

[3] 張懋熔、曹瑋:《中國青銅器真僞鑒别》,安徽科學技術出版社,2002 年,第 67 頁。此條材料承葛亮老師告知,謹致謝忱。

[4] 葛亮:《談談"小子夆簋"銘的真僞及相關問題》,《文博》2010 年第 4 期,第 22—26 頁,又收録於上海博物館編:《學人文集:上海博物館建館 60 周年論文精選·金石卷》,上海書畫出版社,2012 年,第 310—319 頁。有學者不同意葛亮的觀點,認爲《集成》3904 著録小子夆簋銘文爲真(見程薇《〈商周青銅器銘文暨圖像集成續編〉小子夆簋考》,鄒芙都主編:《商周青銅器與先秦史研究論叢》,科學出版社,2017 年,第 342—347 頁),我們認爲葛亮的觀點可信。

[5] 張光裕:《僞作先秦彝器銘文疏要》,香港書局,1974 年,第 165 頁。

銘文是比較忠實地抄錄某篇未見諸著録的真銘而非拼凑或臆造而成？我們知道,早期偽作的青銅器銘文大多有所本,如在乾隆時期即已出現的晋侯盤銘文,洋洋灑灑五百餘字,但"文詞仿《尚書》《左傳》雖有不合,尚稱典雅。字體純仿散盤而間參以石鼓文"。[1] 試觀仲叡父盤銘文,言辭古奥,部分辭例也僅此一見,考慮到 1842 年以前的青銅器銘文作偽水平,我們認爲即使《筠清》所收録的銘文摹本爲偽,也不太可能是拼凑或臆造而成。因此,除了個别字形有所訛變之外,在其他方面我們仍然可以將其當作真銘來使用(並不表示其等於真銘)。

最後附帶談一下"仲叡父盤"真銘的器類問題。根據《筠清》和《攗古》銘文摹本中自名的寫法,一般認爲其原物應爲盤。不過盤一般作爲水器,根據銘文内容可知作器者將其作爲食器使用。對於這個矛盾在上引周忠兵文中已引用到陳劍的觀點認爲"《集成》10112 西周晚期銅器伯碩寡盤自名'饗盤',可見盤亦偶可作爲盛食器(與'盂'兼爲盛水器與盛食器相類)"。再有如黄韋俞父盤(《銘圖》14490)自名"飼器",黄子威盤(《銘三》1211)自名爲"飢盤"。2017 年山東省滕州市大韓村春秋墓 M43 出土有盤和匜,二者自名的修飾語均爲"䏫",該修飾語常見於食器中,此次應是首次在水器中見到,銘文中又均有"飲食無期"一語,[2] 亦將盤作爲食器使用。相信隨着考古發掘的展開會發現更多這樣的例子,有些器物可以同時作爲食器、水器或酒器,界限可能没有那麽嚴格。[3]

不過上舉將盤作爲食器者最早也只有西周晚期一例(伯碩寡盤),更多的則是東周時期的例子。[4] 還有一種可能是真銘的器類就是簋(或即容庚所説的簋蓋),而所謂的"般

---

[1] 容庚:《容庚學術著作全集・商周彝器通考(上)》,第 206 頁。
[2] 銘文見《銘三》1216、1260;山東省文物考古研究院、滕州市文物局:《山東滕州市大韓東周墓地第一次發掘簡報》,《考古》2021 年第 2 期,第 20—50 頁。《銘三》1216 將"䏫"釋爲"盥",此據上引發掘簡報釋爲"䏫"。又,簡報釋爲"配"之字應釋爲"歓/飲"。《銘三》1260 將"䏫"釋爲"餇",許世和指出應釋爲"䏫",見許世和:《〈商周青銅器銘文暨圖像集成三編〉1—3 册釋文校訂》,簡帛網,http://www.bsm.org.cn/?guwenzi/8330.html,2020 年 12 月 14 日。《金文通鑒》已從其説改釋爲"䏫"。
[3] 有兩件銘文次序稍異的陳曼簠,舊多認爲《集成》4596(上海博物館藏器)銘文是正確的,其自名除了"臣"之外還有"䏫盤"[關於其形制和自名的解釋可以参看李琦:《東周青銅食器稱謂與功用整理研究》,吉林大學碩士學位論文(指導教師:李春桃),2019 年,第 157—158 頁]。不過近年張宇衛認爲《集成》4595(臺北故宫博物院藏器)銘文才是正確的,將舊釋爲"逐"的字改釋爲"彝"並認爲是自名,將"盤"訓爲"康"(張宇衛:《齊陳曼簠銘文再探》,《故宫學術集刊》第 38 卷第 4 期,2021 年)。我們認爲張説可信,因此此處不舉陳曼簠的例子。
[4] 關於"仲叡父盤"原銘的時代,雖然原器不存但是可以参考同作器者的仲叡父簋(《集成》4102、4103),陳夢家又認爲仲叡父與伯頵父是兄弟關係,後者見於伯頵父鼎(《集成》2649)、伯頵父簋(《集成》4027),陳夢家將上述諸器定於孝王之末夷王之初(陳夢家:《西周銅器斷代》,第 225 頁)。仲叡父簋或定於西周中期,伯頵父鼎、伯頵父簋各家多定於西周晚期(可参看黄鶴:《西周有銘銅器斷代研究綜覽》,上海古籍出版社,2021 年,第 226、422、437 頁)。

(盤)"字原銘本作"叚(簋)",在剔銹時剔壞,或摹寫時誤作"般(盤)",沈藏器銘因襲其誤。試將銘文中的"![字]"字與西周金文中的"叚""般"二字對比:[1]

叚:、、、、

般:、、、、

可以看出其右旁顯然與"叚"之右旁更爲接近,而與"般"之右旁不同。"叚"字所从爲"殳","般"字所从與"殳"不同,可能是"鞭"的初文,爲加注的聲符。[2]"叚"字左旁所从如作"![字]"形者被誤剔、誤認或誤摹爲"![字]"形也並非不可能。[3] 西周金文中的"叚"字即有作从類似"舟"形者,如"![字]"(農父簋,《集成》3461)。不過該說並没有很堅實的證據,聊記於此,以供讀者參考。

附記:本文初稿曾承周忠兵、李春桃、葛亮三位老師審閱指正,投稿後又承外審專家惠賜意見,促使筆者進一步思考,在此一併感謝! 承葛亮老師告知:王文昶所公布的"仲虘父簋"形制與《集成》4102、4103 著録的仲虘父簋形制十分相似,而後兩者更爲晚出,因此前者銘文是否爲僞還很難説;關於小子𤉲簋銘文,他後來曾用電子顯微鏡觀察,發現字口内外似乎還是有連續的銹迹,具體情況還有待研究。

著録簡稱表:
《總集》——《金文總集》
《集成》——《殷周金文集成》
《銘圖》——《商周青銅器銘文暨圖像集成》
《筠清》——《筠清館金文》

---

[1] 字形取自董蓮池:《新金文編》,作家出版社,2011 年,第 507—515、1217—1220 頁。
[2] 季旭升:《説文新證》,藝文印書館,2014 年,第 229—230 頁;孫剛、李瑤:《釋虎衔丘君戈銘文中的人名——兼談"般、役"的構形》,《古文字研究》第 32 輯,中華書局,2018 年,第 317—324 頁。
[3] "般"字舊多以爲从"凡",實際上應从"盤"之初文(見蘇建洲:《論新見楚君酓延尊以及相關的幾個問題》,《出土文獻》第 6 輯,中西書局,2015 年,第 68 頁引陳劍説),金文中的"般"多變爲从"舟"。薛侯盤(《集成》10133)自名爲"般(盤)",《筠清》誤釋爲"敦"(簋之舊稱),可作誤"叚"爲"般(盤)"的旁證。此例承李琦博士告知,謹致謝忱。當然,从"殳"的"般"字金文中也并非完全没有,如"![字]"(山西省文物局編:《山西珍貴文物檔案 10·青銅館卷》,科學出版社,2020 年,第 160 頁),但十分少見。

《攈古》——《攈古録金文》
《小校》——《小校經閣金石文字》
《三代》——《三代吉金文存》
《銘續》——《商周青銅器銘文暨圖像集成續編》
《銘三》——《商周青銅器銘文暨圖像集成三編》

關中出土金文整理與研究的新突破
——《周王畿——關中出土西周金文整理與研究》評介

杜　勇*

自晚清民國以來，關中地區出土了大量青銅器銘文，是研究西周文明歷史的珍貴資料，使過去僅用《詩》《書》等傳世文獻考索中國早期文明的局面得以改觀。但是，這些資料的著錄沿用宋代以來的傳統方法，也給學者帶來諸多不便。爲了改變這種不利狀況，以陝西師範大學王暉教授爲首的學術團隊歷時十年，孜孜矻矻，終成五卷六册《周王畿——關中出土西周金文整理與研究》（以下簡稱《關中金文》）的皇皇巨著，由三秦出版社於 2022 年 10 月出版。該書作爲國家社科基金重大項目的優秀結項成果，在關中金文整理與研究上具有重大突破，是一項很有分量和學術價值的新成果。

創新體例　嘉惠學林

殷周青銅器銘文的傳統編纂方式，主要是以器類爲主兼及字數多少進行先後排列的，從北宋以來的《考古圖》《宣和博古圖》到今日常用的《殷周金文集成》《商周青銅器銘文暨圖像集成》，大都如是。這種編纂方式固然便於讀者查找彝銘，探考義蘊，却將同一墓葬或窖藏出土的青銅器分割開來，使人難於瞭解某一貴族家族所藏同組器群的整體面貌。而王畿内的世家大族作爲支撑西周王朝中央政權的核心力量，其封邑、族屬衍變及有關政治活動，恰恰是探索西周政治文明的重要内容，現有金文著錄書籍滿足不了這種需要。

有鑒於此，《關中金文》開創新的編纂體例，從政治地理的視角將關中王畿區分爲西安地區、周原地區、寶鷄地區、咸陽渭南銅川地區四大板塊，繼以區縣、鄉鎮或街道、行政村或自然村爲單元，按窖藏、墓葬及器物出土先後次序進行排列，有利於恢復出土金文資料之間原有的族屬和親緣關係。對於每篇金文，又分器物情況、銘文内容、相關文獻、備注分别予以介紹。特别值得一提是，相關文獻部分不僅提供了最初考古發掘報告的來源，而且介紹了可資參考的已有研究成果，有助於學者循此路徑作進一步探索。但該書整理的青銅器銘文只限於王畿西區的出土器物，對王畿東區即洛陽地區所出金文未能顧及，成爲項目最初設計時留下的遺憾。此外，全書未編器名索引，對不熟悉青銅器出土地點的研究者，使用起來或有不便。

---

* 山東大學歷史學院特聘教授。

世族榮顯　王政柱石

西周國家實行貴族君主政體，王位世襲，國君掌握立法、行政、司法等國家最高治權。但事實上國君不可能事必躬親，獨理萬機。如果没有王家貴族出任朝廷高級官員，輔佐國君，襄贊國務，限制王權，政權是無法有效運轉的。培根曾説："一個完全没有貴族的君主國總是一個純粹而極端的專制國。"西周王朝對貴族實行分封，一部分遠離宗周，成爲一方諸侯，執掌地方政權；另一部分則爲畿内封君，封授采邑作爲俸禄，出任王室高官，治國理政。畿内封君分封大都集中在王畿地區，如關中地區的周、召、畢、井、毛、榮、虢、南宫等家族，即是擔任王朝執政大臣的姬姓顯貴，也有微氏、散氏等异姓家族改換門庭，效忠周室。關中地區出土的大量金文作爲畿内世家大族的遺物，内容豐贍，前所未見。利用這些金文資料研究畿内貴族的家族形態與政治活動，對于深入瞭解西周文明具有重要作用。

《關中金文》一書在重新整理王畿西區所出銅器銘文的同時，也充分利用相關金文資料對西周社會結構和政治制度所涉學術問題進行了多方面探考。本書第五卷即致力於此，多有創獲。其中第四章爲《周原出土金文與族屬問題研究》，是對關中地區同姓或异姓諸侯的家族形態所作專題研究。關中地區虢季氏、南宫氏、召公、梁其、雕氏、微氏、昔氏等同姓或异姓家族，是西周歷史上極爲活躍且地位煊赫的貴族家族。作者對其姓氏、封邑及其政治活動進行深入考察，有助於加深理解西周世卿世禄制的運行與發展。又如周原地區出土的昔鷄爵銘文，記載昔鷄作爲周王后宫負責傳達王妣之命的宰官，在聯姻活動中既起到了傳命並護送芳姑前往韓地的作用，也是代表周王室及王妣出面説媒的重要角色。此與《風俗通義》所記周大夫受封采邑而爲昔氏的事實相印證，是西周早中期之際周大夫受封後以地名氏的重要證據，填補了大夫受封獲氏的空白。只是這方面的研究成果不是很多，與當初課題預設的研究目標略有距離，有待進一步充實與完善。

政制紛擾　撥雲見日

西周金文中呈現的畿内貴族家族歷史只是其中一個方面，實際上這些資料還從不同角度反映了當時的社會結構、宗法制度、政治體制與禮樂文明等多方面的内容，具有很高的史料價值。《關中金文》就此探賾索隱，良多卓見。

比如，作者依據新舊文獻和考古資料，認爲西周春秋時期近親廟制爲"三廟制"，即曾祖父、祖父、父考三世，而非戰國以後儒者所説的近親"四廟制"。周天子實行七廟制，是近親三廟加上文王、武王廟以及帝嚳、後稷廟。金文所見康宫並非唐蘭所説的康、昭、穆、夷、厲五王的宗廟，而是康王時所建的王宫。到西周中晚期，文王、武王"周廟"加上近親父祖曾三廟，併始祖後稷及帝嚳，是爲七廟。諸侯五廟制有同姓异姓之别，同姓諸侯或公卿是近親三廟加上所自出的周王及始封祖，异姓諸侯或公卿是三廟加上始封君及繼位的世宗。又如，作者根據西周金文"西六師""成周八師"與車制的配合情況,提出十四師實有數量爲三萬六千人左右,西周基層組織爲"閭—兩"兵民合一的結構形態,軍賦不存在戰國以來的攤派情況,而是由國家統一管理及支付。再如,作者討論了西周王畿與内外服的關係問題,認爲自西周中後期始,事實上以王畿爲劃分依據,内有"甸服",外有"侯服"的新五服系統。外服以"侯服"爲中心,統禦賓服,統治要服、荒服,從而構成西周的外服制度。作者根據西周金文所見册命賜旗禮,認爲西周實際只存在公卿大夫士四等爵位制,而不是公侯伯子男式的五等爵制。此類創新見解甚多,發人深思。儘管有的説法如謂西周的"大學"是以學習軍事禮樂爲主的武學堂、康宫建於康王時期等,學者未必盡行認同,但對相關材料的深度解析仍有參考價值和啓迪意義。相信本書的問世,將會受得讀者的廣泛歡迎。

圖書在版編目（CIP）數據

青銅器與金文. 第十二輯 ／ 北京大學出土文獻與古代文明研究所編. －－ 上海：上海古籍出版社, 2024. 7.
ISBN 978－7－5732－1281－8

Ⅰ. K877.3

中國國家版本館 CIP 數據核字第 2024TA9572 號

青銅器與金文（第十二輯）

北京大學出土文獻與古代文明研究所　編
上海古籍出版社出版發行

（上海市閔行區號景路 159 弄 1－5 號 A 座 5F　郵政編碼 201101）

（1）網址：www.guji.com.cn
（2）E-mail：guji1@guji.com.cn
（3）易文網網址：www.ewen.co

啓東市人民印刷有限公司印刷

開本 787×1092　1/16　印張 15　插頁 5　字數 309,000
2024 年 7 月第 1 版　2024 年 7 月第 1 次印刷
ISBN 978－7－5732－1281－8
K·3669　定價：88.00 元

如有質量問題，請與承印公司聯繫